富媒体 智能化

高等教育财经类核心课程系列教材
高等院校应用技能型精品规划教材
高等院校教育教学改革融合创新型教材

经济法概论

INTRODUCTION TO ECONOMIC LAW

（第二版）

应用·技能·案例·实训

李贺 ◎ 主编
刘扬 赵莹 ◎ 副主编

视频版

上海财经大学出版社

图书在版编目(CIP)数据

经济法概论/李贺主编．—2 版．—上海：上海财经大学出版社，2021.11

高等教育财经类核心课程系列教材

高等院校应用技能型精品规划教材

ISBN 978-7-5642-3816-2/F・3816

Ⅰ.①经… Ⅱ.①李… Ⅲ.①经济法-中国-高等学校-教材 Ⅳ.①D922.29

中国版本图书馆 CIP 数据核字(2021)第 121041 号

□ 责任编辑　汝　涛

□ 书籍设计　贺加贝

经济法概论

——应用・技能・案例・实训

(第二版)

李　贺　◎主　编

刘　扬　赵　莹　◎副主编

上海财经大学出版社出版发行

(上海市中山北一路 369 号　邮编 200083)

网　　址：http://www.sufep.com

电子邮箱：webmaster@sufep.com

全国新华书店经销

启东市人民印刷有限公司印刷装订

2021 年 11 月第 2 版　2021 年 11 月第 1 次印刷

787mm×1092mm　1/16　17.5 印张　482 千字

印数：4 001—7 000　　定价：52.00 元

第二版前言

经济法概论是我国高等院校财经类专业的专业基础必修课。本教材在编写过程中围绕着我国经济立法的最新发展，把握司法实践中的最新动态，使全书知识宽泛、理论适中、贴近实际、可操作性强，力求课堂教学与实际应用紧密结合，使学生真正能够学法、懂法、守法、用法。第二版教材把“求新、务实”作为宗旨，求新是要做到内容最新，要讲解最新的法律法规的规定，采纳学术领域最新的研究成果，做到经济法法理与经济法法条的统一，使教材跟上时代的步伐；务实是要做到内容实用，要阐明国家经济建设中最迫切需要的法律知识，传授解决实践中诸多纠纷问题的经验和做法，使教材成为破难解惑的工具。

全书共涵盖四篇内容，即“经济法总论”“经济主体法律制度”“经济行为法律制度”“经济纠纷解决法律制度”，分 12 个项目，49 个任务；在结构安排上，采用“项目引领、任务驱动、实操技能”的编写方式，力求结构严谨、层次分明；在表述安排上，力求语言平实凝练、通俗易懂；在内容安排上，尽可能考虑到财经类专业不同层次的不同需求，课后的栏目结合每个项目的内容和技能要求而设计，以使读者在学习每一项目内容时做到有的放矢，增强学习效果。

根据高等教育和应用技能型院校人才培养的需要，本书力求体现如下特色：

1. 结构合理，体系规范。本书在内容上特别注意吸收最新的经济法改革与实践，按理论与实务兼顾的原则设置教材内容。针对高等院校教学课程的特点，将内容庞杂的基础知识系统性地呈现出来，力求做到“必需、够用”原则，体系科学规范，内容简明实用。

2. 与时俱进，紧跟动态。根据经济法概论课程体系和思路，立足于我国经济法改革的现实基础，本着理论联系实际的原则，系统全面地阐述了最新立法动态；本次修订根据新颁布的《中华人民共和国民法典》《中华人民共和国专利法》(第四次修正案)等相关法律法规进行。第二版在保留前一版主要结构、体系和特色的基础上，根据经济法领域的新动态进行了较大幅度的调整，更新了相关法律法规，以确保本书的时效性与实用性；同时，更加注重对基本理论、基本知识和基本技能的传授与训练。

3. 突出应用，实操技能。本书从高等院校的教学规律出发，与实际接轨，介绍了最新的经济法发展和改革动态、理论知识和教学案例，在注重必要理论的同时，强调实际的应用；主要引导学生“学中做”和“做中学”，一边学理论，一边将理论知识加以应用，实现理论和实际应用一体化。

4. 栏目丰富，形式生动。本书栏目形式丰富多样，每个项目设有知识目标、技能目标、素质目标、项目引例、做中学、同步案例、知识链接、应知考核(包含单项选择题、多项选择题、判断题)、应会考核(包含观念应用、技能应用、案例分析)、项目实训(包含实训情境、实训目标、实训组织、实训成果、实训报告)、拓展阅读等栏目,并添加二维码视频和解析等,体现"互联网＋"富媒体特色,教材的应知考核、应会考核和项目实训,使得学生对所学的内容达到学以致用,丰富了教材内容与知识体系,也为教师教学和学生更好地掌握知识内容提供了首尾呼应、层层递进的可操作性教学方法。

5. 课证融合,双证融通。本书能满足读者对经济法基础知识学习的基本需要,为达到国务院人力资源和社会保障行政部门组织制定的职业标准,实行"1＋X"证书制度,夯实学生可持续发展基础,鼓励学生在获得学历证书的同时,积极取得多类职业技能等级证书,拓展就业创业本领,缓解结构性就业矛盾。鉴于此,教材与会计师、经济师考试相衔接,做到考证对接、课证融合。

6. 职业素养,素质教育。为体现应用技能型教育的特色,我们力求在内容上有所突破,激发学生的学习兴趣和学习热情,设计适合学生掌握的考核要点,以培养和提高学生在特定业务情境中分析问题、解决问题的能力,从而强化学生的职业道德素质。

7. 课程资源,配套上网。为了配合课堂教学,我们精心设计和制作了教师课件、习题参考答案、课程教学大纲、配套实验课程大纲、配套习题、模拟试卷等实现网上运行。鉴于经济法课程的理论与实践性较强及教材篇幅的限制,我们在书中利用二维码的形式添加了经济法法规,充分发挥网络课程资源的作用,探索课堂教学和网络教育有机结合的新途径。

本书由李贺主编,刘扬、赵莹副主编,李明明、赵昂、张永杰、李虹、王玉春、李洪福负责全书教学资源包的制作以及写作过程中的资料收集整理。本书得到了出版单位的大力支持,以及参考文献中的作者们的贡献,谨此表示衷心的感谢!在编写过程中参阅了参考文献中的教材、著作、法律、法规、网站等资料。由于编写时间仓促,加之编者水平有限,本书难免存在一些不足之处,恳请专家、学者批评指正,以便我们不断地更新、改进与完善。

动漫视频

民法典

编　者

2021 年 7 月

目　录

第一篇　经济法总论

第二篇　经济主体法律制度

第三篇 经济行为法律制度

第四篇 经济纠纷解决法律制度

第一篇 经济法总论

项目一

经济法概述

○ **知识目标**

理解：法律的概念、起源和发展；经济法律关系的概念和特征。

熟知：法律的本质和特征、法律的渊源和体系、法律的效力。

掌握：经济法的概念和调整对象、经济法律关系的构成要素、经济法律关系的保护、经济法律制度。

○ **技能目标**

能够运用经济法概述的知识理论联系实际，对经济法的调整对象有正确的认识，分析和解决生活中存在的经济纠纷问题。

○ **素质目标**

运用所学的经济法概述的知识研究相关案例，培养和提高学生在特定业务情境中分析问题与决策设计的能力；结合行业规范或标准，运用经济法知识分析行为的善恶，强化学生的职业道德素质。

○ **项目引例**

地方保护主义——违背经济法的基本原则

某县以盛产苹果闻名。外地的水果公司、水果批发部门闻讯赶来要求与当地农民签订合同。在短短的十几天内，苹果的市场价格猛涨，由每千克收购价 1 元涨至每千克 2 元。当地政府见苹果的价格如此可观，就想插手苹果的销售。于是，县里公布了一个决定，要求各村果农的苹果都要卖给县水果公司，不许擅自卖给外地的客户，并强行以低于市场的价格与果农签订了收购合同。果农对此不满，纷纷找政府说理，要求政府撤销决定，但遭到政府拒绝。

思考与讨论：

(1)经济法的概念是什么？

(2)我国经济法的调整对象包括哪些？

(3)本案例中县政府与果农之间的行为属于经济法的调整对象吗？

(4)本案例中的县政府有权力干涉市场的销售行为吗？

○ **知识精讲**

任务一　法律概述

一、法律的概念

法律是由国家制定或认可的，并以国家强制力保证实施的，规定社会关系主体相应的权利和义务的,具有普遍约束力和严格程序的行为规范的总称。

严格来讲,法和法律不是同一个概念。法律一般有广义和狭义之分,狭义上的法律仅指全国人民代表大会及其常务委员会所制定的法律。广义上的法律是指法律的整体,即国家有立法权的机关制定颁布的各种行为规范的总和。一般把广义上的法律称为法。

二、法律的起源和发展

(一)原始社会的氏族习惯

原始社会没有国家和法律,人们通过道德规范、宗教仪式、氏族习惯来调整人与人之间的社会关系。特别是氏族习惯在调整原始社会的秩序方面发挥着重要作用。

原始社会的氏族习惯,是人们共同生活的准则,体现着全体氏族成员的意志和利益,对全体氏族成员具有普遍的约束力。原始社会的氏族习惯依靠氏族部落首领的威信和人们对其的尊敬,依靠社会舆论,依靠人们的自觉服从来保证其实施。如果某个成员破坏了它,就是对整个氏族组织和全体氏族成员利益的侵犯,就要受到全体氏族成员的谴责,得到应有的制裁。

(二)阶级社会的法

进入阶级社会以后,统治阶级为了维护自己的政治、经济利益,除了需要借助于国家政权外,还需要创设一种体现统治阶级意志的新的社会规范,于是,法应运而生。

最初出现的法律规范,主要是经过国家权力机关认可的习惯和司法机关审判实践的记录,即习惯法,后来才逐渐发展成为成文法。早期的成文法,也多是习惯法的记载。这种习惯法虽然多是由原始社会的习惯演变而来的,甚至仍然沿用旧的社会习惯的名称,但其性质已发生了根本性的变化,它是以国家的名义向人们提出的行为要求,变成了反映统治阶级意志、维护统治阶级利益、实现统治阶级专政的工具。

按照法赖以存在的经济基础的性质不同,法可以分为奴隶制法、封建制法、资本主义法和社会主义法。社会主义法是最高历史类型的法。到了共产主义社会,法将随着国家的消亡而自行消亡。作为与国家相联系的特殊社会规则,法仅存在于阶级社会。

三、法律的本质和特征

(一)法律的本质

1. 法律是统治阶级意志的体现

所谓意志,是一种有目的的意识,反映了人们的愿望和要求。在阶级社会里,各阶级都有自己的阶级意志,只有统治阶级的意志才能被制定为法律。统治阶级可以通过手中掌握的政权把自己的意志制定为法律,而被统治阶级没有掌握政权,不可能把自己的意志制定为法律。因而,阶级对立社会中的法律只能是统治阶级意志的体现,不是也不可能是被统治阶级意志的体现。

2. 法律是统治阶级共同意志的体现

法律不论是由集体制定的,还是由最高政治权威个人制定的,所反映的都是统治阶级的整体利益,而不是统治阶级少数人的意志,更不是个别人的意志。

3. 法律是以国家意志的形式表现出来的统治阶级的意志

统治阶级的意志并不都体现为法,只有经过一定的国家机关将统治阶级的意志上升为国家意志,才会体现为法的形式。统治阶级的意志除了通过法这种形式反映出来以外,还反映在道德、宗教、哲学和艺术等方面,但它们并不具有国家意志性。只有法律才以国家的名义颁布,代表国家的意志。统治阶级意志一旦上升为国家意志,便在全社会具有普遍的约束力。

4. 法律所反映的内容是由统治阶级的物质生活条件决定的

法是上层建筑的重要组成部分，它的性质是由一定的社会经济基础决定的。法所反映的统治阶级意志的内容不是统治阶级头脑中固有的，也不是凭空产生的，而是由他们的物质生活条件决定的。物质生活条件包括地理环境、人口状况、社会物质生产方式等。地理环境、人口状况对统治阶级制定的法律内容会产生一定的影响，但决定性因素是生产方式即生产力与生产关系的统一。因此，有什么样的生产力状况所决定的生产关系，就有什么样的统治阶级意志，就有什么样的法律。

(二)法律的特征

1. 法律是调整人们行为的一种特殊社会规范

法律不同于技术规范和自然法则，它调整人与人之间的行为关系，而不是调整自然现象之间、人与自然界之间的关系，违反法律会招致社会相应的惩罚，而非自然界的惩罚。作为一种特殊的社会规范，法律具有规范性、概括性和普遍性等特点。

(1)规范性是指法律为人们的行为提供了一个模式、标准或方向，告诉人们在一定情况下可以做什么或不可以做什么。

(2)概括性是指法律是一种抽象的、概括的规定。它不针对特定的人和事，在同样的情况和条件下，可以反复适用而不是仅适用一次。

(3)普遍性是指法律所提供的行为标准对所有的人具有普遍的约束力。全体社会成员都必须遵守，不允许有超越法律的特权，要求“法律面前人人平等”。

2. 法律是规定人们的权利和义务的社会规范

法律的核心内容在于规定了人们在法律上的权利和义务。法律权利是法律赋予人们的某种资格。法律义务是法律规定人们必须履行的某种责任。法律规定的各种权利是不可侵犯的，如果有人侵犯了他人的合法权利，就会受到法律制裁。法律规定的各种义务要求人们必须履行，如果有人不自觉履行义务，国家就要强制其履行。多数情况下，法律上的这种权利和义务是相对应的，行为人在享有权利的同时，必须承担相应的义务。

3. 法律是由国家制定或认可的社会规范

法律由国家制定或认可，是国家意志的表现，这是法律区别于道德、宗教等其他社会规范的重要特征之一。国家制定是指法律规范由有权创制法律规范的国家机关根据调整社会关系和规范人的行为的需要，依照一定的程序，制定出规范性文件的行为。国家认可是指国家权力机关根据统治阶级的需要，把社会生活中已存在的某种习惯、风俗、教义、礼仪等，以一定形式承认并赋予其法律效力，使其成为人们必须遵守的行为规范的行为。这一特征使法律成为国家意志的体现，也就决定了法律所具有的权威性和统一性。

4. 法律是由国家强制力保证实施的社会规范

任何社会规范都要通过一定的力量来保证实施，但方式有所不同。由于法律是一种国家意志，它的实施就要由国家来保障。国家强制力是指国家机关以军队、警察、法庭、监狱等国家暴力机关为后盾，根据法律规定，对违反法律的行为进行制裁。

【知识链接1—1】　道德、宗教等其他社会规范是建立在人们的信仰或确信的基础上，通过人们内心发生作用的，一般不需要由国家来制定，也不需要靠国家强制力保证实施，并且它们只适用于部分人群。

四、法律的渊源和体系

(一)法律渊源

法律渊源也称法律形式，是指法律的存在和表现形式。我国法律制度在形式上属于成文法，因此，判例不作为我国的法律渊源。《中华人民共和国宪法》(以下简称《宪法》)和《中华人民共和国立法法》(以下简称《立法法》)赋予我国特定的机关以特定的立法权限,不同的机关采取的立法形式不同,其制定的法律文件的效力也有所差异。具体而言,我国的法律渊源主要有:

1. 宪法

宪法是国家的根本大法和最高法律,是一切法律的基础。我国宪法是由全国人民代表大会经过最严格的立法程序制定和修改的。它规定了我国的各项基本制度、公民的基本权利和义务、国家机关的组成及其活动的基本原则等。

【提示】宪法具有最高的法律效力,是其他一切法律、法规制定的依据。

2. 法律

法律也是由国家的最高权力机关——全国人民代表大会及其常务委员会制定的。其中,制定和修改刑事、民事、国家机构的法律和其他的基本法律由全国人民代表大会完成。全国人民代表大会常务委员会制定和修改除应当由全国人民代表大会制定的法律以外的其他法律。

【提示】法律的效力低于宪法,高于其他的法律形式。

3. 行政法规

行政法规是指由国务院制定的规范性文件。国务院为领导和管理国家的各项行政工作,根据宪法和法律,在自己的职权范围内制定的行政法规,其地位和效力仅次于宪法、法律,高于地方性法规、规章,是制定地方性法规和规章的依据。行政法规使用的具体名称一般为条例、规定、办法等。

4. 地方性法规

地方性法规是指有地方立法权的人民代表大会及其常务委员会,在不与宪法、法律和行政法规相抵触的前提下,根据本辖区的具体情况和实际需要制定的规范性文件。地方性法规仅在本辖区内有效,其效力高于本级和下级地方政府规章。

5. 自治条例和单行条例

自治条例和单行条例是指由民族自治地方的人民代表大会,根据宪法和相关法律,依照当地民族的政治、经济、文化等特点制定的,只在本自治地方内有效的规范性文件。自治条例和单行条例可以依照当地民族的特点,对法律和行政法规的规定作出变通规定,但不得违背法律或者行政法规的基本原则,不得对宪法和民族区域自治法的规定以及其他有关法律、行政法规专门就民族自治地方所作的规定作出变通规定。

6. 特别行政区的法律

特别行政区的法律是指由特别行政区的立法机关在宪法和法律赋予的职权范围内制定的规范性文件,在特别行政区内具有普遍的约束力。我国实行“一国两制”,因此特别行政区的法律渊源具有一定的特殊性。

7. 规章

规章包括部门规章和政府规章。部门规章是指由国务院所属的各部、各委员会、中国人民银行、审计署和具有行政管理职能的直属机构,为了执行宪法、法律和国务院行政法规,在本部门的权限范围内,发布的决定、命令等。部门规章一般在全国范围内有效。

政府规章是省、自治区、直辖市、设区的市、自治州的人民政府,在不与法律、行政法规和地方性法规相抵触的前提下制定的,对本行政区域内具体行政事项进行管理的法律文件。省、自治区的人民政府制定的规章的效力高于本行政区域内的设区的市、自治州的人民政府制定的规章。

【知识链接1-2】 设区的市、自治州的人民政府根据《立法法》制定的地方政府规章,限于城乡建设与管理、环境保护、历史文化保护等方面的事项,并且只在本地区适用。已经制定的地方政府规章,涉及上述事项范围以外的,继续有效。

应当制定地方性法规但条件尚不成熟的,因行政管理迫切需要,可以先制定地方政府规章。规章实施满 2 年需要继续实施规章所规定的行政措施的，应当提请本级人民代表大会或者其常务委员会制定地方性法规。

8. 法律解释

法律解释包括全国人民代表大会常务委员会作出的法律解释和最高人民法院、最高人民检察院等机关作出的司法解释。这两类解释与其所解释的法律条文具有同等的法律效力，也可以视为我国法律的渊源。

9. 国际条约或协定

国际条约或协定是指我国作为国际法主体同其他国家或地区缔结的双边、多边协议和其他具有条约、协定性质的文件。国际条约或协定虽然不属于我国的国内法，但只要我国签订或加入的国际条约或协定一经生效，不仅对国家有约束力，而且对国内机关、社会团体、企事业单位和公民也具有普遍约束力，成为我国法律的渊源之一。

10. 习惯

《中华人民共和国民法典》[①]第 10 条规定：处理民事纠纷，应当依照法律；法律没有规定的，可以适用习惯，但是不得违背公序良俗。据此可以认定，在特殊情况下，法律认可将人们在社会生活中形成的，符合公序良俗的社会习惯作为审理纠纷的依据，即可以将这些习惯视为法律渊源。

（二）法律的体系

法律体系是指由若干法律部门构成的有机联系的统一整体。法律部门是指调整同一类社会关系的法律规范的总称，凡调整同一类社会关系并运用相同的调整方法的法律规范就构成一个法律部门。目前，我国已经初步形成了以宪法为基础和核心的法律体系框架。

1. 宪法及宪法相关法

宪法是我国法律体系的主导法律。它所涉及的是我国的社会制度、国家制度和主要社会关系的基本问题。宪法体系不单指《宪法》这部根本大法，还包括与《宪法》相配套、直接保障《宪法》实施和国家政权运作等方面的法律规范。

2. 行政法

行政法是宪法之下重要的法律之一，在法律体系中占有重要的地位。行政法是调整国家在行政管理活动中所发生的各种社会关系的法律规范的总和。我国目前没有一部综合性的、完整的行政法法典，有关规范分散于宪法、法律、行政法规和大量的地方性法规、规章之中。行政法涉及范围很广，包括国防、外交、经济、文教、治安、民政、卫生、环境、交通等方面的行政管理。

3. 民法

民法是我国法律体系中的一门重要法律。民法是调整平等主体的自然人、法人和非法人组织之间的人身关系与财产关系的法律规范的总称。2020 年 5 月 28 日，第十三届全国人大三次会议表决通过《民法典》，自 2021 年 1 月 1 日起实施。

4. 商法

商法是调整平等主体之间的商事关系或商事行为的法律规范的总称。商法主要包括公司法、合伙企业法、个人独资企业法、外商投资企业法、企业破产法、保险法、票据法、海商法等。作为与民事法律相辅相成的法律体系，商法会随着我国民事立法的不断完善而得到巩固和健全。

5. 经济法

经济法也可称为经济管理法，是调整国家对社会经济进行宏观调控和市场规制过程中产生的经济关系的法律规范的总称。经济法涉及的范围包括财税调控、金融调控、计划调控、反垄断、反不

---

① 本书后续内容将其简称为《民法典》。

正当竞争和消费者权益保护等方面。

6. 刑法

刑法是以规定犯罪和刑罚为基本内容的法律规范的总和。刑法部门的法律规范主要体现在《中华人民共和国刑法》(简称《刑法》)中。刑法的任务就是要惩罚犯罪,保护社会,对严重破坏社会关系和社会秩序的犯罪分子定罪量刑,保护国家、社会、个人的利益不受侵犯,保障我国社会主义建设事业的顺利进行。

7. 社会法

社会法是规范劳动关系、社会保障、社会福利和特殊群体权益保障方面法律关系的法律规范的总和。社会法也是在政府干预社会生活过程中逐渐发展起来的一个法律门类,所调整的是政府与社会之间、社会不同部分之间的法律关系。社会法包括两个方面:①有关劳动关系、劳动保障和社会保障方面的法律,如劳动法、工会法等;②有关特殊社会群体权益保障方面的法律,如未成年人保护法、妇女权益保障法等。

8. 诉讼法与非诉讼程序法

诉讼法与非诉讼程序法是国家制定的解决社会纠纷的诉讼活动与非诉讼活动的法律规范的总称。诉讼法与非诉讼程序法是保证各种实体法实现的必要条件。诉讼法的法律规范主要集中在《中华人民共和国刑事诉讼法》(简称《刑事诉讼法》)、《中华人民共和国民事诉讼法》(简称《民事诉讼法》)和《中华人民共和国行政诉讼法》(简称《行政诉讼法》)三部法典中。同时,针对海事诉讼的特殊性,我国制定了《中华人民共和国海事诉讼特别程序法》,作为对民事诉讼法的补充。为了处理国与国之间的犯罪引渡问题,制定了《中华人民共和国引渡法》,作为对刑事诉讼法的补充。此外,我国还制定有《中华人民共和国仲裁法》《中华人民共和国劳动争议调解仲裁法》等非诉讼程序法。

五、法律的效力

法律的效力即法律对行为主体的约束力。国家制定的法律对行为主体有严格的约束力,行为主体必须服从法律,按照法律的规定去实施自己的行为。法律的效力包括法律的对象效力、法律的空间效力、法律的时间效力三个方面。

(一)法律的对象效力

法律的对象效力也称为法律对人的效力,是指一国法律规范可以适用的主体范围,即对哪些主体有效。不同国家以及一国不同的部门法在确定适用的对象范围时可以遵循不同的原则,这些原则大体有四种:属人主义原则、属地主义原则、保护主义原则、以属地主义为主并与属人主义和保护主义相结合的原则。我国采用第四种原则,即维护本国利益,坚持本国主权,又尊重他国主权。

1. 法律对中国公民的效力

中国公民在中国领域内一律适用中国法律。在中国境外的中国公民,也应遵守中国法律并受中国法律保护。

2. 法律对外国人和无国籍人的效力

外国人和无国籍人在中国领域内,除法律另有规定外,适用中国法律。中国法律既保护他们在中国的法定权利与合法利益,又依法处理他们的违法问题,这是国家主权原则的必然要求。外国人在中国领域外对中国国家或者公民犯罪,按中国《刑法》规定的最低刑期为 3 年以上有期徒刑的,可以适用中国法律,但是按照犯罪地的法律不受处罚的除外。

我国公民在境外犯罪,或外国人在我国境外对我国或我国公民犯罪,依照我国《刑法》应负刑事责任的,虽然经过国外审判,仍然可以依照我国《刑法》处理,但在国外已经受过刑罚处罚的,可以免除或者减轻处罚。

(二)法律的空间效力

法律的空间效力是指法律在哪些地域有效力。一般来说,一国法律适用于该国主权所及的全部领土,包括领陆、领水及其底土和领空,以及作为领土延伸的本国驻外使领馆、船舶、飞机或其他航空器。

针对犯罪行为与犯罪结果在时间或地点方面存在跨国界等情况,我国《刑法》第六条规定:犯罪的行为或者结果有一项发生在中华人民共和国领域内的,就认为是在中华人民共和国领域内犯罪。

(三)法律的时间效力

法律的时间效力是指法律何时生效、何时失效和法律的溯及力等问题。

1. 法律的生效时间

法律的生效时间有四种:①自法律公布之日起生效;②由该法律规定具体的生效时间;③有专门决定规定该法律的具体生效时间;④规定法律公布后符合一定条件时生效。

2. 法律的失效时间

法律的失效时间即法律的废止时间。我国法律的失效情况有四种:①新法取代旧法,使旧法失效;②法律完成了历史任务而自然失效;③发布明文规定废止旧法;④法律本身规定了适用新法,旧法失效。

3. 法律的溯及力

动漫视频
溯及力

法律的溯及力是指法律对其生效以前的事件和行为是否适用的问题,如果适用,就是有溯及力;如果不适用,就是没有溯及力。法律是否具有溯及力,不同法律规范的规定不同。我国 2015 年 3 月 15 日第十二届全国人民代表大会第三次会议修正的《立法法》第 93 条规定:“法律、行政法规、地方性法规、自治条例和单行条例、规章不溯及既往,但为了更好地保护公民、法人和其他组织的权利和利益而作的特别规定除外。”可见,我国法律是以法律不溯及既往为原则的。但为了更好地保护当事人的利益,在新的法律规定比旧的法律规定处罚轻时,我国法律规定适用新法处理旧的案件。例如,我国《刑法》第 12 条规定:“中华人民共和国成立以后本法施行以前的行为,如果当时的法律不认为是犯罪的,适用当时的法律;如果当时的法律认为是犯罪的,依照本法总则第四章第八节的规定应当追诉的,按照当时的法律追究刑事责任,但是如果本法不认为是犯罪或者处刑较轻的,适用本法。”这里,我国立法就采用了“从旧兼从轻”的原则。

【做中学 1—1】　A 外商与中国 B 公司合作创办一家中外合作经营企业,合作企业协议中有如下约定:企业要遵守中国的法律、法规的要求;企业生产用原材料由外商在本国的 C 公司提供。该合作企业在经营过程中,合作双方因 C 公司提交的原材料不符合规定而发生争议,中国 B 公司按中国法律规定,向履行地的当地人民法院提起诉讼。但 A 外商却以自己不是中国人且 C 公司不在中国为由,拒绝按中国的法律审理该案。

做中学 1—1
解析

请思考:

(1)法律的概念是什么?

(2)如何理解法律的效力?

(3)能否依照中国法律审理本案中的 A 外商和 C 公司的行为?

任务二 经济法的概念和调整对象

一、经济法的概念

经济法同其他法律一样，是人类社会发展到一定历史阶段的产物。它随着生产力的发展及社会政治制度的变迁，经历了一个产生、发展的演变过程，并随着经济社会的进一步发展而逐步完善。

"经济法"一词源于法国空想社会主义者摩莱里1775年的著作《自然法典》。《自然法典》中"经济法"一词只是针对分配领域的一种设想，并没有引起人们广泛关注。1916年，德国学者赫德曼在《经济字典》中，让经济法的概念固化并迅速成为各国通用的法律概念。由此，经济法的概念流行开来，并被越来越多的人所接受和使用。

本书将经济法的概念表述为：经济法是调整国家对国民经济进行宏观调控和规范市场主体行为、市场主体内部活动以及社会经济保障活动过程中产生的经济关系的法律规范的总称。

二、经济法的调整对象

(一)宏观调控关系

宏观调控关系，是国家对国民经济和社会发展运行进行规划、调节和控制过程中发生的经济关系，涉及现实社会中的国民经济整体利益、社会公共利益和国家根本与长远利益。其内容十分广泛，主要包括以下几类宏观调控关系：①财税调控关系；②金融调控关系；③规划调控关系；④产业调控关系；⑤投资调控关系；⑥储备调控关系；⑦价格调控关系；⑧涉外调控关系；等等。

(二)市场规制关系

市场规制关系就是国家在引导、调节、控制、监督市场主体的经济行为过程中产生的经济关系，具体可分为企业组织关系和市场管理关系。

1. 企业组织关系

在市场主体体系中，企业是最主要的主体。国家为了协调本国经济运行，对于各种市场经济主体的设立、变更、终止及其内部各部门之间的关系也应当通过法律的手段进行规范，这是我国经济体制改革的主要层面。市场主体—市场客体—市场行为构成了市场运行的基本要素，必须从源头进行必要的干预。

2. 市场管理关系

社会主义市场经济体制要求市场发育优良，市场体系完善，建立和健全统一的、开放的、竞争的、法制化的市场体系。规范和指导市场管理，形成布局合理、结构优化、配套齐全、统一、开放、竞争、有序的社会主义市场体系。市场本身是无法达到这一目标的，必须依赖国家的干预，加强调控。

【做中学1—2】 某饭店与某旅行社达成协议，旅行社将游客带到该饭店用餐，饭店按餐费8%的比例向旅行社支付回扣。该行为被其他饭店举报。

请思考：

(1)经济法的概念是什么？

(2)经济法有哪些调整对象？

(3)饭店和旅行社之间的关系属于经济法的调整对象吗？

做中学1—2 解析

任务三　经济法律关系

一、经济法律关系的概念和特征

(一)经济法律关系的概念

动漫视频

经济法律关系

经济法律关系是经济关系在法律上的表现,但并非所有的经济关系都是法律关系。当某种特定的经济关系为经济法律规范所调整而且以经济权利和义务为内容时,就具有了经济法律关系的性质,如合同法调整的合同关系、税法调整的税收征纳关系等就是经济法律关系。因此,经济法律关系是由经济法律规范所确认和调整的经济法主体在经济管理关系与市场运作关系过程中所形成的经济权利和经济义务的关系。

(二)经济法律关系的特征

1. 经济法律关系主体的特殊性

其表现为国家作为经济法律关系的主体参与并干预和管理经济活动,行使国家管理经济的职能。例如,国家通过税收、预算等方式直接参与国民收入分配和再分配活动。

2. 经济法律关系内容的特殊性

其表现为经济法律关系主体的经济权利和经济义务的统一性。经济权利的实现以经济义务的履行为条件,而且,相对于民事权利可以抛弃和放弃来说,经济权利一般是不能抛弃和放弃的,经济义务一般也是不能规避的。

二、经济法律关系的构成要素

经济法律关系由经济法律关系主体、经济法律关系客体和经济法律关系内容三个要素构成,也称经济法律关系"三要素"。在经济法律关系中,三者紧密联系,缺一不可。

(一)经济法律关系主体

经济法律关系主体,又称经济法主体,它是指参与经济法律关系,依法享有经济权利和承担经济义务的当事人。经济法律关系的主体是其构成中最基本的要素,也是最积极和最活跃的因素。

1. 经济法律关系主体的种类

经济法律关系主体的种类包括:①公民(自然人),既包括本国公民,也包括居住在一国境内或在境内活动的外国公民和无国籍人。②法人和其他组织。法人包括机关法人(立法机关、行政机关和司法机关等)、事业单位法人、社会团体法人和企业法人,其他组织则是指不具有法人地位,但是可以自己名义从事法律活动的主体,如分公司。③国家,它是行使国家职能的各种机关的统称。作为经济法主体的国家机关主要是指国家各级经济管理机关,它担负着组织管理和协调国民经济的重要任务。

2. 经济法律关系主体的权利能力和行为能力

公民和法人要成为经济法律关系的主体,必须具备权利能力,即具有经济法律关系主体构成的资格。权利能力是权利主体享有权利和承担义务的资格,它反映了权利主体享有权利和承担义务的可能性。法律关系主体要参与经济法律活动,必须具备相应的行为能力。行为能力是指权利主体能够通过自己的行为取得权利和承担义务的能力。行为能力必须以权利能力为前提,无权利能力就谈不上行为能力。

(二)经济法律关系客体

经济法律关系的客体是指经济法律关系主体之间的经济权利和经济义务所共同指向的对象,

包括权利客体和义务客体。客体是确立权利和义务关系性质与具体内容的依据，也是确定权利是否行使和义务是否履行的客观标准。没有客体，权利义务就失去了依附的目标和载体。经济法律关系的客体包括以下方面。

1. 财

这里的“财”包括货币和有价证券。货币是财产的价值形态，是一种特殊的商品。我国的法定货币是人民币，是我国国内经济活动中支付、信贷、结算的手段。有价证券是表示某种财产权的文书，券面所表示的权利与该券有不可分离的关系，如股票、本票、支票、汇票、提单等。

2. 物

这里的“物”是指现实存在、可以为人所控制和支配、具有一定经济价值的物质财产。它是经济法律关系中最普遍的客体。按照我国法律规定，物可分为以下几种：流通物和限制流通物；种类物和特定物；可分物和不可分物；主物和从物；原物和孳息。

3. 经济行为

它是指经济法律关系主体为实现某种经济目的所进行的有意识的活动，包括：经济管理行为，如金融管理、税收征收等；生产经营行为，可分为完成一定的工作和提供一定的劳务，前者如勘察、设计、建筑、安装等，后者如运输、仓储保管等。

4. 智力成果

它是指人的脑力劳动所创造的非物质财富，包括商标权、专利权、专有技术和经济信息等。随着经济和科学技术的不断发展，以智力成果作为客体的经济法律关系越来越广泛。

(三)经济法律关系内容

经济法律关系内容是指经济法律关系主体之间依法享有的经济权利和承担的经济义务及职责。经济权利和经济义务是经济法律关系的最基本要素，经济权利和经济义务融为一体，决定着经济法律关系的实质。

1. 经济权利

经济权利是指经济法律关系权利主体依法享有的某种经济权益。其权益表现在：①经济主体可以根据自己的业务或管理的需要，有权做出或不做出一定的行为；②经济主体有权要求他人做出或不做出一定的行为；③当他人的行为使自己的经济权利不能实现时，有权要求法院或仲裁机构给予法律保护。

2. 经济义务

经济义务是指经济法律关系义务主体依法应当履行的某种经济责任。其责任表现为义务主体必须做出或不做出一定的行为，以保证权利主体的权利得以实现。

【做中学 1—3】　张老师欠王老师 1 000 元。某一天，张老师将 4 张面值 250 元的奖券拿给王老师说：“本该给你钱的，这 4 张 250 元的奖券，一年后可以兑现，利息也比一般的存款要高。”王老师表示同意并收下奖券。第二年，这 4 张奖券中有一张中了奖，奖金 2 000 元。张老师得知后，后悔莫及，多次要求王老师归还 2 000 元的奖金，王老师不允，张老师遂诉至法院。法院认为：4 张奖券的所有权发生了转移，因为张老师向王老师交付 4 张奖券是作为债的变更，而并非是债的抵押，奖金应该归王老师所有。

做中学 1—3 解析

请思考：法院作出裁定的依据是什么？

三、经济法律关系的保护

(一)经济法律关系保护的概念

经济法律关系依法确立后，不仅涉及经济法律关系主体的经济权利，而且关系到国家和人民的利益,因此,它必须受到法律保护。国家对经济法律关系的保护,就是严格监督经济法律关系的参加者正确行使权利和切实履行义务,其实质就是对经济法主体的权利的保护,也是加强经济法制建设的重要目的。

(二)经济法律关系保护的途径

1. 协商或仲裁

经济法律关系主体之间发生经济纠纷,可以采取双方协商或请求仲裁的方式解决,但必须遵循自愿原则,必须符合国家法律、国际条约和国际惯例。

2. 行政处理

经济法律关系主体违反经济法律、法规,侵犯其他经济法律关系主体的权利,由法律规定的行政机关依法给予行政处分,以保护权利主体的经济权利。

3. 司法处理

经济法律关系主体违反经济法律、法规,侵犯其他经济法律关系主体的权利,由司法机关依法给予司法处理。

(三)经济法律责任

1. 行政责任

行政责任是指国家行政机关和国家授权单位对经济法律关系主体的经济违法行为给予的行政处分或行政处罚,如通报批评、警告、责令整顿、吊销营业执照、记过、降级、撤职、罚款等。

2. 民事责任

民事责任是指国家机关或国家授权单位对经济法律关系主体的经济违法行为给予的经济制裁,如支付违约金、赔偿金、没收财产等。

3. 刑事责任

刑事责任是指对违反经济法并违反刑法构成犯罪的经济法律关系主体给予的刑事处罚。

经济法律责任是一种综合性的责任,在适用上具有灵活性。对违法的经济法律关系主体,根据违法性质、情节可以单独适用,也可以合并采用。

任务四　经济法律制度

一、法人制度

(一)法人的概念

法人是自然人的对称,是另一类重要的民事主体。《民法典》第 57 条规定:“法人是具有民事权利能力和民事行为能力,依法独立享有民事权利和承担民事义务的组织。”

(二)法人成立的条件

1. 依法成立

《民法典》第 58 条规定:法人应当依法成立。法人应当有自己的名称、组织机构、住所、财产或者经费。法人成立的具体条件和程序,依照法律、行政法规的规定。设立法人,法律、行政法规规定须经有关机关批准的,依照其规定。

2. 独立承担民事责任

《民法典》第 59 条规定:法人的民事权利能力和民事行为能力,从法人成立时产生,到法人终止时消灭。第 60 条规定:法人以其全部财产独立承担民事责任。第 61 条规定:依照法律或者法人章程的规定,代表法人从事民事活动的负责人,为法人的法定代表人。法定代表人以法人名义从事的民事活动，其法律后果由法人承受。法人章程或者法人权力机构对法定代表人代表权的限制，不得对抗善意相对人。第62条规定：法定代表人因执行职务造成他人损害的，由法人承担民事责任。法人承担民事责任后，依照法律或者法人章程的规定，可以向有过错的法定代表人追偿。

3. 有自己的场所

《民法典》第63条规定：法人以其主要办事机构所在地为住所。依法需要办理法人登记的，应当将主要办事机构所在地登记为住所。

【知识链接1—3】《民法典》第64条规定：法人存续期间登记事项发生变化的，应当依法向登记机关申请变更登记。第65条规定：法人的实际情况与登记的事项不一致的，不得对抗善意相对人。第66条规定：登记机关应当依法及时公示法人登记的有关信息。第67条规定：法人合并的，其权利和义务由合并后的法人享有和承担。法人分立的，其权利和义务由分立后的法人享有连带债权，承担连带债务，但是债权人和债务人另有约定的除外。

(三)法人的分类

按照《民法典》的规定，法人有营利法人、非营利法人、特别法人、非法人组织。

1. 营利法人

以取得利润并分配给股东等出资人为目的成立的法人，为营利法人。营利法人包括有限责任公司、股份有限公司和其他企业法人等。营利法人经依法登记成立。依法设立的营利法人，由登记机关发给营利法人营业执照。营业执照签发日期为营利法人的成立日期。设立营利法人应当依法制定法人章程。

营利法人应当设权力机构。权力机构行使修改法人章程、选举或者更换执行机构、监督机构成员，以及法人章程规定的其他职权。

营利法人应当设执行机构。执行机构行使召集权力机构会议、决定法人的经营计划和投资方案、决定法人内部管理机构的设置，以及法人章程规定的其他职权。执行机构为董事会或者执行董事的，董事长、执行董事或者经理按照法人章程的规定担任法定代表人；未设董事会或者执行董事的，法人章程规定的主要负责人为其执行机构和法定代表人。营利法人设监事会或者监事等监督机构的，监督机构依法行使检查法人财务，监督执行机构成员、高级管理人员执行法人职务的行为，以及法人章程规定的其他职权。

营利法人的出资人不得滥用出资人权利损害法人或者其他出资人的利益；滥用出资人权利造成法人或者其他出资人损失的，应当依法承担民事责任。营利法人的出资人不得滥用法人独立地位和出资人有限责任损害法人债权人的利益；滥用法人独立地位和出资人有限责任，逃避债务，严重损害法人债权人的利益的，应当对法人债务承担连带责任。营利法人的控股出资人、实际控制人、董事、监事、高级管理人员不得利用其关联关系损害法人的利益；利用关联关系造成法人损失的，应当承担赔偿责任。

营利法人的权力机构、执行机构做出决议的会议召集程序、表决方式违反法律、行政法规、法人章程，或者决议内容违反法人章程的，营利法人的出资人可以请求人民法院撤销该决议。但是，营利法人依据该决议与善意相对人形成的民事法律关系不受影响。

【提示】营利法人从事经营活动，应当遵守商业道德，维护交易安全，接受政府和社会的监督，承担社会责任。

2. 非营利法人

为公益目的或者其他非营利目的成立，不向出资人、设立人或者会员分配所取得利润的法人，为非营利法人。非营利法人包括事业单位、社会团体、基金会、社会服务机构等。

具备法人条件，为适应经济社会发展需要，提供公益服务设立的事业单位，经依法登记成立，取得事业单位法人资格；依法不需要办理法人登记的，从成立之日起，具有事业单位法人资格。

事业单位法人设理事会的，除法律另有规定外，理事会为其决策机构。事业单位法人的法定代表人依照法律、行政法规或者法人章程的规定产生。

具备法人条件，基于会员共同意愿，为公益目的或者会员共同利益等非营利目的设立的社会团体，经依法登记成立，取得社会团体法人资格；依法不需要办理法人登记的，从成立之日起，具有社会团体法人资格。

设立社会团体法人应当依法制定法人章程。社会团体法人应当设会员大会或者会员代表大会等权力机构。社会团体法人应当设理事会等执行机构。理事长或者会长等负责人按照法人章程的规定担任法定代表人。

具备法人条件，为公益目的以捐助财产设立的基金会、社会服务机构等，经依法登记成立，取得捐助法人资格。

依法设立的宗教活动场所，具备法人条件的，可以申请法人登记，取得捐助法人资格。法律、行政法规对宗教活动场所有规定的，依照其规定。

设立捐助法人应当依法制定法人章程。捐助法人应当设理事会、民主管理组织等决策机构，并设执行机构。理事长等负责人按照法人章程的规定担任法定代表人。捐助法人应当设监事会等监督机构。捐助人有权向捐助法人查询捐助财产的使用、管理情况，并提出意见和建议，捐助法人应当及时、如实答复。捐助法人的决策机构、执行机构或者法定代表人做出决定的程序违反法律、行政法规、法人章程，或者决定内容违反法人章程的，捐助人等利害关系人或者主管机关可以请求人民法院撤销该决定。但是，捐助法人依据该决定与善意相对人形成的民事法律关系不受影响。

【注意】为公益目的成立的非营利法人终止时，不得向出资人、设立人或者会员分配剩余财产。剩余财产应当按照法人章程的规定或者权力机构的决议用于公益目的；无法按照法人章程的规定或者权力机构的决议处理的，由主管机关主持转给宗旨相同或者相近的法人，并向社会公告。

3. 特别法人

机关法人、农村集体经济组织法人、城镇农村的合作经济组织法人、基层群众性自治组织法人，为特别法人。

有独立经费的机关和承担行政职能的法定机构从成立之日起，具有机关法人资格，可以从事为履行职能所需要的民事活动。

机关法人被撤销的，法人终止，其民事权利和义务由继任的机关法人享有和承担；没有继任的机关法人的，由做出撤销决定的机关法人享有和承担。

农村集体经济组织依法取得法人资格。法律、行政法规对农村集体经济组织有规定的，依照其规定。

城镇农村的合作经济组织依法取得法人资格。法律、行政法规对城镇农村的合作经济组织有规定的，依照其规定。

居民委员会、村民委员会具有基层群众性自治组织法人资格，可以从事为履行职能所需要的民事活动。未设立村集体经济组织的，村民委员会可以依法代行村集体经济组织的职能。

4. 非法人组织

非法人组织是不具有法人资格，但能够依法以自己的名义从事民事活动的组织。非法人组织包括个人独资企业、合伙企业、不具有法人资格的专业服务机构等。非法人组织应当依照法律的规定登记。设立非法人组织，法律、行政法规规定须经有关机关批准的，依照其规定。

非法人组织的财产不足以清偿债务的，其出资人或者设立人承担无限责任。法律另有规定的，依照其规定。非法人组织可以确定一人或者数人代表该组织从事民事活动。

有下列情形之一的，非法人组织解散：

(1)章程规定的存续期间届满或者章程规定的其他解散事由出现；

(2)出资人或者设立人决定解散；

(3)法律规定的其他情形。

(四)法人终止与解散

1. 法人终止

《民法典》第 68 条规定：有下列原因之一并依法完成清算、注销登记的，法人终止：①法人解散；②法人被宣告破产；③法律规定的其他原因。法人终止，法律、行政法规规定须经有关机关批准的，依照其规定。

2. 法人解散

《民法典》第 69 条规定：有下列情形之一的，法人解散：①法人章程规定的存续期间届满或者法人章程规定的其他解散事由出现；②法人的权力机构决议解散；③因法人合并或者分立需要解散；④法人依法被吊销营业执照、登记证书，被责令关闭或者被撤销；⑤法律规定的其他情形。

《民法典》第 70 条规定：法人解散的，除合并或者分立的情形外，清算义务人应当及时组成清算组进行清算。法人的董事、理事等执行机构或者决策机构的成员为清算义务人。法律、行政法规另有规定的，依照其规定。清算义务人未及时履行清算义务，造成损害的，应当承担民事责任；主管机关或者利害关系人可以申请人民法院指定有关人员组成清算组进行清算。

《民法典》第 71 条规定：法人的清算程序和清算组职权，依照有关法律的规定；没有规定的，参照适用公司法律的有关规定。

《民法典》第 72 条规定：清算期间法人存续，但是不得从事与清算无关的活动。法人清算后的剩余财产，按照法人章程的规定或者法人权力机构的决议处理。法律另有规定的，依照其规定。清算结束并完成法人注销登记时，法人终止；依法不需要办理法人登记的，清算结束时，法人终止。法人被宣告破产的，依法进行破产清算并完成法人注销登记时，法人终止。

【知识链接 1—4】　法人可以依法设立分支机构。法律、行政法规规定分支机构应当登记的，依照其规定。分支机构以自己的名义从事民事活动，产生的民事责任由法人承担；也可以先以该分支机构管理的财产承担，不足以承担的，由法人承担。

设立人为设立法人从事的民事活动，其法律后果由法人承受；法人未成立的，其法律后果由设立人承受，设立人为二人以上的，享有连带债权，承担连带债务。设立人为设立法人以自己的名义从事民事活动产生的民事责任，第三人有权选择请求法人或者设立人承担。

(五)法人的民事权利能力和民事行为能力

法人具有民事权利能力和民事行为能力。①法人的民事权利能力是指其能以自己的名义独立享受民事权利和承担民事义务的资格。②法人的民事行为能力是指其能以自己独立的名义进行民事法律行为，以实现自己民事权利和民事义务的资格。公民的民事权利能力始于出生，终于死亡。其特点是所有公民的民事权利能力一律平等，彼此之间没有任何差别。公民的民事行为能力则有所不同。

按照我国《民法典》的规定，民事行为能力分为三种：

(1)完全民事行为能力。《民法典》第 17 条规定：十八周岁以上的自然人为成年人。不满十八周岁的自然人为未成年人。第 18 条规定：成年人为完全民事行为能力人，可以独立实施民事法律行为。十六周岁以上的未成年人，以自己的劳动收入为主要生活来源的，视为完全民事行为能力人。

(2)限制民事行为能力。《民法典》第 19 条规定：八周岁以上的未成年人为限制民事行为能力人，实施民事法律行为由其法定代理人代理或者经其法定代理人同意、追认；但是，可以独立实施纯获利益的民事法律行为或者与其年龄、智力相适应的民事法律行为。第22条规定：不能完全辨认自己行为的成年人为限制民事行为能力人，实施民事法律行为由其法定代理人代理或者经其法定代理人同意、追认；但是，可以独立实施纯获利益的民事法律行为或者与其智力、精神健康状况相适应的民事法律行为。

(3)无民事行为能力。《民法典》第20条规定：不满八周岁的未成年人为无民事行为能力人，由其法定代理人代理实施民事法律行为。第21条规定：不能辨认自己行为的成年人为无民事行为能力人，由其法定代理人代理实施民事法律行为。第23条规定：无民事行为能力人、限制民事行为能力人的监护人是其法定代理人。

【提示】《民法典》第24条规定：不能辨认或者不能完全辨认自己行为的成年人，其利害关系人或者有关组织，可以向人民法院申请认定该成年人为无民事行为能力人或者限制民事行为能力人。被人民法院认定为无民事行为能力人或者限制民事行为能力人的，经本人、利害关系人或者有关组织申请，人民法院可以根据其智力、精神健康恢复的状况，认定该成年人恢复为限制民事行为能力人或者完全民事行为能力人。

二、代理制度

(一)代理的概念

代理是民法中的一个概念，是指代理人在代理权限内以本人(被代理人)的名义向第三人(相对人)为意思表示或受领意思表示，而该意思表示直接对本人生效的民事法律行为。其中：①代替他人实施民事法律行为的人，称为代理人；②由他人以自己的名义代为民事法律行为并承受法律后果的人，称为被代理人；③与代理人产生民事法律行为的人，称为第三人；④代理人代替被代理人实施法律行为的权利称为代理权。例如，甲接受乙的委托，以乙的名义与丙签订合同，在乙与丙之间形成债权和债务关系。

【注意】代理人在代理权限内，以被代理人名义实施的民事法律行为，对被代理人发生效力。代理包括委托代理和法定代理，委托代理人按照被代理人的委托行使代理权，法定代理人依照法律的规定行使代理权。

代理人不履行或者不完全履行职责，造成被代理人损害的，应当承担民事责任。代理人和相对人恶意串通，损害被代理人合法权益的，代理人和相对人应当承担连带责任。

【知识链接1—5】《民法典》第161条规定：民事主体可以通过代理人实施民事法律行为。依照法律规定、当事人约定或者民事法律行为的性质，应当由本人亲自实施的民事法律行为，不得代理。

(二)代理的种类

1. 委托代理

它是指依照被代理人的授权委托而产生的代理。委托代理授权采用书面形式的，授权委托书应当载明代理人的姓名或者名称、代理事项、权限和期限，并由被代理人签名或者盖章。

2. 法定代理

它是指依照法律的规定而直接产生的代理。这种代理，不需要被代理人委托，而是直接由法律根据一定社会关系的存在而加以确定的。比如，法律规定无行为能力和限制行为能力的人由他们的监护人做其法定代理人；夫妻一方失去行为能力，另一方即为其法定代理人。

(三)代理终止

有下列情形之一的，委托代理终止：①代理期限届满或者代理事务完成；②被代理人取消委托或者代理人辞去委托；③代理人丧失民事行为能力；④代理人或者被代理人死亡；⑤作为代理人或者被代理人的法人、非法人组织终止。

被代理人死亡后，有下列情形之一的，委托代理人实施的代理行为有效：①代理人不知道且不应当知道被代理人死亡；②被代理人的继承人予以承认；③授权中明确代理权在代理事务完成时终止；④被代理人死亡前已经实施，为了被代理人的继承人的利益继续代理。

有下列情形之一的，法定代理终止：①被代理人取得或者恢复完全民事行为能力；②代理人丧失民事行为能力；③代理人或者被代理人死亡；④法律规定的其他情形。

(四)委托代理的法律后果

数人为同一代理事项的代理人的，应当共同行使代理权，但是当事人另有约定的除外。

代理人知道或者应当知道代理事项违法仍然实施代理行为，或者被代理人知道或者应当知道代理人的代理行为违法未作反对表示的，被代理人和代理人应当承担连带责任。

【注意】代理人不得以被代理人的名义与自己实施民事法律行为，但是被代理人同意或者追认的除外。代理人不得以被代理人的名义与自己同时代理的其他人实施民事法律行为，但是被代理的双方同意或者追认的除外。

代理人需要转委托第三人代理的，应当取得被代理人的同意或者追认。转委托代理经被代理人同意或者追认的，被代理人可以就代理事务直接指示转委托的第三人，代理人仅就第三人的选任以及对第三人的指示承担责任。转委托代理未经被代理人同意或者追认的，代理人应当对转委托的第三人的行为承担责任；但是，在紧急情况下代理人为了维护被代理人的利益需要转委托第三人代理的除外。

执行法人或者非法人组织工作任务的人员，就其职权范围内的事项，以法人或者非法人组织的名义实施的民事法律行为，对法人或者非法人组织发生效力。

法人或者非法人组织对执行其工作任务的人员职权范围的限制，不得对抗善意相对人。

行为人没有代理权、超越代理权或者代理权终止后，仍然实施代理行为，未经被代理人追认的，对被代理人不发生效力。

相对人可以催告被代理人自收到通知之日起三十日内予以追认。被代理人未作表示的，视为拒绝追认。行为人实施的行为被追认前，善意相对人有撤销的权利。撤销应当以通知的方式作出。行为人实施的行为未被追认的，善意相对人有权请求行为人履行债务或者就其受到的损害请求行为人赔偿。但是，赔偿的范围不得超过被代理人追认时相对人所能获得的利益。相对人知道或者应当知道行为人无权代理的，相对人和行为人按照各自的过错承担责任。

行为人没有代理权、超越代理权或者代理权终止后，仍然实施代理行为，相对人有理由相信行为人有代理权的，代理行为有效。

【知识链接 1—6】　我国《民法典》第 27 条规定：父母是未成年子女的监护人。未成年人的父母已经死亡或者没有监护能力的，由下列有监护能力的人按顺序担任监护人：①祖父母、外祖父母；②兄、姐；③其他愿意担任监护人的个人或者组织，但是须经未成年人住所地的居民委员会、村民委员会或者民政部门同意。

《民法典》第 28 条规定：无民事行为能力或者限制民事行为能力的成年人，由下列有监护能力的人按顺序担任监护人：①配偶；②父母、子女；③其他近亲属；④其他愿意担任监护人的个人或者组织，但是须经被监护人住所地的居民委员会、村民委员会或者民政部门同意。

《民法典》第 29 条规定：被监护人的父母担任监护人的，可以通过遗嘱指定监护人。第 30 条规定：依法具有监护资格的人之间可以协议确定监护人。协议确定监护人应当尊重被监护人的真实意愿。第 31 条规定：对监护人的确定有争议的，由被监护人住所地的居民委员会、村民委员会或者民政部门指定监护人，有关当事人对指定不服的，可以向人民法院申请指定监护人；有关当事人也可以直接向人民法院申请指定监护人。第 32 条规定：没有依法具有监护资格的人的，监护人由民政部门担任，也可以由具备履行监护职责条件的被监护人住所地的居民委员会、村民委员会担任。第 33 条规定：具有完全民事行为能力的成年人，可以与其近亲属、其他愿意担任监护人的个人或者组织事先协商，以书面形式确定自己的监护人，在自己丧失或者部分丧失民事行为能力时，由该监护人履行监护职责。

【做中学 1—4】　家住山东的李先生委托在北京发展多年的女儿小雨代买一套商住两用房子，既可以自己居住养老，又能租给他人经营赚取租金收益。但是，小雨在三河看房时，在被某房地产公司业务员鼓动下买了一座联排别墅。业务员把该别墅描绘得天花乱坠：建筑面积 220 平方米的房子才 800 万元，而且小区周围还将会陆续建设学校、医院、商场等。

做中学 1—4 解析

小雨看房当日就以李先生的名义签订了购房意向书，两日后签订了正式的商品房买卖合同，并陆续向房地产公司交了约 400 万元。

李先生得知实情后立即让小雨退房。房地产公司表示：要么继续履行合同，要么扣除合同总价款的 20%。

请思考：小雨以李先生的名义签订的商品房买卖合同有效吗？

【同步案例 1－1】　甲为某供销社的采购员，他经常持该供销社的介绍信和盖有公章的空白合同对外联系业务。某年 4 月，该供销社口头委托甲到某食品公司购买一批糖果，甲到食品公司后并未说明只购糖果，在购买糖果后，发现该公司生产的花色蛋糕很好，便以供销社的名义购买花色蛋糕 2 箱。甲回供销社结账时，负责人拒不付蛋糕款项，因已安排另一采购员乙从其他食品公司采购蛋糕，仅要甲采购糖果。该食品公司便向人民法院起诉，要求该供销社偿付蛋糕货款并承担违约责任。

同步案例 1—1 提示

请思考：

(1)甲以供销社的名义与该食品公司所订立关于蛋糕的购销合同是否有效？应如何处理？

(2)假如该食品公司明知甲无权代理，而仍与其订立蛋糕购销合同，那么对该合同责任应该如何承担？

(3)假如该供销社将蛋糕卖出 1 箱，后又以甲无权代理为由要求退货，能否得到支持？案件又应如何处理？

三、诉讼时效制度

(一)诉讼时效的概念

诉讼时效是指权利人请求法院依法保护其民事权利的法定时间。诉讼时效制度规定，权利人在法定期间内不行使权利，即丧失请求人民法院或仲裁机关强制义务人履行义务的权利。

诉讼时效消灭的是一种胜诉权，而不是实体权利。因此，《民法通则》第 138 条规定："超过诉讼时效期间，当事人自愿履行的，不受诉讼时效限制。"诉讼时效属于国家法律的强制性规定，当事人均不得对其内容做任何修改。

(二)诉讼时效的种类

1. 普通诉讼时效

普通诉讼时效又称一般诉讼时效，是指适用于一般民事权利的诉讼时效期限。

《民法典》第 188 条规定：向人民法院请求保护民事权利的诉讼时效期间为三年。法律另有规定的，依照其规定。

2. 特殊诉讼时效

特殊诉讼时效是指法律、法规规定的仅适用于某些特定情况的诉讼时效期限。特殊诉讼时效的适用优先于普通诉讼时效。

《民法典》第189条规定：当事人约定同一债务分期履行的，诉讼时效期间自最后一期履行期限届满之日起计算。第190条规定：无民事行为能力人或者限制民事行为能力人对其法定代理人的请求权的诉讼时效期间，自该法定代理终止之日起计算。第191条规定：未成年人遭受性侵害的损害赔偿请求权的诉讼时效期间，自受害人年满十八周岁之日起计算。第192条规定：诉讼时效期间届满的，义务人可以提出不履行义务的抗辩。诉讼时效期间届满后，义务人同意履行的，不得以诉讼时效期间届满为由抗辩；义务人已经自愿履行的，不得请求返还。

【注意】《民法典》第193条规定：人民法院不得主动适用诉讼时效的规定。

3. 最长诉讼时效

《民法典》第188条规定：诉讼时效期间自权利人知道或者应当知道权利受到损害以及义务人之日起计算。法律另有规定的，依照其规定。但是，自权利受到损害之日起超过二十年的，人民法院不予保护，有特殊情况的，人民法院可以根据权利人的申请决定延长。

(三)诉讼时效的终止、中断

《民法典》第194条规定：在诉讼时效期间的最后六个月内，因下列障碍，不能行使请求权的，诉讼时效中止：①不可抗力；②无民事行为能力人或者限制民事行为能力人没有法定代理人，或者法定代理人死亡、丧失民事行为能力、丧失代理权；③继承开始后未确定继承人或者遗产管理人；④权利人被义务人或者其他人控制；⑤其他导致权利人不能行使请求权的障碍。

【注意】自中止时效的原因消除之日起满六个月，诉讼时效期间届满。

《民法典》第195条规定：有下列情形之一的，诉讼时效中断，从中断、有关程序终结时起，诉讼时效期间重新计算：①权利人向义务人提出履行请求；②义务人同意履行义务；③权利人提起诉讼或者申请仲裁；④与提起诉讼或者申请仲裁具有同等效力的其他情形。

《民法典》第196条规定：下列请求权不适用诉讼时效的规定：①请求停止侵害、排除妨碍、消除危险；②不动产物权和登记的动产物权的权利人请求返还财产；③请求支付抚养费、赡养费或者扶养费；④依法不适用诉讼时效的其他请求权。

诉讼时效的期间、计算方法以及中止、中断的事由由法律规定，当事人约定无效。当事人对诉讼时效利益的预先放弃无效。

【提示】法律对仲裁时效有规定的，依照其规定；没有规定的，适用诉讼时效的规定。

【注意】《民法典》第199条规定：法律规定或者当事人约定的撤销权、解除权等权利的存续期间，除法律另有规定外，自权利人知道或者应当知道权利产生之日起计算，不适用有关诉讼时效中止、中断和延长的规定。存续期间届满，撤销权、解除权等权利消灭。

(四)期间

民法所称的期间按照公历年、月、日、小时计算。

按照年、月、日计算期间的，开始的当日不计入，自下一日开始计算。

按照小时计算期间的，自法律规定或者当事人约定的时间开始计算。

按照年、月计算期间的，到期月的对应日为期间的最后一日；没有对应日的，月末日为期间的最后一日。

期间的最后一日是法定休假日的，以法定休假日结束的次日为期间的最后一日。期间的最后一日的截止时间为二十四时；有业务时间的，停止业务活动的时间为截止时间。

【提示】期间的计算方法依照《民法典》的规定，但是法律另有规定或者当事人另有约定的除外。

【做中学 1—5】 贾某因做生意急需用钱，向当地农商行借款 100 万元，双方签订的借款合同约定还款日期为 2019 年 5 月 8 日。时隔 2 年，由于农商行工作人员失误，没有在规定的诉讼时效期限内向债务人贾某发出催款单主张债权，至 2021 年 5 月 8 日，农商行才向贾某发出了催款通知单，贾某没有多想，就在催款单上签了字并盖章。但贾某由于经营不善，无法按催款单上约定的日期还款，于是被农商行告上法庭。在法庭上，贾某以债权已过诉讼时效，丧失胜诉权为由进行抗辩。

做中学 1—5 解析

请思考：贾某的说法正确吗？你是怎样理解本案中诉讼时效问题的？

四、物权制度

（一）物权的概念和特征

物权是指权利主体依法对特定的物享有直接支配和排他的权利。其特征包括：①物权是对世权（绝对权）；②物权的客体是有体物；③物权具有排他性；④物权具有直接支配权；⑤物权具有可享受物之利益的权利。

（二）物权的种类

1. 所有权

所有权，是指权利人在法律规定的范围内，独占支配其所有物的权利。

《民法典》第 240 条规定：所有权人对自己的不动产或者动产，依法享有占有、使用、收益和处分的权利。第 241 条规定：所有权人有权在自己的不动产或者动产上设立用益物权和担保物权。用益物权人、担保物权人行使权利，不得损害所有权人的权益。第 242 条规定：法律规定专属于国家所有的不动产和动产，任何组织或者个人不能取得所有权。它包括：国家所有权和集体所有权、私人所有权；业主的建筑物区分所有权；相邻关系；共有。

2. 用益物权

用益物权，是指对他人所有的不动产或者动产，依法享有占有、使用和收益的权利。《民法典》第 324 条规定：国家所有或者国家所有由集体使用以及法律规定属于集体所有的自然资源，组织、个人依法可以占有、使用和收益。第 325 条规定：国家实行自然资源有偿使用制度，但是法律另有规定的除外。第 326 条规定：用益物权人行使权利，应当遵守法律有关保护和合理开发利用资源、保护生态环境的规定。所有权人不得干涉用益物权人行使权利。它主要包括土地承包经营权、建设用地使用权、宅基地使用权、居住权、地役权。

3. 担保物权

担保物权是指为了担保债的履行，在债务人或第三人的特定财产上设定的物权。《民法典》第 386 条规定：担保物权人在债务人不履行到期债务或者发生当事人约定的实现担保物权的情形，依法享有就担保财产优先受偿的权利，但是法律另有规定的除外。第 387 条规定：债权人在借贷、买卖等民事活动中，为保障实现其债权，需要担保的，可以依照本法和其他法律的规定设立担保物权。第三人为债务人向债权人提供担保的，可以要求债务人提供反担保。它主要包括抵押权（包括一般抵押权和最高额抵押权）、质权（包括动产质权和权利质权）、留置权等。

4. 占有

基于合同关系等产生的占有，有关不动产或者动产的使用、收益、违约责任等，按照合同约定；合同没有约定或者约定不明确的，依照有关法律规定。

《民法典》第 459 条规定：占有人因使用占有的不动产或者动产，致使该不动产或者动产受到损害的，恶意占有人应当承担赔偿责任。第 460 条规定：不动产或者动产被占有人占有的，权利人可以请求返还原物及其孳息；但是，应当支付善意占有人因维护该不动产或者动产支出的必要费用。

第 461 条规定:占有的不动产或者动产毁损、灭失,该不动产或者动产的权利人请求赔偿的,占有人应当将因毁损、灭失取得的保险金、赔偿金或者补偿金等返还给权利人;权利人的损害未得到足够弥补的,恶意占有人还应当赔偿损失。第 462 条规定:占有的不动产或者动产被侵占的,占有人有权请求返还原物;对妨害占有的行为,占有人有权请求排除妨害或者消除危险;因侵占或者妨害造成损害的,占有人有权依法请求损害赔偿。

【提示】占有人返还原物的请求权,自侵占发生之日起一年内未行使的,该请求权消灭。

(三)物权变动的原则

1. 公示原则

公示原则是指物权的各种变动必须从一种可以公开向社会显示,并能取信于公众的外部表现方式予以展示方能生效的法律原则。作为物权客体的物以"一物一权"为原则的,即"一物不容二主",这是物权排他性的体现。根据《民法典》第二编物权的规定,物权变动的公示方式有不动产登记和动产交付。

《民法典》第 209 条规定:不动产物权的设立、变更、转让和消灭,经依法登记,发生效力;未经登记,不发生效力,但法律另有规定的除外。第 214 条规定:不动产物权的设立、变更、转让和消灭,依照法律规定应当登记的,自记载于不动产登记簿时发生效力。

《民法典》第 224 条规定:动产物权的设立和转让,自交付时发生效力,但法律另有规定的除外。交付即转移占有,这是动产物权变动的公示方法。

2. 公信原则

公信原则是指物权变动经过公示之后即可取得的法律上的公信力,当善意第三人出于对物权公示方法的信赖而依法进行交易时,不管是否实际存在与这种公示方法相对应的合法权利,均应加以保护的法律原则。按照公信原则,即使公示与实际权利关系不一致,标的物出让人无处分权时,善意信赖公示的受让人仍能取得物权,法律仍应予以保护。例如,当登记机关误将本属于甲的某处房产登记为乙所有,乙明知自己并非真正的产权人却将该房产转让给丙,而丙根据有关登记误信乙为房屋产权人,便从乙手中买下该房屋,并办理了登记过户手续。此时,由于丙是基于房产登记的公信力,即信赖房产登记这种公示方法才与乙进行交易的。因此,即使登记错误,对丙因善意信赖公示所取得的房屋产权,法律依然应予以保护。可见,公信力制度弥补了处分行为的权利瑕疵,可以说公信原则是公示原则的进一步延伸。

【同步案例 1-2】 2020 年 6 月,陈某同仇某签订了为期一年的房屋租赁合同,租赁仇某的一套两室一厅的住房居住。2021 年 5 月,双方房屋租赁合同即将届满时,陈某提出续签一年合同的请求,仇某因自己的儿子要结婚,需要住房,拒绝了陈某的请求。但是房屋租赁合同到期后,陈某仍然居住在该房屋中,对仇某提出腾还房屋的请求不予理睬。仇某无奈,于 2021 年 7 月 12 日趁陈某外出之际,打开门锁,将陈某的物品从房中搬出。陈某闻讯后急忙赶回予以阻止,双方发生纠纷。陈某起诉到法院,以仇某私闯民宅为由要求其赔偿损失。仇某则以陈某侵犯其所有权为由提起反诉,请求法院判令陈某腾出住房。

同步案例 1—2 提示

请思考:本案应当如何处理?为什么?

应知考核

一、单项选择题

1. 经济法律关系是经济法主体之间在进行经济活动时依法所形成的( )。

A. 身份关系　　B. 道德关系　　C. 权利和义务关系　　D. 财产关系

2. 智力成果是指能为人们带来经济价值的脑力劳动成果。以下不属于智力成果的是（　　）。

A. 外观设计　　B. 商标　　C. 版权　　D. 国债

3. 甲、乙两单位签订一份运输合同，约定由甲将乙的一批货物运至某地。该运输合同的客体是（　　）。

A. 货物　　B. 运输行为

C. 货物或运输行为　　D. 货物和运输行为

4. 某公司经理张某的父亲代张某购买商品房的行为是（　　）行为。

A. 委托代理　　B. 指定代理　　C. 法定代理　　D. 表见代理

5. 在诉讼时效期间的最后 6 个月内发生法定事由，引起诉讼时效的（　　）。

A. 诉讼时效中止　　B. 诉讼时效中断

C. 诉讼时效延长　　D. 诉讼时效时间不变

二、多项选择题

1. 下列各项中，可以成为经济法主体的有（　　）。

A. 政府　　B. 各类企业　　C. 非营利组织　　D. 外国人

2. 法律的特征有（　　）。

A. 具有规范性、概括性和普遍性的特点　　B. 是由国家制定或认可的社会规范

C. 是规定人们的权利和义务的社会规范　　D. 是由国家强制力保证实施的社会规范

3. 我国社会主义法的主要渊源有（　　）。

A. 宪法　　B. 判例　　C. 乡规民约　　D. 法律

4. 以下属于我国经济法主体的有（　　）。

A. 某外籍人士在中国办的独资企业　　B. 个体户

C. 妇联　　D. 医院

5. 王某委托张某购买一批货物，则该代理行为应当（　　）。

A. 以王某的名义进行　　B. 以张某的名义进行

C. 代理的后果由王某承担　　D. 代理的后果由张某承担

三、判断题

1. 经济法律关系主体，又称经济法主体，是指参与经济法律关系，依法享有经济权利和承担经济义务的当事人。（　　）

2. 经济法律关系主体不包括国家。（　　）

3. 经济权利是指经济法律关系权利主体依法享有的某种经济权益。（　　）

4. 经济法主体违反经济法律规范或者未履行经济义务，应相应地承担民事责任、行政责任或刑事责任。（　　）

5. 物权包括自物权和担保物权，不包括用益物权。（　　）

应会考核

■ 观念应用

【背景资料】

甲公司将某项生产任务承包给其内部的乙车间来完成，双方为此签订了承包责任书，约定乙车间使用甲公司的机器设备和原材料，但必须在规定期限内完成该项生产任务。

【考核要求】

请问：甲公司与乙车间之间是否形成了经济法律关系？如果形成了经济法律关系，那么本案中经济法律关系的三要素各是什么？

■ 技能应用

甲向乙租赁住房一处，自2018年6月1日始，甲没有向乙支付租金，乙忙于事务一直没有向甲主张权利。2021年3月15日，乙受伤住院两个月。2021年10月15日，乙向法院提起诉讼，要求甲支付租金。甲以诉讼时效已过为由，拒绝支付。

【技能要求】

本案的诉讼时效是否已过？请阐述理由。

■ 案例分析

【案例情境】

王某已满16周岁，其父母均因病而丧失了劳动能力。为维持生计，王某在亲属和社会资助下独自经营一家日用品商店。由于王某经营有方，日用品商店生意良好。

【分析要求】

请问：王某为经营日用品商店而进行的买卖行为是否有效？

项目实训

【实训情境】

2008年1月1日，四川长虹公司以其全部厂房和设备为标的与太平洋保险公司签订了保额为10亿元的财产保险合同。2008年5月12日发生了汶川大地震，导致长虹公司部分厂房和设备损坏。2008年6月1日，长虹公司请求太平洋保险公司理赔。

请问：此案中有哪几个经济法律关系？引起经济法律关系的事实各有哪些？

【实训目标】

加深学生对经济法基本知识的认识和理解，学会运用本项目的知识解决经济法律关系的基本问题，从而提高学生的综合素质。

【实训组织】

将学生分成若干组，每组7人，每组设组长1名，组长负责组织本组成员进行实训，由组长将调查结果书面写成报告，并总结。（注意：教师提出活动前的准备和注意事项等内容。）

1. 教师组织学生仔细阅读案例，提示案例要点。

2. 学生每4～6人组成一个学习小组，以小组为单位进行讨论，提倡采用头脑风暴法，最终形成一篇案例分析报告。

3. 每个小组派出1名代表阐述小组报告的观点。

【实训成果】

1. 考核和评价采用报告资料展示和学生讨论相结合的方式。

2. 评分采用学生和教师共同评价的方式，填写实训报告。

实训报告		
项目实训班级：	项目小组：	项目组成员：
实训时间：　　年　月　日	实训地点：	实训成绩：
实训目的：		
实训步骤：		
实训结果：		
实训感言：		

第二篇 经济主体法律制度

项目二

企业法

○ **知识目标**

理解：个人独资企业的概念和特征、个人独资企业法的概念和基本原则；合伙企业法的概念；合伙企业的概念和分类；公司的概念和分类。

熟知：违反个人独资企业法的法律责任、违反合伙企业法的法律责任。

掌握：个人独资企业的设立，投资人的权利和责任，企业的事务管理、解散与清算；合伙企业的解散与清算；公司与企业的区别，公司法的概念和适用范围，公司的合并、分立、变更和解散。

○ **技能目标**

能够运用企业法相关知识理论联系实际，解决现实经济生活中企业需面对的基本问题。

○ **素质目标**

运用所学的企业法知识研究相关案例，培养和提高学生在特定业务情境中分析问题与决策设计的能力；结合行业规范或标准，运用企业法知识分析行为的善恶，强化学生的职业道德素质。

○ **项目引例**

分析A、B公司的企业法律问题

张、王、李三人约定每人投入20万元资金设立A公司。之后，张、王依约定将自己的20万元现金存入公司开立的临时账户，李因为某种原因只向临时账户中存入10万元。公司设立后第1年运营效益比较好，第2年因市场行情的变化，公司效益直线下滑，至第2年年底，公司已出现亏损现象。此时，张与王商定，以王的名义单独设立一个B公司，然后，以业务往来的方式将A公司的财产逐渐转移到B公司。第3年6月，A公司因资不抵债，宣告解散。

债权人甲某是A公司的供货商，A公司解散时共拖欠甲货款30余万元。A公司将自己剩余的各项货物折合人民币15万元推给甲之后，以承担有限责任为由对其余的欠款不再偿还。甲某在咨询律师后，在合理的期限内将A公司和李某起诉到法院，要求偿还15万元欠款。

思考与讨论：

(1)A、B公司是什么性质的公司？法律对这类公司责任承担的范围是怎样规定的？

(2)甲某起诉李某的要求是什么？他能胜诉吗？

○ **知识精讲**

任务一　个人独资企业法

一、个人独资企业的概念和特征

(一)个人独资企业的概念

动漫视频

自然人独资

根据《中华人民共和国个人独资企业法》(简称《个人独资企业法》)第 2 条规定,个人独资企业是指在中国境内依法设立的、由一个自然人投资、财产属于投资人个人所有、投资人以其个人财产对企业债务承担无限责任的经营实体。

(二)个人独资企业的特征

1. 个人独资企业是由一个自然人投资设立的企业

依据《个人独资企业法》的规定,在中国设立个人独资企业的投资人只能是一个具有中国国籍的自然人。各类组织和不具有中国国籍的自然人都不能作为个人独资企业的设立人。

2. 个人独资企业的投资人对企业的债务承担无限责任

尽管个人独资企业有自己的名称或商号,并以企业名义从事经营行为和参加诉讼活动,是一个独立的经济主体,但个人独资企业不具有法人资格,在权利义务上,企业和个人是融为一体的,企业的责任即投资人个人的责任,企业的财产即投资人个人的财产。因此,个人独资企业的投资人以自己的财产对企业的债务承担无限责任,即当企业的资产不足以清偿到期债务时,投资人应以自己个人的全部财产用于清偿。这实际上将企业的责任与投资人的责任连为一体。

3. 个人独资企业的财产归投资人个人所有

个人独资企业的财产不仅包括企业成立时投资者投入的财产,而且包括企业存续期间积累的财产,这些财产都归属于投资者个人。个人独资企业是非法人企业,企业的责任就是投资者个人的责任,企业的财产及其收益均归投资人所有。

4. 内部机构设置简单,经营管理方式灵活

个人独资企业的投资人既可以是企业的所有者,又可以是企业的经营者,因此,法律对其内部机构和经营管理方式不像对公司和其他企业那样加以严格的规定。

二、个人独资企业法的概念和基本原则

(一)个人独资企业法的概念

个人独资企业法有广义和狭义之分。广义的个人独资企业法,是指国家关于个人独资企业的各种法律规范的总称;狭义的个人独资企业法,是指 1999 年 8 月 30 日第九届全国人大常委会第十一次会议修订通过,自 2000 年 1 月 1 日起施行的《个人独资企业法》。《个人独资企业法》是继《公司法》《合伙企业法》之后,我国颁布的调整企业组织的又一部重要法律,它填补了我国企业立法的空白,使我国的企业立法得到进一步完善。

(二)个人独资企业法的基本原则

1. 依法保护个人独资企业的财产和其他合法权益

个人独资企业的财产权是指个人独资企业的财产所有权,包括对财产的占有、使用、处分和收益的权利;其他合法权益是指财产所有权以外的有关权益,如有关名称权、自主经营权、平等竞争权、拒绝摊派权等。

2. 个人独资企业从事经营活动须遵守法律法规,遵守诚实信用原则,不得损害社会公共利益

遵守法律、法规是每个企业应尽的义务，企业只有遵守法律、法规，才能保证生产经营活动的有序进行。个人独资企业遵守的诚实信用原则是我国民事活动的基本原则。企业只有诚实、守信用，才能取得他人的信任，这既能增加企业的商业机会，也能树立企业形象，同时是维护正常的社会经济秩序的需要。个人独资企业不得损害社会公共利益也是我国民法规定的民事活动中必须遵循的基本原则之一。个人独资企业在经营活动中，还必须遵守社会公德，不得乱用权利。

3. 个人独资企业应当依法履行纳税义务

依法纳税是每个公民和企业应尽的义务。个人独资企业在经营活动中应当依法缴纳国家税收法律、法规及规章规定的各项税款。

4. 个人独资企业应当依法招用职工

个人独资企业应严格依照《劳动法》及有关规定招用职工。企业招用职工应当与职工签订劳动合同，劳动合同必须遵循平等自愿、协商一致的原则，不得违反国家法律、法规和有关政策规定；企业不得招用不满16周岁的少年、儿童。

5. 个人独资企业职工的合法权益受法律保护

个人独资企业职工依法享有我国法律规定的各项权利，企业应在劳动合同、工作时间、工资薪金、休息休假、劳动保护与保险等方面，严格遵守法律、法规的规定，不得侵犯职工的合法权益。

三、个人独资企业的设立

(一)个人独资企业的设立条件

根据《个人独资企业法》的规定，在中国境内设立个人独资企业，必须具备下列条件：①投资人为一个自然人；②有合法的企业名称；③有投资人申报的出资；④有固定的生产经营场所和必要的生产经营条件；⑤有必要的从业人员。

【知识链接2—1】 我国现行法律、行政法规规定，禁止从事营利性活动的人包括：①国家公务员；②党政机关领导干部；③警官；④法官；⑤检察官；⑥商业银行工作人员。

(二)个人独资企业的设立程序

1. 提出申请

申请设立个人独资企业，应当由投资人或者其委托的代理人向个人独资企业所在地的登记机关提交设立登记申请表、投资身份证明、生产经营场所使用证明等文件。委托代理人申请设立登记时，应当出具投资人的委托书和代理人的合法证明。

2. 工商登记

登记机关应当在收到设立申请文件之日起15日内，对符合《个人独资企业法》规定条件的予以登记，发给营业执照；不符合条件的，不予登记，并发给企业登记驳回通知书。个人独资企业的营业执照签发日期，为个人独资企业成立日期。

个人独资企业设立分支机构，也应当由投资人或者其委托代理人向分支机构所在地的登记机关申请登记，领取营业执照。分支机构经核准登记后，应将登记情况报该分支机构隶属的个人独资企业的登记机关备案。分支机构的民事责任由设立该分支机构的个人独资企业承担。

个人独资企业存续期间登记事项发生变更的，应当在作出变更决定之日起15日内依法向登记机关申请办理变更登记。

四、个人独资企业投资人的权利和责任

(一)个人独资企业投资人的权利

1. 个人独资企业投资人对企业财产享有所有权

独资企业成立时的出资和经营过程中积累的财产都归独资企业的投资人所有。

2. 个人独资企业投资人的有关权利可以依法转让或继承

由于独资企业投资人的人格与企业的人格密不可分，企业财产所有权均归投资人，所以投资人对企业财产享有充分和完整的支配与处置权，他可以将企业财产的某一部分转让给他人，也可以将整个企业转让给他人。同时，当投资人死亡或被宣告死亡时，其继承人可以依《继承法》的规定对独资企业行使继承权。

(二)个人独资企业投资人的责任

个人独资企业投资人对企业债务承担无限责任。个人独资企业在申请企业设立登记时明确以投资人个人财产出资的，以投资人的个人财产对企业的债务承担无限责任；明确以投资人家庭财产出资的，以投资人的家庭共有财产对企业的债务承担无限责任。由于我国目前尚无完善的财产登记制度，个人财产与家庭财产往往难以区分，实践中，主要根据独资企业设立登记时在市场监管机构的投资登记来确定投资人是以其个人财产还是以家庭财产来对企业债务承担责任。

五、个人独资企业的事务管理

(一)个人独资企业的生产经营

个人独资企业可以自主安排生产经营活动，但不得从事法律、行政法规禁止经营的业务。个人独资企业因生产经营需要设立分支机构的，该分支机构的民事责任由设立该分支机构的个人独资企业承担。

(二)个人独资企业事务管理

1. 个人独资企业事务管理方式

个人独资企业事务管理方式主要有三种，投资人有权自主选择适合自己的管理方式。

(1)自行管理，即由个人独资企业投资人本人对本企业的经营事务直接进行管理。

(2)委托管理，即由个人独资企业的投资人委托其他具有民事行为能力的人负责企业的事务管理。

(3)聘任管理，即个人独资企业的投资人聘用其他具有民事行为能力的人负责企业的事务管理。

2. 委托或聘用合同

委托管理或聘任管理应由投资人与受托人或被聘用人签订书面合同，明确委托的具体内容、授予的权力范围、受托人或被聘用人应履行的义务、报酬和责任等。受托人或被聘用人管理个人独资企业事务时违反双方订立的合同，给投资人造成损害的，应承担民事赔偿责任。

3. 个人独资企业与善意第三人

投资人与受托人或者被聘用人之间有关权利的限制只对受托人或者被聘用人有效，对第三人并无约束力，受托人或者被聘用人超出投资人的限制与善意第三人的有关业务交往应当有效。

(三)受托人或者被聘用的管理人的义务

受托人或者被聘用人应当履行诚信、勤勉义务，按照与投资人签订的合同负责个人独资企业的事务管理。

投资人委托或者聘用的管理个人独资企业事务的人员不得有下列行为：①利用职务上的便利，索取或者收受贿赂；②利用职务或者工作上的便利侵占企业财产；③挪用企业的资金归个人使用或者借贷给他人；④擅自将企业资金以个人名义或者以他人名义开立账户储存；⑤擅自以企业财产提供担保；⑥未经投资人同意，从事与本企业相竞争的业务；⑦未经投资人同意，同本企业订立合同或者进行交易；⑧未经投资人同意，擅自将企业商标或者其他知识产权转让给他人使用；⑨泄露本企业的商业秘密;⑩法律、行政法规禁止的其他行为。

【做中学 2-1】 某个人独资企业投资人王某由于另有业务发展,便将原企业委托给张某管理。2021 年 3 月 15 日,张某购买了住房,并从银行贷款 10 万元,在与银行签订合同时,以该独资企业的财产作抵押。贷款到期后,张某没有还清全部贷款,银行要求处分抵押权,但遭到投资人王某的拒绝,最后银行以张某为被告起诉到法院。

做中学 2-1 解析

请思考:张某的抵押行为合法吗?

(四)个人独资企业的财务管理

个人独资企业应当依法设置会计账簿,进行会计核算。个人独资企业应当按时申报税务登记,严格履行纳税义务,接受税务机关的监督检查。

(五)个人独资企业的劳动管理

1. 合法招用员工

个人独资企业招用员工的,应当依法与员工签订劳动合同,保障员工的劳动安全,按时、足额发放员工工资。

2. 参加社会保险

个人独资企业应当按照国家规定参加社会保险,为员工缴纳社会保险费用。独资企业的员工社会保险主要包括养老保险、工伤保险和医疗保险等。

3. 保障员工权益

个人独资企业的员工可以依法组建工会组织,以维护员工的合法权益,独资企业应当为本企业工会提供必要的活动条件。

【同步案例 2-1】 被告人袁某系浙江省 A 县华夏工艺公司(系个人独资企业)的负责人,其与丈夫夏某(另案处理)共同经营该公司。自 2020 年初开始,该公司长期拖欠工人工资。2020 年 9 月初,袁某与夏某突然逃匿,手机关机,无法联系。9 月 9 日,A 县人力资源和社会保障局发出指令书,指令华夏工艺公司于 9 月 13 日前支付拖欠的工人工资。同日,A 县人民法院对华夏工艺公司的机器设备进行了财产保全。9 月 21 日,因袁某与夏某未如期履行,A 县人民法院正式立案调查。10 月 8 日,袁某到 A 县人民法院核对拖欠的工人工资情况。经法院判决和调解,华夏工艺公司拖欠工人工资共计人民币 290 270.52 元。10 月下旬,袁某再次逃匿,并改变联系方式。2021 年 1 月 15 日,该案被移送至 A 县公安局,并于次日被立为刑事案件。1 月 19 日,袁某主动到 A 县公安局投案,并如实供述了主要犯罪事实。

同步案例 2-1 提示

浙江省 A 县人民法院经审理认为,被告人袁某以逃匿、改变联系方式的方法,逃避支付劳动者的劳动报酬 29 万余元,数额较大,经政府有关部门责令支付仍不支付,其行为已构成拒不支付劳动报酬罪。袁某在案发后自动投案,并如实供述自己的犯罪事实,系自首,依法可从轻处罚。依照有关法律规定,认定被告人袁某犯拒不支付劳动报酬罪,判处有期徒刑 1 年,并处罚金人民币 2 万元。宣判后,袁某服判,未提出上诉。

请思考:结合本项目的相关知识分析本案。

六、个人独资企业的解散与清算

(一)个人独资企业的解散

个人独资企业的解散,是指个人独资企业终止活动使其民事主体资格消灭的行为。根据《个人独资企业法》的规定,个人独资企业有下列情形之一时,应当解散:①投资人决定解散;②投资人死亡或者被宣告死亡，无继承人，或者继承人决定放弃继承；③被依法吊销营业执照；④法律、行政法规规定的其他情形。

（二）个人独资企业的清算

个人独资企业解散时，应当进行清算。《个人独资企业法》对个人独资企业清算作了如下规定：

（1）个人独资企业解散后，由投资人自行清算或者由债权人申请人民法院指定清算人进行清算。投资人自行清算的，应当在清算前 15 日内书面通知债权人，无法通知的，应当予以公告。债权人应当在接到通知之日起 30 日内，未接到通知的应当在公告之日起 60 日内，向投资人申报其债权。个人独资企业解散后，原投资人对个人独资企业存续期间的债务仍应承担偿还责任，但债权人在 5 年内未向债务人提出偿债请求的，该责任消灭。

（2）个人独资企业解散的，财产应当按照下列顺序清偿：①所欠职工工资和社会保险费用；②所欠税款；③其他债务。

（3）清算期间，个人独资企业不得开展与清算目的无关的经营活动。

七、违反个人独资企业法的法律责任

（一）投资人及企业违法应承担的法律责任

（1）违反《个人独资企业法》规定，提交虚假文件或采取其他欺骗手段，取得企业登记的，责令改正，处以 5 000 元以下的罚款；情节严重的，并处吊销营业执照。

（2）违反《个人独资企业法》规定，使用与其在登记机关登记的名称不相符合的名称的，责令限期改正，处以 2 000 元以下的罚款。

（3）违反《个人独资企业法》规定，涂改、出租、转让营业执照的，责令改正，没收违法所得，处以 3 000 元以下的罚款；情节严重的，吊销营业执照。伪造营业执照的，责令停业，没收违法所得，处以 5 000 元以下的罚款。构成犯罪的，依法追究刑事责任。

（4）个人独资企业成立后无正当理由超过 6 个月未开业的，或者开业后自行停业连续 6 个月以上的，吊销营业执照。

（5）违反《个人独资企业法》规定，未领取营业执照，以个人独资企业名义从事经营活动的，责令停止经营活动，处以 3 000 元以下的罚款。个人独资企业登记事项发生变更时，未按本法规定办理有关变更登记的，责令限期办理变更登记；逾期不办理的，处以 2 000 元以下的罚款。

（6）违反《个人独资企业法》规定，侵犯职工合法权益，未保障职工劳动安全，不缴纳社会保险费用的，按照有关法律、行政法规予以处罚，并追究有关责任人员的责任。

（7）在清算前或清算期间隐匿或转移财产，逃避债务的，依法追回其财产，并按照有关规定予以处罚；构成犯罪的，依法追究刑事责任。

（8）违反《个人独资企业法》规定，应当承担民事赔偿责任和缴纳罚款、罚金，其财产不足以支付的，或者被判处没收财产的，应当先承担民事赔偿责任。

（9）投资人委托或者聘用的人员管理个人独资企业事务时违反双方订立的合同，给投资人造成损害的，承担民事赔偿责任。

（10）投资人委托或者聘用的人员违反规定，侵犯个人独资企业财产权益的，责令退还侵占的财产；给企业造成损失的，依法承担赔偿责任；有违法所得的，没收违法所得；构成犯罪的，依法追究刑事责任。

（二）登记机关及其他人员的法律责任

（1）对不符合法律规定条件的个人独资企业予以登记，或者对符合法律规定条件的个人独资企业不予登记的，对直接责任人员依法给予行政处分；构成犯罪的，依法追究刑事责任。

(2)登记机关上级部门的有关主管人员强令登记机关对不符合法律规定条件的个人独资企业予以登记,或者对符合规定条件的个人独资企业不予登记或者对登记机关的违法登记行为进行包庇的,对直接责任人员依法给予行政处分;构成犯罪的,依法追究刑事责任。

(3)登记机关对符合法定条件的申请不予登记或者超过法定时限不予答复的,当事人可依法申请行政复议或提起行政诉讼。

(4)违反法律、行政法规的规定,强制个人独资企业提供财力、物力、人力的,按照有关法律、行政法规予以处罚,并追究有关人员的责任。

任务二 合伙企业法

一、合伙企业法的概念

合伙企业法可以广义地理解为调整合伙企业和合伙关系的各种法律规范的总称,也可以狭义地理解为 1997 年 2 月 23 日第八届全国人民代表大会常务委员会第二十四次会议通过,并于 1997 年 8 月 1 日起施行的《中华人民共和国合伙企业法》(简称《合伙企业法》)。2006 年 8 月 27 日第十届全国人民代表大会常务委员会第二十三次会议修订了该法,自 2007 年 6 月 1 日起施行。

二、合伙企业的概念、特征和分类

合伙企业,是指自然人、法人和其他组织依照《合伙企业法》在中国境内设立的,由两个或两个以上的合伙人订立合伙协议,为经营共同事业,共同出资、合伙经营、共享收益、共担风险的营利性组织。

合伙企业具有以下特征:①合伙企业是两个以上的合伙人的集合,经过商事登记程序设立的经营性主体,具有团体的属性;②合伙企业的成立基于合伙人之间的书面协议;③合伙企业是各合伙人共同出资、共同经营、共担风险、共负盈亏的组织;④合伙的财产由合伙企业独立支配;⑤合伙企业是某种连带责任主体。

根据合伙人的责任承担方式不同,可以分为普通合伙企业和有限合伙企业;根据合伙人是否公开其合伙人身份和姓名或名称,可以分为隐名合伙和显名合伙。

【提示】合伙企业设立简单、经营灵活,适应多数人共同投资的需要,是法人制度出现以前最重要的企业形式。

(一)普通合伙企业

普通合伙企业是指由普通合伙人组成、合伙人对合伙企业债务承担无限连带责任的营利性组织。

1. 合伙企业的设立

根据《合伙企业法》的规定,设立合伙企业应当具备下列条件:

(1)有两个以上合伙人,合伙人为自然人的,应当具有完全民事行为能力。合伙人可以是自然人,也可以是法人或其他经济组织。但是,法律、法规禁止从事营利性活动的人,不得成为合伙人。国有独资公司、国有企业、上市公司以及公益性的事业单位、社会团体不得成为普通合伙人。合伙人都依法对合伙企业债务承担无限连带责任。

(2)有书面合伙协议。合伙协议经全体合伙人签名、盖章后生效。合伙人按照合伙协议享有权利,履行义务。修改或者补充合伙协议,应当经全体合伙人一致同意;但是,合伙协议另有约定的除外。合伙协议未约定或者约定不明确的事项,由合伙人协商决定;协商不成的,依照相关法律、行政法规的规定处理。

【注意】《民法典》第 970 条规定：合伙合同是两个以上合伙人为了共同的事业目的，订立的共享利益、共担风险的协议。

【知识链接 2—2】 合伙协议应当载明下列事项：①合伙企业的名称和主要经营场所的地点；②合伙目的和合伙经营范围；③合伙人的姓名或者名称、住所；④合伙人的出资方式、数额和缴付期限；⑤利润分配、亏损分担方式；⑥合伙事务的执行；⑦入伙与退伙；⑧争议解决办法；⑨合伙企业的解散与清算；⑩违约责任。

(3)有合伙人认缴或者实际缴付的出资。合伙人可以用货币、实物、知识产权、土地使用权或者其他财产权利出资，也可以用劳务出资。合伙人以实物、知识产权、土地使用权或者其他财产权利出资，需要评估作价的，可以由全体合伙人协商确定，也可以由全体合伙人委托法定评估机构评估。合伙人以劳务出资，其评估办法由全体合伙人协商确定，并在合伙协议中载明。合伙人以非货币财产出资，依照法律、法规的规定，需要办理财产权转移手续的，应当依法办理。

【提示】《民法典》第 968 条规定：合伙人应当按照约定的出资方式、数额和缴付期限，履行出资义务。

(4)有合伙企业的名称和生产经营场所。合伙企业的名称中应当标明"普通合伙"字样。

(5)法律、行政法规规定的其他条件。设立合伙企业，应当向企业登记机关申请设立登记，申请时应提交全体合伙人签署的合伙申请书、全体合伙人的身份证明、合伙协议、出资权属证明、经营场所证明以及其他文件。法律、法规规定须报经有关部门审批的，还应当提交有关批准文件。经登记机构登记，企业即成立。

2. 合伙企业的设立程序

申请设立合伙企业，应当由全体合伙人指定的代表或者共同委托的代理人向企业登记机关提出申请。申请时应提交登记申请书、合伙协议、合伙人身份证明、出资确认书等文件。

合伙企业的经营范围中有属于法律、行政法规规定在登记前须经批准的项目的，该项经营业务应当依法经过批准，并在登记时提交批准文件。

申请人提交的登记申请材料齐全、符合法定形式，企业登记机关能够当场登记的，应予当场登记，发给营业执照。

其他情形下，企业登记机关应当自受理申请之日起 20 日内，作出是否登记的决定。予以登记的，发给营业执照；不予登记的，应当给予书面答复，并说明理由。

合伙企业营业执照签发日期，为合伙企业成立日期。合伙企业领取营业执照前，合伙人不得以合伙企业名义从事合伙业务。

3. 合伙企业的财产及转让和出质

(1)合伙企业的财产。合伙企业存续期间，合伙人的出资，以合伙企业名义取得的收益和依法取得的其他财产，均为合伙企业的财产，由全体合伙人共同管理和使用。合伙人在合伙企业清算前，不得请求分割合伙企业的财产(法律另有规定除外)。合伙人在合伙企业清算前私自转移或者处分合伙企业财产的，合伙企业不得对抗善意第三人。

(2)合伙企业财产转让的限制

合伙人之间转让在合伙企业中的全部或者部分财产份额时，应当通知其他合伙人。除合伙协议另有约定外，合伙人向合伙人以外的人转让其在合伙企业中的全部或者部分财产份额时，须经其他合伙人一致同意。合伙人向合伙人以外的人转让其在合伙企业中的财产份额的，在同等条件下，其他合伙人有优先购买权；但是，合伙协议另有约定的除外。

(3)合伙人出质财产份额的限制

出质是指合伙人将其在合伙企业中的财产份额作为质押物来担保债权人债权实现的行为。《合伙企业法》规定，合伙人以其在合伙企业中的财产份额出质的，须经其他合伙人一致同意；未经其他合伙人一致同意，其行为无效，由此给善意第三人造成损失的，由行为人依法承担赔偿责任。

【做中学2－2】 某合伙企业有5名合伙人，共出资4 000万元，包括1个货仓、50辆货车和1 000万元流动资金，经营业务为货物运输。其中，合伙人之一田某的出资中包括20辆货车。2020年8月15日，田某朋友刘某为做生意，与银行签订一份借款合同，该借款合同借款数额为100万元，期限6个月，刘某请田某为其担保，田某以50辆货车为刘某作了抵押。借款到期后，由于生意亏损，刘某不能还贷，银行要求将货车变卖并优先受偿。但合伙企业不同意，因该财产是合伙企业财产，没有经过全体合伙人的同意，该财产不能为他人做抵押，田某自己处分不具有法律效力。银行因此起诉到法院，请求法院判令，就货车行使抵押权人的权利。

做中学2－2 解析

请思考：该抵押合同是否有效？银行能否行使抵押权？

4. 合伙企业事务的执行

每个合伙人对执行合伙事务享有同等的权利；合伙协议约定或者其他合伙人决定，可以委托一个或数个合伙人执行合伙事务，对外代表合伙企业。

【注意】《民法典》第970条规定：合伙人就合伙事务作出决定的，除合伙合同另有约定外，应当经全体合伙人一致同意。合伙事务由全体合伙人共同执行。按照合伙合同的约定或者全体合伙人的决定，可以委托一个或者数个合伙人执行合伙事务；其他合伙人不再执行合伙事务，但是有权监督执行情况。合伙人分别执行合伙事务的，执行事务合伙人可以对其他合伙人执行的事务提出异议；提出异议后，其他合伙人应当暂停该项事务的执行。

除合伙协议另有约定外，合伙企业的下列事项应当经全体合伙人一致同意：①改变合伙企业的名称；②改变合伙企业的经营范围、主要经营场所的地点；③处分合伙企业的不动产；④转让或者处分合伙企业的知识产权和其他财产权利；⑤以合伙企业名义为他人提供担保；⑥聘任合伙人以外的人担任合伙企业的经营管理人员；⑦依照合伙协议约定的有关事项。

【提示】 竞业禁止：合伙人不得自营或者同他人合作经营与本合伙企业相竞争的业务。除合伙协议另有约定或者经全体合伙人一致同意外，合伙人不得同本合伙企业进行交易。

5. 合伙企业的损益分配

合伙企业的利润分配、亏损分担，按照合伙协议的约定办理；合伙协议未约定或者约定不明确的，由合伙人协商决定；协商不成的，由合伙人按照实缴出资比例分配、分担；无法确定出资比例的，由合伙人平均分配、分担。

合伙协议不得约定将全部利润分配给部分合伙人，或者由部分合伙人承担全部亏损。

6. 合伙企业与第三人的关系

(1)合伙企业与善意第三人的关系。合伙企业对合伙人执行合伙事务以及对外代表合伙企业权利的限制，不得对抗善意第三人。

(2)合伙企业与债务人的关系。合伙企业对其债务，应先以其全部财产进行清偿。合伙企业财产不足清偿到期债务的，合伙人承担无限连带责任。合伙人由于承担无限连带责任，清偿数额超过其亏损分担比例的，有权向其他合伙人追偿。

(3)合伙人个人债务的清偿。合伙人发生与合伙企业无关的个人债务时，相关债权人不得以其债权抵销其对合伙企业的债务；也不得代位行使合伙人在合伙企业中的权利。

合伙人的个人财产不足清偿其个人债务的，该合伙人可以以其从合伙企业中分取的收益用于清偿；债权人也可以依法请求人民法院强制执行该合伙人在合伙企业中的财产份额用于清偿。

7. 入伙与退伙

(1)入伙。入伙是指合伙企业成立后,合伙人之外的第三人加入合伙企业并取得合伙人资格或地位的法律行为。

①入伙的条件和程序。新合伙人入伙,除合伙协议另有约定外,应当经全体合伙人一致同意,并依法订立书面入伙协议。订立入伙协议时,原合伙人应当向新合伙人如实告知原合伙企业的经营状况和财务状况。

②新合伙人的权利和责任。入伙后,新合伙人和原合伙人享有同等权利,承担同等责任,入伙协议另有约定的除外。新合伙人对入伙前合伙企业的债务承担无限连带责任。

(2)退伙。退伙是指合伙人退出合伙企业,丧失合伙人的资格的行为。合伙人退伙,其他合伙人应当与该退伙人按照退伙时的合伙企业财产状况进行结算,退还退伙人的财产份额。退伙人对给合伙企业造成的损失负有赔偿责任的,相应扣减其应当赔偿的数额。退伙时有未了结的合伙企业事务的,待该事务了结后进行结算。

退伙人对基于其退伙前的原因发生的合伙企业债务承担无限连带责任。合伙人退伙时,合伙企业财产少于合伙企业债务的,退伙人应当依法分担亏损。

根据退伙的原因不同,退伙分为自愿退伙和法定退伙两类。自愿退伙是指合伙人基于自愿的意思表示而退伙;法定退伙是指合伙人因出现法律规定的事由而退伙。自愿退伙又分为协议退伙和通知退伙;法定退伙分为当然退伙和除名退伙。

其一,自愿退伙。《合伙企业法》规定,合伙协议约定合伙期限的,在合伙企业存续期间,有下列情形之一的,合伙人可以退伙:①合伙协议约定的退伙事由出现;②经全体合伙人一致同意;③发生合伙人难以继续参加合伙的事由;④其他合伙人严重违反合伙协议约定的义务。合伙人违反上述规定退伙的,应当赔偿由此给合伙人造成的损失。

其二,通知退伙。《合伙企业法》规定,合伙协议未约定合伙期限的,合伙人在不给合伙企业事务执行造成不利影响的情况下,可以退伙,但应当提前30日通知其他合伙人。

其三,当然退伙。《合伙企业法》规定,合伙人有下列情形之一的,当然退伙:①作为合伙人的自然人死亡或者被依法宣告死亡;②个人丧失偿债能力;③作为合伙人的法人或者其他组织依法被吊销营业执照、责令关闭、撤销,或者被宣告破产;④法律规定或者合伙协议约定合伙人必须具有相关资格而丧失该资格;⑤合伙人在合伙企业中的全部财产份额被人民法院强制执行。当然退伙以退伙事由实际发生之日为退伙生效日。

其四,除名退伙。《合伙企业法》规定,合伙人有下列情形之一的,经其他合伙人一致同意,可以决议将其除名:①未履行出资义务;②因故意或者重大过失给合伙企业造成损失;③执行合伙事务时有不正当行为;④发生合伙协议约定的事由。对合伙人的除名决议应当书面通知被除名人。被除名人接到除名通知之日,除名生效,被除名人退伙。被除名人对除名决议有异议的,可以在接到除名通知书之日起30日内向人民法院起诉。

(二)有限合伙企业

1. 有限合伙企业的设立

(1)人数。有限合伙企业由2个以上、50个以下合伙人设立,其中至少应当有一个普通合伙人。

(2)合伙协议。有限合伙企业的合伙协议除应载明普通合伙企业合伙协议所应载明的事项外,还应当载明下列事项:①普通合伙人和有限合伙人的姓名或者名称、住所;②执行事务合伙人应具备的条件和选择程序;③执行事务合伙人权限与违约处理办法;④执行事务合伙人的除名条件和更换程序;⑤有限合伙人入伙、退伙的条件、程序以及相关责任;⑥有限合伙人和普通合伙人相互转变程序。

(3)出资方式。有限合伙人可以用货币、实物、知识产权、土地使用权或者其他财产权利作价出资,但不得以劳务出资。有限合伙人应当按照合伙协议的约定按期足额缴纳出资;未按期足额缴纳的,应当承担补缴义务,并对其他合伙人承担违约责任。

(4)企业名称。有限合伙企业名称中应当标明“有限合伙”字样。有限合伙企业登记事项中应当载明有限合伙人的姓名或者名称及认缴的出资数额。有限合伙企业仅剩有限合伙人的,应当解散;有限合伙企业仅剩普通合伙人的,应转为普通合伙企业。

2. 有限合伙企业的事务执行

有限合伙企业由普通合伙人执行合伙事务。执行事务合伙人可以要求在合伙协议中确定执行事务的报酬及报酬提取方式。有限合伙人不执行合伙事务,不得对外代表有限合伙企业。

有限合伙企业不得将全部利润分配给部分合伙人;但是,合伙协议另有约定的除外。

3. 有限合伙人的特殊权利

因有限合伙人在合伙企业中的特殊地位,《合伙企业法》对其赋予了特殊的权利。

(1)有限合伙人可以同本有限合伙企业进行交易;但是,合伙协议另有约定的除外。

(2)有限合伙人可以自营或者同他人合作经营与本有限合伙企业相竞争的业务;但是,合伙协议另有约定的除外。

(3)有限合伙人可以将其在有限合伙企业中的财产份额出质;但是,合伙协议另有约定的除外。

(4)有限合伙人可以按照合伙协议的约定向合伙人以外的人转让其在有限合伙企业中的财产份额,但应当提前30日通知其他合伙人。

4. 有限合伙人的债务承担

有限合伙人的自有财产不足清偿其与合伙企业无关的债务的,该合伙人可以其从有限合伙企业中分取的收益用于清偿;债权人也可依法请求人民法院强制执行该合伙人在有限合伙企业中的财产份额用于清偿。

人民法院强制执行有限合伙人的财产份额时,应当通知全体合伙人。在同等条件下,其他合伙人有优先购买权。

第三人有理由相信有限合伙人为普通合伙人并与其交易的,该有限合伙人对该笔交易承担与普通合伙人同样的无限连带责任。

有限合伙人未经授权以有限合伙企业名义与他人进行交易,给有限合伙企业或者其他合伙人造成损失的,该有限合伙人应当承担赔偿责任。

5. 有限合伙人入伙、退伙的特殊规定

(1)入伙。新入伙的有限合伙人对入伙前有限合伙企业的债务,以其认缴的出资额为限承担责任。

(2)退伙。有限合伙人出现普通合伙人当然退伙的情形的,应当退伙。但作为有限合伙人的自然人在有限合伙企业存续期间丧失民事行为能力的,其他合伙人不得因此要求其退伙。作为有限合伙人的自然人死亡、被依法宣告死亡或者作为有限合伙人的法人及其他组织终止时,其继承人或者权利承受人可以依法取得该有限合伙人在有限合伙企业中的资格。有限合伙人退伙后,对基于其退伙前的原因发生的有限合伙企业债务,以其退伙时从有限合伙企业中取回的财产承担责任。

6. 有限合伙人身份的变更

除合伙协议另有约定外,普通合伙人转变为有限合伙人,或者有限合伙人转变为普通合伙人,应当经全体合伙人一致同意。

有限合伙人转变为普通合伙人的,对其作为有限合伙人期间有限合伙企业发生的债务承担无限连带责任。

普通合伙人转变为有限合伙人的，对其作为普通合伙人期间合伙企业发生的债务承担无限连带责任。

(三)特殊的普通合伙企业

特殊的普通合伙企业的特殊性体现在服务内容和责任承担方式上。

1. 服务内容

按照《合伙企业法》的规定，以专业知识和专门技能为客户提供有偿服务的专业服务机构，才可以设立为特殊的普通合伙企业。

2. 责任承担

在特殊的普通合伙企业中，一个合伙人或者数个合伙人在执业活动中因故意或者重大过失造成合伙企业债务的，应当承担无限责任或者无限连带责任，其他合伙人以其在合伙企业中的财产份额为限承担责任。合伙人在执业活动中非因故意或者重大过失造成的合伙企业债务以及合伙企业的其他债务，由全体合伙人承担无限连带责任。

合伙人执业活动中因故意或者重大过失造成的合伙企业债务，以合伙企业财产对外承担责任后，该合伙人应当按照合伙协议的约定对给合伙企业造成的损失承担赔偿责任。

特殊的普通合伙企业的名称中应当标明“特殊普通合伙”字样。特殊的普通合伙企业应当建立执业风险基金、办理职业保险。执业风险基金用于偿付合伙人执业活动造成的债务，并应当单独立户管理，具体管理办法由国务院规定。

三、合伙企业的解散与清算

(一)合伙企业的解散

合伙企业有下列情形之一的，应当解散：①合伙期限届满，合伙人决定不再经营；②合伙协议约定的解散事由出现；③全体合伙人决定解散；④合伙人已不具备法定人数满 30 天；⑤合伙协议约定的合伙目的已经实现或者无法实现；⑥依法被吊销营业执照、责令关闭或者被撤销；⑦法律、行政法规规定的其他原因。

(二)合伙企业的清算

合伙企业解散，应当由清算人进行清算。

1. 清算人的确定

清算人由全体合伙人担任；经全体合伙人过半数同意，可以自合伙企业解散事由出现后 15 日内指定一个或者数个合伙人，或者委托第三人，担任清算人。自合伙企业解散事由出现之日起 15 日内未确定清算人的，合伙人或者其他利害关系人可以申请人民法院指定清算人。

2. 债权申报

清算人自被确定之日起 10 日内将合伙企业解散事项通知债权人，并于 60 日内在报纸上公告。债权人应当自接到通知书之日起 30 日内，未接到通知书的自公告之日起 45 日内，向清算人申报债权。

3. 合伙企业财产分配及责任的承担

合伙企业财产在支付清算费用和职工工资、社会保险费用、法定补偿金以及缴纳所欠税款、清偿债务后的剩余财产按照合伙协议的约定办理；合伙协议未约定或者约定不明确的，由合伙人协商决定；协商不成的，由合伙人按照实缴出资比例分配；无法确定出资比例的，由合伙人平均分配。

清算结束，清算人应当编制清算报告，经全体合伙人签名、盖章后，在 15 日内向企业登记机关报送清算报告，申请办理合伙企业注销登记。

合伙企业注销后，原普通合伙人对合伙企业存续期间的债务仍应承担无限连带责任。

四、违反《合伙企业法》的法律责任

（一）合伙企业的法律责任

合伙企业有以下情形的，要依法承担相应的法律责任：

（1）合伙企业提交虚假文件或者采取其他欺骗手段，取得合伙企业登记的；

（2）未在其名称中标明“普通合伙”“特殊普通合伙”或者“有限合伙”字样的；

（3）未领取营业执照，而以合伙企业或者合伙企业分支机构名义从事合伙业务的；

（4）合伙企业登记事项发生变更时，未依照《合伙企业法》规定办理变更登记的要依法承担相应的行政责任。

合伙企业登记事项发生变更，执行合伙事务的合伙人未按期申请办理变更登记的，应当赔偿由此给合伙企业、其他合伙人或者善意第三人造成的损失。

（二）合伙人的法律责任

合伙人有以下情形的，要依法承担相应的法律责任：

（1）合伙人执行合伙事务，或者合伙企业从业人员利用职务上的便利，将应当归合伙企业的利益据为己有的，或者采取其他手段侵占合伙企业财产的，应当将该利益和财产退还合伙企业；给合伙企业或者其他合伙人造成损失的，依法承担赔偿责任。

（2）合伙人对依法或者合伙协议约定必须经全体合伙人一致同意始得执行的事务擅自处理，给合伙企业或者其他合伙人造成损失的，依法承担赔偿责任。

（3）不具有事务执行权的合伙人擅自执行合伙事务，给合伙企业或者其他合伙人造成损失的，依法承担赔偿责任。

（4）合伙人违反法律规定或者合伙协议的约定，从事与本合伙企业相竞争的业务或者与本合伙企业进行交易的，该收益归合伙企业所有；给合伙企业或者其他合伙人造成损失的，依法承担赔偿责任。

（5）合伙人违反合伙协议的，应当依法承担违约责任。

【同步案例2—2】 2015年4月，老李与同村村民张某合伙成立一家陶瓷公司，并在工商局注册登记。2018年至2021年2月，由于陶瓷公司资金紧张，老李分几次向潘某借款261 498元用于生产经营，并出具欠条一份，明确借款数额、利息并加盖陶瓷公司公章。后潘某因多次催要未果，将老李和张某诉至法院，要求他们承担还款责任。2021年9月，法院判决由老李独自承担还款责任。

同步案例2—2提示

判决生效后，老李不服，从此开启了漫漫维权路。后该案被潍坊中级人民法院指令青州法院再审，再审判决作出后，老李不服提出上诉，潍坊中级法院审理后以原审事实不清、证据不足为由，裁定发回青州法院重审，重审判决认定，该笔借款由老李和张某共同承担。

请思考：张某、老李是否应承担债务连带清偿责任。

（三）清算人的法律责任

清算人未依法向企业登记机关报送清算报告，或者报送清算报告隐瞒重要事实，或者有重大遗漏的，由企业登记机关责令改正。由此产生的费用和损失，由清算人承担和赔偿。

清算人执行清算事务，牟取非法收入或者侵占合伙企业财产的，应当将该收入和侵占的财产退还合伙企业；给合伙企业或者其他合伙人造成损失的，依法承担赔偿责任。

清算人违反法律规定，隐匿、转移合伙企业财产，对资产负债表或者财产清单作虚假记载，或者在未清偿债务前分配财产，损害债权人利益的，依法承担赔偿责任。

(四)其他人的法律责任

有关行政管理机关的工作人员违反法律规定,滥用职权、徇私舞弊、收受贿赂、侵害合伙企业合法权益的,依法给予行政处分。

【做中学 2—3】 小李、小张、小周三人是朋友,经协商,每人各出资 5 万元投资注册了某普通合伙企业。经过两年的经营,情况并不理想,不但没有盈利,而且亏欠了 3 万元货款。小周首先萌生退意,打算退伙,并要求分回投资款;小李、小张见挽留无望,也只能同意,但认为小周半路退出,不应分得回报;小周则认为该货款的拖欠并非他决策所致,不同意承担,各方争执不下。

做中学 2—3 解析

请思考:小周如何退伙才合理合法?

任务三　公司法

公司是社会生产力发展到一定历史阶段而出现的一种企业组织形式。公司制度是有效实现出资者所有权与公司法人财产权分离、产权关系明晰、管理体制科学的企业法人的典型形式,是现代市场经济国家中最普遍、最重要的企业制度,是现代企业制度的典型代表。

一、公司的概念和特征

公司是股东依法以投资方式设立,以营利为目的,股东以其认缴的出资额或认购的股份为限对公司承担责任,公司以其全部独立法人财产对公司债务承担责任的企业法人。

一般来说,公司具有如下法律特征:

1. 公司必须依照公司法设立

评判一个企业是不是公司,不能只看其名称,而要看其是不是按照公司法的规定设立的,只有符合公司法规定的经济组织才能成为公司。

2. 公司必须以营利为目的

所谓以营利为目的,是指公司从事生产、经营或者提供劳务都是为了获取利润。对于某些法人团体来说,它们在业务活动中虽然也可能取得一定的收入并且实现盈余,但如果不以营利为目的,则不能将其视为公司。

3. 公司必须是法人企业

企业的形态在法律上可分为两种:一种是法人企业,另一种是非法人企业。法人企业是指具有民事权利能力和民事行为能力、依法独立享有民事权利和承担民事责任的组织。法人企业必须是依法成立的,有必要的财产或经费,有自己的名称、组织机构和场所,能够独立承担民事责任,而非法人企业与法人企业最大的区别,就在于它不独立承担民事责任。

二、公司的分类

(一)根据股东承担责任范围进行划分,可将公司划分为有限责任公司、无限责任公司、两合公司、股份有限公司

(1)有限责任公司又称有限公司,是股东以其认缴的出资额为限对公司承担责任,公司以其全部财产对公司的债务承担责任的公司。

(2)无限公司指由两个以上的股东组成,全体股东对公司的债务承担无限连带责任的公司。

(3)两合公司是由负无限责任的股东和负有限责任的股东组成,无限责任股东对公司债务承担无限连带责任,有限责任股东仅就其认缴的出资额为限对公司债务承担责任的公司。

(4)股份有限公司又称股份公司,是将其全部资本分为等额股份,股东以其认购的股份为限对公司承担责任、公司以其全部财产对公司的债务承担责任的公司。

(二)根据公司间股权或股份控制或依附关系进行划分,可将公司划分为母公司、子公司

处于控制地位的是母公司,处于依附地位的则是子公司。母子公司之间虽然存在控制与被控制的组织关系,但它们都具有法人资格。

(三)根据公司内部的管辖系统进行划分,可将公司划分为总公司(本公司)、分公司

分公司是公司依法设立的分支机构,分公司虽然可以以分公司名义进行经营活动,但其法律后果由总公司承担。分公司不具有独立法人资格。

对公司的划分,主要是对公司责任的承担和对公司的管辖具有实际意义。我国《公司法》只确认"有限责任公司"和"股份有限公司"两种公司形式。

(四)按照公司对外信用基础的不同,公司可分为人合公司、资合公司和人合兼资合公司

人合公司是以股东个人信用为基础的公司,无限责任公司是最典型的人合公司。资合公司是以公司资本信用为基础的公司,股份有限公司是最典型的资合公司。人合兼资合公司是指公司的信用基础兼具股东个人信用和公司资本信用两个方面,如有限责任公司。

三、公司与企业的区别

公司是指依法定程序设立,以营利为目的的社团法人。公司按股东对公司债权人所负的责任分为无限公司、有限公司、两合公司、股份公司等。我国《公司法》规定,我国公司是指依照该法在中国境内设立的有限责任公司和股份有限公司。

公司的具体特征有:①必须依法设立;②以营利为目的;③必须具备法人资格。

企业泛指一切从事生产、流通或者服务活动,以谋取经济利益的经济组织。按照企业财产组织方式的不同,企业在法律上又可以分为三种类型:①独资企业,即由单个主体出资兴办、经营、管理、收益和承担风险的企业;②合伙企业,即由两个或者两个以上的出资人共同出资兴办、经营、管理、收益和承担风险的企业;③公司企业,即依照《公司法》设立的企业。

综上所述,公司是企业的一种形式,也属于企业的范畴。反之,企业不一定是公司,企业是一个大概念,除了公司外,还包含独资企业和合伙企业。

四、公司法的概念和适用范围

(一)公司法的概念

公司法是规定公司的设立、组织、活动和解散,以及股东权利、义务关系的法律规范的总称。1993 年 12 月 29 日,第八届全国人民代表大会常务委员会第五次会议通过了《公司法》,于 1994 年 7 月 1 日起施行。1999 年 12 月 25 日,第九届全国人民代表大会常务委员会第十三次会议第一次修订《公司法》;2004 年 8 月 28 日,第十届全国人民代表大会常务委员会第十一次会议第二次修订《公司法》;2005 年 10 月 27 日,第十届全国人民代表大会常务委员会第十八次会议第三次修订《公司法》;2013 年 12 月 28 日,第十二届全国人民代表大会常务委员会第六次会议第四次修订《公司法》,共有 13 章、218 条。新修订的《公司法》从 2014 年 3 月 1 日起实施。2018 年 10 月 26 日第十三届全国人民代表大会常务委员会第六次会议再次对《公司法》进行了修改,并于当日公布和施行。

(二)《公司法》的适用范围

《公司法》中所称的公司,是指依照《公司法》在中国境内设立的有限责任公司和股份有限公司。因此,《公司法》只适用于有限责任公司和股份有限公司。

(三)有限责任公司

有限责任公司也称有限公司,是指依照《公司法》设立的,由符合法定人数股东组成,股东以其认缴的出资额为限对公司承担责任,公司以其全部资产对公司债务承担责任的企业法人。

有限责任公司具有以下特征:①股东人数的限定性。有限责任公司应由50个以下的股东组成。②股东出资的非股份性。公司资本不分股份,每个股东只有一份出资,其出资额可以不同。③股东责任的有限性。股东仅以出资额为限对公司债务承担责任。④公司资本的封闭性。公司的资本只能由全体股东认缴,不能向社会公开募集股份,不能发行股票。⑤公司组织的简便性。⑥资合与人合的统一性。

1. 有限责任公司设立方式

有限责任公司由全体股东共同出资设立。公司资本不分成等额股份,证明股东出资额的权利证书称为出资证明书。

2. 有限责任公司的设立条件

根据《公司法》的规定,设立有限责任公司,应当具备下列条件:

(1)股东符合法定人数。有限责任公司由50个以下股东出资设立。股东可以是自然人,也可以是法人。

(2)有符合公司章程规定的全体股东认缴的出资额。股东可用货币出资,也可用实物、知识产权、土地使用权等可用货币估价并可依法转让的非货币财产作价出资;但是,法律、行政法规规定不得作为出资的财产除外。

(3)股东共同制定公司章程。公司章程应当载明:①公司名称和住所;②公司经营范围;③公司注册资本;④股东姓名或者名称;⑤股东的出资方式、出资额和出资时间;⑥公司机构及其产生办法、职权、议事规则;⑦公司法定代表人;⑧股东会会议认为需要规定的其他事项。

(4)有公司名称,建立符合有限公司要求的组织机构。

(5)有公司住所。公司以其主要办事机构所在地为住所。

3. 设立有限责任公司的登记

股东依据公司章程缴足认缴的出资后,由全体股东指定的代表或者共同委托的代理人向公司登记机关报送公司登记申请书、公司章程、验资证明等文件,申请设立登记。申请登记的公司经公司登记机关依法登记,领取企业法人营业执照,方取得企业法人资格。未经公司登记机关登记的,不得以公司名义从事经营活动。

登记事项发生变更的,应当办理变更登记。未经登记或者变更登记的,不得对抗第三人。

4. 有限责任公司的组织机构

(1)股东会

有限公司的股东会由全体股东组成。股东会是公司的权力机构。它的职权:决定公司的经营方针和投资计划;选举和更换非由职工代表担任的董事、监事,决定有关董事、监事的报酬事项;审议批准董事会的报告;审议批准监事会或者监事的报告;审议批准公司的年度财务预算方案、决算方案;审议批准公司的利润分配方案和弥补亏损方案;对公司增加或者减少注册资本做出决议;对发行公司债券做出决议;对公司合并、分立、解散、清算或者变更公司形式做出决议;修改公司章程;公司章程规定的其他职权。

首次股东会会议由出资最多的股东召集和主持。股东会会议的定期会议:应当按照公司章程的规定按时召开。股东会会议的临时会议:代表1/10以上表决权的股东、1/3以上的董事、监事会或者不设监事会的公司的监事提议召开临时会议的,应当召开临时会议。股东会会议由股东按照出资比例行使表决权;但是,公司章程另有规定的除外。股东会会议做出修改公司章程、增加或者减少注册资本的决议,以及公司合并、分立、解散或者变更公司形式的决议,必须经代表2/3以上表决权的股东通过。

2. 董事会、执行董事和经理

董事会是由股东会选举产生的董事组成的业务执行机关,其成员为3～13人。两个以上的国有企业或者两个以上的其他国有投资主体投资设立的有限责任公司,其董事会成员中应当有公司职工代表;其他有限责任公司董事会成员中可以有公司职工代表。董事会职权:①召集股东会会议,并向股东会报告工作;②执行股东会决议;③决定公司经营计划和投资方案;④制订公司年度财务预算方案、决算方案;⑤制订公司利润分配方案和弥补亏损方案;⑥制订公司增加或者减少注册资本以及发行公司债券方案;⑦制订公司合并、分立、解散或者变更公司形式方案;⑧决定公司内部管理机构设置;⑨决定聘任或者解聘公司经理及其报酬事项,并根据经理提名决定聘任或者解聘公司副经理、财务负责人及其报酬事项;⑩制定公司基本管理制度;⑪公司章程规定其他职权。董事任期由公司章程规定,但每届任期不得超过3年。董事任期届满,连选可以连任。

董事会会议由董事长召集和主持;董事长不能履行职务或者不履行职务的,由副董事长召集和主持;副董事长不能履行职务或者不履行职务的,由半数以上董事共同推举1名董事召集和主持。董事会的议事方式和表决程序,除公司法有规定外,由公司章程规定。

股东人数较少或者规模较小的有限责任公司,可以设1名执行董事,不设董事会。执行董事可以兼任公司经理。执行董事的职权由公司章程规定。

经理由董事会聘任或者解聘。经理对董事会负责,并列席董事会会议。经理依法行使下列职权:①主持公司的生产经营管理工作,组织实施董事会决议;②组织实施公司年度经营计划和投资方案;③拟订公司内部管理机构设置方案;④拟订公司的基本管理制度;⑤制定公司的具体规章;⑥提请聘任或者解聘公司副经理、财务负责人;⑦决定聘任或者解聘除应由董事会决定聘任或者解聘以外的负责管理人员;⑧董事会授予的其他职权。公司章程对经理职权另有规定的,从其规定。

3. 监事会或监事

有限责任公司设立监事会,其成员不得少于3人。股东人数较少或者规模较小的有限责任公司,可以设1～2名监事,不设监事会。监事会应当包括股东代表和适当比例的公司职工代表,其中职工代表的比例不得低于1/3,具体比例由公司章程规定。监事会中的职工代表由公司职工通过职工代表大会、职工大会或者其他形式民主选举产生。董事、高级管理人员不得兼任监事。

监事会或不设监事会的公司的监事依法行使下列职权:①检查公司财务;②对董事、高级管理人员执行公司职务的行为进行监督,对违反法律、行政法规、公司章程或者股东会决议的董事、高级管理人员提出罢免的建议;③当董事、高级管理人员的行为损害公司的利益时,要求董事、高级管理人员予以纠正;④提议召开临时股东会会议,在董事会不履行本法规定的召集和主持股东会会议职责时召集和主持股东会会议;⑤向股东会会议提出提案;⑥依照公司法的规定,对董事、高级管理人员提起诉讼;⑦公司章程规定的其他职权。除此之外,监事会、不设监事会的公司的监事发现公司经营情况异常,可以进行调查;必要时,可以聘请会计师事务所等协助其工作,费用由公司承担。监事可以列席董事会会议,并对董事会决议事项提出质询或者建议。

【提示】监事的任期每届为3年。监事任期届满,连选可以连任。

4. 董事、监事、高级管理人员的任职资格和义务

公司的董事、监事、高级管理人员均是公司机构的主要人员,有必要对这些人员的任职资格加以限制。公司法规定,下列人员不得担任公司的董事、监事、高级管理人员:①无民事行为能力或者限制民事行为能力;②因贪污、贿赂、侵占财产、挪用财产或者破坏社会主义经济秩序,被判处刑罚,执行期满未逾5年,或者因犯罪被剥夺政治权利,执行期满未逾5年;③担任破产清算的公司、企业

的董事或者厂长、经理，并对该公司、企业的破产负有个人责任的，自该公司、企业破产清算完结之日起未逾3年；④担任因违法被吊销营业执照、责令关闭的公司、企业的法定代表人，并负有个人责任的，自该公司、企业被吊销营业执照之日起未逾3年；⑤个人所负数额较大的债务到期未清偿。除此之外，公司违反上述规定选举、委派董事、监事或者聘任高级管理人员的，该选举、委派或者聘任无效。董事、监事、高级管理人员在任职期间出现上述所列情形的，公司应当解除其职务。

董事、监事、高级管理人员应当遵守法律、行政法规和公司章程，对公司负有忠实义务和勤勉义务。不得利用职权收受贿赂或者其他非法收入，不得侵占公司的财产。

董事、高级管理人员不得有下列行为：①挪用公司资金；②将公司资金以其个人名义或者以其他个人名义开立账户存储；③违反公司章程规定，未经股东会、股东大会或者董事会同意，将公司资金借贷给他人或者以公司财产为他人提供担保；④违反公司章程规定或者未经股东会、股东大会同意，与本公司订立合同或者进行交易；⑤未经股东会或者股东大会同意，利用职务便利为自己或者他人谋取属于公司商业机会，自营或者为他人经营与所任职公司同类业务；⑥接受他人与公司交易佣金归为己有；⑦擅自披露公司秘密；⑧违反对公司忠实义务其他行为。

董事、高级管理人员违反上述规定所得的收入应当归公司所有。董事、监事、高级管理人员执行公司职务时违反法律、行政法规或者公司章程的规定，给公司造成损失的，应当承担赔偿责任。

5. 股东的诉讼

董事、高级管理人员执行公司职务时违反法律、行政法规或者公司章程的规定，给公司造成损失的，有限公司股东、股份公司连续180日以上单独或者合计持有公司1%以上股份的股东，可书面请求监事会或者不设监事会的有限公司的监事向法院提起诉讼；监事有上述规定情形的，前述股东可书面请求董事会或者不设董事会的有限公司的执行董事向法院提起诉讼。

监事会、不设监事会的有限公司的监事，或者董事会、执行董事收到上述规定的股东书面请求后拒绝提起诉讼，或者自收到请求之日起30日内未提起诉讼，或者情况紧急、不立即提起诉讼将会使公司利益受到难以弥补的损害的，前款规定的股东有权为了公司利益以自己的名义直接向法院提起诉讼。

他人侵犯公司合法权益，给公司造成损失的，有限公司的股东、股份公司连续180日以上单独或者合计持有公司1%以上股份的股东，可以依照前两款的规定向法院提起诉讼。

董事、高级管理人员违反法律、行政法规或者公司章程规定，损害股东利益的，股东可向法院提起诉讼。

6. 一人有限责任公司

一人有限责任公司，是指只有一个自然人股东或者一个法人股东的有限责任公司。

一人有限责任公司的特点：

动漫视频

一人有限责任公司

(1)一个自然人只能投资设立一个一人有限责任公司。

(2)一人有限责任公司应当在公司登记中注明自然人独资或者法人独资，并在公司营业执照中载明。

(3)一人有限责任公司章程由股东制定。一人有限责任公司不设股东会。

(4)一人有限责任公司应当在每一会计年度终了时编制财务会计报告，并经会计师事务所审计。

(5)一人有限责任公司的股东不能证明公司财产独立于股东自己的财产的，应当对公司债务承担连带责任。

7. 国有独资公司

国有独资公司，是指国家单独出资、由国务院或者地方人民政府授权本级人民政府国有资产监督管理机构履行出资人职责的有限责任公司。

国有独资公司具有以下特点:①国有独资公司为国家单独出资,由国务院或者地方人民政府授权本级人民政府国有资产监督管理机构所开办。②国有独资公司章程由国有资产监督管理机构制定,或者由董事会制定报国有资产监督管理机构批准。③重要的国有独资公司,按照国务院的规定确定。

国有独资公司不设股东会,由国有资产监督管理机构行使股东会职权。国有资产监督管理机构可授权董事会行使股东会的部分职权,决定公司的重大事项,但公司的合并、分立、解散、增加或者减少注册资本和发行公司债券,必须由国有资产监督管理机构决定。

国有独资公司董事会,依公司法关于有限公司相关规定行使职权。董事每届任期不得超过3年。董事会成员由国有资产监督管理机构委派,但董事会成员中应当有公司职工代表。董事长、副董事长由国有资产监督管理机构从董事会成员中指定。

国有独资公司设经理,由董事会聘任或者解聘。

国有独资公司的董事长、副董事长、董事、高级管理人员,未经国有资产监督管理机构同意,不得在其他有限责任公司、股份有限公司或者其他经济组织兼职。国有独资公司监事会成员不得少于5人,其中职工代表的比例不得低于1/3,具体比例由公司章程规定。监事会成员由国有资产监督管理机构委派。

8. 有限责任公司的股权转让

有限责任公司的股东之间可以相互转让其全部或者部分股权。股东向股东以外的人转让股权,应当经其他股东过半数同意。股东应就其股权转让事项书面通知其他股东征求同意,其他股东自接到书面通知之日起满30日未答复的,视为同意转让。其他股东半数以上不同意转让的,不同意的股东应当购买该转让的股权;不购买的,视为同意转让。

经股东同意转让的股权,在同等条件下,其他股东有优先购买权。在特定情形下,股东可以请求公司按照合理的价格收购其股权。自然人股东死亡后,其合法继承人可以继承股东资格。

人民法院依照法律规定的强制执行程序转让股东的股权时,应当通知公司及全体股东,其他股东在同等条件下有优先购买权。其他股东自人民法院通知之日起满20日不行使优先购买权的,视为放弃优先购买权。

转让股权后,公司应当注销原股东的出资证明书,向新股东签发出资证明书,并相应修改公司章程和股东名册中有关股东及其出资额的记载。

9. 有限责任公司股东退出公司

(1)股东退出公司的法定条件

有下列情形之一的,对股东会该项决议投反对票的股东可以请求公司按照合理的价格收购其股权,退出公司:①公司连续5年不向股东分配利润,而公司该5年连续盈利,并且符合《公司法》规定的分配利润条件的;②公司合并、分立、转让主要财产的;③公司章程规定的营业期限届满或者章程规定的其他解散事由出现,股东会会议通过决议修改章程使公司存续的。

(2)股东退出公司的法定程序

股东退出公司时首先应当采用协商的方式请求公司收购其股权,自股东会会议决议通过之日起60日内,股东与公司不能达成股权收购协议的,股东可以自股东会会议决议通过之日起90日内向人民法院提起诉讼。

(四)股份有限公司

1. 股份有限公司的概念及特征

股份有限公司又称股份公司,是指注册资本由等额股份构成,股东以其认购的股份为限对公司承担责任,公司以其全部资产对公司债务承担责任的企业法人。

股份有限公司具有以下特征:

(1)公司的资合性。股份有限公司是一种完全而纯粹的资合性公司,对股东的身份无特殊要求,股份可以在法律规定的范围内自由转让。

(2)资本募集的公开性。具备一定条件的股份有限公司可以通过发行股票的方式筹集社会资金。

(3)资本的股份性。股份有限公司的资本划分为等额的股份,并以股票这种有价证券的形式加以表示,每个股东持有的股份可以不同,但每股代表的金额必须相等。

(4)股东的广泛性。我国的《公司法》要求股份有限公司的发起人数应在2人以上、200人以下。

(5)充分的法人性。股份有限公司具有最完备的组织机构和最为独立的财产,充分体现了法人组织的基本特征。

2. 股份有限公司的设立

(1)股份有限公司设立的方式

股份有限公司的设立,可以采取发起设立和募集设立两种方式:①发起设立是指由发起人认购公司应发行的全部股份而设立公司;②募集设立是指由发起人认购应发行股份的一部分,其余部分向社会公开募集或者向特定对象募集而设立公司。

(2)股份有限公司设立的条件

根据《公司法》的规定,设立股份有限公司,应当具备下列条件:

①发起人符合法定人数。设立股份有限公司,应当有2~200个发起人,其中须有半数以上的发起人在中国境内有住所。发起人应当签订发起人协议,明确各自在公司设立过程中的权利和义务。发起人是履行公司设立职责的股东。

②有符合公司章程规定的全体发起人认购的股本总额或者募集的实收资本总额。我国法律规定,采取发起设立方式设立股份有限公司的,注册资本为在公司登记机关登记的全体发起人认购的股本总额。在发起人认购的股份缴足前,不得向他人募集股份。采取募集方式设立股份有限公司的,注册资本为在公司登记机关登记的实收股本总额。

③股份发行、筹办事项符合法律规定。以发起方式设立股份有限公司的,发起人应当书面认足公司章程规定其认购的股份;以募集方式设立股份有限公司的,除了发起人按规定认购的股份外,其余股份应当向社会公开募集。公开募集股份要经国务院证券管理部门批准,并公告招股说明书,制作认股书并由依法设立的证券公司承销。

④发起人制定公司章程,采用募集方式设立公司的,公司章程必须经创立大会通过。设立股份有限公司,必须依照《公司法》的规定,由发起人制定出公司章程。该章程应当载明下列事项:A. 公司的名称和住所;B. 公司的经营范围;C. 公司的设立方式;D. 公司的股份总数、每股金额和注册资本;E. 发起人的姓名或者名称、认购的股份数、出资方式和出资时间;F. 董事会的组成、职权和议事规则;G. 公司法定代表人;H. 监事会的组成、职权和议事规则;I. 公司利润分配办法;J. 公司的解散事由与清算办法;K. 公司的通知和公告办法;L. 股东大会会议认为需要规定的其他事项。

⑤有公司名称,建立符合股份有限公司要求的组织机构。公司名称必须标明"股份有限公司"或"股份公司"字样,并且必须符合有关法律、行政法规的规定。公司必须依法建立与公司性质相适应的组织机构。

⑥有公司住所。公司以其主要办事机构所在地为住所。

3. 设立股份有限公司的登记

发起人认足公司章程规定的出资后，应当选举董事会和监事会，由董事会向公司登记机关报送公司章程，由依法设定的验资机构出具的验资证明以及法律、行政法规规定的其他文件，申请设立登记。

董事会应于创立大会结束后 30 日内，向公司登记机关报送有关文件，申请设立登记。

以募集方式设立股份有限公司公开发行股票的，还应当向公司登记机关报送国务院证券监督管理机构的核准文件。

4. 股份有限公司设立的程序

(1)发起设立的程序

采取发起设立方式设立股份有限公司的，发起人应书面认足公司章程规定其认购的股份并缴纳出资。

发起人认足出资后，应当选举董事会和监事会，建立公司的组织机构。

董事会设立后，负责向公司登记机关报送公司章程以及法律、行政法规规定的其他文件，申请设立登记。依法获得营业执照的，公司成立。

(2)募集设立程序

①发起人缴纳股款。采取募集方式设立股份有限公司的，发起人认购的股份不得少于公司股份总数的 35%；但是，法律、行政法规另有规定的，从其规定。

②向社会公开募集股份。向社会公开募集股份的，应当经国务院证券监督管理机构核准。发起人必须公告招股说明书，并制作认股书。股份应当由依法设立的证券公司承销，由银行代收股款。

③验资。发行股份的股款缴足后，必须经依法设立的验资机构验资并出具证明。

④召开创立大会。发起人应当自股款缴足之日起 30 日内主持召开公司创立大会。创立大会由发起人、认股人组成。创立大会应有代表股份总数过半数的发起人、认股人出席，方可举行。创立大会依《公司法》行使职权，对相关事项作出的决议，必须经出席会议的认股人所持表决权的过半数通过。创立大会选举产生董事会和监事会。

⑤申请设立登记。董事会应于创立大会结束后 30 日内，向公司登记机关报送相关文件，申请设立登记。依法取得营业执照时，公司成立。

5. 股份有限公司的组织机构

(1)股东大会

股份有限公司股东大会由全体股东组成。它是公司的权力机构，依照《公司法》的规定行使职权。

股东大会应当每年召开一次年会。有下列情形之一的，应当在 2 个月内召开临时股东大会：①董事人数不足法定的人数或公司章程所定人数的 2/3 时；②公司未弥补的亏损达实收股本总额 1/3 时；③单独或者合计持公司股份 10%以上的股东请求时；④董事会认为必要时；⑤监事会提议召开时；⑥公司章程规定的其他情形。

(2)董事会和经理

董事会为公司经营决策和业务执行机构，其成员为 5～19 人。董事会成员中可以有公司职工代表。

关于有限公司董事任期和董事会职权的规定，适用于股份有限公司董事和董事会。

定期会议每年度至少召开两次，每次会议应当于会议召开 10 日前通知全体董事和监事。

临时会议由代表 1/10 以上表决权的股东、1/3 以上董事或者监事会，可以提议召开董事会临时会议。

公司经理，由董事会聘任或解聘，也可由董事会决定由董事兼任经理。

(3)监事会

监事会应当包括股东代表和适当比例的公司职工代表，其中职工代表的比例不得低于1/3，具体比例由公司章程规定。

【注意】董事、高级管理人员不得兼任监事。

监事会的职权和监事的任期，适用《公司法》对有限公司的规定。

监事会主席召集和主持监事会会议；监事会主席不能履行职务或者不履行职务的，由监事会副主席召集和主持监事会会议；监事会副主席不能履行职务或者不履行职务的，由半数以上监事共同推举一名监事召集和主持监事会会议。

监事会每6个月至少召开一次会议。监事可以提议召开临时监事会会议。监事会的议事方式和表决程序，除公司法有规定的外，由公司章程规定。

6. 股份的发行、转让

(1)股份的发行

股份是以股票形式表现的、体现股东权利和义务的公司资本的组成部分。股票是股份公司签发的、证明股东所持股份的凭证。

股份的发行，是指股份公司或者设立中的股份公司为了筹集公司资本，出售和分配股份的法律行为。它分为设立发行和新股发行。股份的发行的原则为公平、公正，同次发行的同种类股票，每股的发行条件和价格应当相同。

股票发行价格可以按票面金额，也可以超过票面金额，但不得低于票面金额。股票采用纸面形式或者国务院证券监督管理机构规定的其他形式。

公司发行的股票，可以为记名股票，也可以为无记名股票。公司向发起人、法人发行的股票，应当为记名股票。

(2)股份的转让

股份转让，是指股份有限公司的股份持有人依法自愿将自己的股份转让给他人，使他人取得股份成为股东的法律行为。

记名股票，由股东以背书方式或者法律、行政法规规定的其他方式转让；转让后由公司将受让人的姓名或者名称及住所记载于股东名册。无记名股票，由股东将股票交付给受让人后即发生转让的效力。

发起人持有的本公司股份，自公司成立之日起1年内不得转让。公司公开发行股份前已发行的股份，自公司股票在证券交易所上市交易之日起1年内不得转让。

公司董事、监事、高级管理人员应当向公司申报所持有的本公司的股份及其变动情况，在任职期间每年转让的股份不得超过其所持有本公司股份总数的25%；所持本公司股份自公司股票上市交易之日起1年内不得转让。上述人员离职后半年内，不得转让其所持有的本公司股份。

公司不得收购本公司股份(特别规定除外)。公司不得接受本公司的股票作为质押权的标的。

(3)股份的收购

公司不得收购本公司股份。但是，有下列情形之一的除外：①减少公司注册资本；②与持有本公司股份的其他公司合并；③将股份用于员工持股计划或者股权激励；④股东因对股东大会做出的公司合并、分立决议持异议，要求公司收购其股份；⑤将股份用于转换上市公司发行的可转换为股票的公司债券；⑥上市公司为维护公司价值及股东权益所必需。

公司因第①项、第②项规定的情形收购本公司股份的，应当经股东大会决议；公司因第③项、第⑤项、第⑥项规定的情形收购本公司股份的，可以依照公司章程的规定或者股东大会的授权，经

2/3 以上董事出席的董事会会议决议。

公司依法收购本公司股份后,属于第①项情形的,应当自收购之日起 10 日内注销;属于第②项、第④项情形的,应当在 6 个月内转让或者注销;属于第③项、第⑤项、第⑥项情形的,公司合计持有的本公司股份数不得超过本公司已发行股份总额的 10%,并应当在 3 年内转让或者注销。

7. 上市公司

上市公司,是指其股票在证券交易所上市交易的股份有限公司。

股份有限公司申请股票上市,应当符合证券法规定的下列条件:①股票经国务院证券监督管理机构核准已公开发行。②公司股本总额不少于人民币 3 000 万元。③公开发行的股份达公司股份总数的 25%以上;公司股本总额超过人民币 4 亿元的,向社会公开发行股份的比例为 10%以上。④公司最近 3 年无重大违法行为,财务会计报告无虚假记载。

(1)独立董事

独立董事是指不在公司担任除董事外的其他职务,并与其所受聘的上市公司及其主要股东不存在可能妨碍其进行独立客观判断的关系的董事。应当具备的条件:①根据法律、行政法规及其他有关规定,具备担任上市公司董事的资格;②具有相应的独立性;③具备上市公司运作的基本知识,熟悉相关法律、行政法规、规章及规则;④具有 5 年以上法律、经济或者其他履行独立董事职责所必需的工作经验;⑤公司章程规定的其他条件。

下列人员不得担任独立董事:①在上市公司或者其附属企业任职的人员及其直系亲属、主要社会关系;②直接或间接持有上市公司已发行股份 1%以上或者是上市公司前 10 名股东中的自然人股东及其直系亲属;③直接或间接持有上市公司已发行股份 5%以上的股东单位或者在上市公司前 5 名股东单位任职的人员及其直系亲属;④最近 1 年内曾经具有前 3 项所列举情形的人员;⑤为上市公司或者其附属企业提供财务、法律、咨询等服务的人员;⑥公司章程规定的其他人员;⑦中国证监会认定的其他人员。

独立董事除应当具有公司法和其他相关法律、法规赋予董事的职权外,上市公司还应当赋予独立董事以下特别职权:①重大关联交易(指上市公司拟与关联人达成的总额高于 300 万元或高于上市公司最近经审计净资产值的 5%的关联交易)应由独立董事认可后,提交董事会讨论;独立董事做出判断前,可以聘请中介机构出具独立财务顾问报告,作为其判断的依据。②向董事会提议聘用或解聘会计师事务所。③向董事会提请召开临时股东大会。④提议召开董事会。⑤独立聘请外部审计机构和咨询机构。⑥可以在股东大会召开前公开向股东征集投票权。

独立董事除履行上述职责外,还应当对以下事项向董事会或股东大会发表独立意见:①提名、任免董事;②聘任或解聘高级管理人员;③公司董事、高级管理人员的薪酬;④上市公司的股东、实际控制人及其关联企业对上市公司现有或新发生的总额高于 300 万元或高于上市公司最近经审计净资产值的 5%的借款或者其他资金往来,以及公司是否采取有效措施回收欠款;⑤独立董事认为可能损害中小股东权益的事项;⑥公司章程规定的其他事项。独立董事应当就上述事项发表同意或保留意见及其理由,或反对意见及其理由,或无法发表意见及其障碍的意思表示。如有关事项属于需要披露的事项,上市公司应当将独立董事的意见予以公告,独立董事出现意见分歧无法达成一致时,董事会应将各独立董事的意见分别披露。

(2)对上市公司股份的发行、转让的监管

中国证券监督管理委员会(以下简称证监会)是国务院证券监督管理机构,对全国证券市场依法实行集中统一监督管理。证监会根据需要可以设立派出机构,按照授权履行管理职能。证监会履行下列职责:①依法制定有关证券市场监督管理的规章、规则,并依法行使审批或者核准权;②依法对证券的发行、交易、登记、托管、结算,进行监督管理;③依法对证券发行人、上市公司、证券交易所、证券公司、证券登记结算机构、证券投资基金管理机构、证券投资咨询机构、资信评估机构以及从事证券业务的律师事务所、会计师事务所、资产评估机构的证券业务活动，进行监督管理；④依法制定从事证券业务人员的资格标准和行为准则，并监督实施；⑤依法监督检查证券发行和交易的信息公开情况；⑥依法对证券业协会的活动进行指导和监督；⑦依法对违反证券市场监督管理法律、行政法规的行为进行查处；⑧法律、行政法规规定的其他职责。

证监会在履行职责的过程中，有权采取下列措施：①进入违法行为发生场所调查取证。②询问当事人和与被调查事件有关的单位和个人，要求其对与被调查事件有关事项做出说明。③查阅、复制当事人和与被调查事件有关的单位和个人的证券交易记录、登记过户记录、财务会计资料及其他相关文件和资料；对可能被转移或者隐匿的文件和资料，可以予以封存。④查询当事人和与被调查事件有关的单位和个人的资金账户、证券账户；对有证据证明有转移或者隐匿违法资金、证券迹象的，可以申请司法机关予以冻结。

8. 公司债券

公司债券是指公司依照法定程序发行的、约定在一定期限还本付息的有价证券。

公司债券可分为记名公司债券和无记名公司债券。①记名公司债券被盗、遗失或灭失时，债券持有人可以依照公示催告程序，请求人民法院予以补救。②无记名公司债券灭失时，无法请求人民法院依法补救；无记名公司债券易于投资者的资本转换和流通。

(1)公司债券的发行条件

公司公开发行债券，应当符合下列条件：①股份有限公司的净资产不低于人民币 3 000 万元，有限责任公司的净资产不低于人民币 6 000 万元；②累计债券余额不超过公司净资产的 40%；③最近 3 年平均可分配利润足以支付公司债券 1 年的利息；④筹集的资金投向符合国家产业政策；⑤债券的利率不超过国务院限定的利率水平；⑥国务院规定的其他条件。

公司发行债券应当经国务院授权的部门或者国务院证券监督管理机构批准。债券筹集的资金，必须用于核准的用途，不得用于弥补亏损和非生产性支出。股份有限公司中的上市公司可以发行可转换成股票的公司债券，该债券既要符合公司债券的条件又应当符合公开发行股票的条件，并报国务院证券监督管理机构核准。

有下列情形之一的，不得再次公开发行公司债券：①前一次公开发行的公司债券尚未募足；②对已公开发行的公司债券或者其他债务有违约或者延迟支付本息的事实，仍处于继续状态；③违反法律规定，改变公开发行公司债券所募集资金的用途。

(2)公司债券的转让

公司债券可以转让，转让价格由转让人与受让人约定。公司债券在证券交易所上市交易的，按照证券交易所的交易规则转让。

记名公司债券，由债券持有人以背书方式或者法律、行政法规规定的其他方式转让；转让后由公司将受让人的姓名或者名称及住所记载于公司债券存根簿。无记名公司债券的转让，由债券持有人将该债券交付给受让人后即发生转让的效力。

9. 公司的财务会计制度

公司应当依照法律、行政法规和国务院财政部门的规定建立本公司的财务、会计制度。公司应当在每一会计年度终了时编制财务会计报告，并依法经会计师事务所审计。有限责任公司应当依照公司章程规定的期限将财务会计报告送交各股东。股份有限公司的财务会计报告应当在召开股东大会年会的 20 日前置备于本公司，供股东查阅；公开发行股票的股份有限公司必须公告其财务会计报告。

公司分配当年税后利润时，应当提取利润的 10%列入公司法定公积金。公司法定公积金累计额为公司注册资本的50%以上的,可以不再提取。

公司的公积金用于弥补公司的亏损,扩大公司生产经营或者转为增加公司的资本。但是,资本公积金不得用于弥补公司的亏损。公司的法定公积金不足以弥补以前年度亏损的,在依法提取法定公积金之前,应当先用当年利润弥补亏损。

公司从税后利润中提取法定公积金后,经股东会或者股东大会决议,还可以从税后利润中提取任意公积金。

公司弥补亏损和提取公积金后所余税后利润,有限责任公司依照股东实缴的出资比例分配;股份有限公司按照股东持有的股份比例分配,但股份有限公司章程规定不按持股比例分配的除外。公司持有的本公司股份不得分配利润。

股东会、股东大会或者董事会违反规定,在公司弥补亏损和提取法定公积金之前向股东分配利润的,股东必须将违反规定分配的利润退还公司。

公司除法定的会计账簿外,不得另立会计账簿。对公司资产,不得以任何个人名义开立账户存储。

五、公司的合并、分立、变更和解散

(一)公司的合并与分立

1. 公司合并与分立的概念和种类

公司的合并,是指依法定程序将两个以上的公司变为一个公司的法律行为。它分为吸收合并和新设合并两种。①吸收合并是指公司接纳一个以上的公司加入本公司,加入方解散、接纳方存续的合并形式。②新设合并是指两个以上的公司合并生成一个新公司,原合并各方解散的合并形式。

公司的分立,是指一个公司将其财产和经营业务的全部或一部分划归两个以上公司的法律行为。它分为新设分立和派生分立。①新设分立是指原公司不存在,其全部财产和经营业务分别归属于两个以上新设公司的分立形式。②派生分立是指原公司存在,在原公司的基础上,其公司的部分财产和经营业务归属于另一新设公司的分立形式。

2. 公司合并与分立的程序

公司的合并与分立主要有以下步骤:①股东会或者股东大会作出决议;②签订合并与分立协议,编制资产负债表及财产清单;③通知并公告债权人,债权人可以要求清偿债务或提供相应担保;④进行合并与分立登记。

3. 公司合并与分立的效力

合并或分立后不继续存在的公司无须经过清算程序,法人资格自动消灭;继续存在的公司发生变更的效力;新产生的公司发生设立效力。

公司合并时,合并各方的债权、债务,应当由合并后存续的公司或者新设的公司承继。

公司分立前的债务由分立后的公司承担连带责任。但是,公司在分立前与债权人就债务清偿达成的书面协议另有约定的除外。

(二)公司的变更

公司的变更,即公司组织形式变更,是指不中断公司的经营,将某种类型的公司变为其他类型公司的行为。

有限责任公司变更为股份有限公司,应当符合《公司法》规定的股份有限公司的设立条件。股份有限责任公司变更为有限责任公司,应当符合《公司法》规定的有限责任公司的设立条件。

有限责任公司或者股份有限公司变更后,公司变更前的债权、债务由变更后的公司承继。

(三)公司的解散

公司的解散是指因公司章程或法律规定的事由出现,依法使已经成立的公司法人资格消灭的法律行为。

1. 公司解散的原因

公司因下列原因解散:①公司章程规定的营业期限届满或者公司章程规定的其他解散事由出现;②股东会或股东大会决议解散;③因公司合并或分立需要解散;④依法被吊销营业执照、责令关闭或者被撤销;⑤人民法院依照《公司法》的规定予以解散。

《公司法》规定,公司经营管理发生严重困难,继续存续会使股东利益受到重大损失,通过其他途径不能解决的,持有公司全部股东表决权10%以上的股东,可以请求人民法院解散公司。

【同步案例2—3】 福安公司成立于2016年1月,李某与范某系该公司股东,各占50%的股份,范某任该公司法定代表人及执行董事,李某任公司经理及监事。福安公司章程明确规定:股东会决议须经代表1/2以上表决权股东通过,但对公司增加或减少注册资本、合并、解散、修改章程作出决议时,须经代表2/3以上表决权的股东通过,表决权按照出资比例行使。

同步案例2—3提示

自2017年起,李某与范某因经营等事务产生矛盾,同年9月3日,李某提议并通知召开股东会,由于范某认为李某无召集会议的权利,股东会议未能召开。后李某多次要求召开股东会均未成行,遂于2018年6月提出解散公司并要求范某提供福安公司的财务账册等详细资料。范某均予以拒绝,以致连续3年无法召开股东会。2021年4月18日,李某诉至法院,要求解散福安公司。福安公司及范某均称,公司一直持续盈利,不应予以解散,请求驳回李某全部诉求。

法院经审理认为,福安公司仅有李某、范某两名股东,两人各占50%的股份,福安公司章程规定"股东会的决议须经代表1/2以上表决权的股东通过",因此,只要两名股东意见存在分歧,就无法形成有效表决,也就无法通过股东会决议的方式管理公司,股东会机制已失去效用。执行董事范某作为股东之一,其管理公司的行为已无法体现。虽然李某系该公司监事,但其已无法正常行使监督权。李某作为公司股东,其股东基本权益也受到严重侵害,其投资设立福安公司的目的已无法实现,利益受到重大损失,且福安公司的经营僵局将长期无法得到解决。双方在本诉讼发生前,已通过其他途径试图化解矛盾,但均无法使双方达成一致意见,故李某诉请解散福安公司已符合法律规定条件,遂判决解散福安公司。

请思考:根据《公司法》规定,公司经营发生严重困难应如何进行处理,结合本案进行分析。

2. 公司的清算

公司的清算是终结解散公司法律关系、消灭解散公司法人资格的程序。

公司因公司章程规定的营业期限届满或者公司章程规定的其他解散事由出现、股东会或股东大会决议解散、依法被吊销营业执照责令关闭或者被撤销、法院依法裁定而解散的,应当在解散事由出现之日起15日内成立清算组,开始清算。有限责任公司的清算组由股东组成,股份有限公司的清算组由董事或者股东大会确定的人员组成。逾期不成立清算组进行清算的,债权人可以申请人民法院指定有关人员组成清算组进行清算。人民法院应当受理该申请,并及时组织清算组进行清算。

清算组应当自成立之日起10日内通知债权人,并于60日内在报纸上公告。债权人应当自接到通知书之日起30日内,未接到通知书的自公告之日起45日内,向清算组申报其债权。在申报债权期间,清算组不得对债权人进行清偿。

清算组在清理公司财产、编制资产负债表和财产清单后,应当制订清算方案,并报股东会、股东大会或者人民法院确认。公司财产在分别支付清算费用、职工的工资、社会保险费用和法定补偿金，缴纳所欠税款，清偿公司债务后的剩余财产，有限责任公司按照股东的出资比例分配，股份有限公司按照股东持有的股份比例分配。

清算期间，公司存续，但不得开展与清算无关的经营活动。公司财产在未依法清偿前，不得分配给股东。

清算组在清理公司财产、编制资产负债表和财产清单后，发现公司财产不足以清偿债务的，应当依法向人民法院申请宣告破产。公司经人民法院裁定宣告破产后，清算组应当将清算事务移交给人民法院。

公司清算结束后，清算组应当制作清算报告，报股东会、股东大会或者人民法院确认，并报送公司登记机关，申请注销公司登记，公告公司终止。

应知考核

一、单项选择题

1. 个人独资企业的投资人不得用(　　)作为出资。

A. 房屋　　B. 劳务　　C. 土地使用权　　D. 知识产权

2. 李某因出国留学将自己的独资企业委托王某管理，并授权王某在5万元以内的开支和50万元以内的交易可自行决定。假设第三人对此授权不知情，则王某在受托期间实施的(　　)行为是我国法律所禁止或无效的。

A. 未经李某同意与某公司签订交易额为100万元的合同

B. 未经李某同意将自己的房屋以1万元出售给本企业

C. 未经李某同意向某电视台支付广告费8万元

D. 未经李某同意聘用其妻为企业销售主管

3. 依照《合伙企业法》的规定，合伙企业存续期间，合伙人向合伙人以外的人转让其在合伙企业中的全部或者部分财产份额时，必须经过(　　)。

A. 全体合伙人过半数同意　　B. 全体合伙人2/3以上同意

C. 全体合伙人一致同意　　D. 全体合伙人3/4以上同意

4. 有限责任公司的权力机构是(　　)。

A. 总经理　　B. 董事会　　C. 股东会　　D. 监事会

5. 王某依《公司法》设立了以其一人为股东的有限责任公司。公司存续期间，王某实施的(　　)行为违反了《公司法》的规定。

A. 王某一次性投入人民币10万元

B. 王某在公司登记中注明自己一人独资

C. 在公司业绩好的情况下，决定用公司资本的一部分投资开办另一独资公司

D. 王某自己制定了公司章程

二、多项选择题

1. 设立个人独资企业应当具备的条件包括(　　)。

A. 有合法的企业名称

B. 有投资人申报的出资

C. 有固定的生产经营场所和必要的生产经营条件

D. 有必要的从业人员

2. 设立合伙企业时，合伙人之间应当签订书面合伙协议，合伙协议的主要内容包括(　　)。

A. 合伙企业的名称和主要经营场所的地点

B. 合伙目的和合伙企业的经营范围

C. 利润分配、亏损分担方式

D. 合伙人出资的方式、数额和缴付出资的期限

3. 退伙是指在合伙企业存续期间，合伙人退出合伙企业，从而丧失合伙人资格的法律行为。根据《合伙企业法》的规定，合伙人的退伙情形包括(　　)。

A. 自愿退伙　　B. 当然退伙　　C. 除名退伙　　D. 审批退伙

4. 公司的特征包括(　　)。

A. 公司是具有法人资格的企业　　B. 公司是以营利为目的的经济组织

C. 公司由任意人数组成　　D. 公司是受政府领导并监督的企业

5. 某纺织品公司在组织筹备阶段，由出资人共同协商推荐董事候选人。出资人聘任的法律顾问在审查名单时，提出候选人中有人不能担任董事，他们是(　　)。

A. 张某，某高校经济学教授，年近 80 岁，现退休

B. 赵某，原 H 公司经理，2 年前因 H 公司破产被免职，现为某公司工人

C. 李某，现某针织公司经理，企业管理专家

D. 王某，管理学博士，有多年的经营管理经验，但近期因家庭问题负债 10 万元

三、判断题

1. 国家机关可以作为个人独资企业的投资人。(　　)

2. 合伙人可以用货币、实物、知识产权、土地使用权或者其他财产权利出资，但不得用劳务出资。(　　)

3. 有限合伙企业由 2 个以上 50 个以下合伙人设立。但是，法律另有规定的除外。(　　)

4. 我国《公司法》只规定了有限责任公司和股份有限公司两类。(　　)

5. 有限责任公司的章程由全体股东共同制定；股份有限公司的章程由发起人制定，并经创立大会通过。(　　)

应会考核

■ 观念应用

【背景资料】

农村青年江某有一手较好的裁缝技术，因其在某服装公司工作积蓄了一些资金和客户关系，很想自己开办一家私营服装公司。他将其想法向在县公安局工作的叔叔江杰说出后，得到江杰的赞成，双方决定以江杰的名义在县城成立一家服装加工厂，由江某管理该服装公司。该服装公司经县市场监管机构核准登记，并择日在县城一繁华地段开业。雇工李强在工作中因熨斗故障起火，烧伤了右手，花去了医药费 2 000 多元。李强多次要求江某进行医疗费补偿，江某则以没有这方面的协议为由予以拒绝。李强及其家属多方投诉无果，遂向人民法院起诉。

【考核要求】

(1)江杰能否设立独资企业？为什么？

(2)雇工李强的医药费应由谁负责？请说明理由。

■ 技能应用

中国证监会的某证券监管派出机构于2021年7月在对甲上市公司进行例行检查时，发现该公司存在以下事实：

(1)2021年2月10日，经甲公司股东大会决议，甲公司为减少注册资本而收购本公司股份1 000万股，甲公司于3月10日将其注销。

(2)2021年4月1日，经甲公司股东大会决议，甲公司为奖励职工而收购本公司6%的股份，收购资金6 000万元全部计入甲公司的成本费用，截至7月1日，收购的股份尚未转让给职工。

【技能要求】

请问：甲公司的做法有哪些不符合规定之处，并说明理由。

■ 案例分析

【案例情境】

某股份有限公司于2021年3月20日召开董事会会议，会议议题是决定财务负责人的人选。公司董事会由7名董事组成。出席此次会议的董事有董事王某、张某、李某和陈某；董事何某、孙某、肖某不能出席会议，其中，孙某通过电话委托董事王某代为出席会议并表决，肖某委托董事会秘书杨某代为出席并表决。

根据总经理提名，出席本次会议的董事讨论并一致同意，聘请顾某为公司财务负责人，并决定其年薪为10万元。该次董事会会议记录，由出席董事会会议的全体董事和列席会议的监事签名后存档。

【分析要求】

请问：此次董事会会议有哪些不符合法律规定之处？

项目实训

【实训情境】

智云股份有限公司的董事会召开年会。该公司有董事15人，出席会议的有5人，有3人因故不能出席而电话委托他人参加会议，其中甲委托董事长代为出席，乙委托某监事代为出席，丙委托其担任董事长的另外一家公司的经理代为出席。董事会的议事日程有：决定公司的投资方案；讨论决定发行公司债券；决定公司内部机构的调整；制定公司有关具体规章。上述事项均经过出席会议的董事的过半数通过。

请思考：

(1)甲、乙、丙三名董事因故不能亲自参加此次会议，他们的委托是否合法？

(2)此次会议的召开是否合法？

(3)此次会议的四项议事日程中，哪些是董事会无权决定的事项？

(4)此次会议所作出的决议，其效力如何？为什么？

【实训目标】

加深学生对《公司法》基本知识的认识和理解，学会运用本项目的知识解决企业法律的基本问题，从而提高学生的综合素质。

【实训组织】

将学生分成若干组，每组7人，每组设组长1名，组长负责组织本组成员进行实训，由组长将调查结果书面写成报告，并总结。(注意：教师提出活动前的准备和注意事项等内容。)

1. 教师组织学生仔细阅读案例，提示案例要点。

2. 学生每4～6人组成一个学习小组，以小组为单位进行讨论，提倡采用头脑风暴法，最终形成一篇案例分析报告。

3. 每个小组派出 1 名代表上讲台阐述小组报告的观点。

【实训成果】

1. 考核和评价采用报告资料展示和学生讨论相结合的方式。

2. 评分采用学生和教师共同评价的方式，填写实训报告。

实训报告		
项目实训班级：	项目小组：	项目组成员：
实训时间：　　年　月　日	实训地点：	实训成绩：
实训目的：		
实训步骤：		
实训结果：		
实训感言：		

项目三

破产法

○ **知识目标**

理解：破产的概念和特点、破产界限、破产法的概念和适用范围。

熟知：破产申请的提出与受理、破产债权的申报和确认。

掌握：债权人会议、重整与和解、破产宣告和破产清算、破产法律责任。

○ **技能目标**

能够运用破产法知识理论联系实际，解决现实生活中企业破产的基本问题。

○ **素质目标**

运用所学的破产法知识研究相关案例，培养和提高学生在特定业务情境中分析问题与决策设计的能力；结合行业规范或标准，运用破产法知识分析行为的善恶，强化学生的职业道德素质。

○ **项目引例**

分析破产问题

某公司因经营管理不善，不能偿还到期债务，想向法院申请破产。企业尚存：①流动资金70万元；②自有设备，折价120万元；③租借的设备，计价18万元；④厂房估价90万元，已经抵押给一个债权人。

思考与讨论：

该企业能否申请破产？什么是破产？如何申请破产？如何处理租借的设备和已经抵押的厂房？破产财产的范围如何确定？

○ **知识精讲**

任务一　破产法概述

一、破产的概念和特点、破产界限

（一）破产的概念和特点

破产是指在企业法人不能清偿到期债务，并且资产不足以清偿全部债务或者明显缺乏清偿能力时，由法院主持依法清理债务，将债务人的全部财产依法抵偿所欠的各种债务，不足部分不再清偿的法律制度。

在概念上，破产具有以下特点：①破产指一种法律程序，被用作当债务人无力偿债的情况下，以其财产对债权人进行公平清偿的法律程序。②按照现代破产法的理解，“破产”是一种事实状态。③在现代法律制度中，破产程序不仅包括以破产财产变价分配为目标的清算制度，而且包括以企业重建为目标的重整与和解制度。

(二)破产界限

破产界限又称破产原因，是提出破产申请，从而启动破产程序的客观事实，也是人民法院据以宣告债务人破产的法律标准。我国相关法律确定的破产界限是企业法人不能清偿到期债务，并且资产不足以清偿全部债务或者明显缺乏清偿能力。

依此规定，只要债务人不能清偿到期债务，债权人就可以向人民法院提出对债务人进行破产清算的申请。而人民法院在核实债务人资产不足以清偿全部债务或者明显缺乏清偿能力时，可以宣告债务人破产。

企业法人有破产原因规定的情形，或者有明显丧失清偿能力可能的，可以依照破产法的规定进行重整。

二、破产法的概念和适用范围

(一)破产法的概念

破产法是调整企业在破产清算、和解、重整过程中形成的各种社会关系的法律规范的总称。

破产法有狭义和广义之分。狭义的破产法仅指《中华人民共和国企业破产法》(以下简称《破产法》)，该法于2006年8月27日第十届全国人民代表大会常务委员会第二十三次会议上通过，于2007年6月1日起实施。广义的破产法则包括所有调整与破产相关联的社会关系的法律、法规。现代意义上的破产法均指广义的破产法，既包括破产清算制度，又包括挽救债务人的和解、重整等制度。

(二)破产法的适用范围

破产法的适用范围，是指债务人依法能够适用破产程序被宣告破产的资格，是进行破产程序的前提和基础。《破产法》适用于所有的企业法人，不仅包括国有企业，而且包括承担有限责任的其他所有制的企业法人。该法同时规定，其他法律规定企业法人以外的组织的清算，属于破产清算的，参照适用本法规定的程序。

任务二　破产申请的提出与受理

一、破产申请的提出

(一)破产申请人

破产申请人是指有权向人民法院提出破产宣告申请的人。对破产程序的启动，我国采取申请主义，即破产程序只能依当事人的申请开始。根据《破产法》规定，有权向人民法院提出破产宣告申请的人，包括债权人和债务人。

依照我国《破产法》的规定，不同的人在不同的情形下可以向人民法院提出不同的请求：

(1)债务人在不能清偿到期债务，并且资产不足以清偿全部债务或者明显缺乏清偿能力的情形下，可以向人民法院提出重整、和解或者破产清算申请。

(2)债务人不能清偿到期债务，债权人可以向人民法院提出对债务人进行重整或者破产清算的申请。

(3)对企业依法负有清算责任的人发现企业资产不足以清偿债务的，应当向人民法院申请破产清算。

(二)破产申请应提交的材料

债权人向人民法院提出破产申请,应当提交破产申请书和债务人不能清偿到期债务的有关证据。

债务人提出申请的,还应当向人民法院提交财产状况说明、债务清册、债权清册、有关财务会计报告、职工安置预案以及职工工资的支付和社会保险费用的缴纳情况。

破产企业职工提出破产申请的,应经职工代表大会或者全体职工会议决议通过。

二、破产申请的受理

破产案件的管辖有地域管辖和级别管辖。地域管辖是企业破产案件由债务人住所地人民法院管辖。级别管辖有:①基层人民法院一般管辖县、县级市或者区的市场监管机关核准登记企业的破产案件;②中级人民法院一般管辖地区、地级市(含本级)以上的市场监管机关核准登记企业的破产案件;③纳入国家计划调整的企业破产案件,由中级人民法院管辖。人民法院受理破产案件一般要经过立案、发布通知和公告等程序。

(一)立案

债权人提出破产申请的,人民法院应当自收到申请之日起 5 日内通知债务人。债务人对申请有异议的,应当自收到人民法院的通知之日起 7 日内向人民法院提出。人民法院应当自异议期满之日起 10 日内裁定是否受理。

其他情形下,人民法院应当自收到破产申请之日起 15 日内裁定是否受理。人民法院裁定不受理破产申请的,应当自裁定作出之日起 5 日内送达申请人并说明理由。申请人对裁定不服的,可以自裁定送达之日起 10 日内向上一级人民法院提起上诉。

(二)发布通知和公告

人民法院受理破产申请的,应当自裁定作出之日起 5 日内送达申请人。债权人提出申请的,人民法院应当自裁定作出之日起 5 日内送达债务人。人民法院应当自裁定受理破产申请之日起 25 日内通知已知债权人,并予以公告。

三、破产申请受理的效力

破产申请受理的效力是破产程序开始所带来的法律后果,主要表现在以下几个方面:

(1)自人民法院受理破产申请的裁定送达债务人之日起至破产程序终结之日,债务人的有关人员(企业的法定代表人、财务管理人员和其他经营管理人员)承担下列义务:①妥善保管其占有和管理的财产、印章和账簿、文书等资料;②根据人民法院、管理人的要求进行工作,并如实回答询问;③列席债权人会议并如实回答债权人的询问;④未经人民法院许可,不得离开住所地;⑤不得新任其他企业的董事、监事、高级管理人员。

(2)人民法院受理破产申请后,债务人对个别债权人的债务清偿无效。

(3)人民法院受理破产申请后,债务人的债务人或者财产持有人应当向管理人清偿债务或者交付财产。

(4)人民法院受理破产申请后,管理人对破产申请受理前成立而债务人和对方当事人均未履行完毕的合同有权决定解除或者继续履行,并通知对方当事人。管理人自破产申请受理之日起 2 个月内未通知对方当事人,或者自收到对方当事人催告之日起 30 日内未答复的,视为解除合同。

管理人决定继续履行合同的,对方当事人应当履行;但是,对方当事人有权要求管理人提供担保。管理人不提供担保的,视为解除合同。

(5)人民法院受理破产申请后,有关债务人财产的保全措施应当解除,执行程序应当中止。

人民法院受理破产申请后，已经开始但尚未终结或尚未执行的有关债务人的民事诉讼或者仲裁应当中止；在管理人接管债务人的财产后，视情况确定是否继续进行。

人民法院受理破产申请后，有关债务人的民事诉讼，只能向受理破产申请的人民法院提起。

人民法院裁定受理破产申请后，应当同时指定管理人，由管理人接管和处理破产企业的相关事项。

四、管理人的概念

管理人是破产申请受理后经人民法院指定的，全面接管破产企业并负责破产财产的保管、清算、估价、处理和分配等破产事务的组织。管理人的报酬由人民法院确定。

债权人会议认为管理人不能依法、公正执行职务或者有其他不能胜任职务情形的，可以申请人民法院予以更换。指定管理人和确定管理人报酬的办法，由最高人民法院规定。债权人会议对管理人的报酬有异议的，有权向人民法院提出。

（一）管理人的产生和任职资格

管理人由人民法院指定，可以由有关部门、机构的人员组成的清算组或者依法设立的律师事务所、会计师事务所、破产清算事务所等社会中介机构担任。债权人会议认为管理人不能依法、公正执行职务或者有其他不能胜任职务情形的，可以申请人民法院予以更换。

人民法院根据债务人的实际情况，可以在征询有关社会中介机构的意见后，指定该机构具备相关专业知识并取得执业资格的人员担任管理人。

有下列情形之一的，不得担任管理人：①因故意犯罪受过刑事处罚；②曾被吊销相关专业执业证书；③与本案有利害关系；④人民法院认为不宜担任管理人的。

【注意】个人担任管理人的，应当参加执业责任保险。

（二）管理人的职责

管理人依据《破产法》履行的主要职责包括：①接管债务人的财产等资料；②调查债务人财产状况；③决定债务人的内部管理事务；④决定债务人的日常开支和其他必要开支；⑤在第一次债权人会议召开之前，决定继续或者停止债务人的营业；⑥管理和处分债务人的财产；⑦代表债务人参加诉讼、仲裁或者其他法律程序；⑧提议召开债权人会议；⑨人民法院认为管理人应当履行的其他职责。

管理人依法执行职务，向人民法院报告工作，并接受债权人会议和债权人委员会的监督。管理人应当列席债权人会议，向债权人会议报告职务执行情况，并回答询问。

管理人没有正当理由不得辞去职务。管理人辞去职务应当经人民法院许可。

管理人应当勤勉尽责，忠实执行职务。

任务三　破产债权的申报和确认

破产债权是指人民法院受理破产申请时，债权人对债务人享有的债权。破产案件受理后，债权人只有在依法申报债权并得到确认后，才能参与到破产程序中来，行使相应的权利。

一、债权申报时间

人民法院受理破产申请后，应当确定债权人申报债权的期限。债权申报期限自人民法院发布受理破产申请公告之日起计算，最短不得少于 30 日，最长不得超过 3 个月。

债权申报事宜，由管理人负责。

二、债权的种类和申报程序

因债务人所负债务种类不同，债权的申报程序也不尽相同。

（1）债权人应当在人民法院确定的债权申报期限内向管理人申报债权。债权人申报债权时，应当书面说明债权的数额和有无财产担保，并提交有关证据。对破产人的特定财产享有担保权的债权人也要申报债权，对行使优先受偿权利未能完全受偿的部分债权或放弃优先受偿权利的债权，以普通债权申报。申报的债权是连带债权的，应当说明。连带债权人可以由其中一人代表全体连带债权人申报债权，也可以共同申报债权。

（2）未到期的债权，在破产申请受理时视为到期。附利息的债权自破产申请受理时起停止计息。附条件、附期限的债权和诉讼、仲裁未决的债权，债权人可以申报。

（3）债务人的保证人或者其他连带债务人已经代替债务人清偿债务的，以其对债务人的求偿权申报债权；尚未代替债务人清偿债务的，以其对债务人的将来求偿权申报债权。但是，债权人已经向管理人申报全部债权的除外。

（4）连带债务人数人均被裁定适用破产法规定的程序的，其债权人有权就全部债权分别在各破产案件中申报债权。

（5）管理人或者债务人依照破产法规定解除合同的，对方当事人以因合同解除所产生的损害赔偿请求权申报债权。这里的损害只包括直接损失，违约金等不得作为破产债权申报。

（6）债务人是委托合同的委托人，被裁定适用《破产法》规定的程序，受托人不知该事实，继续处理委托事务的，受托人以由此产生的请求权申报债权。

（7）债务人是票据的出票人，被裁定适用《破产法》规定的程序，该票据的付款人继续付款或者承兑的，付款人以由此产生的请求权申报债权。

人民法院确定的债权申报期限内，债权人未申报债权的，可以在破产财产最后分配前补充申报；但是，此前已进行的分配，不再对其补充分配。为审查和确认补充申报债权的费用，由补充申报人承担。

债权人未依法申报债权的，不得依照《破产法》规定的程序行使权利。

【知识链接3－1】　债务人所欠职工的工资和医疗、伤残补助、抚恤费用，所欠的应当划入职工个人账户的基本养老保险、基本医疗保险费用，以及法律、行政法规规定应当支付给职工的补偿金，称为劳动债权，不必申报，由管理人调查后列出清单并予以公示。

三、债权的确认

管理人收到债权申报材料后，应当登记造册，对申报的债权进行审查，并编制债权表。债权表和债权申报材料由管理人保存，供利害关系人查阅。债权表应当提交第一次债权人会议核查。

债务人、债权人对债权表记载的债权无异议的，由人民法院裁定确认。债务人、债权人对债权表记载的债权有异议的，可以向受理破产申请的人民法院提起诉讼。

【同步案例3－1】　A公司申请破产后，进入债权申报程序：甲债权人申报债权时，口头陈述了自己债权的数额和有无财产担保情况；该申请破产的企业的保证人乙已经代替债务人偿还了债务，以其求偿权向债务人申报债权；该申请破产的企业的另一保证人丙没有代替债务人清偿债务，但仍然以其未来求偿权申报债权；丁是A公司的受托人，其不知道A申请破产的事实，仍然处理委托事务，丁以由此产生的请求权申报债权。

同步案例3－1提示

请思考：乙、丙、丁能否申报债权？应向谁申报债权？请说明理由。

任务四　债权人会议

债权人会议是全体债权人参加破产程序并集体行使权利的决议机构。在本质上，债权人会议是一个组织体，不是临时的集会活动。在性质上，债权人会议是债权人团体在破产程序中的意思发表机关。债权人会议制度是为了化解债权人之间的矛盾和增进彼此合作，以保证破产程序的公平、高效和公正。债权人会议的自治原则是《破产法》的一项重要原则。

一、债权人会议的成员及其权利

依法申报债权的债权人都是债权人会议的成员，有权参加债权人会议，在法院监督下讨论决定有关破产事宜。但债权人会议成员因其身份不同而享有的表决权不同。

（一）无财产担保的债权人

无财产担保的债权人即通常所称的破产债权人。依法申报了债权的无财产担保的债权人是完整意义上的债权人，其债权被确认后，在债权人会议上享有完全的表决权。

（二）对债务人的特定财产享有担保权，且未放弃优先受偿权利的债权人

该类债权人即破产法理论上所称别除权人。别除权人因未放弃对特定的财产享有的优先受偿的权利，因此其在债权人会议上享有不完全的表决权，即其对"和解协议""破产财产的分配方案"之外的事项享有表决权。如果别除权人放弃优先受偿权利，其相应的债权就转化为破产债权，在债权人会议上就享有完全的表决权。如果别除权的债权存在担保物价款不足清偿的部分时，债权人就兼有别除权人与破产债权人双重身份，在债权人会议中享有表决权，但其行使表决权的数额仅限于从担保物价款上不能受偿的部分债权。

（三）债权尚未确定的债权人

一般而言，对债权的审查、确认是在第一次债权人会议上进行的，所以，凡是申报债权的债权人均有权参加第一次债权人会议，有权参加对其债权的审查、确认，并可以依法提出异议。对于第一次会议以后的债权人会议，就只有债权得到确认的债权人才有权参加。对债权尚存在争议的债权人，除了人民法院以裁定方式确认其享有表决权，或为其行使表决权而临时确定债权额之外，在债权人会议上不得行使表决权。

（四）债务人的职工和工会的代表

债务人企业的职工和工会可以派代表参加债权人会议，对有关事项发表意见。

在债权人会议上，除了作为会议成员出席的债权人外，还有其他列席人员。列席人员是为了协助债权人会议的顺利召开而履行法定或职务义务的人员，其在债权人会议上无发言权和表决权。列席人员包括：①债务人的法定代表人；②债务人的财务管理人员和其他经营管理人员；③管理人；④人民法院指派的人。

二、债权人会议的召集和主持

债权人会议设主席一人，由人民法院从有表决权的债权人中指定。主席主持债权人会议。第一次债权人会议由人民法院召集，应当在债权申报期限届满后 15 日内召开。以后的债权人会议，在人民法院认为必要时，或者管理人、债权人委员会、占债权总额 1/4 以上的债权人向债权人会议主席提议时召开。

召开债权人会议，管理人应当提前 15 日通知已知的债权人。

三、债权人会议的职权与债权人会议决议

(一)债权人会议的职权

债权人会议行使下列职权:①检查债权;②向人民法院申请更换管理人、审查管理人的费用和报酬;③监督管理人;④选任和更换债权人委员会成员;⑤决定继续或者停止债务人的营业;⑥通过重整计划;⑦通过和解协议;⑧通过债务人财产的管理方案;⑨通过破产财产的变价方案;⑩通过破产财产的分配方案;⑪人民法院认为应当由债权人会议行使的其他职权。

(二)债权人会议决议

债权人会议决议是债权人对有关事项作出的决定,债权人会议的决议,对于全体债权人均有约束力。

债权人会议的决议,应当由出席会议的有表决权的债权人过半数通过,并且他们所代表的债权额必须占无财产担保债权总额的 1/2 以上。法律有特别规定的,按照其特别规定执行。

对“债务人财产的管理方案”和“破产财产的变价方案”的决议,经债权人会议表决未通过的,由人民法院裁定。

对“破产财产的分配方案”,经债权人会议二次表决仍未通过的,由人民法院裁定。

四、债权人委员会

依据我国《破产法》的规定,债权人会议可以决定设立债权人委员会。债权人委员会由债权人会议选任的债权人代表和 1 名债务人的职工代表或者工会代表组成。债权人委员会成员不得超过 9 人,即最多由债权人会议选出 8 名债权人代表和 1 名职工或工会代表组成。债权人委员会成员应当经人民法院书面决定认可。

债权人委员会作为债权人会议的常设机构行使下列职权:①监督债务人财产的管理和处分;②监督破产财产分配;③提议召开债权人会议;④债权人会议委托的其他职权。

债权人委员会执行职务时,有权要求管理人、债务人的有关人员对其职权范围内的事务作出说明或者提供有关文件。

债权人委员会还可以依法对管理人相应的行为实施监督。管理人拒绝接受监督的,债权人委员会有权就监督事项请求人民法院作出决定。

【做中学 3－1】 2021 年 4 月 21 日,国有企业 A 市钢铁厂由于经营管理不善、资不抵债,不能清偿到期债务,厂长向该企业所在地的人民法院申请宣告破产。在征得其上级主管部门同意并受理后,法院决定由钢铁厂厂长召集并主持债权人会议。钢铁厂最大债权人是 B 市的矿石运输公司,法院指定有财产担保未放弃优先受偿权的债权人章某担任债权人会议主席,并裁定钢铁厂所有的债务保证人均为债权人会议成员,享有表决权。后经占无财产担保债权总额 1/5 以上的债权人请求,法院召开了第二次债权人会议。此后经一段时间的审理,法院作出裁定,宣告该企业破产,后由其上级主管部门接管并进行清算。

做中学 3－1 解析

请思考:该国有企业破产过程中,有哪些违法之处?

任务五 重整与和解

一、重整

重整是通过推迟债务、注入资本、对企业的债务与经营进行必要的整合、采取措施消除引起企业经营困难的原因等行为，使濒临破产的企业起死回生的行为。

（一）重整的申请人和重整期间

1. 申请人

《破产法》规定，债务人或者债权人可以依照《破产法》直接向人民法院申请对债务人进行重整。债权人申请对债务人进行破产清算的，在人民法院受理破产申请后、宣告债务人破产前，债务人或者出资额占债务人注册资本 1/10 以上的出资人，可以向人民法院申请重整。由此可见，有权申请对债务人进行重整的只有三种人：①债权人；②债务人；③出资额占债务人注册资本 1/10 以上的出资人。

人民法院经审查认为重整申请符合法律规定的，应当裁定债务人重整，并予以公告。

2. 重整期间

自人民法院裁定债务人重整之日起至重整程序终止，为重整期间。重整期间，债务人企业事务的执行可以采用两种方式进行：①管理人负责管理财产和营业事务；②经债务人申请，人民法院批准，债务人在管理人的监督下自行管理财产和营业事务。

重整期间，对债务人的特定财产享有的担保权暂停行使；债务人的出资人不得请求投资收益分配；债务人的董事、监事、高级管理人员不得向第三人转让其持有的债务人的股权；债务人合法占有的他人财产，该财产的权利人在重整期间要求取回的，应当符合事先约定的条件。

（二）重整计划的制作、通过和批准

1. 重整计划草案的制作

债务人自行管理财产和营业事务的，由债务人制作重整计划草案；管理人负责管理财产和营业事务的，由管理人制作重整计划草案。

债务人或者管理人应当自人民法院裁定债务人重整之日起 6 个月内，同时向人民法院和债权人会议提交重整计划草案。经债务人或者管理人请求，有正当理由的，人民法院可以裁定延期 3 个月。债务人或者管理人未按期提出重整计划草案的，人民法院应当裁定终止重整程序，并宣告债务人破产。

【知识链接 3－2】 重整计划草案的内容包括：①债务人的经营方案；②债权分类；③债权调整方案；④债权受偿方案；⑤重整计划的执行期限；⑥重整计划执行的监督期限；⑦有利于债务人重整的其他方案。

2. 重整计划草案的表决与通过

人民法院应当自收到重整计划草案之日起 30 日内召开债权人会议，对重整计划草案进行表决。

债权人会议根据债权的种类按照以下分组对重整计划草案进行表决：①对债务人的特定财产享有担保权的债权；②债务人所欠职工的工资和医疗、伤残补助、抚恤费用，所欠的应当划入职工个人账户的基本养老保险、基本医疗保险费用，以及法律、行政法规规定应当支付给职工的补偿金；③债务人所欠税款；④普通债权。

人民法院在必要时可以决定在普通债权组中设小额债权组对重整计划草案进行表决。

债务人的出资人代表可以列席讨论重整计划草案的债权人会议。重整计划草案涉及出资人权益调整事项的，应当设立出资人组，对该事项进行表决。

出席会议的同一表决组的债权人过半数同意重整计划草案，并且其所代表的债权额占该组债权总额的 2/3 以上的，即为该组通过重整计划草案。各表决组均通过重整计划草案时，重整计划即为通过。部分表决组未通过重整计划草案的，债务人或者管理人可以同未通过重整计划草案的表决组协商。该表决组可以在协商后再表决一次。双方协商的结果不得损害其他表决组的利益。

重整计划草案未获债权人会议通过，但符合法律规定的特别条件的，人民法院应当裁定批准，终止重整程序，并予以公告。

3. 重整计划的批准和效力

自重整计划通过之日起 10 日内，债务人或者管理人应当向人民法院提出批准重整计划的申请。人民法院经审查认为符合法律规定的，应当自收到申请之日起 30 日内裁定批准，终止重整程序，并予以公告。

经人民法院批准的重整计划，对债务人和全体债权人均有约束力。未申报债权的债权人在重整计划执行期间不得行使权利，在重整计划执行完毕后，可按照重整计划规定的同类债权的清偿条件行使权利。

按照重整计划减免的债务，自重整计划执行完毕起，债务人不再承担清偿责任。

重整计划草案未获得通过且未依照法律规定获得人民法院强制批准，或者已通过的重整计划未获批准的，人民法院应当裁定终止重整程序，并宣告债务人破产。

(三)重整计划的执行

重整计划批准后由债务人负责执行，已接管财产和营业的管理人应当向债务人移交财产和营业事务。

在重整计划规定的监督期内，由管理人监督重整计划的执行，债务人应当向管理人报告重整计划执行情况和债务人财务状况。监督期届满时，管理人应当向人民法院提交监督报告。自监督报告提交之日起，管理人的监督职责终止。

债务人不能执行或者不执行重整计划的，人民法院经管理人或者利害关系人请求，应当裁定终止重整计划的执行，并宣告债务人破产。

人民法院裁定终止重整计划执行的，债权人在重整计划中作出的债权调整的承诺失去效力。债权人因执行重整计划所受的清偿仍然有效，未受清偿的部分作为破产债权。前述规定的债权人，只有在其他同顺位债权人同自己所受的清偿达到同一比例时，才能继续接受分配。

在重整期间，有下列情形之一的，经管理人或者利害关系人请求，人民法院应当裁定终止重整程序，并宣告债务人破产：①债务人的经营状况和财产状况继续恶化，缺乏挽救的可能性；②债务人有欺诈、恶意减少债务人财产或者其他显著不利于债权人的行为；③由于债务人的行为导致管理人无法执行职务。

二、和解

破产法上的和解，是指债务人在进入破产程序后，在人民法院的主持下，债务人和债权人就延长债务人清偿债务的期限、减免部分债务等事项达成协议，从而中止破产程序的制度。

(一)和解申请的提出

债务人可以依法直接向人民法院申请和解，也可以在人民法院受理破产申请后，宣告债务人破产前，向人民法院申请和解。人民法院经审查认为和解申请符合法律规定的，应当裁定和解，予以公告。

（二）和解协议的制定和通过

债务人提出和解，应当提出和解协议草案。和解协议草案由债权人会议表决，通过方式为出席债权人会议有表决权的债权人过半数同意，并且其所代表的债权额占无财产担保债权总额的2/3以上。

债权人会议通过和解协议的，由人民法院裁定认可，终止和解程序，并予以公告。管理人应当向债务人移交财产和营业事务，并向人民法院提交执行职务的报告。

和解协议草案经债权人会议表决未获得通过的，或者已经债权人会议通过的和解协议未获人民法院认可的，人民法院应当裁定终止和解程序，并宣告债务人破产。

因债务人的欺诈或者其他违法行为而成立的和解协议，人民法院应当裁定无效，并宣告债务人破产。

（三）和解协议的效力

经人民法院裁定认可的和解协议，对债务人与全体和解债权人均有约束力。和解债权人是指人民法院受理破产申请时对债务人享有无物权担保债权的人。

按照和解协议减免的债务，自和解协议执行完毕时起，债务人不再承担清偿责任。

未申报债权的债权人，在和解协议执行期间不得行使权利，在和解协议执行完毕后，可以按照和解协议规定的清偿条件行使权利。

债务人应当按照和解协议规定的条件清偿债务。债务人不能执行或者不执行和解协议的，人民法院经和解债权人请求，应当裁定终止和解协议的执行，并宣告债务人破产。

人民法院裁定终止和解协议执行的，债权人在和解协议中作出的债权调整的承诺失去效力。债权人因执行和解协议所受的清偿仍然有效，未受清偿的部分作为破产债权。前述规定的债权人，只有在其他同顺位债权人同自己所受的清偿达到同一比例时，才能继续接受分配。

和解债权人对债务人的保证人和其他连带债务人所享有的权利，不受和解协议的影响。即和解协议的效力不及于债务人的保证人或连带债务人，他们仍应按原来的约定或法定责任承担保证或连带责任。

任务六 破产宣告和破产清算

破产宣告是人民法院依法裁定债务人进入破产清算程序，清理债权、债务关系的活动。

人民法院依法宣告债务人破产的，应当自裁定作出之日起5日内送达债务人和管理人，自裁定作出之日起10日内通知已知债权人，并予以公告。

一、破产宣告的情形

动漫视频

破产宣告

债务人具有以下情形的，人民法院依法宣告债务人破产：

（1）债务人达到破产界限。《破产法》规定的破产界限是：企业法人不能清偿到期债务，并且资产不足以清偿全部债务或者明显缺乏清偿能力。

（2）重整计划草案未获得通过或者未获得批准的；债务人不能执行或者不执行重整计划的。

（3）和解协议草案经债权人会议表决未获得通过或者未获得人民法院认可的；债务人不能执行或者不执行和解协议的。

债务人被宣告破产后，债务人称为破产人，债务人的财产称为破产财产，人民法院受理破产申请时对债务人享有的债权称为破产债权。

破产宣告前，第三人为债务人提供足额担保或者为债务人清偿全部到期债务、债务人已清偿全部到期债务的，人民法院应当裁定终结破产程序，并予以公告。

二、破产财产的确认

破产财产即在破产宣告时属于债务人的财产。

(一)破产财产与债务人的财产

破产财产不同于债务人的财产。债务人的财产包括破产申请受理时属于债务人的全部财产和破产申请受理后至破产程序终结前债务人取得的财产，它的时间界定是破产申请受理时；破产财产的时间界定是破产宣告时。

债务人的财产自破产申请到破产宣告这一阶段时间有可能发生合理的变化，而能够用于破产清算的破产财产必须是破产宣告时尚属于破产人的财产，而且是破产人所有的或者经营管理的全部财产，包括应当由破产人行使的相关权利。

【知识链接3－3】 自破产申请到破产宣告这一阶段，债务人仍然可以从事某些必要的民事活动，这就存在着取得财产的可能。这些财产包括：①因破产企业债务人的清偿和财产持有人的交还而取得的财产；②因未履行合同的继续履行而取得的财产；③由破产企业享有的投资权益所产生的收益；④破产财产所生的孳息或转让所得；⑤继续营业的收益；⑥其他基于合法原因而取得的财产。

(二)不属于破产财产的财产范围

下列财产不属于债务人财产：①债务人基于仓储、保管、加工承揽、委托交易、代销、借用、寄存、租赁等法律关系占有、使用的他人财产；②特定物买卖中，尚未转移占有但相对人已完全支付对价的特定物；③尚未办理产权证或者产权过户手续但已向买方交付的财产；④债务人在所有权保留买卖中尚未取得所有权的财产；⑤所有权专属于国家且不得转让的财产；⑥破产企业内的社团(主要有企业的党团组织和工会组织)的经费及其拥有的财产；⑦因无效合同取得的财产。

(三)对债务人财产的特殊规定

为了维护债权人的利益，《破产法》对涉及债务人财产的某些行为作出了特殊规定。

(1)别除权。债权人对破产人的特定财产享有担保权的，有权就该担保物优先受偿。即该项财产的变价款必须优先清偿别除权人的担保债权，剩余款项才能用于清偿其他的普通债权。

别除权人行使优先受偿权利未能完全受偿的，其未受偿的债权属于普通债权。如果有财产担保的债权人放弃优先受偿权利，其债权便属于普通破产债权，担保物也应计入破产财产统一分配。

(2)撤销权。人民法院受理破产申请前1年内，涉及债务人财产的下列行为，管理人有权请求人民法院予以撤销：①无偿转让财产的；②以明显不合理的价格进行交易的；③对没有财产担保的债务提供财产担保的；④对未到期的债务提前清偿的；⑤放弃债权的。

人民法院受理破产申请前6个月内，债务人具有破产情形，仍对个别债权人进行清偿的，管理人有权请求人民法院予以撤销。但是，个别清偿使债务人财产受益的除外。

(3)抵销权。债权人在破产申请受理前对债务人负有债务的，可以向管理人主张抵销。抵销权只能由债权人行使，并且有下列情形之一的，不得抵销：①债务人的债务人在破产申请受理后取得他人对债务人的债权的；②债权人已知债务人有不能清偿到期债务或者破产申请的事实，对债务人负担债务的，但是，债权人因为法律规定或者有破产申请1年前所发生的原因而负担债务的除外；③债务人的债务人已知债务人有不能清偿到期债务或者破产申请的事实，对债务人取得债权的，但是，债务人的债务人因为法律规定或者有破产申请1年前所发生的原因而取得债权的除外。

(4)无效行为。涉及债务人财产的下列行为无效：①为逃避债务而隐匿、转移财产的；②虚构债务或者承认不真实的债务的。

(5)追缴。人民法院受理破产申请后，债务人的出资人尚未完全履行出资义务的，管理人应当要求该出资人缴纳所认缴的出资，而不受出资期限的限制。

(6)追回。对于因撤销、无效行为而取得债务人财产的，管理人有权予以追回。债务人的董事、监事和高级管理人员利用职权从企业获取的非正常收入和侵占的企业财产，管理人应当追回。

(7)取回权。人民法院受理破产申请后，债务人占有的不属于债务人的财产，该财产的权利人可以通过管理人取回。但是，本法另有规定的除外。

人民法院受理破产申请时，出卖人已将买卖标的物向作为买受人的债务人发运，债务人尚未收到且未付清全部价款的，出卖人可以取回在运途中的标的物。但是，管理人可以支付全部价款，请求出卖人交付标的物。

人民法院受理破产申请后，管理人可以通过清偿债务或者提供为债权人接受的担保，取回质物、留置物。

三、破产费用和共益债务

(一)破产费用

破产费用是指在破产程序中为全体债权人的共同利益而支付的各项费用。破产费用包括：①破产案件的诉讼费用；②管理、变价和分配债务人财产的费用；③管理人执行职务的费用、报酬和聘用工作人员的费用。

(二)共益债务

共益债务是在破产程序中为了全体债权人的共同利益而由债务人财产负担的债务。共益债务包括：①因管理人或者债务人请求对方当事人履行双方均未履行完毕的合同所产生的债务；②债务人财产受无因管理所产生的债务；③因债务人不当得利所产生的债务；④为债务人继续营业而应支付的劳动报酬和社会保险费用以及由此产生的其他债务；⑤管理人或者相关人员执行职务致人损害所产生的债务；⑥债务人财产致人损害所产生的债务。

破产费用和共益债务由债务人财产随时清偿。债务人财产不足以清偿所有破产费用和共益债务的，先行清偿破产费用。债务人财产不足以清偿所有破产费用或共益债务的，按照比例清偿。债务人财产不足以清偿破产费用的，管理人应当提请人民法院终结破产程序。人民法院应当自收到请求之日起 15 日内裁定终结破产程序，并予以公告。

四、破产财产的变价和分配

(一)破产财产的变价

破产财产的分配以货币分配为基本方式，因而管理人应当及时拟订破产财产变价方案，提交债权人会议讨论。方案通过后，管理人应适时变价出售破产财产。

变价出售破产财产应当通过拍卖进行，但是债权人会议另有决议的除外。破产企业可以全部或者部分变价出售。企业变价出售时，可以将其中的无形资产和其他财产单独变价出售。按照国家规定不能拍卖或者限制转让的财产，应当按照国家规定的方式处理。

(二)破产财产分配方案

破产财产分配是指将破产财产按照法律规定的债权清偿顺序和案件实际情况决定的受偿比例进行清偿的行为。

管理人应当及时拟订破产财产分配方案，提交债权人会议讨论通过。债权人会议通过破产财产分配方案后，由管理人将该方案提请人民法院裁定认可。经人民法院裁定认可后，破产财产分配方案由管理人执行。

【知识链接 3－4】 破产财产分配方案应当载明下列事项：①参加破产财产分配的债权人名称

或者姓名、住所;②参加破产财产分配的债权额;③可供分配的破产财产数额;④破产财产分配的顺序、比例及数额;⑤实施破产财产分配的方案。

(三)破产财产分配顺序

破产财产在优先清偿破产费用和共益债务后,依照下列顺序清偿:①债务人所欠职工的工资和医疗、伤残补助、抚恤费用,所欠的应当划入职工个人账户的基本养老保险、基本医疗保险费用,以及法律、行政法规规定应当支付给职工的补偿金;②债务人欠缴的除前项规定以外的社会保险费用和破产人所欠税款;③普通破产债权。

破产财产不足以清偿同一顺序的清偿要求的,按照比例分配。破产企业的董事、监事和高级管理人员的工资按照企业职工的平均工资计算。

破产人在《破产法》公布之日前所欠职工的工资和医疗、伤残补助、抚恤费用,所欠的应当划入职工个人账户的基本养老保险、基本医疗保险费用,以及法律、行政法规规定应当支付给职工的补偿金,依照规定清偿后不足以清偿的部分,以特定财产优先于对该特定财产享有担保权的权利人受偿。

五、破产程序的终结

破产人无财产可供分配的,管理人应当请求人民法院裁定终结破产程序。

管理人在最后分配完结后,应当及时向人民法院提交破产财产分配报告,并提请人民法院裁定终结破产程序。人民法院应当在收到管理人终结破产程序的请求之日起 15 日内作出是否终结破产程序的裁定。裁定终结的,应当予以公告。

管理人应当自破产程序终结之日起 10 日内,持人民法院终结破产程序的裁定,向破产人的原登记机关办理注销登记。管理人于办理注销登记完毕的次日终止执行职务。

自破产程序终结之日起 2 年内,有下列情形之一的,债权人可以请求人民法院按照破产财产分配方案进行追加分配:①发现有依照《破产法》的规定应当追回的财产的;②发现破产人有应当供分配的其他财产的。有以上情形,但财产数量不足以支付分配费用的,不再进行追加分配,由人民法院将其上缴国库。

破产人的保证人和其他连带债务人,在破产程序终结后,对债权人依照破产清算程序未受清偿的债权,依法继续承担清偿责任。

任务七 破产法律责任

一、破产企业的董事、监事和高级管理人员的法律责任

企业董事、监事或者高级管理人员违反忠实义务、勤勉义务,致使所在企业破产的,依法承担民事责任。自破产程序终结之日起 3 年内不得担任任何企业的董事、监事、高级管理人员。

二、债务人及其相关人员的法律责任

债务人违反《破产法》的规定,拒不向人民法院提交或者提交不真实的财产状况说明、债务清册、债权清册、有关财务会计报告以及职工工资的支付情况和社会保险费用的缴纳情况的,人民法院可以对直接责任人员依法处以罚款。

债务人违反《破产法》的规定,拒不向管理人移交财产、印章和账簿、文书等资料的,或者伪造、销毁有关财产证据材料而使财产状况不明的,人民法院可以对直接责任人员依法处以罚款。

债务人在破产程序中有隐匿、转移财产，虚构债务等损害债权人利益行为的，债务人的法定代表人和其他直接责任人员依法承担赔偿责任。

债务人的有关人员违反《破产法》的规定，擅自离开住所地的，人民法院可以予以训诫、拘留，可以依法并处罚款。

三、管理人的法律责任

管理人未依照破产法律规定勤勉尽责、忠实执行职务的，人民法院可以依法处以罚款；给债权人、债务人或者第三人造成损失的，依法承担赔偿责任。

应知考核

一、单项选择题

1. 根据《破产法》的规定，人民法院受理破产申请后，应当确定债权人申报债权的期限，该期限最短不得少于（　　），最长不得超过（　　）。

A. 15 日；1 个月　　B. 30 日；3 个月
C. 60 日；6 个月　　D. 90 日；9 个月

2. 债权人向（　　）申报债权。

A. 人民法院　　B. 债权人会议　　C. 管理人　　D. 债务人

3. 甲企业与乙企业签订买卖合同，该合同尚未履行完毕时，甲企业被法院依法宣告破产。则对该合同的处理，下列选项中正确的是（　　）。

A. 由管理人决定是解除还是继续履行
B. 由甲企业自主决定是解除还是继续履行
C. 由债权人会议决定是解除还是继续履行
D. 不得继续履行

4. 甲企业被宣告破产后，管理人决定解除甲企业与乙企业签订的尚未履行的合同。该合同当中约定有违约金条款。下列对该项违约金的处理方式中，正确的是（　　）。

A. 作为破产费用从破产财产中优先拨付　　B. 作为破产债权清偿
C. 作为有财产担保的债权优先清偿　　D. 不予清偿

5. 有权在债权人中指定债权人会议主席的是（　　）。

A. 人民法院　　B. 管理人
C. 债务人　　D. 债务人的投资人

二、多项选择题

1.（　　）属破产费用，应从该企业的破产财产中优先拨付。

A. 破产财产的管理、变卖费用
B. 破产案件的诉讼费用
C. 在破产程序中为保护债权人的共同利益而支付的其他费用
D. 债权人参加破产诉讼而发生的费用

2. 债权人申请破产，不必向人民法院提供的材料包括（　　）。

A. 财产状况说明
B. 债务人不能清偿到期债务的有关证据

C. 债权性质、数额、有无财产担保，并附证据
D. 有关财务会计报告
3. 债权人会议的组成人员包括(　　)。
A. 无财产担保的债权人
B. 有财产担保的债权人
C. 债务人的保证人
D. 债务人的职工和工会的代表
4. 债权人会议对一般事项的决议必须同时具备(　　)才能生效。
A. 由有表决权的债权人过半数通过
B. 由出席会议的有表决权的债权人过半数通过
C. 他们所代表的债权额必须占无财产担保债权总额的1/2以上
D. 他们所代表的债权额必须占无财产担保债权总额的2/3以上
5. 可提前终结整顿，进行破产宣告的情况包括(　　)。
A. 债务人已执行和解协议
B. 债务人财务状况继续恶化
C. 债权人会议决定不再进行整顿
D. 债务人有严重损害全体债权人利益的行为

三、判断题

1. 在我国，所有的企业破产都适用《破产法》。(　　)
2. 只要企业不能清偿到期债务，就可以申请或被申请破产。(　　)
3. 破产案件由债务人住所地人民法院管辖。(　　)
4. 破产作为一种偿债手段，自始至终都在人民法院的主持下进行。(　　)
5. 债权人会议对管理人的报酬有异议的，有权向人民法院提出。(　　)

应会考核

■ 观念应用

【背景资料】

甲公司通过融资租赁的方式租给乙公司一套生产设备。后由于市场产品过剩、管理不善等原因，乙公司资不抵债，拖欠甲公司租赁费800万元，欠丙银行贷款2 000万元，欠丁公司原材料费80万元，欠戊公司50万元。进入破产程序后，法院查明，乙公司与甲公司之间存在物权担保，将其包装生产线(价值1 000万元)抵押给了甲公司，并办理了抵押登记；乙公司将其厂房(价值500万元)抵押给了丙银行，并办理了抵押登记；乙公司与丁公司之间也存在抵押关系，将其汽车以及部分机器设备抵押给了丁公司，但未办理抵押登记。

【考核要求】

乙公司的各种财产如何定性？

■ 技能应用

某企业被依法宣告破产。企业破产时，管理人审查的财产和债权人申报的债权情况如下：

(1)企业破产时经营管理的财产评估变现价值：

①生产厂房价值300万元，用于对A银行240万元债务的抵押；

②借用B公司的办公楼，价值160万元；

③专有技术评估作价70万元。

(2)企业破产时有关负债情况如下:

①欠A银行240万元的债务,已经由生产厂房进行抵押;

②欠C银行50万元的贷款,该贷款截至破产受理之日的利息为2万元,截至破产宣告时的利息为3万元;

③管理人解除破产企业与D企业签订的100万元买卖合同,给D企业造成5万元经济损失;

④破产案件的诉讼费用10万元、管理债务人财产的费用5万元;

⑤破产受理后,管理人在继续营业时,相关人员在执行职务时因驾驶汽车超速而发生了交通事故,给受害方造成了10万元的损失,受害方要求赔偿;

⑥在破产受理时未到期的其他债权140万元;

⑦欠职工工资20万元,欠缴税款50万元。

【技能要求】

根据以上资料,回答下列问题:

(1)企业破产时经营管理的财产中,哪些属于无担保的破产财产,金额是多少?

(2)企业破产时的负债中哪些是破产费用?哪些是共益债务?

(3)破产企业的普通债权总额为多少?

(4)C银行可以在破产分配中取得多少财产?(小数点后保留两位)

■ 案例分析

【案例情境】

2021年5月5日,因A公司未能偿还对B公司的到期债务,B公司向人民法院提出对A公司进行破产清算的申请。

A公司收到人民法院通知后,于5月9日提出异议,认为本公司未达到破产界限,理由是:第一,B公司对A公司的债权由C公司提供连带保证,而C公司完全有能力代为清偿该笔债务;第二,尽管A公司暂时不能清偿所欠B公司债务,但其资产总额超过负债总额,不构成资不抵债。经审查相关证据,人民法院发现:虽然A公司的账面资产总额超过负债总额,但其流动资金不足,实物资产大多不能立即变现,无法立即清偿到期债务。据此,人民法院于5月16日裁定受理B公司的破产申请,并指定了管理人。

在该破产案件中,有以下情况:

(1)A公司于2020年4月8日向E信用社借款200万元,期限1年。A公司以其所属厂房为该笔借款提供了抵押担保。2021年5月18日,经管理人同意,A公司向E信用社偿还了其所欠200万元借款本金及其利息。经查,A公司用于抵押的厂房市场价值为500万元。有其他债权人提出,A公司向E信用社的清偿行为属于破产申请受理后对个别债权人的债务清偿,故应认定为无效。

(2)2021年6月2日,F公司向管理人提出,根据其与A公司之间的合同约定,由其提供原材料,委托A公司加工了一批产品,现合同到期,要求提货。据查,该批产品价值50万元,现存于A公司仓库,F公司已于2021年2月支付了全部加工费10万元。管理人认为该批产品属于债务人财产,故不允许F公司提走。

【分析要求】

(1)A公司以C公司为其债务提供了连带保证且有能力代为清偿为由,对破产申请提出的异议是否成立?请说明理由。

(2)人民法院以A公司现金不足,资产大多不能立即变现清偿债务为由,裁定受理破产申请,是否符合破产法律制度的规定?请说明理由。

(3)有关债权人关于A公司向E信用社清偿行为无效的主张是否成立？请说明理由。

(4)F公司是否有权提走其委托A公司加工的产品？请说明理由。

项目实训

【实训情境】

斯凯布鲁服装公司是国有企业，因经营不善，已经资不抵债，有意向法院申请破产。聘请你为律师，代理破产中的法律事务。经过一段时间工作后，你掌握了以下情况：

(1)斯凯布鲁服装公司系在省市场监管机构注册登记的公司。

(2)斯凯布鲁服装公司欠当地工商银行贷款2 200万元，贷款时曾提供斯凯布鲁服装公司一套进口生产流水线作抵押，该套设备现值1 500万元。

(3)斯凯布鲁服装公司的债权人之一甲公司因追索250万元货款而在一个月前起诉斯凯布鲁服装公司，此案尚在审理中。

(4)斯凯布鲁服装公司曾为乙公司向当地建设银行一笔500万元的贷款作为保证人，现乙公司对该笔贷款未予偿还。

(5)斯凯布鲁服装公司欠江阴市宏伟机械有限责任公司货款120万元，江阴市宏伟机械有限责任公司欠斯凯布鲁服装公司100万元。

(6)斯凯布鲁服装公司资不抵债已达4 500万元。

根据以上情况，回答下列问题：

(1)斯凯布鲁服装公司如申请破产，应由谁受理？

(2)工商银行的2 200万元贷款应如何处理？

(3)甲公司与斯凯布鲁服装公司之间尚未审结的追索货款之诉应如何处理？

(4)建设银行能否参加破产程序、申报破产债权？理由是什么？

(5)向人民法院申请破产时，需要向法院提交哪些材料？斯凯布鲁服装公司可以自己直接申请公司破产吗？

(6)应从企业财产中优先拨付的破产费用包括哪些？

(7)斯凯布鲁服装公司与江阴市宏伟机械有限责任公司之间的债务关系如何处理？

【实训目标】

加深学生对《破产法》基本知识的认识和理解，学会运用本项目的知识解决破产企业的基本问题，从而提高学生的综合素质。

【实训组织】

将学生分成若干组，每组7人，每组设组长1名，组长负责组织本组成员进行实训，由组长将调查结果写成书面报告，并总结。(注意：教师提出活动前的准备和注意事项等内容。)

1. 教师组织学生仔细阅读案例，提示案例要点。

2. 学生每4～6人组成一个学习小组，以小组为单位进行讨论，提倡采用头脑风暴法，最终形成一篇案例分析报告。

3. 每个小组派出1名代表上讲台阐述小组报告的观点。

【实训成果】

1. 考核和评价采用报告资料展示与学生讨论相结合的方式。

2. 评分采用学生和教师共同评价的方式，填写实训报告。

实训报告		
项目实训班级：	项目小组：	项目组成员：
实训时间：　　年　月　日	实训地点：	实训成绩：
实训目的：		
实训步骤：		
实训结果：		
实训感言：		

第三篇 经济行为法律制度

项目四

合同法

○ **知识目标**

理解：合同的概念、特征和分类；合同法的概念和基本原则；担保、担保合同和担保法。

熟知：缔约过失责任；合同订立的程序、形式；合同履行的概念、原则；合同的变更、转让和终止、违约责任。

掌握：合同的内容、无效合同、可变更和可撤销合同、效力待定合同；合同履行中内容不明确的处理；合同履行中的抗辩权；合同履行中的保全措施；保证、抵押、质押、留置、定金。

○ **技能目标**

能够运用《民法典》"合同编"的基本理论，解决现实中的法律问题。

○ **素质目标**

运用所学的合同法知识研究相关案例，培养和提高学生在特定业务情境中分析问题与决策设计的能力；结合行业规范或标准，运用合同法知识分析行为的善恶，强化学生的职业道德素质。

○ **项目引例**

买卖合同能成立吗?

甲公司于2021年3月10日向乙公司发出传真，欲购买乙公司生产的某型号挖掘机10台，4月20日前由乙公司送货上门，货到付款，运费由甲公司承担，并要求乙公司在3日内报价。乙公司按期报价，要求甲公司3日内回复。甲公司按期回复，同意乙公司的报价，但要求签订书面合同。4月5日，乙公司在未签订书面合同的情况下按约定的条件发货，甲公司收货后未提出异议，也未付款。4月17日，甲公司发现丙公司生产的同型号挖掘机价格低一些，遂向乙公司提出，由于双方未签订书面合同，买卖关系不成立，要求乙公司尽快取回挖掘机。乙公司不同意，要求甲公司支付货款。随后，乙公司发现甲公司怠于行使其对丁公司的到期债权，可能使自己的货款无法得以清偿，遂向人民法院提起诉讼。

思考与讨论：

(1)甲公司的传真订货、乙公司的报价、甲公司的回复报价分别是什么性质的法律行为?

(2)甲公司与乙公司之间的买卖合同是否成立?

(3)对甲公司怠于行使其到期债权的行为，乙公司可以向人民法院提出何种诉讼请求，以保护自己的合法权益?

○ 知识精讲

任务一 合同法概述

一、合同的概念、特征和分类

《民法典》第 464 条规定:合同是民事主体之间设立、变更、终止民事法律关系的协议。婚姻、收养、监护等有关身份关系的协议,适用有关该身份关系的法律规定;没有规定的,可以根据其性质参照适用《民法典》"合同编"规定。依法成立的合同,受法律保护。

【注意】合同文本采用两种以上文字订立并约定具有同等效力的,对各文本使用的词句推定具有相同含义。各文本使用的词句不一致的,应当根据合同的相关条款、性质、目的以及诚信原则等予以解释。

(二)合同的特征

(1)合同是一种民事法律行为。合同以当事人之间设立、变更、终止民事权利和民事义务为目的,合同依法成立后,具有法律约束力,受法律保护。

(2)合同是双方或多方的民事法律行为。合同必须是两个或两个以上的当事人参加,并经协商而达成合意的民事行为。

(3)合同的目的是设立、变更、终止一定的民事法律关系。作为民事法律行为的合同,其合同当事人的目的就是为了设立、变更、终止一定的民事权利义务关系。

(三)合同的分类

1. 根据合同当事人权利义务的分担划分,可分为单务合同与双务合同

(1)单务合同是指合同一方当事人只享有权利而不负担义务,另一方当事人只负担义务而不享有权利的合同,如借用合同。

(2)双务合同是指合同当事人相互享有权利、相互负有义务的合同,如买卖合同。

2. 根据以当事人取得的利益是否须付出相应代价划分,可分为有偿合同与无偿合同

(1)有偿合同是指当事人一方享有合同规定的权利,须向对方当事人支付相应代价的合同,如买卖合同、租赁合同、保险合同等。

(2)无偿合同是指当事人一方享有合同规定的权利,无须向对方当事人支付相应代价的合同,如赠予合同、借用合同。

3. 根据合同是否以交付标的物为生效要件划分,可分为诺成性合同与实践性合同

(1)诺成性合同是指当事人意思表示一致即告成立且生效的合同,如买卖合同、租赁合同、承揽合同、建设工程合同、技术合同、仓储合同等。

(2)实践性合同是指除当事人意思表示一致以外,需要实际交付标的物才能生效的合同,如借用合同、货物运输合同、保管合同等。

4. 根据合同的成立是否需要特定的法律形式划分,可分为要式合同与非要式合同

(1)要式合同是指必须采用特殊法定形式才能生效的合同,如不动产转让合同必须采取书面形式才能生效。

(2)非要式合同是指法律没有特殊规定,当事人也没有特殊约定需采用特殊形式的合同。

5. 根据合同之间的主从关系划分,可分为主合同与从合同

(1)主合同是指不依赖他合同而独立存在的合同。

(2)从合同是指以他合同的存在为存在前提的合同。例如,为担保贷款合同而订立抵押合同,

则借款合同为主合同，抵押合同为从合同。

6. 根据法律是否以特定名称命名并设有专门规范为标准划分，可分为有名合同与无名合同

(1)有名合同是指法律上以特定名称命名，并以专门规范加以调整的合同，如《合同法》规定的买卖合同、借款合同、行纪合同等 15 种合同都是有名合同。

(2)无名合同是指法律上尚无特定名称规定，也没有专门规范加以调整的合同。

7. 根据合同是否涉及合同之外的他人为标准划分，可分为涉己合同与涉他合同

(1)涉己合同又称束己合同，是指合同当事人遵循合同相对性原则，为自己约定并承受权利和义务，第三人与合同无直接关联的合同。

(2)涉他合同是指合同当事人不以合同相对性原则为限，为第三人设立了权利或约定了义务，即直接涉及第三人的合同，如人寿保险合同中以第三人为受益人的合同。

二、合同法的概念和基本原则

(一)合同法的概念

合同法是调整民事主体之间合同关系的法律规范的总称。所谓合同关系，是指合同当事人之间因签订和履行合同而发生的各种社会关系。合同法主要包括调整范围和基本原则，合同的形式、内容以及订立方式，合同的效力，合同的履行，合同的变更、转让和终止，违反合同的法律责任，以及关于一些具体合同的规定等内容。

合同法调整的是平等主体之间的财产关系，因此，政府与管理相对人之间的行政管理关系，法人、非法人组织内部的管理关系，都不适用合同法；有关婚姻、收养、监护等身份关系的协议，适用有关该身份的法律规定；没有规定的，可以根据其性质参照适用合同法的规定。

我国全国人民代表大会及其常务委员会自 1981 年 12 月起就先后颁布了《中华人民共和国经济合同法》《中华人民共和国涉外经济合同法》《中华人民共和国技术合同法》，国务院颁布了一系列的单行合同条例和实施细则等行政法规。随着改革开放的不断深入和扩大，社会经济生活发生了很大的变化，上述有关合同的法律、法规无论是在调整范围方面还是在一些具体规定方面，都已不能完全适应新的形势的需要。为了保障我国社会主义市场经济的健康发展，1999 年 3 月 15 日，第九届全国人民代表大会第二次会议通过了《中华人民共和国合同法》(以下简称《合同法》)，该法自 1999 年 10 月 1 日施行。2020 年 5 月 28 日，第十三届全国人民代表大会第三次会议通过了《中华人民共和国民法典》，自 2021 年 1 月 1 日起施行，《合同法》同时废止。该法典专设合同编(第三编)，这对于健全和完善我国的合同制度具有十分重要的意义。

(二)合同法的基本原则

1. 平等原则

平等，是指合同双方当事人的法律地位平等。在合同关系中，双方当事人不论其所有制性质、种类如何，也不论其规模、经济实力如何，在法律上都处于完全平等的地位。因此，对于订立和履行合同中出现的问题，双方必须进行平等协商，以期达成一致意见，不允许任何一方以大欺小，恃强凌弱，将自己的意志强加给对方。

2. 自愿原则

自愿，是指当事人有权依法自主决定订立合同的有关事宜。具体来说，是否签订合同、和谁签订合同、签订什么样的合同、怎样承担违约责任、如何解决争议等，都应当取决于当事人的真实意愿。自愿是建立在法律地位平等的基础上的，是平等原则的必然体现。

3. 公平原则

公平，是指当事人在订立和履行合同时应当做到公允、公正、合情、合理。按照这一原则的要

求，合同当事人的权利和义务是一致的、互为条件的，双方都必须公平合理地享受权利和承担义务，不得显失公平；当事人承担的违约责任应当与其造成的后果相适应；一方当事人在对方严重违约时采取合理的自我保护措施的，应当给予支持；等等。

4. 诚信原则

诚实信用，是指合同当事人应以善良的心理状态，维持双方利益以及当事人与社会利益的平衡。它涉及两方面的利益关系，即当事人之间的利益关系和当事人与社会之间的利益关系。在当事人之间的利益关系中，诚信原则要求各方尊重对方利益，在实现自己应得利益的同时，不得损害他人利益。在当事人与社会利益的关系中，诚信原则要求当事人在签订和履行合同时，不损害第三人和社会公共利益。

5. 守法原则和公序良俗原则

合法，是指合同的订立和履行必须遵守法律和行政法规。根据守法原则的要求，合同的主体、内容、形式以及订立程序都必须符合法律、行政法规的规定，否则不仅合同无效，而且对造成严重后果的要追究有关人员的法律责任。

公序良俗，通常是指公共秩序与善良风俗。根据公序良俗原则的要求，当事人订立和履行合同，应当遵守公共秩序，尊重社会公德。任何单位和个人不得利用合同从事违法活动，扰乱社会经济秩序，损害国家利益和社会公共利益。

6. 绿色原则

这是指当事人在订立和履行合同时应当有利于节约资源、保护生态环境。

任务二　合同订立

一、合同订立的形式、内容和缔约过失责任

(一)合同订立的形式

动漫视频

合同订立

《民法典》第469条规定：当事人订立合同，可以采用书面形式、口头形式或者其他形式。书面形式是合同书、信件、电报、电传、传真等可以有形地表现所载内容的形式。以电子数据交换、电子邮件等方式能够有形地表现所载内容，并可以随时调取查用的数据电文，视为书面形式。

(二)合同的内容

1. 合同一般应具备的条款

《民法典》第470条规定：合同的内容由当事人约定，一般包括下列条款：①当事人的姓名或者名称和住所；②标的；③数量；④质量；⑤价款或者报酬；⑥履行期限、地点和方式；⑦违约责任；⑧解决争议的方法。

【提示】当事人可以参照各类合同的示范文本订立合同。

(2)格式条款

格式条款是当事人为了重复使用而预先拟定，并在订立合同时未与对方协商的条款。

采用格式条款订立合同的，提供格式条款的一方应当遵循公平原则确定当事人之间的权利和义务，并采取合理的方式提示对方注意免除或者减轻其责任等与对方有重大利害关系的条款，按照对方的要求，对该条款予以说明。提供格式条款的一方未履行提示或者说明义务，致使对方没有注意或者理解与其有重大利害关系的条款的，对方可以主张该条款不成为合同的内容。

《民法典》第498条规定：对格式条款的理解发生争议的，应当按照通常理解予以解释。对格式

条款有两种以上解释的，应当作出不利于提供格式条款一方的解释。格式条款和非格式条款不一致的，应当采用非格式条款。《民法典》第 499 条规定：悬赏人以公开方式声明对完成特定行为的人支付报酬的，完成该行为的人可以请求其支付。

(三)缔约过失责任

1. 缔约过失责任的概念和特征

缔约过失责任，是指在合同订立过程中，当事人一方违反诚信原则的要求，因自己的过错给对方当事人造成信赖利益的损失时，所应当承担的损害赔偿责任。

缔约过失责任具有以下特征：

(1)缔约过失责任为合同订立过程中所产生的责任。它是为缔约行为直接产生的损害后果所承担的责任。缔约过失责任与违约责任是不同的，它以合同不成立、不生效为前提，而违约责任必须以合同有效成立并违反合同约定为前提。

(2)承担缔约过失责任的基础是诚实信用义务。诚信原则是合同法的基本原则，在合同订立过程中，当事人之间应当相互向对方承担诚实信用义务，如果当事人一方违反该义务而给对方造成损失时，就应承担相应的法律责任。

(3)缔约过失责任为法定责任。它不以双方当事人事先有约定为必要，只要缔约当事人违反诚实信用义务，侵害了对方当事人的权益并给对方造成了损失，就应当承担缔约过失责任。

(4)缔约过失责任为赔偿责任。缔约过失责任的责任形式只有损害赔偿一种，与违约责任不同，它不包括强制实际履行、支付违约金、定金罚则等责任形式。

2. 缔约过失责任的适用范围

《民法典》第 500 条规定：当事人在订立合同过程中有下列情形之一，造成对方损失的，应当承担赔偿责任：①假借订立合同，恶意进行磋商；②故意隐瞒与订立合同有关的重要事实或者提供虚假情况；③有其他违背诚信原则的行为。

《民法典》第 501 条规定：当事人在订立合同过程中知悉的商业秘密或者其他应当保密的信息，无论合同是否成立，不得泄露或者不正当地使用；泄露、不正当地使用该商业秘密或者信息，造成对方损失的，应当承担赔偿责任。

3. 缔约过失责任的赔偿范围

在缔约过失责任中，应当以信赖利益损失作为赔偿的基本范围。一般来说，信赖利益的损失，是指因为相信合同的成立和生效而导致的利益的损失。它与履行利益的损失是不同的。履行利益损失赔偿的结果，是使当事人达到合同完全履行时的状态，包括获得可得利益。信赖利益的损失包括直接损失和间接损失两种。

【提示】所谓的直接损失，是指因为信赖合同的成立和生效所支出的各种费用，具体包括：①缔约费用，如邮电费用、到缔约地考察以及检查标的物等所支付的合理费用；②准备履行所支付的费用，如运送、保管标的物所支付的合理费用；③为支出上述各项费用所失去的利息。所谓间接损失，是指丧失与第三人另订合同的机会所产生的损失。

二、合同订立的程序

合同订立是指合同当事人相互作出意思表示并达成合意的过程。《民法典》第 471 条规定：当事人订立合同，可以采取要约、承诺方式或者其他方式。

(一)要约

《民法典》第 472 条规定：要约是希望与他人订立合同的意思表示，该意思表示应当符合下列条件：①内容具体确定；②表明经受要约人承诺，要约人即受该意思表示约束。

《民法典》第 473 条规定：要约邀请是希望他人向自己发出要约的表示。拍卖公告、招标公告、招股说明书、债券募集办法、基金招募说明书、商业广告和宣传、寄送的价目表等为要约邀请。

【注意】商业广告和宣传的内容符合要约条件的，构成要约。

要约生效的时间适用《民法典》第 137 条的规定：①以对话方式作出的意思表示，相对人知道其内容时生效。②以非对话方式作出的意思表示，到达相对人时生效。以非对话方式作出的采用数据电文形式的意思表示，相对人指定特定系统接收数据电文的，该数据电文进入该特定系统时生效；未指定特定系统的，相对人知道或者应当知道该数据电文进入其系统时生效。当事人对采用数据电文形式的意思表示的生效时间另有约定的，按照其约定。

要约可以撤回。要约的撤回适用《民法典》第 141 条的规定：行为人可以撤回意思表示。撤回意思表示的通知应当在意思表示到达相对人前或者与意思表示同时到达相对人。

要约可以撤销，但是有下列情形之一的除外：①要约人以确定承诺期限或者其他形式明示要约不可撤销；②受要约人有理由认为要约是不可撤销的，并已经为履行合同做了合理准备工作。

撤销要约的意思表示以对话方式作出的，该意思表示的内容应当在受要约人作出承诺之前为受要约人所知道；撤销要约的意思表示以非对话方式作出的，应当在受要约人作出承诺之前到达受要约人。

《民法典》第 478 条规定：有下列情形之一的，要约失效：①要约被拒绝；②要约被依法撤销；③承诺期限届满，受要约人未作出承诺；④要约人对要约的内容作出实质性变更。

(二)承诺

《民法典》第 479 条规定：承诺是受要约人同意要约的意思表示。

《民法典》第 480 条规定：承诺应当以通知的方式作出；但是，根据交易习惯或者要约表明可以通过行为作出承诺的除外。

《民法典》第 481 条规定：承诺应当在要约确定的期限内到达要约人。要约没有确定承诺期限的，承诺应当依照下列规定到达：①要约以对话方式作出的，应当即时作出承诺；②要约以非对话方式作出的，承诺应当在合理期限内到达。

《民法典》第 482 条规定：要约以信件或者电报作出的，承诺期限自信件载明的日期或者电报交发之日开始计算。信件未载明日期的，自投寄该信件的邮戳日期开始计算。要约以电话、传真、电子邮件等快速通信方式作出的，承诺期限自要约到达受要约人时开始计算。

《民法典》第 483 条规定：承诺生效时合同成立，但是法律另有规定或者当事人另有约定的除外。

《民法典》第 484 条规定：以通知方式作出的承诺，生效的时间适用《民法典》第 137 条的规定（具体如下：①以对话方式作出的意思表示，相对人知道其内容时生效。②以非对话方式作出的意思表示，到达相对人时生效。以非对话方式作出的采用数据电文形式的意思表示，相对人指定特定系统接收数据电文的，该数据电文进入该特定系统时生效；未指定特定系统的，相对人知道或者应当知道该数据电文进入其系统时生效。当事人对采用数据电文形式的意思表示的生效时间另有约定的，按照其约定）。承诺不需要通知的，根据交易习惯或者要约的要求做出承诺的行为时生效。

《民法典》第 485 条规定：承诺可以撤回。承诺的撤回适用《民法典》第 141 条的规定（具体如下：行为人可以撤回意思表示。撤回意思表示的通知应当在意思表示到达相对人前或者与意思表示同时到达相对人）。

《民法典》第 486 条规定：受要约人超过承诺期限发出承诺，或者在承诺期限内发出承诺，按照通常情形不能及时到达要约人的，为新要约；但是，要约人及时通知受要约人该承诺有效的除外。

《民法典》第 487 条规定：受要约人在承诺期限内发出承诺，按照通常情形能够及时到达要约人，但是因其他原因致使承诺到达要约人时超过承诺期限的，除要约人及时通知受要约人因承诺超过期限不接受该承诺外，该承诺有效。

《民法典》第488条规定：承诺的内容应当与要约的内容一致。受要约人对要约的内容作出实质性变更的，为新要约。有关合同标的、数量、质量、价款或者报酬、履行期限、履行地点和方式、违约责任和解决争议方法等的变更，是对要约内容的实质性变更。

《民法典》第489条规定：承诺对要约的内容作出非实质性变更的，除要约人及时表示反对或者要约表明承诺不得对要约的内容作出任何变更外，该承诺有效，合同的内容以承诺的内容为准。

《民法典》第490条规定：当事人采用合同书形式订立合同的，自当事人均签名、盖章或者按指印时合同成立。在签名、盖章或者按指印之前，当事人一方已经履行主要义务，对方接受时，该合同成立。法律、行政法规规定或者当事人约定合同应当采用书面形式订立，当事人未采用书面形式但是一方已经履行主要义务，对方接受时，该合同成立。

《民法典》第491条规定：当事人采用信件、数据电文等形式订立合同要求签订确认书的，签订确认书时合同成立。当事人一方通过互联网等信息网络发布的商品或者服务信息符合要约条件的，对方选择该商品或者服务并提交订单成功时合同成立，但是当事人另有约定的除外。

《民法典》第492条规定：承诺生效的地点为合同成立的地点。采用数据电文形式订立合同的，收件人的主营业地为合同成立的地点；没有主营业地的，其住所地为合同成立的地点。当事人另有约定的，按照其约定。

《民法典》第493条规定：当事人采用合同书形式订立合同的，最后签名、盖章或者按指印的地点为合同成立的地点，但是当事人另有约定的除外。

《民法典》第494条规定：国家根据抢险救灾、疫情防控或者其他需要下达国家订货任务、指令性任务的，有关民事主体之间应当依照有关法律、行政法规规定的权利和义务订立合同。依照法律、行政法规的规定负有发出要约义务的当事人，应当及时发出合理的要约。依照法律、行政法规的规定负有作出承诺义务的当事人，不得拒绝对方合理的订立合同要求。

【提示】《民法典》第495条规定：当事人约定在将来一定期限内订立合同的认购书、订购书、预订书等，构成预约合同。当事人一方不履行预约合同约定的订立合同义务的，对方可以请求其承担预约合同的违约责任。

【做中学4—1】 中国A公司欲向美国B公司购买一批苹果，于是向B公司发出一份传真（“8月1日传真”），传真中对货物的品质、数量、质量、价格等交易条件都作了规定，并且标明因合同引起的所有争议提交中国国际经济贸易仲裁委员会在北京仲裁。B公司收到传真后，于8月10日回电并附上B公司一方签字的B公司标准合同格式文本（“8月10日回电”或“8月10日苹果合同文本”），该文本特别提到，所有与本合同有关的争议均提交巴黎国际商会仲裁院仲裁。合同文本的其他条款与A公司8月1日传真内容相同。A公司收到8月10日回电后，没有答复。

做中学4—1 解析

10月，B公司将苹果运到中国，并通知A公司提货。由于A公司经营不佳，加上当时中国市场大量进口美国苹果，导致中国市场价格低迷。因此，A公司决定不接受货物。

请思考：

(1)“8月1日传真”是不是要约？为什么？

(2)“8月10日回电”及“8月10日苹果合同文本”是不是承诺？为什么？

(3)A公司拒绝收货的行为是否违法？请说明理由。

任务三 合同效力

一、合同效力的概念

动漫视频

合同效力

合同效力是指合同的法律效力，即合同所具有的法律约束力。合同本身不是法律，而只是当事人之间的合意，但由于依法成立的合同符合国家的意志，所以法律以其强制力迫使合同当事人必须按照约定履行自己的义务，不得擅自变更或者解除合同。这表明，合同的法律约束力并非直接来自当事人的约定，而是由法律所赋予的。应当强调的是，依法成立是合同具有法律效力的前提条件。

二、合同生效

（一）合同生效的概念

合同生效是指依法成立的合同得到国家法律的确认，发生法律约束力。根据规定，依法成立的合同，自成立时生效，但是法律另有规定或者当事人另有约定的除外。依照法律、行政法规的规定，合同应当办理批准等手续的，依照其规定。未办理批准等手续影响合同生效的，不影响合同中履行报批等义务条款以及相关条款的效力。应当办理申请批准等手续的当事人未履行义务的，对方可以请求其承担违反该义务的责任。

合同生效与合同成立是两个不同的概念。它们之间既有联系又有区别。它们之间的联系主要表现为：合同成立是合同生效的前提和基础，合同生效则是合同成立的最理想的结果；合同成立解决了合同从无到有的问题，合同成立并非都能生效，而已成立的合同要对当事人产生法律约束力，则该合同必须生效。

合同生效与合同成立的区别主要表现在：①合同成立的重要条件，是当事人对合同的主要条款协商一致；而合同生效则要求已成立的合同符合法定的生效要件，即合同在主体、内容、形式等方面必须符合法律规定。②合同成立表明当事人订立合同过程已经完成，当事人的权利和义务关系得以确定；而合同生效则表明当事人将全面履行合同义务，以实现订立合同的目的。③合同成立主要体现了当事人的意志，依靠当事人的行为就可以完成；而合同生效则体现了国家的意志，反映了国家对当事人意志的评价和对合同关系的干预。

（二）合同生效的要件

合同生效的条件，是指已经成立的合同要发生法律效力所应具备的法定要件。已成立的合同只有符合法律规定的条件，才能发生法律效力。合同生效必须具备以下四个方面的条件：

1. 主体合格

主体合格，主要是指合同当事人要有合法的资格。根据规定，当事人订立合同，应当具有相应的民事权利能力和民事行为能力。合同是当事人意思表示一致的结果，只有当事人具备了对自己行为的性质和后果的识别与判断能力，才能正确地表达自己的意思，其订立的合同才可能具有法律约束力。合同的主体包括自然人、法人和非法人组织，法律对其民事行为能力的规定是不同的。对于自然人来说，其应是具有完全民事行为能力的人。限制民事行为能力人所订立合同，除纯获利益的或者与其年龄、智力、精神健康状况相适应的，须经其法定代理人追认。对于法人和非法人组织来说，原则上应在其营业执照核准登记的生产经营和业务范围内订立合同。

当事人依法可以委托代理人订立合同。代理人在代订合同时应当符合授权范围的要求。

2. 意思表示真实

意思表示真实，是指当事人在自觉、自愿的基础上，做出符合其内在意志的表示行为。意思表示真实是合同生效的一个重要条件。合同是当事人之间意思表示一致的产物，但仅有当事人的意思表示一致还不够，还要求当事人的意思表示必须真实，因为只有意思表示真实，当事人因意思表示一致所达成的协议才符合法律规定的要求，能够产生法律约束力。当事人在违背真实意思的情况下所订立的合同，不具有法律效力或者可以撤销。

【提示 1】《民法典》第 148 条规定：一方以欺诈手段，使对方在违背真实意思的情况下实施的民事法律行为，受欺诈方有权请求人民法院或者仲裁机构予以撤销。

【提示 2】《民法典》第 149 条规定：第三人实施欺诈行为，使一方在违背真实意思的情况下实施的民事法律行为，对方知道或者应当知道该欺诈行为的，受欺诈方有权请求人民法院或者仲裁机构予以撤销。

【提示 3】《民法典》第 150 条规定：一方或者第三人以胁迫手段，使对方在违背真实意思的情况下实施的民事法律行为，受胁迫方有权请求人民法院或者仲裁机构予以撤销。

3. 内容合法

内容合法，主要是指合同的各项条款都必须符合法律、法规的强制性规定。所谓强制性规定，是指当事人必须遵守而不得协商加以改变的规定。从本质上讲，合同是合法的民事行为，合同的内容如果违反法律规定，则该合同不具有法律效力。例如，当事人订立买卖国家重要文物、走私物品、假冒伪劣商品的合同，企业之间订立的借贷合同等，都属于无效合同。

内容合法，还应包括合同的内容不违反社会公共利益。在现实社会生活中，有些合同在表面上虽然不违反现行法律、法规的禁止性规定，但实质上却破坏了社会政治、经济秩序和道德风尚，有损国家利益、社会公共利益和广大群众的利益，对这类合同宣告无效，是完全必要的。

4. 形式、程序符合规定

这是合同生效必须具备的形式要件。它是指订立合同必须采取符合法律规定的形式，履行法律规定的程序。关于合同的形式，在一般情况下当事人可以选择，但如果法律对合同的形式有特别规定的，当事人必须遵从法律的规定。

关于合同的订立方式，一般来说，当事人依法就合同的主要条款协商一致，合同就具有法律约束力，但当事人另有约定的除外。

三、附条件合同和附期限合同

（一）附条件合同

1. 附条件合同的概念

附条件合同，是指在合同中设定一定的条件，并且把该条件的成就或不成就作为合同效力发生或终止的根据的合同。在通常情况下，合同一经依法成立就开始发生法律效力。但如果当事人并不希望所订合同立即发生法律效力，或者希望其效力在一定情况下终止，则可以采取在合同中附条件的办法，来延缓合同效力的发生或者终止合同的效力，以满足自己特定的需要，这是法律所允许的。

2. 合同中所附条件的种类

以所附条件对合同的效力所起的不同作用为标准，可将所附条件分为生效条件和解除条件。

生效条件，也称停止条件或者延缓条件，是指决定合同的效力是否发生的条件。在附生效条件的情况下，合同已经成立，但当事人不想让其立即生效，待所附条件成就后合同才开始生效。

解除条件，也称消灭条件，是指决定合同的效力是否终止的条件。在附解除条件的情况下，合同已经成立并且发生了法律效力，待所附条件成就后，合同的效力即告终止。

3. 合同附条件的后果

附条件的合同一经成立，就在当事人之间产生了合同关系，当事人均应受到一定的约束。这主要表现在，附条件的合同成立以后，在条件未成就前，当事人应任凭作为条件的事实的自然发展，任何一方都不得为了自身的利益，恶意地促成或阻止其成就。当事人为自己的利益不正当地阻止条件成就的，视为条件已成就；不正当地促成条件成就的，视为条件不成就。

(二)附期限合同

1. 附期限合同的概念

附期限合同，是指当事人约定以一定期限的到来作为合同生效或失效的根据的合同。在社会经济活动中，当事人出于某种考虑，有些情况下需要限制合同生效或失效的时间，这时便可以在合同中附一定的期限。所附的期限可以是确定的，也可以是不确定的。前者如订明具体的年、月、日或几个月以后等，后者如某人死亡、洪水消退等。

2. 合同中所附期限的种类

合同中所附的期限按照对合同效力所起的作用不同，可以分为生效期限和终止期限。

(1)生效期限，是指使已成立的合同发生法律效力的期限。在所附期限到来之前，该合同的效力处于停止状态。由于生效期限具有延缓已成立的合同发生法律效力的作用，所以，又可将其称为延缓期限。

(2)终止期限，是指使已生效的合同终止法律效力的期限。在所附期限到来之前，该合同的效力处于持续状态，期限一到，该合同即行失效。由于终止期限具有终止合同效力的作用，所以，又可将其称为解除期限。

四、无效合同

(一)无效合同的概念和特征

无效合同，是指当事人虽已订立，但因缺乏有效条件而不能发生法律效力的合同。如前所述，合同只有具备法定的有效条件，才能生效，当事人订立合同的目的才能实现。无效合同，国家不予保护，对当事人没有法律约束力。无效合同的当事人不仅不能实现其订立合同所预期的目的，而且要承担由此所产生的不利法律后果。

无效合同具有如下特征：

首先，无效合同具有违法性。这是无效合同的本质特征。所谓违法性，是指所订立的合同违反了法律和行政法规的强制性规定。无效合同的违法性表明当事人的行为根本不符合国家意志，因此，对此类合同应当实行国家干预，由有关机关确认其为无效，并依法给予有关当事人必要的制裁，以切实维护国家利益和社会公共利益，保护无过错一方当事人的合法权益。

其次，无效合同具有不得履行性。所谓无效合同的不得履行性，是指当事人在订立无效合同以后，不得依据该合同实际履行，也不承担不履行合同的违约责任。即使当事人在订立合同时不知该合同的内容违法，当事人也不得履行无效合同。

再次，无效合同具有自始无效性。由于无效合同从本质上违反了法律规定，因此它自始就不受国家法律的承认和保护。对无效合同的确认，具有溯及既往的效力。合同被确认无效后，从订立时起就不具有法律约束力，如果当事人已经履行了合同规定的义务，则应恢复到合同订立前的状态；如果合同在被确认无效时还没有履行，则不得予以履行。

最后，无效合同具有绝对无效性。由于无效合同具有违法性，因此，不论当事人的意愿如何，以及是否存在争议，都绝对地不按当事人的意思发生法律后果。人民法院或者仲裁机构可以主动审查决定该合同无效，这与可撤销的合同要由当事人提出请求，然后经人民法院或者仲裁机构撤销而无效是不同的。

(二)无效合同的种类

在下列情形下合同无效：①无民事行为能力人签订的合同；②行为人与相对人以虚假的意思表示签订的合同；③违反法律、行政法规的强制性规定的合同，但是，该强制性规定不导致该合同无效的除外；④违背公序良俗的合同；⑤恶意串通，损害他人合法权益的合同。

在规定上述合同无效的同时，合同法还规定了两项免责条款无效：①造成对方人身伤害的；②因故意或者重大过失造成对方财产损失的。在上述两种情况下，当事人的行为都具有一定的社会危害性。同时，这两种行为也构成了侵权，即使在没有合同关系的情况下，受损害方也可以要求对方承担侵权责任。任何一方当事人不能以合同约定的方式，剥夺对方合同以外的权利。

(三)无效合同的确认和处理

无效合同影响到国家、社会和当事人等各方面的利益，因此，对其确认是一件十分严肃的事情，不是哪一个单位或个人都可以行使这种权力的。根据法律规定，无效合同的确认权归人民法院和仲裁机构。

对于无效合同的财产后果，应当根据合同无效的具体情况以及当事人过错的有无和大小，分别做出如下处理：

1. 返还财产

合同被确认无效后，当事人依据合同所取得的财产应当返还给对方。这是因为无效合同从订立时起就没有法律效力，应当使当事人的财产关系恢复到合同订立前的状态。返还财产有两种情况：一种是双方返还。通常对当事人一方不是故意侵犯对方利益，而是由于缺乏有关的法律知识，如不了解办理必要的手续等，造成合同无效的，可以由双方各自返还从对方取得的财产。

另一种是单方返还。在当事人一方故意违法的情况下，应将从对方取得的财产返还对方，而对方当事人从故意违法方取得的财产，应追缴收归国库所有。这是因为故意违法方的行为不仅损害了对方当事人的利益，而且有损国家利益、社会公共利益，因此有必要对其予以制裁。在应返还财产情况下，如果财产已不存在或者已被第三人合法取得，不能返还的，或者没有必要返还的，应当折价补偿。

2. 赔偿损失

合同被确认无效，如果是由当事人一方的过错造成的，有过错的一方应赔偿对方因此所受的损失；如果当事人双方都有过错，则双方应当按照责任的主次、轻重，分别承担经济损失中与其责任相适应的份额。

3. 财产收归国家所有或者返还集体、第三人

对当事人双方恶意串通订立的损害国家、集体或者第三人利益的合同，因其社会危害性严重，法律规定了较为严厉的制裁措施，即将当事人因此取得的财产收归国家所有或者返还集体、第三人。

【同步案例4－1】 2018年11月，家住农村的陈大伯因做生意急需场所，与某企业签订了房屋转让协议，该企业将2间建筑面积共160平方米的无房地产权证厂房，以总价10万元转让给了陈大伯，当时陈大伯并不知道该房屋不得转让。2021年6月，陈大伯因生意改行想把该房卖掉。而王先生很需要这处房屋，经协商陈大伯以22万元的价格将该房转让给王先生，双方签订了“房屋转让协议”。2个月后，根据协议，王先生付清房屋转让款。当月，陈大伯正准备交房时，才得知该房屋无产权证不能转让，同时王先生听说该地区要动迁，王先生想得到拆迁补偿，因此引发纠纷。2021年底，陈

同步案例4—1提示

大伯将购房款还给王先生，而王先生坚持要房，几经催讨无果，诉至法院。

请思考：如何认定这份“房屋转让协议”的效力？

五、可变更、可撤销合同

（一）可变更、可撤销合同的概念和特征

可变更、可撤销的合同，是指因欠缺生效要件，一方当事人有权请求人民法院或者仲裁机构予以变更或者撤销的合同。其法律特征是：①当事人的意思表示不真实；②撤销权由当事人行使，其他人无权主张撤销该合同；③当事人对撤销权的行使具有拥有选择权；④合同在被撤销前，其效力已经发生，只是在被撤销后才自始无效。

（二）可变更、可撤销合同的种类

包括：①基于重大误解订立的合同；②一方当事人以欺诈手段，使对方当事人在违背真实意思的情况下订立的合同；③第三人实施欺诈行为，使一方当事人在违背真实意思的情况下订立的合同，对方当事人知道或者应当知道该欺诈行为的；④一方当事人或者第三人以胁迫手段，使对方当事人在违背真实意思的情况下订立的合同；⑤一方当事人利用对方当事人处于危困状态、缺乏判断能力等情形，致使合同成立时显失公平的。

（三）可撤销合同的处理

被撤销的合同自订立时起就没有法律约束力。如果合同只是部分内容被撤销，不影响其他部分效力的，其他部分仍然有效。合同被撤销的，不影响合同中独立存在的有关解决争议方法的条款的效力。

合同被撤销后，合同已经履行的，当事人应当返还财产；不能返还或者没有必要返还的，应当折价补偿。有过错的一方应当赔偿对方因此受到的损失。双方都有过错的，应当各自承担相应的责任。

【做中学 4—2】　赵某家中有一青瓷花瓶，系由赵某的祖辈传下。李某得知后，遂上门索购。赵某不知该花瓶真实价值，于是以 2.1 万元卖给李某。随后，李某将该花瓶送至某拍卖行进行拍卖，得价款 10 万元。赵某在 1 个月后得知此事，认为李某欺骗了自己，要求李某退回花瓶。李某以买卖花瓶是双方自愿的，不存在欺骗为由，拒绝赵某的请求。赵某于是到李某所在地人民法院提起诉讼，请求撤销合同，并请求李某返还该花瓶。

做中学 4—2 解析

请思考：法院应如何处理？

六、效力待定合同

（一）效力待定合同的概念

效力待定合同，是指合同已经成立，但因欠缺合同生效的要件，其效力能否发生尚不确定，而须经有权人追认才能生效的合同。

效力待定的合同订立后不能立即生效，主要是因为有关当事人不具备完全的行为能力、处分能力或者代订合同的资格所造成的。为了在维护社会正常经济秩序和保护当事人合法权益的同时，促成更多的交易，合同法允许效力待定的合同通过有权人的追认而生效。如果有权人对其不予追认，则该合同无效。

（二）效力待定合同的种类

1. 限制民事行为能力人订立的合同

在一般情况下，限制民事行为能力人不能独立订立合同，而由其法定代理人代为订立。即使其

独立订立了合同，也需经法定代理人追认后，方能生效。但是，限制民事行为能力人订立的接受奖励、赠与、报酬等纯获利益的合同或者与其年龄、智力、精神、健康状况相适应而订立的合同，不必经法定代理人追认。

限制民事行为能力人所订立的需要追认的合同，合同相对人可以催告法定代理人在30日内予以追认。法定代理人未作表示的，视为拒绝追认。合同被追认前，在订立合同时不知道对方是限制民事行为能力人的善意相对人，有权将该合同撤销。撤销应当以通知方式做出。

2. 无代理权人订立的合同

代理人在授权范围内订立的合同，其法律后果由被代理人承担。行为人没有代理权、超越代理权或者代理权终止后以被代理人名义订立的合同，只有经被代理人追认，才对其发生效力。未经追认的，该合同对被代理人不发生效力，由行为人承担责任。

对于无代理权人订立的合同，相对人可以催告被代理人在30日内予以追认。被代理人未作表示的，视为拒绝追认。合同被追认之前，善意相对人有撤销的权利。撤销应当以通知的方式做出。

但是，并非所有无代理权人订立的合同都必须经过追认才能生效。如果相对人有理由相信行为人有代理权的，该代理行为有效。这具体表现为：或者被代理人并没有明确授予行为人代理权，但存在相对人相信行为人有代理权的理由；或者被代理人缩减了代理人的代理权限，但并没有采取必要的方式让外界知道这一事实，因而相对人对此也不知情；或者代理权终止后，被代理人没有告知相对人，致使其认为行为人仍有代理权。在上述情况下，行为人所订立的合同是有效的，被代理人不得以其没有代理权而否认合同的效力。

法人或者非法人组织的法定代表人、负责人超越权限订立的合同，除相对人知道或者应当知道其超越权限的以外，该代表行为有效，订立的合同对法人或者非法人组织发生效力。

3. 无处分权人处分他人财产订立的合同

财产的处分权只能由享有处分权的人行使，无处分权的人不得擅自处分他人的财产。无处分权的人处分他人财产而订立的合同，只有经权利人追认或者无处分权的人事后取得处分权的，方为有效。否则，该合同无效。在权利人追认或者处分人取得处分权之前，该合同的效力处于待定状态。应当指出，无权处分人处分其占有的财产给他人，如果受让人取得该财产时出于善意，则可以依法取得该财产的权利，而权利人拒绝追认无权处分行为，不得对抗善意第三人。

【知识链接4—1】 效力待定合同与无效合同的主要区别是：①无效合同自始无效，而效力待定合同的效力在第三人同意或拒绝前处于悬而未决的状态。②无效合同是确定无效的，不因第三人的同意而有效；而效力待定合同由于其有效与无效处于未确定的状态，可因第三人的同意而确定有效。③无效合同是当然无效的，无须第三人以拒绝的意思表示来确定其无效；而效力待定的合同由于其有效与无效是不确定的，因此要确定其无效，须具有形成权的第三人以拒绝的意思表示。

任务四 合同履行

一、合同履行的概念

合同履行是指当事人双方按照合同约定的内容，全面、适当地完成各自所承担的义务的行为。合同依法订立后，当事人应当“重合同，守信用”，全面履行合同义务，只有这样才能保证对方当事人权利的实现，从而达到当事人双方订立合同时所预期的目的。

【注意】合同履行是《民法典》“合同编”的核心内容，也是合同目的实现的根本条件。

二、合同履行的原则

(一)全面履行原则

全面履行原则是指当事人应当按照合同约定的条款,全面履行各自的义务。只有当合同的全部条款都得到履行,才能达到双方订立合同的目的。合同中任何一项基本条款没有按规定履行,都有可能构成违约。因此,全面履行原则是衡量合同是否履行、是否构成违约的标准。

(二)协作履行原则

协作履行原则是指当事人双方要团结协作,互相帮助完成合同约定的义务。当事人要像对待自己的事务一样对待对方的事务,不仅要严格履行自己的合同义务,而且要配合对方履行义务。

(三)效益履行原则

效益履行原则是指当事人在履行合同时努力减少消耗,降低成本,提高经济效益。当事人订立合同都是为了取得一定的经济效益,贯彻合同的效益履行原则,有利于取得最佳的合同效益。在合同履行中,当事人可以通过多种方法贯彻效益履行原则,如选择适当的交货方式、交货日期、交货地点,采取合理的运输方式、包装方式,以及在当事人一方违约的情况下采取必要的补救措施等。实践表明,贯彻这一原则,不仅有益于合同当事人,而且有益于社会。

三、特殊情况下合同履行的规则

(一)合同条款约定不明时的履行规则

合同生效后,当事人就质量、价款或者报酬、履行地点等内容没有约定或者约定不明确的,可以补充协议;不能达成补充协议的,按照合同有关条款或者交易习惯确定。

《民法典》第 511 条规定:当事人就有关合同内容约定不明确,适用下列规定:

(1)质量要求不明确的,按照强制性国家标准履行;没有强制性国家标准的,按照推荐性国家标准履行;没有推荐性国家标准的,按照行业标准履行;没有国家标准、行业标准的,按照通常标准或者符合合同目的的特定标准履行。

(2)价款或者报酬不明确的,按照订立合同时履行地的市场价格履行;依法应当执行政府定价或者政府指导价的,依照规定履行。

(3)履行地点不明确,给付货币的,在接受货币一方所在地履行;交付不动产的,在不动产所在地履行;其他标的,在履行义务一方所在地履行。

(4)履行期限不明确的,债务人可以随时履行,债权人也可以随时请求履行,但是应当给对方必要的准备时间。

(5)履行方式不明确的,按照有利于实现合同目的的方式履行。

(6)履行费用的负担不明确的,由履行义务一方负担;因债权人原因增加的履行费用,由债权人负担。

(二)价格变动时的履行规则

执行政府定价或者政府指导价的,在合同约定的交付期限内政府价格调整时,按照交付时的价格计价。

逾期交付标的物的,遇价格上涨时,按照原价格执行;价格下降时,按照新价格执行。逾期提取标的物或者逾期付款的,遇价格上涨时,按照新价格执行;价格下降时,按照原价格执行,即执行对违约方不利的价格。

(三)由第三人接受或者代为履行时的规则

合同义务通常由债务人直接向债权人履行,当事人也可以约定由债务人向第三人履行或者由第三人向债权人履行。当事人约定由债务人向第三人履行债务的，债务人未向第三人履行债务或者履行债务不符合约定，应当向债权人承担违约责任。当事人约定由第三人向债权人履行债务的，第三人不履行债务或者履行债务不符合约定，债务人应当向债权人承担违约责任。

(四)提前履行或者部分履行时的规则

履行期限关系到当事人订立合同的目的能否及时实现，对于当事人生产经营活动的正常进行有着重大的影响。因此，当事人应当按照合同约定的期限履行各自的义务，不得无故拖延或者提前，否则即构成违约。

债务人提前履行：债权人可以拒绝债务人提前履行债务，但提前履行不损害债权人利益的除外。债务人提前履行债务给债权人增加的费用，由债务人负担。

债务人部分履行：债权人可以拒绝债务人部分履行债务，但部分履行不损害债权人利益的除外。债务人部分履行债务给债权人增加的费用，由债务人负担。

(五)合同主体发生变化时的履行规则

合同生效后，当事人不得因姓名、名称的变更或者法定代表人、负责人、承办人的变动而不履行合同义务。

由于债权人分立、合并或者变更住所没有通知债务人，致使履行债务发生困难的，债务人可以中止履行或者将标的物提存。

(六)电子合同标的交付时间的确定规则

通过互联网等信息网络订立的电子合同的标的为交付商品并采用快递物流方式交付的，收货人的签收时间为交付时间。

电子合同的标的为提供服务的，生成的电子凭证或者实物凭证中载明的时间为提供服务时间；前述凭证没有载明时间或者载明的时间与实际提供服务时间不一致的，以实际提供服务的时间为准。

电子合同的标的物为采用在线传输方式交付的，合同标的物进入对方当事人指定的特定系统且能够检索识别的时间为交付时间。电子合同当事人对交付商品或者提供服务的方式、时间另有约定的，按照其约定。

(七)情势变迁时的履行规则

合同成立后，合同的基础条件发生了当事人在订立合同时无法预见的且不属于商业风险的重大变化，继续履行合同对于当事人一方明显不公平的，受不利影响的当事人可以与对方重新协商；在合理期限内协商不成的，当事人可以请求人民法院或者仲裁机构变更或者解除合同。

四、双务合同履行中的抗辩权

双务合同履行的抗辩权，是在符合法定条件时，当事人一方对抗对方当事人的履行请求权，暂时拒绝履行其债务的权利。它包括同时履行抗辩权、先履行抗辩权和不安抗辩权。

(一)同时履行抗辩权

同时履行抗辩权，是指在没有先后履行顺序的双务合同中，当事人一方在对方未履行债务或者履行债务不符合约定时，享有拒绝其全部或者相应的履行要求的权利。在双务合同中，当事人的权利和义务是互为条件、相辅相成的，一方当事人的权利就是对方当事人的义务，反之亦然。一方当事人权利的实现依赖于对方当事人义务的履行。因此，没有先后履行顺序的，应当同时履行。一方在对方履行之前有权拒绝其履行要求。一方在对方履行债务不符合约定时，有权拒绝其相应的履行要求。

(二)先履行抗辩权

先履行抗辩权,是指在双务合同中应当先履行债务的一方未履行债务或者履行债务不符合约定时,后履行的一方享有拒绝其全部或者相应的履行要求的权利。因此,合同中有先后履行顺序,先履行一方未履行的,后履行一方有权拒绝其履行要求。先履行一方履行债务不符合约定的,后履行一方有权拒绝其相应的履行要求。

(三)不安抗辩权

不安抗辩权,是指双务合同成立后,应当先履行债务的一方当事人在对方财产、商业信誉等状况发生重大变化,并导致丧失或者可能丧失履行债务能力时,享有中止履行自己债务的权利。所谓中止履行合同,是指当事人一方在合同订立后尚未履行或未完全履行时,暂时停止履行自己所承担的合同义务的行为。

设立不安抗辩权的目的,在于预防因后履行一方履行能力的变化给应先履行一方造成损害,维护当事人权利和义务关系的平衡。在现实的经济交往中,有时会出现应先履行债务的一方当事人在向对方履行债务前,掌握了对方不能履行合同的确切证据的情况。这时如果应先履行债务的一方当事人仍按合同的约定履行自己所承担的债务,势必蒙受因所期待债权无法实现而带来的损失。在这种情况下,当事人一方可以行使不安抗辩权,及时中止履行合同,以维护自己的合法权益。

由于中止履行合同关系到当事人双方的利益,因此当事人行使不安抗辩权,采取中止履行合同措施应受到严格的限制。应当先履行债务的当事人,有确切证据证明对方有下列情形之一的,可以中止履行:①经营状况严重恶化;②转移财产、抽逃资金,以逃避债务;③丧失商业信誉;④有丧失或者可能丧失履行债务能力的其他情形。此外,债权人分立、合并或者变更住所没有通知债务人,致使履行债务发生困难的,债务人也可以中止履行合同或者将标的物提存。当事人中止履行合同的,应当及时通知对方。

合同中止履行后,可能导致如下法律后果:①合同中止履行后,另一方恢复履行合同能力或者对履行合同提供了适当担保时,中止履行一方应当履行合同;②对方在合理的期限内未恢复履行能力并且未能提供适当担保的,中止履行方可以解除合同并要求赔偿损失;③中止履行方所持有的另一方不能履行合同的证据不确切,或者没有将中止履行合同的决定及时通知对方,或者当对方已经恢复履行能力或对履行合同提供了适当担保时仍不履行合同的,中止履行方应当承担违约责任。

【同步案例 4-2】 某画家甲与顾客乙约定,由甲为乙画像,乙应先预付酬金 1 万元。合同生效后,甲患重病卧床不起,极有可能无法再为乙画像。鉴于此种情形,乙行使不安抗辩权,通知对方其中止履行先行给付酬金的义务。甲接到通知后,向乙提出,如果自己在 15 日内病情好转能够作画,乙仍应先行支付酬金。15 日后,甲的病情无好转迹象,乙因此主张解除合同。

同步案例 4—2 提示

请思考:本案中乙的行为是否合法?为什么?

五、合同的保全

合同的保全,是指法律为防止因债务人的财产不当减少而给债权人的债权带来损害,允许债权人行使代位权或撤销权,以保护其债权的法律制度。合同保全制度的法律意义在于,债务人以其财产承担债务责任为一般担保,作为一般担保的债务人的财产也称为责任财产,责任财产的增减与一般债权能否实现息息相关。

(一)债权人的代位权

1. 债权人的代位权的概念

债权人的代位权,是指当债务人怠于行使对第三人的债权而严重损害债权人的到期债权时,债权人可以自己的名义代位行使债务人的债权，以确保自己债权的实现。不难看出，代位权制度是针对债务人不行使债权的消极行为设立的，其目的在于通过代位权的行使防止债务人财产的不正当减少。

2. 代位权的成立条件

为了防止债权人行使代位权损害债务人及第三人的利益，代位权的行使应符合法定的条件。这些条件包括：①债权人与债务人之间存在有效的合同关系。②债务人必须有对第三人的债权存在。③债务人怠于行使其到期债权，对债权人造成损害。怠于行使，是指本来应当而且有能力行使却有意地不积极行使。如债务人不履行其对债权人的到期债务，又不以诉讼方式或者仲裁方式向自己的债务人主张其具有金钱给付内容的到期债权，致使债权人的到期债权未能实现。④债务人的债权不是专属于债务人自身的债权。专属于债务人自身的债权，是指基于扶养关系、抚养关系、赡养关系、继承关系产生的给付请求权和劳动报酬、退休金、养老金、抚恤金、安置费、人寿保险、人身伤害赔偿请求权等权利。

3. 代位权的行使

债权人行使代位权应通过诉讼程序进行，即一旦债务人怠于行使其到期债权，威胁到债权人的到期债权实现时，债权人可以自己的名义向人民法院提起诉讼，请求法院裁决由其代位行使债务人的债权。债权人以次债务人(债务人的债务人)为被告向人民法院提起代位权诉讼，未将债务人列为第三人的，人民法院可以追加债务人为第三人。两个或者两个以上债权人以同一债务人为被告提起代位权诉讼的，人民法院可以合并审理。代位权的行使范围以债权人的债权为限。债权人向次债务人提起的代位权诉讼经人民法院审理后认定代位权成立的，由次债务人向债权人履行清偿义务，债权人与债务人、债务人与次债务人之间相应的债权债务关系即予消灭。债权人行使代位权的必要费用，由债务人负担。

(二)债权人的撤销权

1. 债权人的撤销权的概念

债权人的撤销权，是指当债务人放弃对第三人的债权，或者实施无偿或低价转让财产的行为，严重损害债权人利益时，债权人可以请求人民法院撤销债务人所实施的行为。实践中，包括债务人放弃其未到期的债权或者放弃债权担保，或者恶意延长到期债权的履行期，对债权人造成损害的，债权人均可依法提起撤销权的诉讼。可见，撤销权与代位权不同，它所针对的是债务人不当处分财产的积极行为，设立撤销权的目的，在于通过撤销权的行使恢复债务人的财产，以保持其履行债务的能力。

2. 撤销权的成立条件

债权人的撤销权的成立应具备如下条件：①债权人与债务人之间存在着有效的合同关系；②债务人实施了不正当处分其财产的行为；③在债务人以明显不合理的低价转让财产时受益人须有过错；④给债权人利益造成严重损害。所谓“明显不合理的低价”，应当以交易当地一般经营者的判断，并参考交易当时交易地的物价部门指导价或者市场交易价，结合其他相关因素综合考虑予以确认。转让价格达不到交易时交易地的指导价或者市场交易价70%的，一般可以视为明显不合理的低价；对转让价格高于当地指导价或者市场交易价30%的，一般可以视为明显不合理的高价。债务人以明显不合理的高价收购他人财产，人民法院可以根据债权人的申请，参照相关规定予以撤销。

3. 撤销权的行使

当债务人实施不正当处分其财产的行为严重损害债权人利益时，债权人可以向人民法院请求撤销债务人的行为。债权人提起撤销权诉讼时只以债务人为被告，未将受益人或者受让人列为第三人的，人民法院可以追加该受益人或者受让人为第三人。债务人的行为一经被人民法院撤销，该行为便自始无效。撤销权的行使范围以债权人的债权为限。债权人行使撤销权的必要费用，由债务人负担。

撤销权自债权人知道或者应当知道撤销事由之日起 1 年内行使。自债务人的行为发生之日起 5 年内没有行使撤销权的，该撤销权消灭。

任务五　合同担保

一、担保、担保合同和担保法

(一)担保

担保，是指为了保障债权人的债权得以实现，依据法律规定或当事人的约定而采取的法律措施。在市场经济活动中，为了防范交易风险、保障债权的顺利实现，债权人通常要求债务人提供一定方式的担保。这样，一方面，会促使债务人积极履行债务；另一方面，又会使债权人减少风险。实践表明，担保作为保障债权实现的重要法律制度，对于促进资金融通和商品交易、保护债权人的合法权益、维护良好的社会经济秩序、促进社会主义市场经济的发展，有着十分重要的作用。

(二)担保合同

动漫视频

担保合同

担保合同是指债权人与担保人约定的，以担保法规定的担保方式担保债权实现的合同。担保合同是从合同，依附主合同而存在的，随着主合同效力的变化而变化。主合同无效，担保合同也自然无效。但是，担保合同另有约定的除外。

担保合同也可能在主合同有效的情况下因自身缺乏有效要件而无效。在主合同有效，担保合同无效的情况下，不影响主合同的照常履行，只是使主合同的实现失去了保障。因为担保合同无效，担保人不再承担担保责任，仅对其在订立担保合同时的过错承担相应的责任。

担保合同被确认无效后，债务人、担保人、债权人有过错的，应当根据其过错各自承担相应的民事责任。在实践中，视担保合同无效的具体情况，实事求是地认定各方过错的有无及大小，公平合理地确定其所应承担的责任。

(三)担保法

担保法是调整担保关系的法律规范的总称。担保法是对担保制度的规范化、法律化。1995 年 6 月 30 日第八届全国人民代表大会常务委员会第十四次会议通过了《中华人民共和国担保法》(以下简称《担保法》)，并自 1995 年 10 月 1 日起施行。2007 年 3 月 16 日第十届全国人民代表大会第五次会议通过，并自 2007 年 10 月 1 日起施行的《中华人民共和国物权法》(以下简称《物权法》)，对担保制度中的抵押、质押和留置作出了若干新的规定。

2020 年 5 月 28 日，第十三届全国人民代表大会第三次会议通过了《民法典》，自 2021 年 1 月 1 日起施行。《担保法》《物权法》同时废止。该法典第二编物权中第四分编对担保物权作了具体的规定。根据《民法典》的规定，合同担保的方式主要有 5 种：保证、抵押、质押、留置和定金。合同的当事人可以选择适用一种或同时适用几种担保方式。担保的范围除非合同另有规定，均包括主债权、利息和违约金。

二、保证

保证是建立在保证人与债务人以及保证人与债权人相互信任基础上的。正是从这一意义上讲，保证是人的担保(包括单位和自然人)，而不是物的担保。当然，保证人的信用是与其经济实力密不可分的，如果不具有相应的物质基础，是不能做保证人的，因为保证人所承担的保证责任在实质上仍属于一种财产责任。《民法典》第三编合同中第十三章保证合同，对这一担保方式作出了明确、具体的规定。

(一)保证人的资格

保证人的资格，指的是指具备什么条件的单位或者个人可以为他人提供保证。这是保证担保中一个至关重要的问题。在通常情况下法律规定，具有代为清偿债务能力的法人、非法人其他组织或者公民，可以做保证人。这就是说，"具有代为清偿债务能力"是取得保证人资格的法定条件。所谓代为清偿债务能力，是指保证人依约定清偿所保证的债务的能力。它是债权能够得以实现的重要保障。对于保证人来说，这种代为清偿债务的能力主要表现在其应当拥有足以承担保证责任的财产上。

根据规定，除经国务院批准为使用外国政府或者国际经济组织贷款进行转贷的以外，国家机关不得为保证人。学校、幼儿园、医院等以公益为目的的非营利组织，以及非法人组织事业单位和社会团体不得为保证人。企业法人的分支机构、职能部门不得为保证人。但是，企业法人的分支机构有法人的书面授权的，可以在授权范围内提供保证。否则，所签保证合同无效或者超出授权范围的部分无效。

(二)保证合同

保证合同，是指由保证人与债权人订立的，当债务人不履行债务时，由保证人代为履行或者承担责任的协议。保证合同应当以书面形式订立，它可以是单独订立的书面合同，也可以是主债权债务合同中的保证条款。第三人单方以书面形式向债权人做出保证，债权人接受且未提出异议的，保证合同成立。

保证合同一般包括如下内容：①被保证的主债权种类、数额；②债务人履行债务的期限；③保证的方式；④保证担保的范围；⑤保证的期间；⑥双方认为需要约定的其他事项。上述内容对于保证合同来说是最基本的，它们与双方当事人的切身利益密切相关，需在合同中明确约定。但是，保证合同不完全具备上述内容的，并不影响该合同的效力。对欠缺的内容，保证人和债权人可以根据具体情况协商补正；当事人没有补正的，依据法律规定予以确定。

(三)保证的方式

保证的方式有两种：一般保证与连带责任保证。

1. 一般保证

一般保证，是指当事人在保证合同中约定，债务人不能履行债务时，由保证人承担保证责任的保证。其主要特点是，只有当债务人在客观上无法履行债务或者没有能力履行债务时，保证人才承担保证责任。保证人和债务人在对债权人承担责任方面是有主次和先后顺序的，债务人是主要责任，保证人是补充责任；债务人是第一顺序，保证人是第二顺序。在一般保证方式下，当债权人向保证人请求承担保证责任时，保证人有权要求其先就债务人的财产诉请强制执行，在主合同纠纷未经审判或者仲裁，并就债务人的财产强制执行仍不能履行债务前，保证人可以拒绝承担保证责任。这就是保证人所享有的先诉抗辩权。

先诉抗辩权对于保护保证人的利益是十分必要的，但是，保证人对这一权利的行使不是无限制的。按照《民法典》相关规定，有下列情形之一的，保证人不得行使先诉抗辩权：①债务人下落不明，且无财产可供执行；②债务人住所变更，致使债权人要求其履行债务发生重大困难的；③人民法院已经受理债务人破产案件，中止执行程序的；④债权人有证据证明债务人的财产不足以履行全部债务或者丧失履行债务能力的；⑤保证人以书面形式放弃先诉抗辩权的。

2. 连带责任保证

连带责任保证，是指当事人在保证合同中约定保证人与债务人对债务承担连带责任的保证。在这种保证方式下，当债务人在主合同规定的期限内没有履行到期债务或者发生当事人约定的情形时，债权人可以要求债务人履行债务，也可以直接要求保证人在其保证范围内承担保证责任。保证人和债务人在向债权人履行债务时没有主次和先后顺序之分，即连带责任保证的保证人不享有先诉抗辩权。

从上面的分析不难看出，保证方式的选择对于保证人和债权人的利益有重大影响。一般保证对保证人较为有利，其责任较轻；连带责任保证则对债权人较为有利，因为它加重了保证人的责任，使债权的实现更有保障。正因为如此，当事人应根据具体情况，对保证方式做出适当的选择，明确约定在保证合同中。当事人对保证方式没有约定或者约定不明确的，按照连带责任保证承担保证责任。

（四）共同保证和最高额保证

1. 共同保证

共同保证，是指两个以上的保证人同时为一项债务提供保证。一般来说，它适用于主合同标的额很大，一个保证人难以单独承担保证责任，或者有的保证人只愿意对主合同的债务提供部分担保而不愿意提供全部担保的情况。共同保证对于债权人和保证人都有好处，它既可以使债权的实现更为可靠，又可以分散保证风险。

共同保证有两种情况：一种情况是在保证合同中约定每个保证人的保证份额，各个保证人仅以约定的份额为限承担保证责任，彼此之间不承担连带责任；另一种情况是保证人在合同中没有约定保证份额，各保证人对全部债务都负有清偿责任，保证人之间承担连带责任。在后一种情况下，债权人可以要求任何一个有履行能力的保证人承担全部保证责任，有履行能力的保证人一经债权人请求，便负有保证全部债权实现的义务。当然，承担了保证责任的保证人，有权向债务人追偿，或者要求承担连带责任的其他保证人偿付其应当承担的份额。

2. 最高额保证

最高额保证，是指保证人在最高债权额限度内就一定期间连续发生的借款合同或者某项商品交易合同所提供的保证。在通常情况下，保证人是为债权人和债务人的某次特定交易行为提供保证的。但是，在经济活动中经常发生在一定时期内连续进行数个同一性质的交易的情况，对此，双方可以订立一个保证合同，约定保证人在最高限额内承担保证责任。这种保证形式就是最高额保证。

最高额保证合同中未约定保证期间的，保证人享有单方终止保证合同的权利，即可以随时书面通知债权人终止保证合同。通知一经到达债权人，保证合同即为终止，保证人对以后发生的债权不再承担保证责任。但是，对于通知到债权人以前所发生的债权，保证人应承担保证责任。

（五）保证责任

1. 保证责任的范围

保证责任的范围，也称保证担保的范围，是指保证人按照保证合同约定或者法律规定所承担的责任范围。当债务人不履行债务时，保证人一般通过两种形式向债权人承担责任：或者是代债务人履行债务，或者是承担赔偿责任。在依约应代为履行债务，而保证人在事实上又不能承担代为履行责任时，代为履行也可以转变为损害赔偿。

按照规定，保证担保的范围包括：①主债权及利息；②违约金；③损害赔偿金；④实现债权的费用。应当指出，上述各项只是保证范围所包括的内容，并不是要求保证合同必须包括全部项目。保证合同的当事人可以根据实际情况，在合同中约定保证范围所包括的具体内容。当事人对保证范围作了约定的,按照约定。当事人对保证范围没有约定或者约定不明确的,保证人应当对全部债务承担责任,即应按上述法定范围承担保证责任。

2. 保证期间

保证期间是确定保证人承担保证责任的期间,不发生中止、中断和延长。它对保证合同双方当事人的利益有重大影响。因此,恰当地确定保证期间是保证担保中一个十分重要的问题。根据规定,债权人与保证人可以约定保证期间,但是约定的保证期间早于主债务履行期限或者与主债务履行期限同时届满的,视为没有约定;没有约定或者约定不明确的,保证期间为主债务履行期限届满之日起6个月。债权人与债务人对主债务履行期限没有约定或者约定不明确的,保证期间自债权人请求债务人履行债务宽限期届满之日起计算。

3. 保证责任的免除

根据法律规定,在出现下列情况时,保证人可免除保证责任:①一般保证的债权人未在保证期间届满前对债务人提起诉讼或者申请仲裁的,保证人不再承担保证责任。②连带责任保证的债权人未在保证期间请求保证人承担保证责任的,保证人不再承担保证责任。③债权人和债务人未经保证人书面同意,协商变更主债权债务合同内容,减轻债务的,保证人仍对变更后债务承担保证责任;加重债务的,保证人对加重的部分不承担保证责任。④债权人转让全部或者部分债权,未通知保证人的,该转让对保证人不发生效力。保证人与债权人约定禁止债权转让,债权人未经保证人书面同意转让债权的,保证人对受让人不再承担保证责任。⑤债权人未经保证人书面同意允许债务人转让全部或者部分债务,保证人对未经其同意转让的债务不再承担保证责任,但是债权人和保证人另有约定的除外。⑥同一债权既有保证又有物的担保的,债权人放弃物的担保时,保证人在债权人放弃权利的范围内免除保证责任。⑦一般保证的保证人在主债权履行期间届满后,向债权人提供了债务人可供执行财产的真实情况,债权人放弃或者怠于行使权利致使该财产不能被执行,保证人在其提供可执行财产的实际价值范围内免除保证责任。⑧债权人知道或者应当知道债务人破产,既未申报债权也未通知保证人,致使保证人不能预先行使追偿权的,保证人在该债权在破产程序中可能受偿的范围内免除保证责任。

(六)保证债务诉讼时效的计算

根据规定,一般保证的债权人在保证期间届满前对债务人提起诉讼或者申请仲裁的,从保证人拒绝承担保证责任的权利消灭之日起,开始计算保证债务的诉讼时效。

连带责任保证的债权人在保证期间届满前请求保证人承担保证责任的,从债权人请求保证人承担保证责任之日起,开始计算保证债务的诉讼时效。

三、抵押

抵押,是指债务人或者第三人不转移财产的占有,将该财产作为债权的担保,债务人不履行到期债务或者发生当事人约定的实现抵押权的情形时,债权人有权就该财产优先受偿。

在抵押法律关系中,债务人或者第三人为抵押人,债权人为抵押权人;债务人或者第三人提供的用于保障债权实现的财产,为抵押财产;债权人所享有的在债务人不履行债务时就抵押财产优先受偿的权利,称为抵押权。

(一)抵押财产

1. 抵押财产的范围

根据规定,债务人或者第三人有权处分的下列财产可以抵押:①建筑物和其他土地附着物;②建设用地使用权;③海域使用权;④生产设备、原材料、半成品、成品;⑤正在建造的建筑物、船舶、航空器;⑥交通运输工具;⑦法律、行政法规未禁止抵押的其他财产。抵押人可以将前款所列财产一并抵押。

经当事人书面协议,企业、个体工商户、农业生产经营者可以将现有的以及将有的生产设备、原材料、半成品、产品抵押,债务人不履行到期债务或者发生当事人约定的实现抵押权的情形,债权人有权就实现抵押权时的动产优先受偿。这就是动产浮动抵押制度。根据规定,设定浮动抵押的,抵押财产自下列情形之一发生时确定:①债务履行期限届满,债权未实现;②抵押人被宣告破产或者解散;③当事人约定的实现抵押权的情形;④严重影响债权实现的其他情形。

2. 抵押担保中的房地产关系

房屋等建筑物对土地的依存性,决定了它们之间有着特殊的密切联系。在处理房地产关系问题上,我国始终坚持的一项重要原则是"地随房走"或者"房随地走"。地随房走,是指转让房屋的所有权或者使用权时,该房屋占用范围内的土地使用权同时转让;房随地走,是指转让土地使用权时,该土地上的房屋也应同时转让。根据这一原则,法律规定,以建筑物抵押的,该建筑物占用范围内的建设用地使用权一并抵押;以建设用地使用权抵押的,该土地上的建筑物一并抵押;抵押人未按规定一并抵押的,未抵押的财产视为一并抵押。这一规定旨在避免在实现抵押权过程中可能发生的关于土地或者房屋等建筑物权属纠纷,使房屋等建筑物和土地使用权得以同时转让,从而确保债权的顺利实现。

为了保护耕地,严格控制农村集体所有土地的转让,法律规定,乡镇、村企业的建设用地使用权不得单独抵押。以乡镇、村企业的厂房等建筑物抵押的,其占用范围内的建设用地使用权一并抵押。

3. 禁止抵押的财产

根据《民法典》的相关规定,下列财产不得抵押:①土地所有权;②耕地、宅基地、自留地、自留山等集体所有的土地使用权,但法律规定可以抵押的除外;③学校、幼儿园、医院等以公益为目的成立的非营利法人事业单位、社会团体的教育设施、医疗卫生设施和其他社会公益设施;④所有权、使用权不明或者有争议的财产;⑤依法被查封、扣押、监管的财产;⑥法律、行政法规规定不得抵押的其他财产。

(二)抵押合同

抵押合同,是指债权人与债务人或者第三人订立的关于设定抵押权的协议。抵押合同应以书面形式订立,一般包括下列条款:①被担保债权的种类和数额;②债务人履行债务的期限;③抵押财产的名称、数量等情况;④担保的范围。抵押合同不完全具备上述内容的,可以补正。

根据相关规定,抵押权人在债务履行期限届满前,与抵押人约定债务人不履行到期债务时抵押财产的所有权归债权人所有的,只能依法就抵押财产优先受偿。这就是所谓的"流押"。

(三)抵押的效力

1. 抵押担保的范围

抵押担保的范围,是指当债务人不履行债务时,抵押权人按照抵押合同的约定或者法律的规定,就抵押财产变价所得价款优先受偿的债权范围。它包括主债权及利息、违约金、损害赔偿金和实现抵押权的费用。抵押合同另有约定的,按照约定。

2. 抵押权对抵押物孳息的效力

抵押财产孳息,是指由抵押财产产生的收益。孳息依产生的方式不同,可分为天然孳息和法定孳息。天然孳息,是指物依自然规律所产生的收益,如树木结出的果实、土地生长的庄稼等。法定孳息,是指依法律规定产生的收益,如银行贷款收取的利息、房屋出租收取的租金等。

在一般情况下,抵押权的效力不及于孳息。这是由于抵押不转移财产的占有,设立抵押后的财产仍由抵押人行使使用权和收益权,因此,抵押财产所产生的孳息应归抵押人所有。但是,当债务履行期届满，债务人不履行债务致使抵押财产被人民法院依法扣押的，自扣押之日起抵押权人有权收取由抵押财产分离的天然孳息以及抵押人就抵押财产可以收取的法定孳息。应当特别指出，若想使抵押权的效力及于法定孳息，抵押权人必须在抵押财产被扣押后将该事实通知负有清偿法定孳息义务的当事人。因为只有这样，该义务人才能将该法定孳息交纳给抵押权人。否则，抵押权的效力不及于该孳息。

抵押权人收取的孳息应当先充抵收取孳息的费用。

3. 抵押权对租赁的影响

它分两种情况：一是租赁在先、抵押在后；二是抵押在先、租赁在后。

(1)租赁在先、抵押在后是指抵押人将已出租的财产用于抵押。这时，抵押人应当书面告知承租人，原租赁合同继续有效。也就是说，已出租的财产是可以用于抵押的，抵押设立后，在该财产上已存在的租赁关系继续有效。抵押的效力对抵押物上已经存在的租赁关系不发生影响，即"买卖不破租赁"。

(2)抵押在先、租赁在后是指抵押人将已抵押的财产用于出租。在这种情况下，抵押权实现后，租赁合同对受让人不具有约束力。可见，抵押的效力对于租赁关系有着重大的影响。如果抵押人将已抵押的财产出租时未书面告知承租人该财产已抵押的，抵押人对出租抵押物造成承租人的损失承担赔偿责任；如果抵押人已书面告知承租人该财产已抵押的，抵押权实现造成承租人的损失，由承租人自己承担。

4. 对抵押期间转让抵押物的限制

在抵押期间，抵押人对抵押财产仍享有依法处分的权利。据此，法律规定抵押人在抵押期间可以转让抵押财产。当事人另有约定的，按照其约定。抵押财产转让的，抵押权不受影响。同时，法律对这种转让也作了必要的限制。对抵押期间转让抵押财产的限制主要表现为：抵押人转让抵押财产的，应当及时通知抵押权人。抵押权人能够证明抵押财产转让可能损害抵押权的，可以请求抵押人将转让所得的价款向抵押权人提前清偿债务或者提存。转让的价款超过债权数额的部分归抵押人所有，不足部分由债务人清偿。

(四)抵押权的实现

1. 抵押权实现的方式

债务履行期届满债务人不履行债务的，抵押权人可以与抵押人协议以抵押财产折价或者以拍卖、变卖该抵押财产所得的价款优先受偿。协议损害其他债权人利益的，其他债权人可以请求人民法院撤销该协议。这里所说的折价，是指抵押权人与抵押人通过协商，按照双方确定的价值将抵押财产的所有权转让给抵押权人，以实现所担保的债权。拍卖，是指以公开竞价方法将抵押财产卖给出价最高的竞买人。这种方式可以最大限度地体现抵押物的价值，从而使抵押权得到充分实现。变卖，是指以一般买卖的方式将抵押财产出售。变卖抵押财产主要是由抵押权人实施的，当然，也可由抵押权人和抵押人共同委托有关部门实施。抵押权人与抵押人未就抵押权实现方式达成协议的，抵押权人可以请求人民法院拍卖、变卖抵押财产。抵押财产折价或者变卖的，应当参照市场价格。

抵押财产折价或者拍卖、变卖后，其所得价款一般不会与担保债权完全相同。其价款超过债权数额的部分归抵押人所有，不足部分由债务人清偿。

【提示】为债务人提供抵押担保的第三人，在抵押权人实现抵押权后，有权向债务人追偿。

2. 抵押担保债权的清偿顺序

根据法律规定，在不超过抵押财产价值的条件下，抵押人可以在同一财产上为多个债权设立抵押担保。由于设立抵押时抵押财产的估价与实现抵押权时抵押财产的实际价值并不一定完全相同，当抵押人就同一财产为两个以上债权担保时虽并未超过抵押财产的价值，然而市场行情的变化却可能导致抵押财产贬值，使抵押财产的价值小于其所担保的债权额，从而影响全部债权的足额清偿。这时必然产生所担保债权的清偿顺序问题。

抵押权以抵押财产登记为设立要件的，按照抵押财产登记的先后顺序清偿。抵押财产登记的顺序通常是依据在登记部门登记材料中所记载的时间先后确定的。第一顺序抵押权人就拍卖、变卖抵押财产的价款优先受偿，第二顺序抵押权人只能就第一顺序抵押权人充分受偿后的剩余部分受偿，以此类推。如果两个以上抵押财产登记的顺序相同，则按照其债权比例清偿。

抵押权自抵押合同生效之日起设立的，抵押财产已登记的优于未登记的受偿。如果抵押财产均已办理登记，按照抵押财产登记的先后顺序清偿；顺序相同的，按照债权比例清偿。如果抵押财产未办理登记的，按照债权比例清偿。

抵押权人可以放弃抵押权或者抵押权的顺位。抵押权人与抵押人可以协议变更抵押权顺位以及被担保的债权数额等内容。但是，抵押权的变更未经其他抵押权人书面同意的，不得对其他抵押权人产生不利影响。

债务人以自己的财产设定抵押，抵押权人放弃该抵押权、抵押权顺位或者变更抵押权的，其他担保人在抵押权人丧失优先受偿权益的范围内免除担保责任，但是其他担保人承诺仍然提供担保的除外。

3. 抵押权实现的特殊规定

建设用地使用权抵押后，该土地上新增的建筑物不在抵押合同确定的抵押财产范围之内，不属于抵押财产。根据“房随地走”原则，在需要通过拍卖所抵押的建设用地使用权来实现抵押权时，可以将该土地上新增的建筑物与建设用地使用权一并处分。但是，抵押权人对于拍卖新增建筑物所得不享有优先受偿权。

以集体所有土地的使用权依法抵押的，实现抵押权后，未经法定程序，不得改变土地所有权的性质和土地用途。

4. 最高额抵押

最高额抵押，是指为担保债务的履行，债务人或者第三人对一定期间内将要连续发生的债权提供担保财产的，债务人不履行到期债务或者发生当事人约定的实现抵押权的情形，抵押权人有权在最高债权额限度内就该担保财产优先受偿。

【注意】最高额抵押权设立前已经存在的债权，经当事人同意，可以转入最高额抵押担保的债权范围。

最高额抵押作为一种特殊的抵押形式，除适用关于最高额抵押的特别规定外，还适用有关普通抵押的一般规定。法律关于最高额抵押的特别规定，主要体现在：①对抵押权人转让主合同债权的限制上。由于最高额抵押是对未来一定期间连续发生的债权作担保，在其设立时实际发生债权额无法确定，并且在合同约定的期间担保债权经常处于变化之中，因此，为了防止造成法律关系混乱，保障信贷和交易安全，维护当事人的合法权益，根据物权法规定，最高额抵押担保的债权确定前，部分债权转让的，最高额抵押权不得转让，但当事人另有约定的除外。②最高额抵押担保的债权确定前，抵押权人与抵押人可以通过协议变更债权确定的期间、债权范围以及最高债权额。但是，变更的内容不得对其他抵押权人产生不利影响。

四、质押

在质押法律关系中，债务人或者第三人为出质人（也称质押人），债权人为质权人；用于质押的动产或者权利称为质押财产（也称质物）或者出质权利（也称质押权利）；债权人所享有的依法处分质押财产或者出质权利并就其价款优先受偿的权利，称为质权。

(一)动产质押

1. 动产质押的概念

动产质押，是指债务人或者第三人将其动产移交给债权人占有，将该动产作为债权的担保，债务人不履行到期债务或者发生当事人约定的实现质权的情形，债权人有权就该动产优先受偿。

动产质押与抵押有其相同之处，这主要表现在质权和抵押权都是通过折价、拍卖、变卖的方式实现的。但是，这两种担保方式的区别也是十分明显的：其一，质押的标的只能是动产，而抵押的标的既可以是动产也可以是不动产。其二，质押的设定必须转移质押财产的占有，抵押的设定不转移抵押财产的占有。其三，动产质权自出质人交付质押财产时设立；抵押权，应当办理抵押财产登记的，自登记之日起设立，自愿办理抵押财产登记的，自抵押合同生效之日起设立。其四，质押时质押财产虽在质权人手中，但不允许其利用；抵押时抵押财产仍留在抵押人手中，其可以加以利用。

2. 动产质押合同

出质人和质权人在设定质押时，应当签订书面质押合同。质押合同一般包括下列条款：①被担保债权的种类和数额；②债务人履行债务的期限；③质押财产的名称、数量等情况；④担保的范围；⑤质押财产交付的时间、方式。质押合同不完全具备上述内容的，当事人可以协商补正。

法律规定，质权人在债务履行期届满前，与出质人约定债务人不履行到期债务时质押财产归质权人所有的，只能依法就质押财产优先受偿。这就是所谓的“流质”。这一规定的目的在于保证质押活动的平等性和公正性，维护当事人的合法权益。

出质人与质权人可以协议设立最高额质押。最高额质押除适用有关质押的一般规定外，可参照适用关于最高额抵押的规定。

3. 动产质押的效力

(1)质押担保的范围

质押担保的范围可由当事人在质押合同中约定，当事人未作约定或者约定不明确的，应当适用法律规定的质押担保的范围，即包括主债权及利息、违约金、损害赔偿金、质物保管费用和实现质权的费用。

(2)对质押财产孳息的效力

质押财产孳息，是指由质押财产产生的收益，它可以分为天然孳息和法定孳息两类。除质押合同另有约定外，质权人有权收取质押财产的孳息。质权人收取的孳息应当首先充抵收取孳息的费用，其剩余部分再用来充抵主债权利息和主债权。

(3)质押财产的保管

在占有质押财产期间，质权人应当对质押财产妥善保管，如果因为质权人没有尽到妥善保管义务致使质押财产毁损或者灭失的，质权人应当承担赔偿责任。若质权人的行为可能使质押财产毁损或者灭失的，出质人可以请求质权人将质押财产提存，或者要求提前清偿债务并返还质押财产。

质权人在质权存续期间，未经出质人同意，擅自使用、处分质物，因此给出质人造成损失的，由质权人承担赔偿责任。

4. 转质

转质，是指质权人为担保自己债务的履行，将质押财产移交给自己的债权人而设定的新质权。质权人在质权存续期间，为担保自己的债务，经出质人同意，以其所占有的质押财产为第三人设定质权的，应当在原质权所担保的债权范围之内，超过的部分不具有优先受偿的效力。转质权的效力优于原质权。质权人在质权存续期间，未经出质人同意转质，造成质押财产毁损或者灭失的，应当向出质人承担赔偿责任。

5. 质权的保护

在质押期间,由于自然原因可能造成质押财产损坏或者价值明显减少,为了保障质权人担保债权的实现,法律规定,对于质押财产有损坏或者价值明显减少的可能,并且足以危害质权人权利的,质权人有权请求出质人提供相应的担保;出质人不提供的,质权人可以拍卖或者变卖质押财产,并与出质人协议将该所得价款用于提前清偿债务或者提存。

6. 质权的实现

债务履行期届满,债务人不履行债务的或者发生当事人约定的实现质权的情形,质权人可以与出质人协议以质押财产折价,也可以就拍卖、变卖质押财产所得的价款使自己的债权优先受偿。质权的实现方式有折价、拍卖和变卖。在实践中,具体做法与抵押权实现方式基本相同。

质押财产折价或者拍卖、变卖后,如果所得价款超过担保债权数额,超过部分归出质人所有;如果所得价款少于所担保的债权数额,该价款清偿担保债权后,质权随之消灭,未受清偿的担保债权由债务人按普通债权清偿。当出质人为第三人时,在质权人实现质权后,该第三人有权向债务人追偿。

债务履行期届满,出质人可以请求质权人及时行使质权;质权人不行使的,出质人可以请求人民法院拍卖、变卖质押财产。出质人请求质权人及时行使质权,因质权人怠于行使权利造成损害的,由质权人承担赔偿责任。

(二)权利质押

权利质押,是指以所有权以外的可转让的财产权利作为债权的担保,债务人不履行债务时,债权人有权以处分该权利的价款优先受偿。

权利质押和动产质押有很多相同之处,如出质人、质押合同的内容、质押担保的范围、质权的实现方式、第三人的追偿权等。因此,关于动产质押的有关规定同样适用于权利质押。

1. 可质押的权利范围

可质押的权利包括:①汇票、支票、本票;②债券、存款单;③仓单、提单;④可以转让的基金份额、股权;⑤可以转让的注册商标专用权、专利权、著作权等知识产权中的财产权;⑥应收账款;⑦法律、行政法规规定可以出质的其他财产权利。

2. 权利质押的设定和效力

(1)证券债权质押的设定和效力

以汇票、支票、本票、债券、存款单、仓单、提单出质的,当事人应首先签订书面的质押合同,其次由出质人在合同约定的期限内将权利凭证交付质权人。质权自权利凭证交付时设立;没有权利凭证的,质权自有关部门办理出质登记时设立。法律另有规定的,依照其规定。

上述权利凭证上都载有权利实现的日期,如果凭证的兑现或者提货日期先于主债权到期,质权人可以在债务履行期届满前兑现或者提货,并与出质人协议将兑现的价款或者提取的货物用于提前清偿债务或者提存。如果证券的兑现或者提货日期后于债务履行期的,质权人只能在兑现或者提货日期届满时兑现款项或者提取货物。

(2)基金份额、股权质押的设定和效力

根据规定,以基金份额、股权出质设定质押的,出质人与质权人应当订立书面的质押合同。质权自有关部门办理出质登记时设立。质权经登记后,社会公众可以通过向有关部门查询的方式获得该质押的情况,从而使该质押的事实为公众所知晓,以避免非法转让质押基金份额、股权和重复质押,从而保障质权人的质权能够得到顺利实现。

基金份额、股权出质后,出质人丧失了对其的自由处分权,而质权人虽取得了该基金份额、股权的质权,但其所有权仍归出质人,质权人也无权处分。因此,基金份额、股权出质后不得转让,但经出质人与质权人协商同意的除外。出质人转让基金份额、股权所得的价款,应当向质权人提前清偿债务或者提存。

(3)知识产权质押的设定和效力

以注册商标专用权、专利权、著作权等知识产权中的财产权出质的,出质人与质权人应当订立书面合同,并向其主管部门办理出质登记。质权自办理出质登记时设立。

上述知识产权出质后,为了维护质权人的利益,除经出质人与质权人协商同意外,出质人不得转让或者许可他人使用该权利。出质人转让或者许可他人使用出质的知识产权中的财产权所得的价款,应当向质权人提前清偿债务或者提存。

(4)应收账款质押的设定和效力

以应收账款出质的,当事人应当订立书面合同,并向有关部门办理出质登记。质权自办理出质登记时设立。

应收账款出质后,不得转让,但经出质人与质权人协商同意的除外。出质人转让应收账款所得的价款,应当向质权人提前清偿债务或者提存。

五、留置

与其他担保方式不同,留置担保不是由当事人约定的,而是由法律直接规定产生的。根据规定,债务人不履行到期债务的,对于债权人合法占有的债务人的动产,债权人有留置权。债权人留置的动产应当与债权属于同一法律关系,但企业之间的留置除外。法律规定或者当事人约定不得留置的动产,不得留置。留置财产为可分物的,留置财产的价值应当相当于债务的金额。

(一)留置的效力

1. 留置担保的范围

留置担保的范围,是指债务履行期届满债务人不履行债务,债权人在处理留置财产后就其价款优先受偿的债权范围。留置担保的范围包括主债权及利息、违约金、损害赔偿金、留置财产保管费用和实现留置权的费用。

2. 留置权人对留置财产的保管

在留置期间,留置权人对留置财产负有妥善保管的义务。如果因为保管不善致使留置财产毁损或者灭失的,留置权人应当承担赔偿责任。留置权人未经债务人同意,不得使用留置财产,也不得将其出租或者提供担保,当然,为了保管上的必要使用除外。

(二)留置权的实现

留置权的实现,是指在债权人留置财产后一定期限债务人仍不履行债务时,债权人可以处置留置财产并就该价款优先受偿。与抵押权和质权的行使不同,当债务人不履行届期债务时,留置权人不得立即行使留置权,而应当给债务人一定的宽限期。过了宽限期债务人仍不履行债务的,留置权人方可行使留置权。根据规定,留置权人与债务人应当约定留置财产后的债务履行期间;没有约定或者约定不明确的,留置权人应当给债务人 2 个月以上履行债务的期间,但鲜活易腐等不易保管的动产除外。

过了宽限期债务人仍不履行债务的,留置权人可以与债务人协议以留置财产折价,也可以就拍卖、变卖留置财产所得的价款优先受偿。留置财产折价或者变卖的,应当参照市场价格。留置财产折价或者拍卖、变卖后,其价款超过债权数额的部分归债务人所有,不足部分由债务人清偿。同一动产上已经设立了抵押权或者质权,该动产又被留置的,留置权人有优先受偿权。

债务人可以请求留置权人在债务履行期届满后行使留置权;留置权人不行使的,债务人可以请求人民法院拍卖、变卖留置财产。

(三)留置权的消灭

留置权的消灭主要有以下几种原因：

1. 主债权消灭

作为担保物权，留置权同其他担保物权一样因被担保债权消灭(清偿、抵销、免除、提存等)而消灭。例如，在留置期间债务人全部履行了合同约定的义务，债权人的债权都得以实现，这时留置权也自然随债权的消灭而消灭。

2. 留置权人对留置财产丧失占有

丧失占有，是指留置权人丧失对留置财产的事实上的控制。例如，留置权人在留置期间，主动将留置财产归还给债务人，此时留置权消灭。

3. 留置权人接受债务人另行提供担保

由于设定留置权的目的是担保债权的实现，因此，虽然留置是法定担保方式，但只要有利于债权的实现，它可以被其他担保方式所替代。如果债务人提供了价值相当于担保债权的保证、抵押、质押等担保，并且留置权人表示接受的，留置权消灭。

六、定金

(一)定金的概念

定金是指为了确保合同的履行，当事人一方按照合同金额的一定比例预先给付对方当事人一定数额的货币。

【提示】定金虽然是一种预先给付的货币，并在合同履行后可以抵作价款，但它同单纯的预付款在性质和作用上是不同的。单纯的预付款一般是属于协作支援性质的，不具有担保的作用，当合同没有履行时，不会产生像定金担保那样的法律后果。交付和接受预付款的一方不履行合同的，不发生丧失或者双倍返还已付款项的后果。

(二)定金的种类

1. 立约定金

立约定金是指为确保将来正式订立主合同而交付的定金。当事人约定以交付定金作为订立主合同担保的，定金交付后，当事人双方可以承担定金制裁为代价拒绝订立主合同。

2. 成约定金

成约定金是指作为主合同成立或者生效的必要条件而交付的定金。在成约定金情况下，给付定金的一方未交付定金的，除有特别规定外，主合同不成立或者不生效。但给付定金的一方未交付定金，主合同已经履行或者已经履行主要部分的，不影响主合同的成立或者生效。

3. 解约定金

解约定金，是指作为保留主合同解除权的代价而交付的定金。定金交付后，当事人双方可以承担定金制裁为代价达到解除主合同的目的。

4. 违约定金

违约定金是指作为当事人不履行主合同而承担惩罚后果所交付的定金。违约定金是实践中最常见、应用最普遍的一种定金。担保制度中的定金，一般是指违约定金。

(三)定金的设定

采用定金担保时，当事人应当以书面形式订立合同。定金合同是实践合同，它从实际交付定金之日起生效。由于定金的交付对于定金合同的生效具有决定意义，因此，定金的交付期限是该合同的重要内容，对此双方当事人应在合同中明确约定。

当事人交付留置金、担保金、保证金、订约金、押金或者订金等，但没有约定定金性质的，当事人主张定金权利的,人民法院不予支持。

【知识链接4—2】 对于定金的数额,当事人可以自行约定,但不得超过主合同标的额的20%。如果当事人双方约定的定金数额超过这一标准,其超过部分无效。实际交付的定金数额多于或者少于约定数额,视为变更定金合同;收受定金一方提出异议并拒绝接受定金的,定金合同不生效。

(四)定金的效力

因当事人一方迟延履行或者其他违约行为,致使合同目的不能实现,可以适用定金罚则,但法律另有规定或者当事人另有约定的除外。

因不可抗力、意外事件致使主合同不能履行,不适用定金罚则。因合同关系以外第三人的过错致使主合同不能履行,适用定金罚则。受定金处罚的一方当事人,可以依法向第三人追偿。

由于定金的适用不以实际发生损失为前提,即无论一方违约是否给对方造成实际损失,都可能导致定金责任。因此,在通常情况下,定金责任的承担不能替代损害赔偿责任,二者可以并用,但并用的结果以不超过合同标的物价款的总额为限。

任务六 合同变更、转让和终止

一、合同变更

(一)合同变更的概念

合同变更,是指在合同订立以后,没有履行或者没有完全履行以前,当事人对合同的内容进行修改或者补充。合同依法成立就具有法律效力,当事人应当全面履行自己所承担的义务,任何一方不得擅自加以变更。但是,由于社会经济活动错综复杂,有时可能会发生使合同不能按原来的约定履行,而需要对其加以变更的情况。因此,法律允许当事人在一定条件下,经过法定程序对合同的内容作适当的修改和补充。这不仅有利于维护双方当事人的合法权益,而且有利于促进社会经济的发展。

(二)合同变更的条件和程序

《民法典》第543条规定:当事人协商一致,可以变更合同。这就是说,"协商一致"是变更合同的必要条件,但双方当事人就变更合同所达成的协议,不得损害国家利益和社会公共利益,否则,该变更不具有法律效力。

在协议变更合同的方式下,当事人一方需要对合同的某些内容作修改或者补充时,应当在法律规定或者当事人约定的期限内及时向对方提出建议。建议中应说明变更合同的理由和变更后的合同条款。收到变更合同建议的一方应在法律规定或者当事人约定的期限内予以答复。变更合同的协议原则上应当采用书面形式。在协议未达成之前,原合同仍然有效。当事人如对合同变更的内容约定不明确,视为未变更。法律、行政法规规定变更合同应当办理批准、登记等手续的,当事人在依法办理了相应的手续后,才发生变更合同的法律效力。

(三)合同变更的法律后果

合同变更后,当事人的权利和义务在原合同的基础上发生了变化,等于在原合同当事人之间形成了新的合同关系。合同的变更对已经履行的部分不具有法律效力,任何一方都不得以合同变更为由,要求对方返还其已经履行的财产。

合同的变更不影响当事人要求赔偿损失的权利。因变更合同使一方遭受损失的,除依法可以免除责任的以外,应由责任方负责赔偿。

二、合同转让

合同转让是指合同的一方当事人将合同的全部或者部分权利义务转让给第三人的行为。合同的转让不是合同内容的变更，而是合同主体发生的变化。经转让，第三人成为合同的当事人之一，享有合同当事人相应的权利，同时履行合同当事人相应的义务。

合同转让包括合同权利的转让、合同义务的转让、合同权利和义务一并转让三种类型。不同类型的合同转让对合同当事人有不同的法律要求。

(一)合同权利的转让

合同权利的转让，是指债权人将合同的权利全部或者部分转让给第三人的行为。合同权利的转让一般是基于债权人与第三人的协议产生的。如果债权人将合同的全部权利转让给第三人，转让协议生效后，受让人将完全取代转让人的债权人地位，成为合同的唯一债权人，享有合同的全部权利。原合同债权人虽不再享有合同的权利，但其依然未脱离合同关系，仍须履行原合同中所应承担的义务。如果债权人只是将合同的部分权利转让给第三人，转让协议生效后，受让人则加入原合同关系中，与转让人一同成为合同的债权人一方，并按照协议中约定的份额分享合同权利。如果转让协议未约定份额，则应由其享有连带债权。

一般来说，绝大部分合同中的权利都是可以转让的，但是，为了维护国家利益和社会公共利益，保障合同当事人的合法权益，法律对合同权利的转让也作了一定的限制。根据规定，下列合同权利不得转让：①根据合同性质不得转让的；②按照当事人约定不得转让的；③依照法律规定不得转让的。当事人约定非金钱债权不得转让的，不得对抗善意第三人。当事人约定金钱债权不得转让的，不得对抗第三人。

合同权利的转让不必征得债务人同意。但是，债权人应将合同权利转让的情况及时通知债务人，使债务人对此能及时了解并做好应变准备，避免损失的发生。债权人未履行通知义务，该转让对债务人不发生效力。债权人转让权利的通知不得撤销，但经受让人同意的除外。法律、行政法规规定转让权利应当办理批准、登记等手续的，依照其规定。

债权人转让合同权利的，与主债权有关的从权利也随之转让给受让人，如抵押权、保证债权、定金债权、违约金债权等也随主债权的转让而转让。但是，专属于债权人自身的从权利除外。

债务人接到债权转让通知后，债务人对让与人所享有的抗辩权可以向受让人主张。债务人接到债权转让通知时，债务人对让与人享有债权，并且债务人的债权先于转让的债权到期或者同时到期的，债务人可以向受让人主张抵销。

当事人约定非金钱债权不得转让的，不得对抗善意第三人。当事人约定金钱债权不得转让的，不得对抗第三人。债权人转让债权，未通知债务人的，该转让对债务人不发生效力。债权转让的通知不得撤销，但是经受让人同意的除外。债权人转让债权的，受让人取得与债权有关的从权利，但是该从权利专属于债权人自身的除外。受让人取得从权利不因该从权利未办理转移登记手续或者未转移占有而受到影响。

(二)合同义务的转让

合同义务的转让，是指债务人将合同义务的全部或者部分转移给第三人的行为。债务人与第三人协议转让全部合同义务的，转让协议生效后，第三人取代了原债务人在合同中的地位，成为新的债务人，原债务人不再对合同义务的履行承担责任，但其并没有脱离合同关系，仍享有原合同中约定的权利。债务人与第三人协议转让部分合同义务的，转让协议生效后，新债务人加入原合同关系中，与原债务人按照协议约定的份额承担各自的义务。如果转让协议未约定份额，则应由新债务人与原债务人对债权人承担连带债务。

由于合同义务的转移直接关系到债权人权利能否实现,因此,合同义务的转移必须经债权人同意。如果债权人认为受让人根本不具有履行合同义务的能力,或者资信较差,难以保障自己权利的实现时,有权拒绝合同义务的转移。未经债权人同意的,债务人与第三人订立的转移合同义务协议无效。债务人转移合同义务,若属于法律、行政法规规定应当办理批准、登记等手续的,应当依法办理相应的手续。

债务人转移义务后,其享有的对债权人的抗辩权自然转归新债务人所有。同时,与主债务有关的从债务,如支付利息、赔偿损失等债务,也因义务的转移而转由新债务人承担,但专属于原债务人自身的从债务除外。

(三)合同权利和义务一并转让

合同权利义务的一并转让,是指当事人一方将其合同权利和义务一起转让给第三人的行为。

当事人一方可以与第三人订立合同,约定由第三人取代其在原合同中的地位,享受全部合同权利并承担全部合同义务。在这种情况下,转让协议订立后,必须经原合同的对方当事人同意,才发生法律效力。合同权利和义务的一并转让,适用合同权利转让和合同义务转让的有关规定。

当事人订立合同后发生合并、分立时,也可以引起合同权利和义务的转移,这种转移是由法律直接规定而发生的。当事人订立合同后合并的,由合并后的法人或者其他组织行使合同权利,履行合同义务。当事人订立合同后分立的,除债权人和债务人另有约定的以外,由分立后的法人或者其他组织对合同的权利和义务享有连带债权,承担连带债务。

三、合同终止

合同终止是指合同权利和义务的终止,合同法律关系消灭。根据规定,有下列情形之一的,合同的权利义务终止:①债务已经按照约定履行;②合同解除;③债务相互抵销;④债务人依法将标的物提存;⑤债权人免除债务;⑥债权债务同归于一人;⑦法律规定或者当事人约定终止的其他情形。

合同终止后,当事人应当遵循诚实信用的原则,根据交易习惯履行通知、协助、保密等义务。如当事人一方不履行上述义务,给对方当事人造成损失的,应负责赔偿。合同权利和义务终止,不影响合同中结算和清理条款的效力。

四、合同解除

合同解除是指在合同有效成立之后,尚未履行或者尚未完全履行完毕之前,当事人双方协商一致或一方当事人行使解除权而使合同关系提前消灭的行为。

合同解除有两种情况:一是约定解除;二是法定解除。约定解除是当事人通过行使约定的解除权或者双方协商决定而进行的合同解除。关于法定解除,有下列情形之一的,当事人可以解除合同:①因不可抗力致使不能实现合同的目的;②在履行期限届满之前,当事人一方明确表示或者以自己的行为表明不履行主要债务;③当事人迟延履行主要债务,经催告后在合理期限内仍未履行;④当事人一方迟延履行债务或者有其他违约行为致使不能实现合同的目的;⑤法律规定的其他情形。

合同解除后,尚未履行的,终止履行;已经履行的,根据履行情况和合同性质,当事人可以要求恢复原状或采取其他补救措施,并有权要求赔偿损失。

任务七 违约责任

一、违约责任和违约行为

(一)违约责任

违约责任是指合同当事人因不履行合同义务或履行合同义务不符合约定依法应承担的民事责任。我国《民法典》在对待违约责任的问题上采取严格责任原则。只要当事人不履行合同义务或者履行合同义务不符合约定，除存在不可抗力等法定免责事由或当事人另有约定外，不管违约方主观上是否有过错，都需要承担违约责任。

(二)违约行为

违约行为包括以下几种情形：①预期违约。它又称预期毁约或先期违约，是指在合同履行期限届满之前，一方当事人向对方明确表示将不履行合同义务，或者以自己的行为表明将不履行合同义务的行为。②不履行合同。它也称拒绝履行合同，是指在合同履行期限届满时，当事人一方完全不履行自己的合同义务。③迟延履行。它是指合同当事人违反合同规定的履行期限，造成履行在时间上迟延的行为。④不适当履行。它是指债务人虽然履行了义务，但没有按合同规定的数量、质量、地点、方式等要求履行。

二、承担违约责任的方式

(一)继续履行

继续履行也称强制实际履行，是指违约方根据对方当事人的请求继续按照合同规定履行其义务。继续履行与违约金、赔偿损失等方式相比，更有利于实现当事人订立合同的目的。

《民法典》"合同编"规定，对于金钱债务和非金钱债务，都可以要求违约方继续履行。其中，金钱债务应无条件适用继续履行。

(二)采取补救措施

采取补救措施是指因当事人交付的标的物质量不符合合同约定，根据法律规定或对方的要求所采取的救济措施。这种责任形式，与继续履行和赔偿损失具有互补性。

对于标的物质量不符合约定的违约责任，当事人有约定者应依其约定；没有约定或约定不明者，应按照《民法典》"合同编"的规定确定其违约责任；没有约定或约定不明又不能按照《民法典》"合同编"的规定确定违约责任的，受损害方根据标的的性质以及损失的大小，可以合理选择要求对方承担修理、重作、更换、退货、减少价款或者报酬等违约责任。

(三)赔偿损失

赔偿损失是指违约方以支付金钱的方式弥补受害方因违约行为所减少的财产或者所丧失的利益的责任形式。

赔偿损失是以支付金钱的方式弥补损失，它是最重要的违约责任形式。赔偿损失具有补偿性的特征，它可以和其他救济方法同时适用。

当事人一方不履行合同义务或者履行合同义务不符合约定的，在履行义务或者采取补救措施后，对方还有其他损失的，应当赔偿损失。

(四)支付违约金

违约金是指当事人一方违反合同时应当向对方支付的一定数额的金钱。

《民法典》"合同编"规定，约定的违约金低于造成的损失的，人民法院或者仲裁机构可以根据当事人的请求予以增加；约定的违约金过分高于造成的损失的，人民法院或者仲裁机构可以根据当事人的请求予以适当减少。

当事人就迟延履行约定违约金的，违约方支付违约金后，还应当履行债务。

(五)定金制裁

当事人可以依《民法典》的相关规定，对违约方实施定金制裁，即给付定金的一方不履行约定的债务的，无权要求返还定金；收受定金的一方不履行约定的债务的，应当双倍返还定金。

当事人既约定违约金，又约定定金的，一方违约时，守约方只能选择适用违约金或者定金条款，要求对方承担违约责任。

三、违约责任的免除

违约责任的免除也称免除违约责任，是指当事人由于法律规定或者合同约定的免责事由的发生而不能履行合同的，不承担违约责任。当事人不承担违约责任主要发生在以下两种情形下：

(一)不可抗力

不可抗力是指不能预见、不能避免并不能克服的客观情况。不可抗力包括两种情况：一种是自然原因引起的，如水灾、火灾、风灾、旱灾、大雪、地震等；另一种是社会原因引起的，如战争、罢工等。当事人应当在合同当中明确规定不可抗力的范围，因该范围内的原因引起的不履行合同的行为，部分或者全部免除违约责任，但法律另有规定的除外。当事人延迟履行后发生不可抗力的，不能免除当事人的责任。

当事人一方因不可抗力不能履行合同的，应当及时通知对方，以减轻可能给对方造成的损失，并应当在合理期限内提供证明。当事人不履行上述义务的，应承担相应的法律责任。

(二)免责条款

免责条款是双方在合同中约定的免除或者限制其未来责任的条款。免责条款作为合同的组成部分，必须经合同当事人充分协商，并且其内容必须符合法律的规定，才具有法律效力。

因免责事由发生而不能履行合同的，当事人不承担违约责任。

应知考核

一、单项选择题

1.(　　)不一定是要约邀请。

A. 商业广告　　B. 价目表　　C. 招股说明书　　D. 拍卖公告

2. 某商店向一酒业公司发信，表示欲向其购买10万瓶假冒名牌酒，每瓶5元。酒业公司立刻回信表示同意。该商店与酒业公司之间的合同(　　)。

A. 成立，但无效　　B. 成立，效力待定

C. 未成立　　D. 成立并有效

3. 甲商场向乙企业发出采购100台电冰箱的要约，乙于5月1日寄出承诺信件，5月8日信件寄至甲商场。时逢其法人代表王总经理外出。5月9日，王总经理知悉了该信内容，遂于5月10日电传告知乙收到承诺，该承诺的生效日期是(　　)。

A.5月1日　　B.5月8日　　C.5月9日　　D.5月10日

4. 在下列(　　)情况下，应当先履行债务的当事人不得行使不安抗辩权。

A. 后履行一方当事人经营状况严重恶化

B. 后履行一方大规模调动资金

C. 后履行一方当事人丧失商业信誉

D. 后履行一方当事人转移财产，以逃避债务

5. 下列各社会组织中，能够作为保证人的是（　　）。

A. 某职业学校　　B. 医院

C. 某市财政局　　D. 某市制药公司

二、多项选择题

1.《民法典》规定的合同订立的形式有（　　）。

A. 格式合同　　B. 书面形式　　C. 口头形式　　D. 其他形式

2. 担保方式包括（　　）。

A. 保证　　B. 抵押　　C. 质押　　D. 定金

3. 所有担保方式担保的范围除非合同另有约定，均包括（　　）。

A. 主债权　　B. 利息　　C. 违约金　　D. 担保物保管费用

4. 依据《民法典》的相关规定，下列不能作为保证人的有（　　）。

A. 市政府　　B. 医院　　C. 学校　　D. 财政局

4. 定金的种类包括（　　）。

A. 立约定金　　B. 成约定金　　C. 解约定金　　D. 违约定金

5. 可以作为抵押物的有（　　）。

A. 建筑物　　B. 土地所有权　　C. 机器设备　　D. 股票

三、判断题

1. 要约一经发出即具有法律约束力。（　　）

2. 合同具有法律效力，一经订立即受法律保护。（　　）

3. 保证期间具有任意性，即法律允许当事人对其长短予以约定。（　　）

4. 以林木、船舶、车辆抵押的，均应办理抵押物登记。（　　）

5. 违约金和定金可以并用，不受任何限制。（　　）

应会考核

■ 观念应用

【背景资料】

甲于5月1日向乙发出一要约，后反悔欲撤回，遂于5月3日发出撤回通知。要约于5月5日至乙处，但是因乙外出，未能拆阅。撤回通知则于5月6日到达乙处，乙于5月7日返回家中。

【考核要求】

此要约效力如何？

■ 技能应用

在一份保险合同的履行过程中，当事人就合同所规定的“意外伤害”条款的含义产生了不同理解：投保人认为其所受伤害应属于赔付范围；保险公司则认为投保人所受伤害不属于赔付范围。两种理解各有其道理。

【技能要求】

在此情形下，法官应当如何解释条款的含义？

■ 案例分析

【案例情境】

甲和一家房地产开发公司签订了一份商品房买卖合同，合同约定甲先支付房款的60%(10万元)的预付款，付款后半年内交付房屋。后由于城市规划的原因，该处房产价格上涨。房地产公司遂将该房以高出原价30%的价格转卖他人。

【分析要求】

房地产开发公司属于何种违约行为？甲应当采取哪种救济手段来保护自己的债权？房地产开发公司应承担什么样的法律责任？

项目实训

【实训情境】

商场新进一种新手机，价格定为2 598元。柜台组长在制作价签时，误将2 598元写为598元。赵某在浏览该柜台时发现该手机物美价廉，于是用信用卡支付1 196元购买了两部手机。一周后，商场盘点时，发现少了4 000元，经查是柜台组长标错价签所致。由于赵某用信用卡结算，所以商场查出是赵某少付了手机货款，找到赵某，提出或补交4 000元，或退回手机、商场退还1 196元。赵某认为彼此的买卖关系已经成立并交易完毕，商场不能反悔，拒绝商场的要求。商场无奈只得向人民法院起诉，要求赵某或补交4 000元，或退回手机、商场退还1 196元。

请问：此案的合同是否可以撤销？此案应当如何处理？

【实训目标】

加深学生对《民法典》"合同编"基本知识的认识和理解，学会运用本项目的知识解决合同的基本问题，从而提高学生的综合素质。

【实训组织】

将学生分成若干组，每组7人，每组设组长1名，组长负责组织本组成员进行实训，由组长将调查结果书面写成报告，并总结。(注意：教师提出活动前的准备和注意事项等内容。)

1. 教师组织学生仔细阅读案例，提示案例要点。

2. 学生每4～6人组成一个学习小组，以小组为单位进行讨论，提倡采用头脑风暴法，最终形成一篇案例分析报告。

3. 每个小组派出1名代表上讲台阐述小组报告的观点。

【实训成果】

1. 考核和评价采用报告资料展示和学生讨论相结合的方式。

2. 评分采用学生和教师共同评价的方式，填写实训报告。

<table>
<tr><th colspan="3">实训报告</th></tr>
<tr><td>项目实训班级：</td><td>项目小组：</td><td>项目组成员：</td></tr>
<tr><td>实训时间：　年　月　日</td><td>实训地点：</td><td>实训成绩：</td></tr>
<tr><td colspan="3">实训目的：</td></tr>
<tr><td colspan="3">实训步骤：</td></tr>
<tr><td colspan="3">实训结果：</td></tr>
<tr><td colspan="3">实训感言：</td></tr>
</table>

项目五

票据法

○ **知识目标**

理解：票据的概念、特征和分类；票据的职能。

熟知：票据行为的概念、分类与成立条件；票据行为的代理。

掌握：票据权利、票据抗辩和票据丧失的补救；汇票、本票和支票。

○ **技能目标**

能够运用票据法的相关知识理论联系实际，解决现实生活中票据法的基本问题。

○ **素质目标**

运用所学的票据法知识研究相关案例，培养和提高学生在特定业务情境中分析问题与决策设计的能力；结合行业规范或标准，运用票据法知识分析行为的善恶，强化学生的职业道德素质。

○ **项目引例**

披着票据中介"外衣"诈骗

使用诈骗方法非法集资并将钱款大肆挥霍后，致5亿余元巨额资金不能归还，给被害人造成重大损失。近日，经浙江省温州市检察院提起公诉，该市中级人民法院一审以集资诈骗罪判处施某死刑，缓期2年执行；判处其丈夫刘某有期徒刑12年。

2014年至2019年8月，浙江省永嘉县的施某以帮助企业融资、还贷、投资等名义，许诺高额利息回报，向胡某等23人借款，并将大部分集资款用于归还借款、支付利息、银行承兑汇票贴现等，致使23人共计3亿余元的资金不能归还。

在此期间，刘某以同样方式向徐某等人集资7 500余万元，又以更高的利息转借给施某使用。施某陆续付给刘某利息、本金共1亿余元。刘某仅将少部分钱用于支付借款及利息，挥霍、隐匿了大部分资金，致使徐某等人共计5 000余万元的资金无法讨回。

随着资金漏洞越来越大，施某已难以归还被害人的借款及利息。为筹集资金，她在2018年12月至2019年9月间，以经营银行承兑汇票贴现业务为名，在收取他人的银行承兑汇票后，没有支付相应贴现款，以此骗取资金共计1.6亿余元。施某、刘某无法偿还以上三方面的钱，司法机关由此认定他们的涉案金额为5.2亿余元。

温州市检察院公诉一处郑副处长说："施某案集资诈骗的金额中有近1/3是以经营承兑汇票贴现业务为名骗取的。虽然该案已告一段落，但其中折射出的承兑汇票市场管理混乱、法律规制不足、监管存在漏洞等问题仍需引起关注。"

思考与讨论：

该案例的票据行为是否合理？什么是贴现？如何进行票据抗辩和票据丧失的补救？

○ 知识精讲

任务一 票据法概述

一、票据的概念、特征和分类

(一)票据的概念

票据的概念有广义和狭义之分。广义的票据,泛指商业上的各种具有财产价值的有价证券,如钞票、出票、仓单、提单等。狭义的票据,是出票人依票据法规定签发的,由自己或委托他人于到期日或见票时无条件支付一定金额给收款人或持票人的一种有价证券。我国票据法中所称的票据,是指汇票、本票、支票,即狭义的票据。

(二)票据的特征

从理论上讲,汇票、本票、支票具有同样的特征,即作为一种有价证券在支付领域中流通,它们在本质上都属于金钱证券,都表现为对票面金额的无条件支付的命令,且都属于可流通转让的"流通证券"(negotiable instrument)。现将票据的主要特征概括如下:

1. 票据是金钱债权证券

票据的持票人享有向票据上的债务人请求支付票面金额的权利,这种兑付请求权包括追索权本质上都是债权,而且此债权的内容就是请求支付一定的金钱,因而它有别于其他形式的证券,属于债权证券中的"金钱债权证券"。

2. 票据是流通证券

票据作为一种流通证券,可以通过交付或背书的方式自由转让,不需通知原债务人,受票人基于此而取得票据的全部权利。各国票据立法表明,只要受票人获得票据且支付了对价,即使票据转让人的票据权利有瑕疵(如票据是捡来的),该善意受让人对票据的权利也不受前手权利缺陷的影响。这是票据最重要的特征。

3. 票据是无因证券

票据是一种单纯的金钱支付凭证。票据上的权利和义务关系基于出票人的出票行为而完成,权利人享有票据权利只以持有票据为要件,而不需证明其取得票据的原因。因此,票据只要符合法定的形式要件,持票人即可实现其票据权利。因为凡是在票据上签章的人,无论基于何种票据原因,都必须依票据的记载承担票据义务。票据的这种无因性保证了票据流转的安全性。

4. 票据是要式证券

由于票据是一种流通证券,其权利和义务完全根据票据上的记载内容来确定,一旦票据上记载的事项不符合法律的规定,当事人间的权利和义务就难以确定,票据的流通性就会受到影响。因此,各国法律均强调票据的要式性,不仅要求票据的格式和记载事项必须符合法律的规定,而且要求票据的签发、转让(transfer)、承兑(acceptance)、付款(payment)、追索(recourse)等行为必须严格地按照票据法规定的程序进行,方为有效。

(三)票据的分类

1. 委托票据与自付票据

委托票据是指出票人不担任票据付款人,而是记载他人为付款人的票据,如汇票和支票。但是,有的汇票也可能由出票人将自己记载为付款人。

2. 即期票据与远期票据

有的票据的到期日是"见票即付",即持票人可以随时请求付款,此种票据称为即期票据。有的票据则并非持票人可以随时请求付款，而须在票据记载的特定日期或者以一定方法计算的日期到来时，才有权请求付款，此种票据称为远期票据。

按照我国法律的有关规定，本票、支票均为即期票据，汇票可以是即期票据，也可以是远期票据。

二、票据的职能

(一)支付职能

票据记载的是金钱债权，可以替代现金作为支付方式。

(二)汇兑职能

异地之间需要支付金钱时，应付款方可以签发或者转让票据给异地的收款方，从而使票据发挥汇兑的职能。

(三)信用职能

这是远期票据可以发挥的功能。例如，甲公司向乙公司购买货物，需要对方立即交货，但是并无足够的资金用于立即付款。甲公司如果签发一张 6 个月后到期的汇票给乙公司，就可以有 6 个月的时间筹措资金，其经济意义相当于获得了 6 个月的贷款。

(四)结算职能

互负票据债务的双方当事人，可以不必分别支付票据金额，而可以在金额相同的范围内进行抵销，简化了程序，减少了费用。

(五)融资职能

对于远期票据来说，虽然票据权利人无权在到期日之前请求票据债务人支付票据金额，但是可以在法律允许的范围内将票据权利转让给他人，从而立即获得其对价，或者将票据权利为他人设定质押。

三、票据法的概念与法律渊源

广义上的票据法是指各种法律关系中有关票据规定的总称，包括以“票据法”名称颁布的法律以及其他法律中有关票据的规定。狭义上的票据法仅指票据的专门立法，在我国即为《中华人民共和国票据法》(以下简称《票据法》)。

在我国，票据法的法律渊源除了《票据法》外，还有中国人民银行制定、国务院批准的《票据管理实施办法》以及《最高人民法院关于审理票据纠纷案件若干问题的规定》。在部门规章中，较为重要的如《支付结算办法》《商业承兑汇票承兑、贴现与再贴现管理暂行办法》等。

任务二　票据行为和票据权利

一、票据行为的概念、种类与成立的有效条件

(一)票据行为的概念

票据行为是指票据关系的当事人之间以发生、变更或终止票据关系为目的而进行的法律行为。《票据法》规定，我国票据行为包括出票、背书、承兑、保证、付款等。

动漫视频

票据行为

【知识链接 5−1】　票据行为应注意的要点：①票据行为是在票据关系当事人之间进行的行为；②票据行为是以设立、变更或终止票据关系为目的的行为；③票据行为是一种合法行为。

(二)票据行为的种类

票据行为可以分为主票据行为和从票据行为两大类。

1. 主票据行为

主票据行为仅指出票行为，是指出票人签发票据并将其交给收款人的票据行为。出票时制作票据的原始行为，是汇票、本票、支票所共有的行为，包括签发票据和支付票据两个行为。出票行为是从票据行为有效成立的前提，只有其依法成立，票据才有效。

2. 从票据行为

从票据行为是指能够引起票据法律关系变更或消灭的行为。它包括背书、承兑、保证和保付等。

(1)背书是指在票据背面或者粘单上记载有关事项并签章的票据行为。在票据背面签章的转让票据权利的人为背书人，接受背书的票据人为被背书人。持票人通过背书可以将票据权利转让给他人或者将一定的票据权利授予他人行使。因背书行为，背书人产生对票据债务人的担保责任和连带责任，被背书人代替持票人成为新的持票人，取得票据债权。票据出票的转让流通主要是通过背书进行的，汇票、本票、支票都可以有背书行为。

(2)承兑是指汇票付款人承诺在汇票到期日支付汇票金额的票据行为。承兑仅体现在汇票关系中，本票、支票关系中不存在承兑行为。

(3)保证是指票据债务人以外的他人充当保证人，担保票据债务履行的票据行为。保证是适用于汇票、本票的附属行为，它必须由保证人在票据上或者粘单上记载“保证”字样、保证人名称和住所、被保证人名称、保证日期并签章。

(4)保付是指银行等金融机构对出票人签发的支票所作的保证付款的行为。它是支票独有的一种附属行为，保付人是银行等金融机构，被保付人一般是出票人，有时也可以是持票人。

(三)票据行为成立的有效条件

(1)行为人必须具有从事票据行为的能力——无民事行为能力或者限制民事行为能力人在票据上签章的，其签章无效，不影响其他签章的效力。

(2)行为人的意思表示必须真实或无缺陷——以欺诈、偷盗、胁迫等手段取得票据的，或者明知有前列情形，出于恶意取得票据的，不得享有票据权利。

(3)票据行为的内容必须符合法律、法规的规定——票据行为的合法主要是指票据行为本身必须合法(如程序合法、记载的内容合法)，至于票据的基础关系是否合法，与此无关(如买卖合同是否有效不影响票据行为的效力)。

(4)票据行为必须符合法定形式。

在签章方面：出票人在票据上的签章不符合规定的，票据无效；承兑人、保证人在票据上的签章不符合规定的，或者无民事行为能力人、限制民事行为能力人在票据上签章的，其签章无效，但不影响其他符合规定签章的效力；背书人在票据上的签章不符合规定的，其签章无效，但不影响其前手符合规定签章的效力。

在票据记载事项上应注意三个方面：①绝对记载事项，票据法明文规定必须记载的，如无记载，票据即为无效；②相对记载事项，某些应该记载而未记载，适用法律的有关规定而不使票据失效；③非法定记载事项，即可由当事人任意记载的事项。

另外，票据金额以中文大写和数字同时记载，两者必须一致，两者不一致的，票据无效；票据金额、日期、收款人名称不得更改，更改的票据无效。

二、票据行为的代理

(一)票据行为的代理概念及构成要件

票据行为的代理，又称票据代理，是指代理人基于被代理人的授权，在票据上明示本人的名义，表明为本人代理的意思并签名的行为。

票据代理必须符合下述要件：

(1)必须在票据上记明本人的姓名或名称。

(2)票据上应当有表示“代理”意思的记载。其记载方式，《票据法》有规定的，按规定记载；没有明确规定的，按票据交易习惯记载。

(3)票据代理人应当在票据上签署自己的名字。

(二)越权代理

票据代理人超越代理权限的，应当就其超越权限的部分承担票据责任，在权限范围内的代理行为继续有效。

(三)无权代理

无权代理是指代理人没有代理权而以代理人的名义在票据上签名的行为。没有代理权而以代理人名义在票据上签章的，应区分以下两种情形：

1. 狭义的无权代理

如果本人(被代理人)事后表示追认，则该票据行为对本人(被代理人)发生效力，并由本人(被代理人)承担票据责任。如果本人(被代理人)事后未追认，相对人不能取得票据权利，不论是本人(被代理人)还是无权代理人均不承担票据责任。但是，相对人又对他人进行票据行为的，如果满足善意取得的要件，无权代理人必须对票据权利人承担责任(无权代理人在票据上签了自己的章，应承担票据责任)，但本人(被代理人)仍然不承担任何票据责任(因为本人并未在票据上签章，也没有授权他人进行票据行为)。

2. 表见代理

如果善意相对人有理由相信其有代理权(构成表见代理)，则其代理的票据行为有效，本人(被代理人)应承担票据责任，无权代理人不承担票据责任。

三、票据权利

(一)票据权利的概念

票据权利，是指持票人向票据债务人请求支付票据金额的权利，包括付款请求权和追索权。持票人只能在首先向付款人行使付款请求权(第一次权利)而得不到付款时，才可以行使追索权(第二次权利)。持票人不先行使付款请求权而先行使追索权遭到拒绝而起诉的，人民法院不予受理。

(二)票据权利的取得

(1)依票据行为而取得票据权利。包括：①从出票人处取得；②从持有票据的人处受让票据；③依据票据保证和票据质押而取得。

(2)依法律规定而直接取得票据权利。包括：①依票据法上的规定而取得。如被追索人向持票人偿还票据金额、利息和费用后，可以取得票据权利。②依其他法律规定而取得。如因继承、法人合并或者分立、税收等原因而取得票据权利。

(3)票据权利的善意取得。以欺诈、偷盗或者胁迫等手段取得票据的，或者明知有前列情形，出于恶意取得票据的，不得享有票据权利。持票人因重大过失取得不符合《票据法》规定的票据的，也不得享有票据权利。

无处分权人处分他人的票据权利，受让人依照《票据法》所规定的票据转让方式取得票据，并且善意且无重大过失，则可以取得票据权利。

（三）票据权利的消灭

（1）因为付款而消灭票据权利。

（2）因为没有进行票据权利的保全而导致追索权消灭。

超过法定期限提示承兑的，持票人丧失对出票人之外的前手的追索权。持票人超过法定期限提示付款的，持票人丧失对出票人、承兑人之外的前手的追索权（在作出说明后，承兑人或者付款人仍应当继续对持票人承担付款责任）。持票人被拒绝付款未取得拒绝证明的持票人丧失对出票人、承兑人之外的前手的追索权。

票据权利在下列期限内不行使而消灭：①持票人对票据的出票人和承兑人的权利，自票据到期日起 2 年；见票即付的汇票、本票，自出票日起 2 年。②持票人对支票出票人的权利，自出票日起 6 个月。③持票人对前手的追索权，自被拒绝承兑或者被拒绝付款之日起 6 个月。④持票人对前手的再追索权，自清偿日或者被提起诉讼之日起 3 个月。

任务三　票据抗辩和票据丧失的补救

一、票据抗辩

票据抗辩，是指票据债务人根据《票据法》的规定对票据债权人拒绝履行义务的行为。在票据法上，票据抗辩分为对物抗辩和对人抗辩。

（一）对物抗辩

所谓对物抗辩，是指基于票据本身的内容有瑕疵而进行的抗辩。比如，债务人认为票据本身欠缺某些基本内容，如汇票上未记明金额、出票人没有签名、记有附带条件的支付委托等，认为该票据应该无效或消灭，从而拒绝进行付款，这种抗辩就属于对物的抗辩。

对物的抗辩包括：①票据欠缺应记载的内容；②票据到期日未到；③票据已经依法付款；④票据经判决为无效；⑤票款已依法提存；⑥欠缺票据行为能力；⑦票据系伪造及变造；⑧票据因时效而消灭；⑨与票据记载不符的抗辩等。对于前五项，任何票据债务人都有权拒绝支付票款。对于后四项，只限于特定债务人可以对所有债权人进行抗辩。比如对于伪造票据，由于被伪造者并未在票据上签字，因而被伪造者可以对任何债权人进行抗辩。

（二）对人抗辩

所谓对人抗辩，是指特定的债务人对特定的债权人的抗辩。这种抗辩是基于当事人之间的特定关系而产生的，一旦持票人发生变更，就不得再进行抗辩，属于对人的抗辩包括：①票据原因关系不合法，比如为支付赌债而签发的支票；②原因关系不存在或消灭，比如为购货而签发票据但对方没有发货；③欠缺对价，比如持票人未按约提供与票款相当的商品或劳务等；④票据债务已经清偿、抵销或免除而未载于票据上，可对直接当事人抗辩；⑤票据交付前被盗或遗失，可对盗窃人或拾得人抗辩。

（三）票据抗辩的限制

（1）票据债务人不得以自己与出票人之间的抗辩事由对抗持票人。

（2）票据债务人不得以自己与持票人的前手之间的抗辩事由对抗持票人。

（3）凡是善意的，已付相当对价的正当持票人可以向票据上的一切债务人请求付款，不受前手权利瑕疵和前手相互间抗辩的影响。

(4)持票人取得的票据是无对价或无相当对价的，由于其享有的权利不能优于其前手的权利，故票据债务人可以对抗持票人前手的抗辩事由对抗该持票人。

二、票据丧失的补救

票据丧失后的补救措施有如下几种方式：

(一)挂失止付

(1)失票人应当在通知挂失止付后3日内，依法向人民法院申请公示催告或者提起普通诉讼，也可以在票据丧失后直接向人民法院申请公示催告或者提起普通诉讼。如果付款人自收到挂失止付通知书之日起12日内未收到人民法院的止付通知书的，自第13日起，挂失止付通知书失效。

挂失止付并不是票据丧失后票据权利补救的必经程序，而只是一种临时性的措施。

(2)已承兑的商业汇票、支票、填明“现金”字样和代理付款人的银行汇票以及填明“现金”字样的银行本票丧失，可以由失票人通知付款人或者代理付款人挂失止付。未填明“现金”字样和代理付款人的银行汇票以及未填明“现金”字样的银行本票丧失，不得挂失止付。

(二)公示催告

(1)可以背书转让的票据丧失的，持票人可以申请公示催告。

(2)公示催告的具体程序。①失票人应当向“票据支付地”的基层人民法院提出公示催告的申请。②法院在受理后的3日内发出公告，催促利害关系人申报权利。公示催告的期间，由人民法院根据情况决定，但不得少于60日。③公示催告期届满，且无应裁定终结公示催告程序的事由，申请人可以在届满次日起1个月内，申请法院作出除权判决。逾期未申请的，法院终结公示催告程序。

(3)除权判决。利害关系人因为正当理由不能在除权判决之前向法院及时申报权利的，自知道或者应当知道判决公告之日起1年内，可以向作出除权判决的法院起诉，请求撤销除权判决。

(三)提起民事诉讼

失票人为行使票据所有权，向非法持有票据人请求返还票据的，人民法院应当依法受理。

任务四　汇票、本票和支票

一、汇票

(一)汇票的概念

汇票是出票人签发的，委托付款人在见票时或者在指定日期无条件支付确定的金额给收款人或者持票人的票据。汇票分为银行汇票和商业汇票。

(二)汇票的票据行为

1. 出票

出票是指出票人签发票据并将其交付给收款人的票据行为。汇票的出票人必须与付款人具有真实的委托付款关系，并且具有支付汇票金额的可靠资金来源。不得签发无对价的汇票用以骗取银行或者其他票据当事人的资金。

汇票必须记载下列事项：①表明“汇票”的字样；②无条件支付的委托；③确定的金额；④付款人名称；⑤收款人名称；⑥出票日期；⑦出票人签章。

汇票上未记载前款规定事项之一的，汇票无效。

汇票上记载付款日期、付款地、出票地等事项的，应当清楚、明确。

汇票上未记载付款日期的，为见票即付。

汇票上未记载付款地的，付款人的营业场所、住所或者经常居住地为付款地。

汇票上未记载出票地的，出票人的营业场所、住所或者经常居住地为出票地。

付款日期即汇票到期日，可以按照下列形式之一记载：①见票即付；②定日付款；③出票后定期付款；④见票后定期付款。

出票人签发汇票后，即承担保证该汇票承兑和付款的责任。

2. 背书

背书是指在票据背面或者粘单上记载有关事项并签章的票据行为。

(1)汇票转让

汇票的转让是指汇票的持票人以背书或仅凭交付的方式而将票据权利让与他人的一种票据行为。

①汇票转让须采用背书方式。根据《票据法》第 27 条第 1 款和第 3 款的规定，持票人可以将汇票权利转让给他人或者将一定的汇票权利授予他人行使。持票人行使第 1 款规定的权利时，应当背书并交付汇票。

【注意】我国《票据法》规定的汇票转让只能采用背书的方式，而不能仅凭单纯交付方式，否则就不产生票据转让的效力。

出票人记载"不得转让"的处理。根据《票据法》第 27 条第 2 款规定，出票人在汇票上记载"不得转让"字样的，汇票不得转让。

对于记载"不得转让"字样的票据，其后手以此票据进行贴现、质押的，通过贴现、质押取得票据的持票人主张票据权利的，人民法院不予支持。

如果收款人或持票人将出票人作禁止背书的汇票转让的，该转让不发生票据法上的效力，出票人和承兑人对受让人不承担票据责任。

(2)背书的形式

关于背书的记载事项，《票据法》有关规定如下：

①背书由背书人签章并记载背书日期。背书未记载日期的，视为在汇票到期日前背书(第 29 条)。背书人签章和被背书人名称是绝对应记载事项，背书日期是相对应记载事项。

②汇票以背书转让或者以背书将一定的汇票权利授予他人行使时，必须记载被背书人名称(第 30 条)。如果背书人不做成记名背书，即不记载被背书人名称，汇票转让不能成立，背书行为无效。

③背书人在汇票上记载"不得转让"字样，其后手再背书转让的，原背书人对后手的被背书人不承担保证责任。

④票据凭证不能满足背书人记载事项的需要，可以加附粘单，附在票据凭证上。粘单上的第一记载人，应当在汇票和粘单的粘接处签章。

⑤背书不得附有条件。背书时附有条件的，所附条件不具有汇票上的效力。将汇票金额的一部分转让的背书或者将汇票金额分别转让给 2 人以上的背书无效。

(3)背书连续

背书连续，是指在票据转让中，转让汇票的背书人与受让汇票的被背书人在汇票上的签章依次前后衔接。以背书转让的汇票，背书应当连续。持票人以背书的连续，证明其汇票权利；非经背书转让，而以其他合法方式取得汇票的，依法举证，证明其汇票权利。

①如果背书不连续的，付款人可以拒绝向持票人付款，否则付款人自行承担责任。

②背书连续主要是指背书在形式上连续，如果背书在实质上不连续，如有伪造签章等，付款人仍应对持票人付款。但是，如果付款人明知持票人不是真正票据权利人，则不得向持票人付款，否则应自行承担责任。

③各种背书在形式上是有效的，即背书不存在要式上的缺陷。如果背书存在实质上的原因而

无效,如无行为能力人或限制行为能力人签章或伪造背书等,则不影响背书的连续。

④背书的连续是指转让背书连续,而不包括非转让背书在内,如委托收款背书、质押背书等。

(4)背书的效力

根据《票据法》第37条的规定,背书人以背书转让汇票后,即承担保证其后手所持汇票承兑和付款的责任。背书人在汇票得不到承兑或者付款时,应当向持票人清偿《票据法》第70条和第71条规定的金额和费用。

(5)委托收款背书和质押背书(非转让背书)

①委托收款背书。这是指持票人以行使票据上的权利为目的,而授予被背书人以代理权的背书。根据《票据法》第35条第1款的规定,背书记载"委托收款"字样的,被背书人有权代背书人行使被委托的汇票权利。但是,被背书人不得再以背书转让汇票权利。

委托收款背书与其他背书一样,持票人依据法律规定的记载事项做成背书并交付,才能生效。背书人可以记载"委托收款"字样,但如果记载"因收款""托收""代理"等字样的,也应该认为有效。

②质押背书。这是指持票人以票据权利设定质权为目的而在票据上做成的背书。根据《票据法》第35条第2款的规定,汇票可以设定质押;质押时应当以背书记载"质押"字样。被背书人依法实现其质权时,可以行使汇票权利。

如果记载"质押"文字的,其后手再背书转让或者质押的,原背书人对后手的被背书人不承担票据责任,但不影响出票人、承兑人以及原背书人之前手的票据责任。

根据《最高人民法院关于审理票据纠纷案的司法解释》的规定,以汇票设定质押时,出质人在汇票上只记载了"质押"字样而未在票据上签章的,或者出质人未在汇票、粘单上记载"质押"字样而另行签订质押合同、质押条款的,不构成票据质押。此外,贷款人恶意或者有重大过失从事票据质押贷款的,人民法院应当认定质押行为无效。

(6)法定禁止背书

根据《票据法》第36条的规定,汇票被拒绝承兑、被拒绝付款或者超过付款提示期限的,不得背书转让;背书转让的,背书人应当承担汇票责任。

3. 承兑

承兑是指汇票付款人承诺在汇票到期日支付汇票金额的票据行为。

(1)定日付款或者出票后定期付款的汇票,持票人应当在汇票到期日前向付款人提示承兑。提示承兑是指持票人向付款人出示汇票,并要求付款人承诺付款的行为。

(2)见票后定期付款的汇票,持票人应当自出票日起1个月内向付款人提示承兑。汇票未按照规定期限提示承兑的,持票人丧失对其前手的追索权。见票即付的汇票无须提示承兑。

(3)付款人对向其提示承兑的汇票,应当自收到提示承兑的汇票之日起3日内承兑或者拒绝承兑。付款人收到持票人提示承兑的汇票时,应当向持票人签发收到汇票的回单。回单上应当记明汇票提示承兑日期并签章。

(4)付款人承兑汇票的,应当在汇票正面记载"承兑"字样和承兑日期并签章;见票后定期付款的汇票,应当在承兑时记载付款日期。汇票上未记载承兑日期的,以《票据法》第35条第1款规定期限的最后一日为承兑日期。

(5)付款人承兑汇票,不得附有条件;承兑附有条件的,视为拒绝承兑。付款人承兑汇票后,应当承担到期付款的责任。

4. 保证

票据保证,是指票据债务人之外的人,为担保特定票据债务人的债务履行,以负担同一内容的票据债务为目的,在票据上记载有关事项并签章的票据行为。

保证人未在票据或者粘单上记载"保证"字样而另行签订保证合同或者保证条款的，不属于票据保证，人民法院应当适用《民法典》的有关担保规定。

(1)票据保证的实质要件

①票据法所称"保证人"，是指具有代为清偿票据债务能力的法人、其他组织或者个人。国家机关、以公益为目的的事业单位、社会团体、企业法人的分支机构和职能部门不得为保证人；但是，法律另有规定的除外。

②国家机关、以公益为目的的事业单位、社会团体、企业法人的分支机构和职能部门作为票据保证人的，票据保证无效，但经国务院批准为使用外国政府或者国际经济组织贷款进行转贷，国家机关提供票据保证的，以及企业法人的分支机构在法人书面授权范围内提供票据保证的除外。

(2)票据保证的款式

①绝对必要记载事项。根据《票据法》规定，票据保证的绝对必要记载事项包括三项：保证文句(表明"保证"的字样)、保证人的名称和住所、保证人签章。

②相对必要记载事项。根据《票据法》规定，被保证人名称、保证日期是相对必要记载事项。保证人未记载被保证人的，已承兑的汇票，承兑人为被保证人；未承兑的汇票，出票人为被保证人。保证人未记载保证日期的，出票日期为保证日期。

③记载不发生票据法上的效力事项。《票据法》规定："保证不得附有条件；附有条件的，不影响对汇票的保证责任。"也就是说，保证所附的条件不发生票据法上的效力。

(3)票据保证的效力

票据保证的效力如表5—1所示。

表5—1　　票据保证的效力

对保证人的效力	票据保证的主要效力是使签章人(保证人)成为票据债务人。第一，票据保证人责任的从属性；第二，票据保证人责任的独立性；第三，票据保证人责任的连带性
对持票人的效力	票据保证生效的，持票人(票据权利人)的权利又多了一个票据债务人。如果承兑人是被保证人，持票人有权向保证人行使付款请求权。如果出票人、转让背书人是被保证人，持票人有权对其行使追索权
对被保证人及其前手、后手的效力	第一，票据保证行为使得持票人的权利增加了一个债务人。如果承兑人是被保证人，保证人向持票人履行票据债务后，票据关系全部消灭。如果出票人、转让背书人是被保证人，当持票人对其行使追索权时，保证人对其履行票据债务后，被保证人的后手的票据责任消灭，但是，被保证人及其前手的票据责任仍然存在，保证人成为票据权利人，可以对其行使再追索权。第二，保证人对前手行使再追索权时，适用抗辩切断制度。被再追索的票据债务人，不得以其与被保证人或者被保证人的前手之间的抗辩事由对抗善意的保证人

5. 付款

付款是指付款人依据票据文义支付票据金额，以消灭票据关系的行为。

(1)付款的程序

付款的程序包括：①付款提示；②支付票款。持票人获得付款的，应当在汇票上签收，并将汇票交给付款人。

(2)付款的效力

付款人依法足额付款后，全体汇票债务人的责任解除。如果付款人付款存在瑕疵，即未尽审查义务而对不符法定形式的票据付款，或其存在恶意或重大过失而付款的，则不发生上述法律效力，付款人的义务不能免除，其他债务人也不能免除责任。

6. 追索权

追索权是指持票人在票据到期不获付款或期前不获承兑或有其他法定原因，并在实施行使或保全票据上权利的行为后，可以向其前手请求偿还票据金额、利息及其他法定款项的一种票据权利。追索权行使对象可以是票据上的主债务人，但主要是票据上的次债务人，如票据上的出票人、背书人、保证人等。

(1)追索权发生的原因

根据《票据法》第 61 条的规定，汇票到期被拒绝付款的，持票人可以对背书人、出票人以及汇票的其他债务人行使追索权。汇票到期日前，有下列情形之一的，持票人也可以行使追索权：①汇票被拒绝承兑的；②承兑人或者付款人死亡、逃匿的；③承兑人或者付款人被依法宣告破产的或者因违法被责令终止业务活动的。

(2)追索权的行使程序

具体包括：①发出追索通知；②确定追索对象；③请求清偿金额和受领。

被追索人依照前条规定清偿后，可以向其他汇票债务人行使再追索权，请求其他汇票债务人支付下列金额和费用：已清偿的全部金额；前项金额自清偿日起至再追索清偿日止，按照中国人民银行规定的利率计算的利息；发出通知书的费用。行使再追索权的被追索人获得清偿时，应当交出汇票和有关拒绝证明，并出具所收到利息和费用的收据。

【做中学 5—1】　某年 1 月 23 日，中国农业银行发布公告称："近日，本行北京分行票据买入返售业务发生重大风险事件。经核查，涉及风险金额为 39.15 亿元。目前，公安机关已立案侦查。本行正积极配合侦办工作，加强与相关机构沟通协调，最大限度保证资金安全。"

做中学 5—1 解析

据报道，案件的大致脉络是，农行北京分行与某银行进行银行承兑汇票转贴现业务。在回购到期前，票据应存放在农行北京分行的保险柜里，不得转出。但实际情况是，票据在回购到期前，就被某重庆票据中介提前取出，与另外一家银行进行了回购贴现交易，资金并未回到农行北京分行的账上，而是非法进入了股市。

请思考：结合背景和所学的知识对本案进行分析。

二、本票

(一)本票的概念

本票是指出票人签发的，承诺自己在见票时无条件支付确定的金额给收款人或者持票人的票据。根据出票人的身份是银行还是其他当事人，分为银行本票和商业本票。我国现行法律下的本票仅有即期银行本票，而不存在商业本票。

(二)本票的票据行为

1. 本票的出票

(1)本票的出票人。银行本票的出票人，为经中国人民银行当地分支行批准办理银行本票业务的银行机构。向银行申请签发本票的当事人(本票申请人)并非出票人。

(2)本票出票的款式。主要包括以下方面：

①绝对必要记载事项。本票的绝对必要记载事项包括 6 项：表明"本票"的字样；无条件支付的承诺；确定的金额；收款人名称；出票日期；出票人签章。未记载任一事项均导致本票无效。

②相对必要记载事项。根据《票据法》规定，付款地和出票地是相对必要记载事项。本票上未记载付款地的，出票人的营业场所为付款地。本票上未记载出票地的，出票人的营业场所为出票地。

③其他事项。根据《票据法》规定，本票的出票行为除了特殊规定外，适用《票据法》汇票的规定，即其他记载事项不发生票据法上的效力。需要注意的是，出票人如果记载了"不得转让"字样，

该本票不得转让。就出票行为而言，这一事项属于任意记载事项。

(3)出票的效力。出票行为生效后，出票人成为第一债务人，收款人成为票据权利人。

2. 本票的付款

(1)被提示人。与汇票不同，本票的出票人是最终的票据责任人，持票人应当向出票人提示付款。

(2)提示付款期限。现行法律下的本票均为见票即付。《票据法》规定，持票人的提示见票并请求付款的期限最长不超过2个月。超过这一期限提示付款的，即丧失对出票人之外的前手的追索权。

本票的背书、保证、付款行为和追索权的行使，除特别规定外，适用《票据法》有关汇票的规定。

三、支票

(一)支票的概念

支票，是指出票人签发的，委托办理支票存款业务的银行或者其他金融机构在见票时无条件支付确定的金额给收款人或者持票人的票据。我国《票据法》按照支付票款方式，将支票分为普通支票、现金支票和转账支票三种。

(二)支票的票据行为

1. 支票的出票

(1)绝对必要记载事项。支票的出票行为有6个绝对必要记载事项：表明"支票"的字样、无条件支付的委托、确定的金额、付款人名称、出票日期和出票人签章。

(2)相对必要记载事项。①支票上未记载"付款地"的，以付款人的营业场所为付款地；②支票上未记载"出票地"的，以出票人的营业场所、住所或者经常居住地为出票地。

(3)可以记载的事项(任意记载事项)。出票人可以记载"不得转让"字样，如有该记载，则支票不得转让。

(4)不发生票据法上的效力的事项。出票人可以在支票上记载"用途"，但该记载不发生票据法上的效力。

(5)记载无效的事项。支票限于见票即付，不得另行记载付款日期(到期日)。另行记载付款日期的，该记载无效(支票仍然有效)。

2. 支票的提示付款期限

(1)支票的持票人应当自出票日起10日内提示付款，超过该期限提示付款的，持票人丧失对出票人之外的前手的追索权。

(2)支票的持票人对出票人的票据权利，自出票之日起6个月不行使而消灭。

3. 付款人的责任

支票的付款人并未在票据上签章，因此，付款人并未进行任何票据行为，并非票据债务人。持票人提示付款时，如果出票人在付款人处的存款金额足够支付支票金额的，则付款人应当足额付款；否则，付款人应当拒绝付款。

【同步案例5-1】 2019年10月初，天津市河西区一建材经销商刘女士，经朋友王某介绍与买家闫某陆续达成数笔建筑材料销售交易，王某作为中间方按销售金额一定比例抽取酬金。因刘女士采取见款付货方式，王某为促使交易达成、赚取酬金，在闫某流动资金紧张时替其部分垫付货款。渐渐地，王某垫付货款累计达10多万元，难以为继。10月底，闫某直接找到刘女士要购买一批价值20多万元的建筑钢材。因此前数次成功交易，刘女士同意了闫某变更交易支付方式。闫某开具了一张空白现金支票，支票金额由刘女士按照实际货物价款加以填写，闫某对该支票兑现作出承诺保证。然而当刘女士持着这张填好的支票到银行兑现时，却被告知该支票开户账户因长期没有资金流动已被归为不动产账户。这就意味着刘女士持有的这张支票是张空头支票。而此时，价值20多万元的钢材已被闫某运走。

同步案例5—1提示

河西分局经侦支队接到报案后，迅速对案件展开调查。民警调查后得知，该支票的账户持有人为闫某，自2012年开户至案发之时，账户资金一直只有极少金额，且没有资金进出流动。12月10日，正当民警搜捕闫某时，闫某却自己冒了出来。刘女士突然接到闫某来电，称其资金流动紧张，致使拖欠货款，并提出补救方法。刘女士如果帮闫某兑现一张金额为20万元的支票，闫某许以5万元用于冲抵所欠的部分货款。民警获悉此线索后，当即决定将计就计。12月12日上午10时，当信心满满的闫某手持支票如约而至时，被便衣民警现场擒获。经查，这张金额为20万元的支票是闫某利用朋友公司开具的另一张空头支票。

经审讯，犯罪嫌疑人闫某对其开具空头支票实施诈骗的犯罪行为供认不讳。

请思考：结合票据的知识对本案进行分析。

四、本票、支票、汇票的区别

本票、支票、汇票的区别可以参见表5—2。

表5—2　　本票、支票、汇票的区别

票据种类 区分项目	本　票	支　票	汇　票
性　质	自付证券	委托证券	委托证券
基本当事人	出票人、收款人	出票人、付款人、收款人	出票人、付款人、收款人
种　类	银行本票（定额、不定额）	普通支票、现金支票、转账支票	银行汇票、商业汇票（商业承兑汇票、银行承兑汇票）
出票人	有直接支付责任	有直接支付责任	无直接支付责任，只有担保责任
绝对记载事项	（1）表明本票字样 （2）无条件支付的承诺 （3）确定的金额 （4）收款人的名称 （5）出票日期 （6）出票人签章	（1）表明支票字样 （2）无条件支付的委托 （3）确定的金额 （4）付款人名称 （5）出票日期 （6）出票人签章	（1）表明汇票字样 （2）无条件支付的委托 （3）确定的金额 （4）付款人的名称 （5）收款人名称 （6）出票日期 （7）出票人签章
相对记载事项	（1）付款地 （2）出票地	（1）付款地 （2）出票地	（1）付款地 （2）出票地 （3）付款日期
提示承兑期限	不需要承兑	不需要承兑	（1）见票即付的，不需要承兑 （2）定日付款、出票后定期付款的，在汇票到期日前承兑 （3）见票后定期付款的，自出票日起1个月内承兑
提示付款期限	自出票日起2个月内提示付款	自出票日起10日之内提示付款	（1）见票即付汇票，自出票日起1个月内提示付款 （2）其他汇票，自到期日起10日之内付款
未按期提示付款的后果	丧失对前手的追索权，但出票人仍负绝对支付责任	付款人可以不付款，出票人仍应承担付款责任	丧失对前手的追索权，但承兑人仍负绝对支付责任

应知考核

一、单项选择题

1. 下列有关汇票的表述中,正确的是(　　)。

A. 汇票未记载收款人名称的,可由出票人授权补记

B. 汇票未记载付款日期的,为出票后10日内付款

C. 汇票未记载出票日期的,汇票无效

D. 汇票未记载付款地的,以出票人的营业场所、住所或经常居住地为付款地

2. 对背书人记载“不得转让”字样的汇票,其后手再背书转让的,将产生的法律后果是(　　)。

A. 该汇票无效

B. 该背书转让无效

C. 背书人对后手的被背书人不承担保证责任

D. 背书人对后手的被背书人承担保证责任

3. 下列情况中,汇票持票人可以行使追索权的是(　　)。

A. 前手破产　　B. 承兑人破产

C. 前手以外的背书人破产　　D. 保证人破产

4. 2021年4月7日甲向乙签发一张本票,乙持票后将该本票背书给丙,丙又背书给丁。丁于6月9日向甲提示付款,因手续欠缺,未得到付款。丁可以向(　　)行使追索权。

A. 甲　　B. 乙

C. 丙　　D. 甲、乙、丙中的任何一个、数人和全体

5. 下列付款方式中,适用于支票的付款方式是(　　)。

A. 见票即付　　B. 见票后定期付款　　C. 定日付款　　D. 出票后定期付款

二、多项选择题

1. 下列各项中,可以导致汇票无效的情形有(　　)。

A. 汇票上未记载付款日期　　B. 汇票上未记载出票日期

C. 汇票上未记载收款人名称　　D. 汇票金额的中文大写和数码记载不一致

2. 下列选项中,汇票不得进行背书转让的有(　　)。

A. 汇票被拒绝承兑的　　B. 汇票被拒绝付款的

C. 超过付款提示期限的汇票　　D. 记载“不得转让”字样的汇票

3. 汇票到期日前,下列情形中,持票人可以行使追索权的有(　　)。

A. 承兑人或者付款人死亡、逃匿的

B. 汇票被拒绝承兑的

C. 承兑人或者付款人被依法宣告破产的

D. 承兑人或者付款人因违法被责令终止业务活动的

4. 下列各项,关于本票的表述正确的有(　　)。

A. 无条件支付的委托是其绝对记载事项之一

B. 本票仅限于银行本票,且为记名式本票和即期本票

C. 本票自出票日起,付款期限最长不得超过2个月

D. 本票的出票人是票据上的主债务人,即使持票人未按法定期限提示付款,但仍可对出票人进行追索

5. 属于对人的抗辩包括(　　)。

A. 为支付赌债而签发的支票

B. 为购货而签发票据但对方没有发货

C. 持票人未按约提供与票款相当的商品或劳务等

D. 票据债务已经清偿、抵销或免除而未载于票据上

三、判断题

1. 个人在票据和结算凭证上的签章,应为该个人本人的签名或盖章。(　　)
2. 我国《票据法》上的本票包括银行本票和商业本票,而支票只有银行支票。(　　)
3. 我国《票据法》上的本票和支票都仅限于见票即付。(　　)
4. 本票和支票的基本当事人都只包括银行和收款人。(　　)
5. 出票行为生效后,出票人成为第一债务人,收款人成为票据权利人。(　　)

应会考核

■ 观念应用

【背景资料】

杨某伪造一张220万元的银行承兑汇票,该汇票以丁公司为出票人,以甲公司为收款人。杨某将这张伪造的银行承兑汇票以甲公司的名义背书转让给乙公司,乙公司又背书转让给丙公司。丙公司持这张伪造的汇票到甲商业银行申请贴现。甲商业银行未审查出这张汇票的真假,予以贴现200万元,甲商业银行通过同城票据交换给建行,建行以联行往来转让给农行。农行认为这张票据可能有问题,于是在收到汇票后立即向公安机关报案。经查明乙公司在甲商业银行开立结算账户,曾买过25张银行承兑汇票(全是空白汇票),这张伪造汇票是其中的一张。后又查明,不法分子杨某系乙公司的职工,参与者还有农行职工朱某。因此,农行将汇票退还给甲商业银行,而甲商业银行以多种借口拒收汇票。

【考核要求】

(1)本案中杨某处于什么地位,应承担何种责任?

(2)本案中丁公司和甲公司处于什么地位?应承担何种责任?

(3)本案中丙公司处于什么地位?如果其持票要求贴现时遭拒付,可以行使哪些权利?

(4)本案中乙公司处于何种地位?应承担何种责任?

(5)本案中甲商业银行处于何种地位?应承担何种责任?

■ 技能应用

甲企业和乙企业于2018年5月1日签订买卖合同,合同标的额为100万元。根据合同约定,乙企业于5月10日提交全部货物,甲企业验收合格后,于2018年5月20日提交乙企业一张出票后1个月付款的银行承兑汇票,汇票金额为100万元,出票日为5月20日,承兑人、付款人为建设银行。6月10日乙企业在与丙企业的买卖合同中将该汇票背书转让给丙企业,乙企业在背书时在汇票上记载了"不得转让"字样,丙企业已支付对价。6月20日,丙企业在与丁企业的买卖合同中将该汇票背书转让给丁企业,丁企业已支付对价。丁企业要求丙企业提供票据保证,在丙企业的请求下,戊企业作为丙企业的保证人在汇票的正面记载"保证"字样并签章,但未记载保证日期。2018年6月28日,持票人丁企业向建设银行提示付款,但建设银行拒绝付款。丁企业同日提取拒绝证明后,6月29日,丁企业向乙企业发出追索通知,乙企业以自己在背书时曾记载"不得转让"为由表

示拒绝。6月30日丁企业向保证人戊企业发出追索通知。要求戊企业支付汇票金额、相关利息和费用共计108万元，戊企业以丁企业尚未向丙企业进行追索，且追索金额超出汇票金额为由表示拒绝。7月10日，丁企业向丙企业发出追索通知，丙企业以丁企业未在取得拒绝证明的3日内发出追索通知已丧失对丙企业的追索权为由表示拒绝。2020年7月1日，丁企业向甲企业请求行使票据权利，甲企业以丁企业已丧失票据权利为由表示拒绝。

【技能要求】

(1)持票人丁企业可以向哪些票据当事人行使追索权？

(2)乙企业拒绝持票人丁企业的理由是否成立？为什么？

(3)保证人戊企业拒绝持票人丁企业的理由是否成立？为什么？

(4)丙企业拒绝持票人丁企业的理由是否成立？为什么？

(5)甲企业以票据权利消灭为由拒绝持票人丁企业的理由是否成立？为什么？

(6)丁企业的民事权利是否消灭？为什么？

■ 案例分析

【案例情境】

甲、乙公司于2020年4月21日签订买卖设备合同，根据合同约定，乙公司于4月26日发出500万元的设备，甲公司将一张出票日期为5月2日、金额为500万元、见票后3个月付款的银行承兑汇票交给乙公司。5月11日，乙公司向承兑人A银行提示承兑，承兑日期为5月11日。乙公司在与丙公司的买卖合同中，将该汇票背书转让给丙公司。2020年6月21日，丙公司在与丁公司的买卖合同中，将其质押给丁公司。丙公司在汇票上记载“质押背书”字样并在汇票上签章。2020年6月26日，丁公司将该汇票背书转让给戊公司，戊公司为善意的、支付对价的持票人。2020年8月13日，持票人戊公司提示付款时，承兑人A银行以甲公司未能足额交存票款为由，拒绝付款，并于当日签发拒绝证明。2020年8月21日，戊公司向甲公司、乙公司、丙公司发出追索通知。甲公司以乙公司发来的货物不符合合同约定为由，拒绝承担票据责任；乙公司以戊公司未在法定期限内发出追索通知为由，拒绝承担票据责任；丙公司以丁公司无权背书转让汇票为由，拒绝承担票据责任。

【分析要求】

(1)乙公司于2020年5月11日向A银行提示承兑的时间是否符合法律规定？并说明理由。

(2)戊公司于2020年8月13日向A银行提示付款的时间是否符合法律规定？并说明理由。如果持票人未在法定期限内提示付款，其法律后果是什么？

(3)如果持票人戊公司未能出示拒绝证明，其法律后果是什么？

(4)戊公司于2020年8月21日向甲公司、乙公司、丙公司发出追索通知的时间是否符合法律规定？并说明理由。如果持票人未在法定期限内发出追索通知，其法律后果是什么？

项目实训

【实训情境】

赵某系某市科研院所一高级知识分子，2019年因受刺激而致精神失常。赵某曾因一项专利发明而获得了不少的收入，因而拥有支票账户。2021年4月5日赵某签发了一张1万元的转账支票给某家电公司购买空调。因支票的出票人系个人，家电公司提出应有保证人进行保证。赵某同意并找到其儿子小赵(已单独立户)，随后小赵出具了保证书。家电公司收受支票后，于4月8日以背书的方式将该支票转让给了云大科技公司以购买一台电脑。4月12日云大科技公司持该支票向某超市购置办公用品，4 月 16 日超市通过其开户银行提示付款时，开户银行以超过提示付款期限为由做了退票处理。超市只好通知其前手进行追索。在追索的过程中，云大科技公司和家电公司均以有保证人为由推卸自己的票据责任。保证人小赵也以其父赵某系精神病人，其签发的支票无效为由拒不承担责任。经鉴定，赵某确实精神不正常，属无行为能力人。

请思考：

(1)赵某的票据行为是否有效？其所签发的票据是否有效？为什么？

(2)云大科技公司、家电公司拒不承担责任的理由有无道理？为什么？

(3)本案中小赵应否承担保证责任？为什么？

【实训目标】

加深学生对票据法基本知识的认识和理解，学会运用票据法知识解决票据的基本问题，从而提高学生的综合素质。

【实训组织】

将学生分成若干组，每组 7 人，每组设组长 1 名，组长负责组织本组成员进行实训，由组长将调查结果书面写成报告，并总结。(注意：教师提出活动前的准备和注意事项等内容。)

1. 教师组织学生仔细阅读案例，提示案例要点。

2. 学生每 4～6 人组成一个学习小组，以小组为单位进行讨论，提倡采用头脑风暴法，最终形成一篇案例分析报告。

3. 每个小组派出 1 名代表上讲台阐述小组报告的观点。

【实训成果】

1. 考核和评价采用报告资料展示和学生讨论相结合的方式。

2. 评分采用学生和教师共同评价的方式，填写实训报告。

<table>
<tr><th colspan="3">实训报告</th></tr>
<tr><td>项目实训班级：</td><td>项目小组：</td><td>项目组成员：</td></tr>
<tr><td>实训时间：　　年　月　日</td><td>实训地点：</td><td>实训成绩：</td></tr>
<tr><td colspan="3">实训目的：</td></tr>
<tr><td colspan="3">实训步骤：</td></tr>
<tr><td colspan="3">实训结果：</td></tr>
<tr><td colspan="3">实训感言：</td></tr>
</table>

项目六

税 法

○ **知识目标**

理解：税法的概念、分类；税收的概念、税收法律关系。

熟知：税收法律制度的构成要素；增值税、消费税、企业所得税、个人所得税等法律制度的基本内容。

掌握：增值税、消费税、企业所得税、个人所得税等税种应纳税额的计算方法。

○ **技能目标**

能够在理解各种税种的基础上，具备对各主要税种的应纳税额进行计算的能力。

○ **素质目标**

运用所学的税法知识研究相关案例，培养和提高学生在特定业务情境中分析问题与决策设计的能力；结合行业规范或标准，运用税法知识分析行为的善恶，提升学生的职业道德素质。

○ **项目引例**

虚报增值税为企业"增肥"

一老板为了给企业"增肥"，竟想到了虚开增值税发票的招数。海曙检察院以涉嫌虚开增值税专用发票罪对钱某提起公诉。

钱某现年58岁，原系宁波A工贸有限公司法定代表人。该公司主要经营不锈钢制品，但业务一直不景气。根据有关规定，年营业额不满500万元的企业就要取消一般纳税人资格，不能再用增值税专用发票了。钱某担心被取消资格后生意更加难做。

2018年4月，钱某遇到丁某(已判刑)说到此事。对方则说此事好解决，可以给他们公司"增肥"。从2018年4月到2020年5月间，钱某在无货物交易的情况下，从丁某所开的B贸易公司处虚开增值税专用发票87份，价税500余万元。而后，他又以自己公司的名义向其他数家小公司虚开增值税专用发票43份。

检察机关认为，宁波A工贸有限公司在2020年11月被市场监管部门吊销营业执照，因此不再追究刑事责任。而钱某系法定代表人属直接负责的主管人员，其行为已构成虚开增值税专用发票罪。

思考与讨论：

什么是增值税？增值税纳税义务人是如何判定的？

○ **知识精讲**

任务一　税法概述

一、税法的概念

税法是国家制定的用以调整国家与纳税人之间在征纳方面的权利和义务关系的法律规范的总称。税法的本质是正确处理国家与纳税人之间因税收而产生的税收法律关系和社会关系，既要保证国家的税收收入，也要保护纳税人的权利，两者缺一不可。税法体现为法律这一规范形式，是税收制度的核心内容。

制定税法的主体是国家最高权力机关，在我国是全国人民代表大会及其常务委员会。税法的调整对象是税收分配中形成的权利和义务关系。税收分配关系包括国家与纳税人之间的税收分配关系和各级政府的税收利益分配关系。如果说实现税收分配是目标，从法律上设定税收权利和义务则是实现目标的手段。税法调整的是税收权利和义务关系，而不是税收分配关系。

税法有广义和狭义之分。从广义上讲，税法是各种税收法律规范的总和。从立法层次上讲，它既包括由国家最高权力机关——全国人民代表大会及其常务委员会正式制定的税收法律，也包括国家最高行政机关——国务院制定的税收法规、由省级人民代表大会制定的地方性税收法规以及有关政府部门制定的税收规章等。从狭义上讲，税法指的是经国家最高权力机关正式立法的税收法律。

二、税法的分类

(一)按照税法基本内容和效力的不同，可分为税收基本法和税收普通法

(1)税收基本法是税法体系的主体和核心，在税法体系中起着税收母法的作用。其基本内容一般包括：税收制度的性质、税务管理机构、税收立法与管理权限、纳税人的基本权利与义务、税收征收范围(税种)等。

(2)税收普通法是根据税收基本法的原则，对税收基本法规定的事项分别立法并实施，如个人所得税法、税收征收管理法等。我国目前还没有制定统一的税收基本法，随着我国税收法制建设的发展和完善，将研究制定税收基本法。

(二)按照税法功能作用的不同，可分为税收实体法和税收程序法

(1)税收实体法主要是指确定税种立法，具体规定各税种的征收对象、征收范围、税目、税率、纳税地点等。例如，《中华人民共和国企业所得税法》《中华人民共和国个人所得税法》就属于税收实体法。

(2)税收程序法是指税务管理方面的法律，主要包括税收管理法、纳税程序法、发票管理法、税务机关组织法、税务争议处理法等。《税收征管法》就属于税收程序法。

(三)按照税法征收对象的不同，可分为对流转额课税的税法，对所得额课税的税法，对财产、行为课税的税法，对自然资源课税的税法

(1)对流转额课税的税法，主要包括增值税、消费税、关税等税法。[①] 这类税法的特点是与商品生产、流通、消费有密切关系。对什么商品征税、税率多高，这些对商品经济活动都有直接的影响，易于发挥对经济的宏观调控作用。

---

①自2006年1月1日起废除农业税；自2016年5月1日起全面实施“营改增”，营业税正式退出历史舞台。

(2)对所得额课税的税法，主要包括企业所得税、个人所得税等税法。其特点是可以直接调节纳税人收入，发挥其公平税负、调整分配关系的作用。

(3)对财产、行为课税的税法，主要是对财产的价值或某种行为课税，包括房产税、车船税、印花税、契税、车辆购置税等税法。

(4)对自然资源课税的税法，主要是为保护和合理使用国家自然资源而课征的税。我国现行的资源税、城镇土地使用税、土地增值税等税种均属于资源税的范畴。

(四)按照税收收入归属和征管管辖权限的不同，可分为中央(收入)税法和地方(收入)税法

(1)中央税是指由中央政府征收、管理和支配的税收，主要包括关税、消费税、车辆购置税。

(2)地方税是与中央税相对应的。它是根据国家财政管理体制的规定，由中央统一立法或地方自行立法开征，由省和省以下地方政府负责征收管理，税款为地方财政固定收入的各种税的总称，主要包括车船税、房产税、土地增值税。

(3)中央地方共享税即由中央和地方共同管理和使用的税种，主要包括增值税、资源税、企业所得税、印花税。

(五)按照税法效力的不同，可分为税收法律、税收法规、税收规章

(1)税收法律是指享有国家立法权的国家最高权力机关，依照法律程序制定的规范性税收文件。我国税收法律是由全国人民代表大会及其常务委员会制定的，其法律地位和法律效力仅次于宪法而高于税收法规、规章。

(2)税收法规是指国家最高行政机关、地方立法机关根据其职权或国家最高权力机关的授权，依据宪法和税收法律，通过一定法律程序制定的规范性税收文件。我国目前税法体系的主要组成部分是税收法规，包括由国务院制定的税收行政法规和由地方立法机关制定的地方税收法规两部分，其具体形式主要是条例或暂行条例。税收法规的效力低于宪法、税收法律，高于税收规章。

(3)税收规章是指国家税收管理职能部门、地方政府根据其职权和国家最高行政机关的授权，依据有关法律、法规制定的规范性税收文件。在我国，税收规章具体是指财政部、国家税务总局、海关总署以及地方政府在其权限内制定的有关税收的办法、规则、规定，如《税务行政复议规则》《税务代理试行办法》等。税收规章可以增强税法的灵活性和可操作性，但其法律效力较低。一般情况下，税收规章不作为税收司法的直接依据，而只具有参考性的效力。

(六)按照主权国家行使税收管辖权的不同，可分为国内税法、国际税法、外国税法等

(1)国内税法是指一国在其税收管辖权范围内调整税收分配过程中形成的权利和义务关系的法律规范的总称，是由国家最高权力机关和经由授权或依法律规定的国家行政机关制定的税收法律、法规、规章等规范性文件。其效力范围在地域上和对人上均以国家税收管辖权所能达到的管辖范围为准。我们通常所说的税法即指国内税法。

(2)国际税法是指调整国家与国家之间税收权益分配的法律规范的总称，包括政府间的双边或多边税收协定、关税互惠公约、经合范本、联合国范本和国际税收惯例等。其内容涉及税收管辖权的确定、税收抵免、无差别待遇和最惠国待遇等。国际税法是国际法的特殊组成部分，一旦得到一国政府和立法机关的法律承认，国际税法的效力就高于国内税法。

(3)外国税法是指本国以外各个国家制定的税收法律规范。

三、税收概述

(一)税收的概念

税收是国家为满足社会公共需要，凭借公共权力，按照法律所规定的标准和程序，参与国民收入分配，强制地、无偿地取得财政收入的一种方式。

(二)税收的特征

税收的特征是指税收所具有的无偿性、固定性和强制性,也称税收的“三性”,其核心是无偿性。它是税收区别于政府其他财政收入形式的标志。

1. 无偿性

税收的无偿性是指国家征税后,税款即成为国家的财政收入,国家不向纳税人支付任何直接的报酬。

2. 固定性

税收的固定性是指国家在征税之前,以法律形式预先确定征税对象、征收标准、征税方法等基本内容,除国家特定权力机构外,任何单位与个人都不能随意改变。

3. 强制性

税收的强制性是指国家凭借政治权力,通过法律形式强制参与经济活动主体的收入分配,而非纳税人的自愿缴纳。具体来说,任何纳税主体都必须依法纳税,任何征税机关都必须依法征税,否则就要受到法律的制裁。

四、税收法律关系

税收法律关系是税法所确认和调整的,国家与纳税人之间、国家与国家之间以及各级政府之间在税收分配过程中形成的权利与义务关系。

(一)税收法律关系的构成

1. 税收法律关系的主体

税收法律关系的主体是指税收法律关系中享有权利和承担义务的当事人。在我国税收法律关系中,权利主体一方是代表国家行使征税职责的国家行政机关,包括国家各级税务机关、海关和财政机关;另一方是履行纳税义务的人,包括法人、自然人和其他组织。

在税收法律关系中,权利主体双方法律地位平等,但因主体双方是行政管理者与被管理者的关系,所以与一般民事法律关系中主体双方权利与义务对等不同,双方的权利与义务不对等。这是税收法律关系的一个重要特征。

2. 税收法律关系的客体

税收法律关系的客体是指税收法律关系主体的权利与义务所共同指向的对象,也就是征税对象。税收法律关系客体也是国家利用税收杠杆调整和控制的目标,国家在一定时期根据客观经济形势发展的需要,通过扩大或缩小征税范围调整征税对象,以达到限制或鼓励国民经济中某些产业、行业发展的目的。

3. 税收法律关系的内容

税收法律关系的内容是指税收法律关系主体所享有的权利和所应承担的义务。它规定主体可以有什么行为,不可以有什么行为,若违反了这些规定,须承担相应的法律责任。

税务机关的权利主要表现为依法征税、税务检查以及对违章者进行处罚,其义务主要是向纳税人宣传、咨询、辅导解读税法,及时把征收的税款缴入国库,依法受理纳税人对税收争议的申诉等。

纳税义务人的权利主要有多缴税款申请退还权、延期纳税权、依法申请减免税权、申请复议和提起诉讼权等,其义务主要是按税法规定办理税务登记、进行纳税申报、接受税务检查、依法缴纳税款等。

(二)税收法律关系的产生、变更与消灭

税收法律关系的产生、变更与消灭必须有能够引起税收法律关系产生、变更与消灭的客观情况,即由税收法律事实来决定。税收法律事实包括税收法律事件和税收法律行为。前者是指不以税收法律关系主体的意志为转移的客观事件，如自然灾害可以导致税收减免，从而改变税收法律关系内容的变化；后者是指税收法律关系在正常意志支配下做出的活动，如纳税人开业经营即产生税收法律关系，纳税人转业或停业就造成税收法律关系的变更或消灭。

（三）税收法律关系的保护

税收法律关系的保护形式和方法有很多种，如税法中关于限期纳税、征收滞纳金和罚款的规定，刑法中对构成逃税、抗税罪给予刑罚的规定，以及税法中对纳税人不服税务机关征税处理决定，可以申请复议或提出诉讼的规定等都是对税收法律关系的直接保护。税收法律关系的保护对权利主体双方是平等的。

五、税收法律制度的构成要素

税收法律制度由一系列单行税法构成，其构成要素是指各种单行税法具有的共同的基本要素的总称，一般包括总则、纳税义务人、征税对象、税目、税率、纳税环节、纳税期限、纳税地点、减税免税、罚则、附则。

（一）总则

总则主要包括立法依据、立法目的、适用原则等。

（二）纳税义务人

纳税义务人，简称纳税人，又称纳税主体，是指税法规定的直接负有纳税义务的单位和个人，包括法人和自然人两种基本形式。

与纳税人紧密联系的两个概念是代扣代缴义务人和代收代缴义务人。前者是指虽不承担纳税义务，但依照有关规定，在向纳税人支付收入、结算货款、收取费用时，有义务代扣代缴其应纳税款的单位和个人；后者是指虽不承担纳税义务，但依照有关规定，在向纳税人收取商品或劳务收入时，有义务代收代缴其应纳税款的单位和个人。

（三）征税对象

征税对象又称课税对象、征税客体，是指税法规定对什么征税，是征纳税双方权利与义务所共同指向的客体或标的物，是区别一种税与另一种税的重要标志。

与课税对象相关的两个基本概念是税目和税基。其中，税基又称计税依据，是据以计算征税对象应纳税款的直接数量依据，可解决对征税对象课税的计算问题，是对课税对象的量的规定。如应纳税所得额是据以计算所得税应纳税额的数量基础，为所得税的税基。计税依据包括价值形态和物理形态。以价值形态作为税基的，称为从价计征，即按征税对象的货币价值计算；以物理形态作为税基的，称为从量计征，即直接按征税对象的自然单位计算。

（四）税目

税目是指在税法中对征税对象分类规定的具体的征税项目，反映具体的征税范围，是对课税对象的质的界定。并非所有税种都需要规定税目，有些税种不分课税对象的具体项目，一律按照课税对象的应税数额采用同一税率计征税款，如企业所得税；有些税种的具体课税对象比较复杂，需要规定税目，如消费税、关税等。

（五）税率

税率是指对征税对象的征收比例或征收额度。税率是计算税额的尺度，也是衡量税负轻重的重要标志。我国现行的税率主要有：

1. 比例税率

比例税率是指对同一征税对象，不分数额大小，规定相同的征收比例。比例税率在适用中又分为单一比例税率、差别比例税率和幅度比例税率三种具体形式。①单一比例税率是指对同一征税对象的所有纳税人都适用同一比例税率。②差别比例税率是指对同一征税对象的不同纳税人适用不同的比例征税,具体又包括产品差别比例税率、行业差别比例税率和地区差别比例税率三种类型。③幅度比例税率是指对同一征税对象,税法只规定最低税率和最高税率,各地区在该幅度内确定具体的适用税率。我国的增值税、消费税、城市维护建设税、企业所得税等采用的是比例税率。

2. 超额累进税率

超额累进税率是指把征税对象按数额的大小分成若干等级,每一等级规定一个税率,税率依次提高,但每一纳税人的征税对象则依所属等级同时适用几个税率分别计算,将计算结果相加后得出应纳税款。目前,我国的个人所得税采用超额累进税率。

3. 定额税率

定额税率是指按征税对象确定的计算单位直接规定一个固定的税额。目前,采用定额税率的有资源税、城镇土地使用税、车船税等。

4. 超率累进税率

超率累进税率是指以征税对象数额的相对率划分若干级距,分别规定相应的差别税率,相对率每超过一个级距的,对超过的部分按高一级的税率计算征税。目前,我国的土地增值税采用超率累进税率。

(六)纳税环节

纳税环节主要是指税法规定的征税对象在从生产到消费的流转过程中应当缴纳税款的环节,如流转税在生产和流通环节纳税、所得税在分配环节纳税等。

(七)纳税期限

纳税期限是指税法规定的关于税款缴纳时间方面的限定,包括以下 3 个时限:①纳税义务发生时间,即应税行为发生的时间;②纳税期限,即税法规定的纳税人可以汇总一次纳税的固定时间,不能按固定期限纳税的,可以按次纳税;③缴库期限,即税法规定的纳税期满后,纳税人将应纳税款缴入国库的期限。

(八)纳税地点

纳税地点主要是指根据各个税种纳税对象的纳税环节和有利于对税款的源泉控制而规定的纳税人(包括代征、代扣、代缴义务人)的具体纳税地点。

(九)减税免税

减税免税主要是指对某些纳税人和征税对象采取减少征税或者免予征税的特殊规定。

(十)罚则

罚则主要是指对纳税人违反税法的行为采取的处罚措施。

(十一)附则

附则一般是规定与该法紧密相关的内容,如该法的解释权、生效时间等。

任务二 税收法律制度

一、税制结构

我国现行税收法律制度简称“税制”,是指从 1994 年 1 月 1 日以来实行的税收制度,是适应社会主义市场经济体制的税制。目前的税收体系按照课税对象的性质划分,可分为五大类:流转额课税、所得额课税、资源课税、财产课税和行为课税。我国现行税制是以流转额课税、所得额课税为主体,以其他税类为辅助和补充的复合税制体系。

(一)流转额课税

流转额课税,简称流转税,是以商品或劳务为征税对象,以流通过程中发生的流转额为计税依据而课征税款的若干税种的统称,主要包括增值税、消费税、关税等。流转税是对流转额进行课征的,只要纳税人取得应税收入就必须依法纳税,不受商品的种类、劳务形式、所有制、地区等条件的限制,也不受生产经营成果的影响。相应地,税额也会随着收入的增加而增长,有助于财政收入的稳定筹集。一般而言,流转税通常采用比例税率,也有部分采用定额税率,计征方法比较简便。因此,这类税收具有收入的及时性、稳定性和税源的广泛性等特点。目前,我国流转税的收入占税收总收入的一半以上。

(二)所得额课税

所得额课税,又称收益额课税,是以纳税人的所得(收益)额为征税对象课征的一类税。我国现行税制中的所得额课税主要包括企业所得税、个人所得税、外商投资企业和外国企业所得税等。与流转税相比,它主要有以下几个特点:①课税公平。它以纳税人的所得(收益)额为课税对象,所得多的多征,所得少的少征,无所得的不征,体现了量能负担、税负公平的原则。②一般采用累进税率。③一般就全年所得额征税,采用按期(月或季)预征、年终汇算清缴的办法。当前,我国所得额课税的收入约占税收收入的30%~40%。随着市场经济的进一步发展、企业经济效益的提高和人民收入水平的逐步提高,所得额课税在我国税制中的地位将会越来越重要。

(三)资源课税

资源课税,简称资源税,是指以各种自然资源(如城市土地、矿藏、水流、森林等)为课税对象征收的一系列税种的统称。它具有以下特点:①对特定的资源课税;②具有对绝对地租(收入)和级差地租(收入)征税的性质;③实行从量定额征税。开征资源税,对于促进资源合理开采、节约使用国有资源、合理调节不同资源条件下的级差收入、促进企业公平竞争、拓宽税收调节领域、增加财政收入等都具有重要的作用。我国现行税种中的资源课税主要包括资源税、土地使用税、土地增值税和耕地占用税等。

(四)财产课税

财产课税,是根据纳税人拥有或支配的财产而课征的若干税种的统称。目前,我国属于财产税的税种主要有房产税、契税和车船税等。

(五)行为课税

行为课税,是指以纳税人的某种特定行为作为课税对象而征收的一类税。开征行为税的主要目的是达到国家某种特定的政策要求。在我国现行税制中,行为课税主要包括印花税、城市维护建设税、证券交易税等。

二、现行税制主要税种

(一)增值税

1. 增值税的概念

增值税是以销售货物、加工修理修配劳务、服务、无形资产以及不动产过程中产生的增值额作为计税依据而征收的一种流转税。具体而言,增值税是对在我国境内销售货物、加工修理修配劳务、服务、无形资产、不动产以及进口货物的企业单位和个人,就其取得货物、加工修理修配劳务、服务、无形资产、不动产的销售额,以及进口货物的金额为计税依据计算税款,并实行税款抵扣的一种流转税。

2. 增值税的分类

按外购固定资产处理方式不同,可将增值税分为消费型增值税、收入型增值税和生产型增值税三种类型。三种类型增值税的特点和适用范围如表6—1所示。

表6—1 三种类型增值税的特点和适用范围

类 型	特 点	优 点	缺 点	适用范围
生产型增值税	①法定增值额不允许扣除任何外购固定资产价款 ②法定增值额大于理论增值额	保证财政收入	重复征税，不利于鼓励投资	我国1994年至2008年
收入型增值税	①对外购固定资产只允许扣除当期计入产品价值的折旧部分 ②法定增值额等于理论增值额	完全避免重复征税	给以票扣税造成困难	
消费型增值税	①当期购入固定资产价款一次全部扣除 ②法定增值额小于理论增值额	体现增值税优越性，便于操作	减少财政收入	我国2009年1月1日至今

提示：我国现行增值税属于消费型增值税。

3. 增值税征税范围

(1)销售或者进口货物

销售货物是指有偿转让货物的所有权。进口货物是指申报进入中国海关境内的货物。我国增值税法规规定，只要是报关进口的应税货物，均属于增值税的征税范围，除享受免税政策外，在进口环节缴纳增值税。

(2)提供(销售)加工修理修配劳务

“加工”是指接受来料承做货物，加工后的货物所有权仍属于委托方的业务，也就是通常所说的委托加工业务，即委托方提供原材料及主要材料，受托方按照委托方的要求制造货物并收取加工费的业务；“修理修配”是指受托对损伤和丧失功能的货物进行修复，使其恢复原状和功能的业务。

提供加工、修理修配劳务是指有偿提供加工修理修配劳务，但单位或个体经营者聘用的员工为本单位或雇主提供加工修理修配劳务，不包括在内。

在中华人民共和国境内销售货物或者提供加工、修理修配劳务，是指：①销售货物的起运地或者所在地在境内；②提供的应税劳务发生地在境内。

(3)销售服务、无形资产、不动产

销售服务、无形资产或者不动产，是指有偿提供服务、有偿转让无形资产或者不动产，但属于下列非经营活动的情形除外：①行政单位收取的同时满足以下条件的政府性基金或者行政事业性收费：A. 由国务院或者财政部批准设立的政府性基金，由国务院或者省级人民政府及其财政、价格主管部门批准设立的行政事业性收费；B. 收取时开具省级以上(含省级)财政部门监(印)制的财政票据；C. 所收款项全额上缴财政。②单位或者个体工商户聘用的员工为本单位或者雇主提供取得工资的服务。③单位或者个体工商户为聘用的员工提供服务。④财政部和国家税务总局规定的其他情形。

在境内销售服务、无形资产或者不动产，是指：①服务(租赁不动产除外)或者无形资产(自然资源使用权除外)的销售方或者购买方在境内；②所销售或者租赁的不动产在境内；③所销售自然资源使用权的自然资源在境内；④财政部和国家税务总局规定的其他情形。

4. 增值税的纳税人

增值税纳税人是指税法规定负有缴纳增值税义务的单位和个人。在中华人民共和国境内销售货物或者加工修理修配劳务(简称劳务)、服务、无形资产、不动产以及进口货物的单位和个人，为增值税的纳税人。

按照经营规模的大小和会计核算健全与否等标准，增值税纳税人可分为一般纳税人和小规模纳税人。

(1)一般纳税人

一般纳税人是指年应征增值税销售额(以下简称年应税销售额)超过税法规定的小规模纳税人标准(自 2018 年 5 月 1 日起,为 500 万元)的企业和企业性单位。一般纳税人的特点是增值税进项税额可以抵扣销项税额。

增值税纳税人,年应税销售额超过财政部、国家税务总局规定的小规模纳税人标准的,除税法另有规定外,应当向其机构所在地主管税务机关办理一般纳税人登记。

在税务机关登记的一般纳税人,可按税法规定计算应纳税额,并使用增值税专用发票。对符合一般纳税人条件但不办理一般纳税人登记手续的纳税人,应按销售额依照增值税税率计算应纳税额,不得抵扣进项税额,也不得使用增值税专用发票。

【提示】增值税一般纳税人的特点是在一般计税方法下增值税进项税额可以抵扣销项税额(扣税法),并可使用增值税专用发票。

(2)小规模纳税人

小规模纳税人是指年销售额在规定标准以下,并且会计核算不健全,不能按规定报送有关税务资料的增值税纳税人。小规模纳税人的标准如下:

①自 2018 年 5 月 1 日起,增值税小规模纳税人标准统一为年应征增值税销售额 500 万元及以下。

②年应税销售额超过小规模纳税人标准的其他个人(指个体工商户以外的个人)按照小规模纳税人纳税。

③年应税销售额超过小规模纳税人标准的非企业性单位、不经常发生应税行为的企业可选择按照小规模纳税人纳税(针对销售货物、劳务的纳税人);年应税销售额超过规定标准但不经常发生应税行为的单位和个体工商户可选择按照小规模纳税人纳税(针对销售服务、无形资产或者不动产的纳税人)。

小规模纳税人会计核算健全,能够提供准确税务资料的,可以向主管税务机关办理一般纳税人资格登记,成为一般纳税人。

除国家税务总局另有规定外,一经登记为一般纳税人后,不得转为小规模纳税人。

5. 增值税的扣缴义务人

中华人民共和国境外(以下简称"境外")的单位或者个人在境内提供应税劳务,在境内未设有经营机构的,以其境内代理人为扣缴义务人;在境内没有代理人的,以购买方为扣缴义务人。

境外的单位或者个人在境内发生应税行为(销售服务、无形资产或不动产),在境内未设有经营机构的,以购买方为增值税扣缴义务人。财政部和国家税务总局另有规定的除外。

上述扣缴义务人按照下列公式计算应扣缴税额:

应扣缴税额=购买方支付的价款÷(1+税率)×税率

6. 增值税税率和征收率

自 2019 年 4 月 1 日起,纳税人发生增值税应税销售行为或者进口货物,增值税一般纳税人适用税率分别为 13%、9%、6%和 0,共 4 档。

视频

国务院总理李克强:减税降费

(1)基本税率

一般情况下,一般纳税人销售或者进口货物、销售加工修理修配劳务、有形动产租赁服务,除低税率适用范围和销售个别旧货适用低税率外,税率一律为 13%,这就是通常所说的基本税率。

(2)低税率

①9%。一般纳税人销售或者进口下列货物,税率为 9%:A. 粮食等农产品、食用植物油、食用

盐;B. 自来水、暖气、冷气、热水、煤气、石油液化气、天然气、二甲醚、沼气、居民用煤炭制品;C. 图书、报纸、杂志、音像制品、电子出版物;D. 饲料、化肥、农药、农机、农膜;E. 国务院规定的其他货物。

一般纳税人销售交通运输、邮政、基础电信、建筑、不动产租赁服务,销售不动产,转让土地使用权,税率为9%。

②6%。一般纳税人销售增值电信服务、金融服务、现代服务和生活服务,销售土地使用权以外的无形资产,税率为6%。

(3)0税率

①纳税人出口货物,税率为0;但是,国务院另有规定的除外。

②境内单位和个人跨境销售国务院规定范围内的服务、无形资产,税率为0。

(4)征收率

一般纳税人特殊情况下采用简易计税方法适用征收率。小规模纳税人缴纳增值税采用简易计税方法适用征收率。我国增值税的法定征收率是3%;一些特殊项目适用3%减按2%的征收率。全面营改增后的与不动产有关的特殊项目适用5%的征收率;一些特殊项目适用5%减按1.5%的征收率。

7. 增值税应纳税额的计算

我国增值税一般纳税人在一般计税方法下的应纳税额的计算实行购进扣税法。一般纳税人在一般计税方法下销售货物、劳务、服务、无形资产、不动产(统称"应税销售行为"),应纳税额为当期销项税额抵扣当期进项税额后的余额。其应纳增值税税额的计算公式为:

应纳增值税税额=当期销项税额-当期准予抵扣进项税额

=当期销售额×适用税率-当期准予抵扣进项税额

小规模纳税人发生应税销售行为,实行按照销售额乘以征收率计算应纳税额的简易计税方法,并不得抵扣进项税额。其应纳税额计算公式为:

应纳税额=销售额×征收率

简易计税方法的销售额不包括其应纳增值税税额。纳税人采用销售额和应纳增值税税额合并定价方法的,按照下列公式计算销售额。

销售额=含税销售额÷(1+征收率)

【做中学6-1】 甲咨询公司为小规模纳税人,本年7月至9月取得含税修理收入309 000元。请计算甲咨询公司本年第三季度的应纳增值税。

解:应纳增值税=309 000÷(1+3%)×3%=9 000(元)

(二)消费税

1. 消费税的概念

消费税是对在我国境内从事生产、委托加工、进口、批发或者零售应税消费品的单位和个人征收的一种流转税,是对特定的消费品和消费行为在特定的环节征收的一种流转税。

2. 消费税的纳税人

消费税纳税人是指在中华人民共和国境内(起运地或者所在地在境内)生产、委托加工和进口《中华人民共和国消费税暂行条例》(简称《消费税暂行条例》)规定的应税消费品的单位和个人,以及国务院确定的销售《消费税暂行条例》规定的某些应税消费品的其他单位和个人。

3. 消费税的税目和税率

(1)消费税的税目

我国消费税的税目共有15个,分别是:①烟;②酒;③高档化妆品;④贵重首饰及珠宝玉石;

⑤鞭炮、焰火；⑥成品油；⑦摩托车；⑧小汽车；⑨高尔夫球及球具；⑩高档手表；⑪游艇；⑫木制一次性筷子；⑬实木地板；⑭电池；⑮涂料。其中，有些税目还包括若干子目。

(2)消费税的税率

消费税的税率包括比例税率和定额税率两类。另外，应征消费税的白酒(含粮食白酒和薯类白酒)和卷烟实行的是比例税率和定额税率相结合的征收方式。相关内容见表6－2。

表6－2　　应税消费品名称、税率和计量单位对照表

应税消费品名称	比例税率	定额税率	计量单位
一、烟			
1.卷烟			
(1)工业			
①甲类卷烟(调拨价70元(不含增值税)/条以上(含70元))	56%	30元/万支	万支
②乙类卷烟(调拨价70元(不含增值税)/条以下)	36%	30元/万支	
(2)商业批发	11%	50元/万支	
2.雪茄烟	36%	——	支
3.烟丝	30%	——	千克
二、酒			
1.白酒	20%	0.5元/500克(毫升)	500克(毫升)
2.黄酒	——	240元/吨	吨
3.啤酒			
(1)甲类啤酒(出厂价格3 000元(不含增值税)/吨以上(含3 000元))	——	250元/吨	吨
(2)乙类啤酒(出厂价格3 000元(不含增值税)/吨以下)	——	220元/吨	
4.其他酒	10%	——	吨
三、高档化妆品	15%	——	实际使用计量单位
四、贵重首饰及珠宝玉石			
1.金银首饰、铂金首饰和钻石及钻石饰品	5%	——	实际使用计量单位
2.其他贵重首饰和珠宝玉石	10%	——	
五、鞭炮、焰火	15%	——	实际使用计量单位
六、成品油			
1.汽油	——	1.52元/升	升
2.柴油	——	1.20元/升	
3.航空煤油	——	1.20元/升	
4.石脑油	——	1.52元/升	
5.溶剂油	——	1.52元/升	
6.润滑油	——	1.52元/升	
7.燃料油	——	1.20元/升	
七、摩托车			
1.气缸容量(排气量，下同)＝250毫升	3%	——	辆
2.气缸容量＞250毫升	10%	——	
八、小汽车			
1.乘用车			
(1)气缸容量(排气量，下同)≤1.0升	1%	——	辆
(2)1.0升＜气缸容量≤1.5升	3%	——	
(3)1.5升＜气缸容量≤2.0升	5%	——	
(4)2.0升＜气缸容量≤2.5升	9%	——	
(5)2.5升＜气缸容量≤3.0升	12%	——	
(6)3.0升＜气缸容量≤4.0升	25%	——	
(7)气缸容量＞4.0升	40%	——	
2.中轻型商用客车	5%	——	
3.超豪华小汽车	10%	——	
九、高尔夫球及球具	10%	——	实际使用计量单位
十、高档手表	20%	——	只

续表

应税消费品名称	比例税率	定额税率	计量单位
十一、游艇	10%	——	艘
十二、木制一次性筷子	5%	——	万双
十三、实木地板	5%	——	平方米
十四、电池	4%	——	只
十五、涂料	4%	——	吨

4. 消费税应纳税额的计算

(1)从价定率征收应纳税额的计算

从价定率征收,即根据不同的应税消费品确定不同的比例税率。

应纳消费税税额=应税消费品的销售额×比例税率

应税消费品的销售额=含增值税的销售额÷(1+增值税税率或征收率)

【做中学6—2】 甲实木地板公司为增值税一般纳税人。本年6月1日,向当地一家大型装修批发商场销售一批实木地板,开具增值税专用发票一张,发票上注明不含增值税销售额为20万元,增值税税额为3.2万元。实木地板的消费税税率为5%。请计算甲实木地板公司上述业务的应纳消费税。

解:应纳消费税=20×5%=1(万元)

(2)从量定额征收应纳税额的计算

从量定额征收,即根据不同的应税消费品确定不同的单位税额。

应纳消费税税额=应税消费品的销售数量×单位税额

【做中学6—3】 乙啤酒公司自产啤酒40吨,无偿提供给某啤酒节,已知每吨成本为1 500元,无同类产品售价。税务机关核定的消费税单位税额为250元/吨。请计算乙啤酒公司上述业务的应纳消费税。

解:应纳消费税=250×40=10 000(元)

(3)从价定率和从量定额复合征收应纳税额的计算

从价定率和从量定额复合征收,即以两种方法计算的应纳税税额之和为该应税消费品的应纳税税额。我国目前只对卷烟和白酒采用复合征收方法。

应纳消费税税额=应税消费品的销售额×比例税率+应税消费品的销售数量×单位定额税率

【做中学6—4】 丙公司是一家白酒生产企业,为增值税一般纳税人,本年5月销售粮食白酒10吨,取得不含增值税的销售额为60万元;销售薯类白酒20吨,取得不含增值税的销售额为80万元。白酒消费税的比例税率为20%,定额税率为0.5元/500克。请计算丙公司本月的应纳消费税。

解:从价定率应纳消费税=(60+80)×20%=28(万元)

从量定额应纳消费税=(10+20)×1 000×2×0.5÷10 000=3(万元)

应纳消费税合计=28+3=31(万元)

(三)企业所得税

1. 企业所得税的概念

企业所得税是对我国企业和其他组织的生产经营所得和其他所得征收的一种税。企业所得税法是调整企业所得税征纳关系的法律规范的总称。我国现行企业所得税法主要是2007年3月16日十届全国人大五次会议通过的《中华人民共和国企业所得税法》(以下简称《企业所得税法》),将内资企业原适用的《中华人民共和国企业所得税暂行条例》和外资企业原适用的《中华人民共和国外商投资企业和外国企业所得税法》两法合一,并于2008年1月1日开始实施。《中华人民共和国企业所得税法实施条例》(以下简称《企业所得税法实施条例》)于2007年12月11日颁布，自2008年1月1日起施行。

2. 企业所得税的纳税人

企业分为居民企业和非居民企业。居民企业是指依法在中国境内成立，或者依照外国(地区)法律成立但实际管理机构在中国境内的企业。非居民企业是指依照外国(地区)法律成立且实际管理机构不在中国境内，但在中国境内设立机构、场所的，或者在中国境内未设立机构、场所，但有来源于中国境内所得的企业。

【提示】个人独资企业和合伙企业不适用《企业所得税法》，不作为企业所得税的纳税人。对个人独资企业和合伙企业的投资者只征收个人所得税。

3. 企业所得税的征税对象

居民企业应就来源于中国境内、境外的所得缴纳企业所得税。

非居民企业在中国境内设立机构、场所的，应当就其所设机构、场所取得的来源于中国境内的所得，以及发生在中国境外但与其所设机构、场所有实际联系的所得，缴纳企业所得税。

非居民企业在中国境内未设立机构、场所的，或者虽设立机构、场所但取得的所得与其所设机构、场所没有实际联系的，应当就其来源于中国境内的所得缴纳企业所得税。

视频

实施小微企业普惠性税收减免政策

4. 企业所得税的税率

(1)基本税率

企业所得税的基本税率为25%，适用于居民企业和在中国境内设有机构、场所且取得的所得与其所设机构、场所有实际联系的非居民企业。

(2)优惠税率

①对符合条件的小型微利企业，减按20%的税率征收企业所得税。

②对国家需要重点扶持的高新技术企业，减按15%的税率征收企业所得税。

③非居民企业在中国境内未设立机构、场所的，或者虽设立机构、场所但取得的所得与其所设机构、场所没有实际联系的所得，适用税率为20%，但实际征税时减按10%的税率征收企业所得税，以支付人为扣缴义务人。

5. 企业所得税的应纳税所得额和应纳税额的计算

企业所得税应纳税所得额是企业所得税的计税依据。按照《企业所得税法》的规定，应纳税所得额为企业每一个纳税年度的收入总额减去不征税收入额、免税收入额、各项扣除额，以及准予弥补的以前年度亏损额之后的余额。企业的应纳税额取决于应纳税所得额和适用税率两个因素。

企业应纳税所得额有如下两种计算方法：

直接计算法下的计算公式为：

应纳税所得额＝收入总额－不征税收入额－免税收入额－各项扣除额
－准予弥补的以前年度亏损额

间接计算法下的计算公式为：

应纳税所得额＝利润总额±纳税调整项目金额

企业所得税应纳税额的计算公式为：

应纳税额＝应纳税所得额×适用税率－减免税额－抵免税额

减免税额和抵免税额，是指依照《企业所得税法》和国务院的税收优惠规定减征、免征和准予抵免的应纳税额。

(1)收入总额

企业以货币形式和非货币形式从各种来源取得的收入为收入总额，包括销售货物收入，提供劳务收入,转让财产收入,股息、红利等权益性投资收益,利息收入,租金收入,特许权使用费收入,接受捐赠收入,其他收入。

(2)不征税收入

收入总额中的下列收入为不征税收入:财政拨款,依法收取并纳入财政管理的行政事业性收费、政府性基金,行政事业性收费,国务院规定的其他不征税收入。

(3)免税收入

免税收入是指属于企业的应税所得但按照税法规定免予征收企业所得税的收入。

企业的下列收入为免税收入:国债利息收入;符合条件的居民企业之间的股息、红利等权益性投资收益(该收益是指居民企业直接投资于其他居民企业取得的投资收益,且该收益不包括连续持有居民企业公开发行并上市流通的股票不足12个月取得的投资收益);在中国境内设立机构、场所的非居民企业从居民企业取得与该机构、场所有实际联系的股息、红利等权益性投资收益(该收益不包括连续持有居民企业公开发行并上市流通的股票不足12个月取得的投资收益);符合条件的非营利组织的收入;非营利组织其他免税收入。其具体包括:接受其他单位或者个人捐赠的收入;除《企业所得税法》第七条规定的财政拨款以外的其他政府补助收入,但不包括因政府购买服务取得的收入;按照省级以上民政、财政部门规定收取的会费;不征税收入和免税收入孳生的银行存款利息收入;财政部、国家税务总局规定的其他收入。

(4)准予扣除项目

税前扣除项目包括成本、费用、税金、损失和其他支出。

(5)不得扣除项目

不得扣除项目包括以下内容:向投资者支付的股息、红利等权益性投资收益款项;企业所得税税款;税收滞纳金;罚金、罚款和被没收财物的损失;企业发生的公益性捐赠支出以外的捐赠支出;赞助支出(是指企业发生的与生产经营活动无关的各种非广告性支出);未经核准的准备金支出(是指企业未经国务院财政、税务主管部门核定而提取的各项资产减值准备、风险准备等准备金);企业之间支付的管理费、企业内营业机构之间支付的租金和特许权使用费,以及非银行企业内营业机构之间支付的利息;与取得收入无关的其他支出。

(6)准予限额扣除项目

准予限额扣除项目包括但不限于以下内容:工资、薪金;社会保险费和住房公积金;职工福利费、工会经费、职工教育经费;业务招待费;广告费和业务宣传费;利息费用;借款费用;公益性捐赠支出。

(7)亏损弥补

纳税人发生年度亏损的,可以用下一纳税年度的所得弥补;下一纳税年度的所得不足弥补的,可以逐年延续弥补,但是延续弥补期最长不得超过5年。5年内不管是盈利还是亏损,都作为实际弥补期限。税法所指亏损的概念,不是企业财务会计报告中反映的亏损额,而是企业财务会计报告中的亏损额经税务机关按税法规定核实调整后的金额。自2018年1月1日起,将高新技术企业和科技型中小企业亏损结转年限由5年延长至10年。

(四)个人所得税

1. 个人所得税的概念

个人所得税是以个人取得的各项应税所得为征税对象征收的一种税。个人是指区别于法人的自然人,既包括作为要素所有者的个人,如财产所有者个人,也包括作为经营者的个人,如个体工商户、合伙企业的合伙人及独资企业的业主。所得是指个人通过各种方式所获得的一切利益。

新中国成立以来,我国长期对个人所得税实行不课征的政策。党的十一届三中全会以后,我国实行对外开放，为了维护国家的税收权益，根据国际惯例，1980 年 9 月 10 日，第五届全国人民代表大会第三次会议审议通过并颁布《中华人民共和国个人所得税法》(简称《个人所得税法》)，首次对个人所得开征个人所得税。1986 年至 1987 年，国务院先后颁布了《中华人民共和国城乡个体工商业户所得税暂行条例》和《中华人民共和国个人收入调节税暂行条例》，至此形成了个人所得税、城乡个体工商业户所得税和个人收入调节税三税并存的个人所得税征收制度格局。为了统一规范个人所得税制度，第八届全国人大常务委员会第四次会议在对原有三部个人所得税法律制度修改、合并的基础上，于 1993 年 10 月 31 日修订并颁布了修改后的《个人所得税法》。之后的 1999 年、2005 年、2007 年和 2011 年，全国人民代表大会又分别对《个人所得税法》进行了修订。我国现行个人所得税的主要法律依据是 2011 年 6 月 30 日第十一届全国人民代表大会常务委员会通过的《个人所得税法》和 2011 年 7 月 19 日国务院修订的《中华人民共和国个人所得税法实施条例》(简称《个人所得税法实施条例》)。中华人民共和国国务院令第 707 号公布修订后的《个人所得税法实施条例》，自 2019 年 1 月 1 日起施行。

视频

2019 年 1 月 1 日个税起征点 5 000 元

2. 个人所得税的纳税人

个人所得税的纳税人，以住所和居住时间为标准分为居民个人和非居民个人。

(1)居民个人

在中国境内有住所，或者无住所而一个纳税年度内在中国境内居住累计满 183 天的个人，为居民个人。居民个人从中国境内和境外取得的所得，依照规定缴纳个人所得税。

在中国境内无住所的居民个人，在境内居住累计满 183 天的年度连续不满 6 年的，或满 6 年但其间有单次离境超过 30 天情形的，其来源于中国境外的所得，经向主管税务机关备案，可以只就由中国境内企事业单位和其他经济组织或者居民个人支付的部分缴纳个人所得税；在中国境内居住累计满 183 天的年度连续满 5 年的纳税人，且在 5 年内未发生单次离境超过 30 天情形的，从第 6 年起，中国境内居住累计满 183 天的，应当就其来源于中国境外的全部所得缴纳个人所得税。

(2)非居民个人

在中国境内无住所又不居住，或者无住所而一个纳税年度内在中国境内居住累计不满 183 天的个人，为非居民个人。非居民个人从中国境内取得的所得，依照规定缴纳个人所得税。

在中国境内无住所，且在一个纳税年度中在中国境内连续或者累计居住不超过 90 天的个人，其来源于中国境内的所得，由境外雇主支付并且不由该雇主在中国境内的机构、场所负担的部分，免予缴纳个人所得税。

3. 个人所得税的应税项目

个人所得税的征税范围包括个人取得的各项应税所得，《个人所得税法》列举了如下九项个人应税所得。

(1)工资、薪金所得，是指个人因任职或者受雇取得的工资、薪金、奖金、年终加薪、劳动分红、津贴、补贴以及与任职或者受雇有关的其他所得。

视频

重磅！个税抵扣细则

(2)劳务报酬所得，是指个人从事劳务取得的所得，包括从事设计、装潢、安装、制图、化验、测试、医疗、法律、会计、咨询、讲学、新闻、广播、翻译、审稿、书画、雕刻、影视、录音、录像、演出、表演、广告、展览、技术服务、介绍服务、经纪服务、代办服务以及其他劳务取得的所得。

(3)稿酬所得，是指个人因其作品以图书、报刊形式出版、发表而取得的所得。

(4)特许权使用费所得，是指个人提供专利权、商标权、著作权、非专利技术以及其他特许权的使用权取得的所得，以及提供著作权的使用权取得的所得，不包括稿酬所得。

(5)经营所得，是指以下几项：①个体工商户从事生产经营活动取得的所得，个人独资企业投资人、合伙企业的个人合伙人来源于境内注册的个人独资企业、合伙企业生产经营的所得；②个人依法从事办学、医疗、咨询以及其他有偿服务活动取得的所得；③个人对企业、事业单位承包经营、承租经营以及转包、转租取得的所得；④个人从事其他生产经营活动取得的所得。

(6)利息、股息、红利所得，是指个人拥有债权、股权等而取得的利息、股息、红利性质的所得。

(7)财产租赁所得，是指个人出租不动产、土地使用权、机器设备、车船以及其他财产而取得的所得。

(8)财产转让所得，是指个人转让有价证券、股权、合伙企业中的财产份额、不动产、土地使用权、机器设备、车船以及其他财产取得的所得。

(9)偶然所得，是指个人得奖、中奖、中彩以及其他偶然性质的所得。

居民个人取得第(1)项至第(4)项所得(以下称“综合所得”)，按纳税年度合并计算个人所得税；非居民个人取得第(1)项至第(4)项所得，按月或者按次分项计算个人所得税。纳税人取得第(5)项至第(9)项所得，依照规定分别计算个人所得税。个人取得的所得，难以界定应纳税所得项目的，由主管税务机关确定。

4. 个人所得税的税率

国家税务总局发布《个人所得税扣缴申报管理办法(试行)》的公告(国家税务总局公告2018年第61号)。个人所得税预扣率，如表6—3、表6—4、表6—5所示。

表6—3 个人所得税预扣率(一)

(居民个人工资、薪金所得预扣预缴适用)

级数	累计预扣预缴应纳税所得额	预扣率(%)	速算扣除数(元)
1	不超过36 000元	3	0
2	超过36 000元至144 000元的部分	10	2 520
3	超过144 000元至300 000元的部分	20	16 920
4	超过300 000元至420 000元的部分	25	31 920
5	超过420 000元至660 000元的部分	30	52 920
6	超过660 000元至960 000元的部分	35	85 920
7	超过960 000元的部分	45	181 920

表6—4 个人所得税预扣率(二)

(居民个人劳务报酬所得预扣预缴适用)

级数	预扣预缴应纳税所得额	预扣率(%)	速算扣除数(元)
1	不超过20 000元	20	0
2	超过20 000元至50 000元的部分	30	2 000
3	超过50 000元的部分	40	7 000

表 6—5 个人所得税税率

（非居民个人工资、薪金所得，劳务报酬所得，稿酬所得，特许权使用费所得适用）

级数	应纳税所得额	税率(%)	速算扣除数(元)
1	不超过 3 000 元	3	0
2	超过 3 000 元至 12 000 元的部分	10	210
3	超过 12 000 元至 25 000 元的部分	20	1 410
4	超过 25 000 元至 35 000 元的部分	25	2 660
5	超过 35 000 元至 55 000 元的部分	30	4 410
6	超过 55 000 元至 80 000 元的部分	35	7 160
7	超过 80 000 元的部分	45	15 160

5. 个人所得税应纳税额的计算

(1)居民个人的综合所得

居民个人的综合所得，以每一纳税年度的收入额减除费用 6 万元以及专项扣除、专项附加扣除和依法确定的其他扣除后的余额，为应纳税所得额。专项扣除，包括居民个人按照国家规定的范围和标准缴纳的基本养老保险、基本医疗保险、失业保险等社会保险费和住房公积金等；专项附加扣除，包括子女教育、继续教育、大病医疗、住房贷款利息或者住房租金、赡养老人等支出，具体范围、标准和实施步骤由国务院确定，并报全国人民代表大会常务委员会备案。

劳务报酬所得、稿酬所得、特许权使用费所得以收入减除 20%的费用后的余额为收入额。稿酬所得的收入额减按 70%计算。

(2)专项附加扣除

2018 年 12 月国务院颁布了《个人所得税专项附加扣除暂行办法》。国家税务总局颁布了《个人所得税专项附加扣除操作办法(试行)》(国家税务总局公告 2018 年第 60 号)。

①子女教育

纳税人的子女接受全日制学历教育的相关支出，按照每个子女每月 1 000 元的标准定额扣除。学历教育包括义务教育(小学、初中教育)、高中阶段教育(普通高中、中等职业、技工教育)、高等教育(大学专科、大学本科、硕士研究生、博士研究生教育)。父母可以选择由其中一方按扣除标准的 100%扣除，也可以选择由双方分别按扣除标准的 50%扣除，具体扣除方式在一个纳税年度内不能变更。纳税人子女在中国境外接受教育的，纳税人应当留存境外学校录取通知书、留学签证等相关教育的证明资料备查。

②继续教育

纳税人在中国境内接受学历(学位)继续教育的支出，在学历(学位)教育期间按照每月 400 元定额扣除。同一学历(学位)继续教育的扣除期限不能超过 48 个月。纳税人接受技能人员职业资格继续教育、专业技术人员职业资格继续教育的支出，在取得相关证书的当年，按照 3 600 元定额扣除。

个人接受本科及以下学历(学位)继续教育，符合本办法规定扣除条件的，可以选择由其父母扣除，也可以选择由本人扣除。纳税人接受技能人员职业资格继续教育、专业技术人员职业资格继续教育的，应当留存相关证书等资料备查。

学历(学位)继续教育，为在中国境内接受学历(学位)继续教育入学的当月至学历(学位)继续教育结束的当月，同一学历(学位)继续教育的扣除期限最长不得超过 48 个月。技能人员职业资格继续教育、专业技术人员职业资格继续教育,为取得相关证书的当年。

③大病医疗

在一个纳税年度内,纳税人发生的与基本医保相关的医药费用支出,扣除医保报销后个人负担(医保目录范围内的自付部分)累计超过15 000元的部分,由纳税人在办理年度汇算清缴时,在80 000元限额内据实扣除。纳税人发生的医药费用支出可以选择由本人或者其配偶扣除;未成年子女发生的医药费用支出可以选择由其父母一方扣除。纳税人及其配偶、未成年子女发生的医药费用支出,按规定分别计算扣除额。

纳税人应当留存医药服务收费及医保报销相关票据原件(或者复印件)等资料备查。医疗保障部门应当向患者提供在医疗保障信息系统记录的本人年度医药费用信息查询服务。

④住房贷款利息

纳税人本人或者配偶单独或者共同使用商业银行或者住房公积金个人住房贷款为本人或者其配偶购买中国境内住房,发生的首套住房贷款利息支出,在实际发生贷款利息的年度,按照每月1 000元的标准定额扣除,扣除期限最长不超过240个月。纳税人只能享受一次首套住房贷款的利息扣除。所称首套住房贷款是指购买住房享受首套住房贷款利率的住房贷款。经夫妻双方约定,可以选择由其中一方扣除,具体扣除方式在一个纳税年度内不能变更。

夫妻双方婚前分别购买住房发生的首套住房贷款,其贷款利息支出,婚后可以选择其中一套购买的住房,由购买方按扣除标准的100%扣除,也可以由夫妻双方对各自购买的住房分别按扣除标准的50%扣除,具体扣除方式在一个纳税年度内不能变更。纳税人应当留存住房贷款合同、贷款还款支出凭证备查。

⑤住房租金

纳税人在主要工作城市没有自有住房而发生的住房租金支出,可以按照以下标准定额扣除:直辖市、省会(首府)城市、计划单列市以及国务院确定的其他城市,扣除标准为每月1 500元;除所列城市以外,市辖区户籍人口超过100万的城市,扣除标准为每月1 100元;市辖区户籍人口不超过100万的城市,扣除标准为每月800元。

纳税人的配偶在纳税人的主要工作城市有自有住房的,视同纳税人在主要工作城市有自有住房。市辖区户籍人口,以国家统计局公布的数据为准。本办法所称主要工作城市是指纳税人任职受雇的直辖市、计划单列市、副省级城市、地级市(地区、州、盟)全部行政区域范围;纳税人无任职受雇单位的,为受理其综合所得汇算清缴的税务机关所在城市。夫妻双方主要工作城市相同的,只能由一方扣除住房租金支出。住房租金支出由签订租赁住房合同的承租人扣除。纳税人及其配偶在一个纳税年度内不能同时分别享受住房贷款利息和住房租金专项附加扣除。纳税人应当留存住房租赁合同、协议等有关资料备查。

⑥赡养老人

纳税人赡养一位及以上被赡养人的赡养支出,统一按照以下标准定额扣除:纳税人为独生子女的,按照每月2 000元的标准定额扣除;纳税人为非独生子女的,由其与兄弟姐妹分摊每月2 000元的扣除额度,每人分摊的额度不能超过每月1 000元。可以由赡养人均摊或者约定分摊,也可以由被赡养人指定分摊。约定或者指定分摊的须签订书面分摊协议,指定分摊优先于约定分摊。具体分摊方式和额度在一个纳税年度内不能变更。所称被赡养人是指年满60周岁的父母,以及子女均已去世的年满60岁的祖父母、外祖父母。

(3)专项附加扣除的计算时间

纳税人享受符合规定的专项附加扣除的计算时间分别为:

①子女教育。学前教育阶段,为子女年满3周岁当月至小学入学前1月。学历教育,为子女接

受全日制学历教育入学的当月至全日制学历教育结束的当月。

②继续教育。学历(学位)继续教育,为在中国境内接受学历(学位)继续教育入学的当月至学历(学位)继续教育结束的当月,同一学历(学位)继续教育的扣除期限最长不得超过48个月。技能人员职业资格继续教育、专业技术人员职业资格继续教育,为取得相关证书的当年。

③大病医疗。为医疗保障信息系统记录的医药费用实际支出的当年。

④住房贷款利息。为贷款合同约定开始还款的当月至贷款全部归还或贷款合同终止的当月,扣除期限最长不得超过240个月。

⑤住房租金。为租赁合同(协议)约定的房屋租赁期开始的当月至租赁期结束的当月。提前终止合同(协议)的,以实际租赁期限为准。

⑥赡养老人。为被赡养人年满60周岁的当月至赡养义务终止的年末。

前款第①项、第②项规定的学历教育和学历(学位)继续教育的期间,包含因病或其他非主观原因休学但学籍继续保留的休学期间,以及施教机构按规定组织实施的寒暑假等假期。

享受子女教育、继续教育、住房贷款利息或者住房租金、赡养老人专项附加扣除的纳税人,自符合条件开始,可以向支付工资、薪金所得的扣缴义务人提供上述专项附加扣除有关信息,由扣缴义务人在预扣预缴税款时,按其在本单位本年可享受的累计扣除额办理扣除;也可以在次年3月1日至6月30日内,向汇缴地主管税务机关办理汇算清缴申报时扣除。

纳税人同时从两处以上取得工资、薪金所得,并由扣缴义务人办理上述专项附加扣除的,对同一专项附加扣除项目,一个纳税年度内,纳税人只能选择从其中一处扣除。

享受大病医疗专项附加扣除的纳税人,由其在次年3月1日至6月30日内,自行向汇缴地主管税务机关办理汇算清缴申报时扣除。

(4)非居民个人的工资、薪金所得

非居民个人的工资、薪金所得以每月收入额减除费用5 000元后的余额为应纳税所得额;劳务报酬所得、稿酬所得、特许权使用费所得,以每次收入额为应纳税所得额。

非居民个人取得的劳务报酬所得、稿酬所得、特许权使用费所得,属于一次性收入的,以取得该项收入为一次;属于同一项目连续性收入的,以一个月内取得的收入为一次。

(5)经营所得

经营所得,以每一纳税年度的收入总额减除成本、费用以及损失后的余额,为应纳税所得额。

成本、费用,是指个体工商户、个人独资企业、合伙企业以及个人从事其他生产经营活动发生的各项直接支出和分配计入成本的间接费用以及销售费用、管理费用、财务费用。

损失,是指个体工商户、个人独资企业、合伙企业以及个人从事其他生产经营活动发生的固定资产和存货的盘亏、毁损、报废损失,转让财产损失、坏账损失,自然灾害等不可抗力因素造成的损失以及其他损失。

个体工商户、个人独资企业、合伙企业以及个人从事其他生产经营活动,未提供完整、准确的纳税资料,不能正确计算应纳税所得额的,由主管税务机关核定其应纳税所得额。

个体工商户业主、个人独资企业投资者、合伙企业个人合伙人以及从事其他生产经营活动的个人,以其每一纳税年度来源于个体工商户、个人独资企业、合伙企业以及其他生产经营活动的所得,减除费用6万元、专项扣除以及依法确定的其他扣除后的余额,为应纳税所得额。

(6)财产租赁所得

财产租赁所得,每次收入不超过4 000元的,减除费用800元;4 000元以上的,减除20%的费用,其余额为应纳税所得额。

财产租赁所得一般以个人每次取得的收入,定额或定率减除规定费用后的余额为应纳税所得额。每次收入不超过4 000元的，减除准予扣除项目、修缮费用(800元为限)，再减除费用800元；每次收入4 000元以上的，减除准予扣除项目、修缮费用(800元为限)，再减除20%的费用，其余额为应纳税所得额。其计算公式分别为：

每次(月)收入不足4 000元的：

应纳税额=[每次(月)收入额－准予扣除项目－修缮费用(800元为限)－800]×20%

每次(月)收入在4 000元以上的：

应纳税额=[每次(月)收入额－准予扣除项目－修缮费用(800元为限)]×(1－20%)×20%

【注意】国家税务总局《关于个人转租房屋取得收入征收个人所得税问题解读稿》，对财产租赁所得个人所得税税前扣除税费的扣除次序问题也重新进行了明确：在计算财产租赁所得个人所得税时，应首先扣除财产租赁过程中缴纳的税费；其次扣除个人向出租方支付的租金；再次扣除由纳税人负担的该出租财产实际开支的修缮费用；最后减除税法规定的费用扣除标准，即经上述减除后，如果余额不足4 000元，则减去800元，如果余额超过4 000元，则减去20%。因此，“每次(月)收入不足4 000元”和“每次(月)收入在4 000元以上”中的“收入”，指的是扣除掉准予扣除项目、修缮费用之后的余额。

(7)财产转让所得

财产转让所得，以转让财产的收入额减除财产原值和合理费用后的余额，为应纳税所得额。

《个人所得税法》规定的财产原值，按照下列方法确定：

①有价证券，为买入价以及买入时按照规定缴纳的有关费用；

②建筑物，为建造费或者购进价格以及其他有关费用；

③土地使用权，为取得土地使用权所支付的金额、开发土地的费用以及其他有关费用；

④机器设备、车船，为购进价格、运输费、安装费以及其他有关费用。

其他财产，参照规定的方法确定财产原值。

纳税人未提供完整、准确的财产原值凭证，不能按照第十六条第一款规定的方法确定财产原值的，由主管税务机关核定财产原值。《个人所得税法》第六条第一款第五项所称合理费用，是指卖出财产时按照规定支付的有关税费。

财产转让所得应纳税额的计算公式为：

应纳税额=应纳税所得额×适用税率=(收入总额－财产原值－合理税费)×20%

对股票转让所得，暂不征收个人所得税。

【注意】对个人出售自有住房取得的所得按照“财产转让所得”项目征收个人所得税，但对个人转让自用5年以上并且是家庭唯一生活用房取得的所得，免征个人所得税。

(8)利息、股息、红利所得和偶然所得

利息、股息、红利所得和偶然所得，以每次收入额为应纳税所得额。其应纳税所得额即为每次收入额。其计算公式为：

应纳税额=应纳税所得额×适用税率=每次收入额×20%

【知识链接6—1】 利息、股息、红利所得，偶然所得和其他所得的应纳税所得额就是收入全额，不得扣除任何费用。自2015年9月8日起，个人从公开发行和转让市场取得的上市公司股票，持股期限超过1年的，股息红利所得暂免征收个人所得税。个人从公开发行和转让市场取得的上市公司股票，持股期限在1个月以内(含1个月)的，其股息红利所得全额计入应纳税所得额；持股期限在1个月以上至1年(含1年)的，暂减按50%计入应纳税所得额；上述所得统一适用20%的税率计征个人所得税。注意该规定是从“上市公司”取得股息红利。

个人购买社会福利彩票、体育彩票中奖获取的所得，凡一次中奖收入不超过1万元的，暂免征收个人所得税；超过1万元的，全额按“偶然所得”税目征收个人所得税。

6. 下列各项个人所得免征个人所得税

(1)省级人民政府、国务院部委和中国人民解放军军以上单位，以及外国组织、国际组织颁发的科学、教育、技术、文化、卫生、体育、环境保护等方面的奖金；

(2)国债和国家发行的金融债券利息；

(3)按照国家统一规定发给的补贴、津贴；

(4)福利费、抚恤金、救济金；

(5)保险赔款；

(6)军人的转业费、复员费、退役金；

(7)按照国家统一规定发给干部、职工的安家费、退职费、基本养老金或者退休费、离休费、离休生活补助费；

(8)依照有关法律规定应予免税的各国驻华使馆、领事馆的外交代表、领事官员和其他人员的所得；

(9)中国政府参加的国际公约、签订的协议中规定免税的所得；

(10)国务院规定的其他免税所得，其他免税所得由国务院报全国人民代表大会常务委员会备案。

7. 个人所得税法修改后有关优惠政策衔接

(1)关于全年一次性奖金、中央企业负责人年度绩效薪金延期兑现收入和任期奖励的政策

①居民个人取得全年一次性奖金，符合《国家税务总局关于调整个人取得全年一次性奖金等计算征收个人所得税方法问题的通知》(国税发〔2005〕9号)规定的，在2021年12月31日前，不并入当年综合所得，以全年一次性奖金收入除以12个月得到的数额，按照本通知所附按月换算后的综合所得税率表(以下简称“月度税率表”)，确定适用税率和速算扣除数，单独计算纳税。计算公式为：

应纳税额＝全年一次性奖金收入×适用税率－速算扣除数

居民个人取得全年一次性奖金，也可以选择并入当年综合所得计算纳税。

自2022年1月1日起，居民个人取得全年一次性奖金，应并入当年综合所得计算缴纳个人所得税。

②中央企业负责人取得年度绩效薪金延期兑现收入和任期奖励，符合《国家税务总局关于中央企业负责人年度绩效薪金延期兑现收入和任期奖励征收个人所得税问题的通知》(国税发〔2007〕118号)规定的，在2021年12月31日前执行；2022年1月1日之后的政策另行明确。具体如表6－6所示。

表6－6　**按月换算后的综合所得税税率**

级数	全月应纳税所得额	税率(%)	速算扣除数
1	不超过3 000元的	3	0
2	超过3 000元至12 000元的部分	10	210
3	超过12 000元至25 000元的部分	20	1 410
4	超过25 000元至35 000元的部分	25	2 660
5	超过35 000元至55 000元的部分	30	4 410
6	超过55 000元至80 000元的部分	35	7 160
7	超过80 000元的部分	45	15 160

(2)关于上市公司股权激励的政策

①居民个人取得股票期权、股票增值权、限制性股票、股权奖励等股权激励(以下简称“股权激励”),符合《财政部、国家税务总局关于个人股票期权所得征收个人所得税问题的通知》(财税〔2005〕35号)、《财政部、国家税务总局关于股票增值权所得和限制性股票所得征收个人所得税有关问题的通知》(财税〔2009〕5号)、《财政部、国家税务总局关于将国家自主创新示范区有关税收试点政策推广到全国范围实施的通知》(财税〔2015〕116号)第四条、《国家税务总局关于完善股权激励和技术入股有关所得税政策的通知》(财税〔2016〕101号)第四条第(一)项规定的相关条件的,在2021年12月31日前,不并入当年综合所得,全额单独适用综合所得税率表,计算纳税。计算公式为:

应纳税额=股权激励收入×适用税率－速算扣除数

②居民个人一个纳税年度内取得两次以上(含两次)股权激励的,应合并按上述①的规定计算纳税。

③2022年1月1日之后的股权激励政策另行明确。

(3)关于保险营销员、证券经纪人佣金收入的政策

保险营销员、证券经纪人取得的佣金收入,属于劳务报酬所得,以不含增值税的收入减除20%的费用后的余额为收入额,收入额减去展业成本以及附加税费后,并入当年综合所得,计算缴纳个人所得税。保险营销员、证券经纪人展业成本按照收入额的25%计算。

扣缴义务人向保险营销员、证券经纪人支付佣金收入时,应按照《个人所得税扣缴申报管理办法(试行)》(国家税务总局公告2018年第61号)规定的累计预扣法计算预扣税款。

(4)关于个人领取企业年金、职业年金的政策

个人达到国家规定的退休年龄,领取的企业年金、职业年金,符合《财政部、人力资源和社会保障部、国家税务总局关于企业年金、职业年金个人所得税有关问题的通知》(财税〔2013〕103号)规定的,不并入综合所得,全额单独计算应纳税款。其中按月领取的,适用月度税率表计算纳税;按季领取的,平均分摊计入各月,按每月领取额适用月度税率表计算纳税;按年领取的,适用综合所得税率表计算纳税。

个人因出境定居而一次性领取的年金个人账户资金,或个人死亡后,其指定的受益人或法定继承人一次性领取的年金个人账户余额,适用综合所得税率表计算纳税。对个人除上述特殊原因外一次性领取年金个人账户资金或余额的,适用月度税率表计算纳税。

(5)关于解除劳动关系、提前退休、内部退养的一次性补偿收入的政策

①个人与用人单位解除劳动关系取得一次性补偿收入(包括用人单位发放的经济补偿金、生活补助费和其他补助费),在当地上年职工平均工资3倍数额以内的部分,免征个人所得税;超过3倍数额的部分,不并入当年综合所得,单独适用综合所得税率表,计算纳税。

②年龄之间实际年度数平均分摊,确定适用税率和速算扣除数,单独适用综合所得税率表,计算纳税。计算公式为:

应纳税额={[(一次性补贴收入÷办理提前退休手续至法定退休年龄的实际年度数)－费用扣除标准]×适用税率－速算扣除数}×办理提前退休手续至法定退休年龄的实际年度数

③个人办理内部退养手续而取得的一次性补贴收入,按照《国家税务总局关于个人所得税有关政策问题的通知》(国税发〔1999〕58号)规定计算纳税。

(6)关于单位低价向职工售房的政策

单位按低于购置或建造成本价格出售住房给职工，职工因此而少支出的差价部分，符合《财政部、国家税务总局关于单位低价向职工售房有关个人所得税问题的通知》（财税〔2007〕13号）第二条规定的，不并入当年综合所得，以差价收入除以12个月得到的数额，按照月度税率表确定适用税率和速算扣除数，单独计算纳税。计算公式为：

应纳税额＝职工实际支付的购房价款低于该房屋的购置或建造成本价格的差额×适用税率－速算扣除数

（7）关于外籍个人有关津补贴的政策

①2019年1月1日至2021年12月31日期间，外籍个人符合居民个人条件的，可以选择享受个人所得税专项附加扣除，也可以选择按照《财政部、国家税务总局关于个人所得税若干政策问题的通知》（财税〔1994〕20号）、《国家税务总局关于外籍个人取得有关补贴征免个人所得税执行问题的通知》（国税发〔1997〕54号）和《财政部、国家税务总局关于外籍个人取得港澳地区住房等补贴征免个人所得税的通知》（财税〔2004〕29号）规定，享受住房补贴、语言训练费、子女教育费等津补贴免税优惠政策，但不得同时享受。外籍个人一经选择，在一个纳税年度内不得变更。

②自2022年1月1日起，外籍个人不再享受住房补贴、语言训练费、子女教育费津补贴免税优惠政策，应按规定享受专项附加扣除。

（五）城市维护建设税和教育费附加及地方教育附加

1. 城市维护建设税和教育费附加及地方教育附加的概念

城市维护建设税（简称“城建税”）是以纳税人实际缴纳的增值税和消费税（简称“两税”）税额为计税依据所征收的一种税，主要目的是筹集城镇设施建设和维护资金。2020年8月11日，第十三届全国人民代表大会常务委员会第二十一次会议通过《中华人民共和国城市维护建设税法》，自2021年9月1日起施行。

教育费附加、地方教育附加是以纳税人实际缴纳的增值税和消费税税额为计征依据所征收的附加费。

2. 城市维护建设税的纳税人、教育费附加和地方教育附加的缴纳人

城市维护建设税的纳税人、教育费附加和地方教育附加的缴纳人，是负有缴纳增值税和消费税义务的单位和个人。

3. 城市维护建设税的税率、教育费附加和地方教育附加的征收率

（1）城市维护建设税的税率

城市维护建设税按纳税人所在地区的不同，设置了三档比例税率。城市维护建设税税率如表6－7所示。

表6－7　城市维护建设税税率

纳税人所在地	税　率
市区	7%
县城和镇	5%
市区、县城和镇以外的其他地区	1%

（2）教育费附加和地方教育附加的征收率

教育费附加的征收率为3%，地方教育附加的征收率为2%。

（六）土地增值税

1. 土地增值税的概念

土地增值税是对转让国有土地使用权、地上建筑物及其附着物并取得收入的单位和个人，就其转让房地产所取得的增值额征收的一种税。

2. 土地增值税的纳税人

土地增值税的纳税人为转让国有土地使用权、地上建筑物及其附着物(以下简称"转让房地产")并取得收入的单位和个人。

3. 土地增值税的征税范围

土地增值税征税范围的一般规定：

(1)土地增值税只对转让国有土地使用权及其地上建筑物和附着物的行为征税，对出让国有土地使用权的行为不征税。

(2)土地增值税既对转让国有土地使用权的行为征税，也对转让地上建筑物及其他附着物产权的行为征税。

(3)土地增值税只对有偿转让的房地产征税，对以继承、赠与等方式无偿转让的房地产，不予征税。

不征土地增值税的房地产赠与行为包括以下两种情况：

(1)房产所有人、土地使用权所有人将房屋产权、土地使用权赠与直系亲属或承担直接赡养义务人的行为。

(2)房产所有人、土地使用权所有人通过中国境内非营利的社会团体、国家机关将房屋产权、土地使用权赠与教育、民政和其他社会福利、公益事业的行为。

4. 土地增值税的税率

土地增值税实行四级超率累进税率。土地增值税税率如表6—8所示。

表6—8　　土地增值税税率

级数	增值额与扣除项目金额的比率	税率(%)	速算扣除系数(%)
1	不超过50%的部分	30	0
2	超过50%～100%的部分	40	5
3	超过100%～200%的部分	50	15
4	超过200%的部分	60	35

5. 土地增值税的计税依据

土地增值税的计税依据是纳税人转让房地产所取得的增值额。转让房地产的增值额，是纳税人转让房地产的收入减除税法规定的扣除项目金额后的余额。土地增值额的大小，取决于转让房地产的收入额和扣除项目金额两个因素。

(七)房产税

1. 房产税的概念

房产税，是以房产为征税对象，按照房产的计税价值或房产租金收入向房产所有人或经营管理人等征收的一种税。房产税法是调整房产税征纳关系的法律规范的总称。我国现行房产税法主要是1986年9月15日国务院颁布的《中华人民共和国房产税暂行条例》(以下简称《房产税暂行条例》)。

2. 房产税的纳税人

房产税的纳税人，是指在我国城市、县城、建制镇和工矿区内拥有房屋产权的单位和个人。其具体包括产权所有人、承典人、房产代管人或者使用人。房产税的征税对象是房屋。

3. 房产税的征税范围

房产税的征税范围是城市、县城、建制镇和工矿区的房屋，不包括农村。

提示：独立于房屋之外的建筑物，如围墙、烟囱、水塔、菜窖、室外游泳池等不属于房产税的征税范围。

4. 房产税的税率

我国现行房产税采用比例税率。从价计征和从租计征实行不同标准的比例税率。

(1)从价计征的，税率为1.2%。

(2)从租计征的，税率为12%。从2001年1月1日起，对个人按市场价格出租的居民住房，可暂减按4%的税率征收房产税。

5. 房产税的计税依据

房产税以房产的计税价值或房产的租金收入为计税依据。按房产计税价值征税的，称为从价计征；按房产租金收入征税的，称为从租计征。

6. 房产税应纳税额的计算

(1)从价计征的房产税应纳税额的计算。从价计征是按房产的原值减除一定比例后的余值计征。其计算公式为：

从价计征的房产税应纳税额＝应税房产原值×(1－扣除比例)×1.2%

公式中，扣除比例幅度为10%～30%，具体扣除比例幅度由省、自治区、直辖市人民政府规定。

(2)从租计征的房产税应纳税额的计算。从租计征是按房产的租金收入计征。其计算公式为：

从租计征的房产税应纳税额＝租金收入×12%(或4%)

(八)资源税

1. 资源税的概念

资源税是对在我国境内从事应税矿产品开采或生产盐的单位和个人征收的一种税。《中华人民共和国资源税法》已由中华人民共和国第十三届全国人民代表大会常务委员会第十二次会议于2019年8月26日通过，自2020年9月1日起施行。

2. 资源税的纳税人

资源税的纳税人，是指在中华人民共和国领域及管辖海域开采《资源税暂行条例》规定的矿产品或者生产盐(以下称“开采或者生产应税产品”)的单位和个人。

3. 资源税的征税范围

我国目前资源税的征税范围仅涉及矿产品和盐两大类，具体包括：

(1)原油。开采的天然原油征税；人造石油不征税。

(2)天然气。开采的天然气和与原油同时开采的天然气征税。

(3)煤炭，包括原煤和以未税原煤加工的洗选煤。

(4)其他非金属矿，包括石墨、硅藻土、高岭土、萤石、石灰石、硫铁矿、磷矿、氯化钾、硫酸钾、井矿盐、湖盐、提取地下卤水晒制的盐、煤层(成)气。

(5)金属矿，包括铁矿、金矿、铜矿、铝土矿、铅锌矿、镍矿、锡矿及其他金属矿产品原矿或精矿等。

(6)海盐，指海水晒制的盐，不包括提取地下卤水晒制的盐。

纳税人开采或者生产应税产品，自用于连续生产应税产品的，不缴纳资源税；自用于其他方面的，视同销售，缴纳资源税。

提示：自2016年7月1日起，河北省试点开征水资源税，水资源费改税方式，将地表水和地下水纳入征税范围，实行从量定额计征。自2017年12月1日起在北京、天津、山西、内蒙古、山东、河南、四川、陕西、宁夏9个省(自治区、直辖市)扩大水资源税改革试点。

4. 资源税的税目

现行资源税税目包括原油、天然气、煤炭等非金属矿和金矿、铁矿等金属矿，以及海盐等资源、品目。各税目的征税对象包括原矿、精矿(或原矿加工品，下同)、金锭、氯化钠初级产品，具体按照《资源税税目税率幅度表》相关规定执行。对未列举名称的其他矿产品，省级人民政府可对本地区主要矿产品按矿种设定税目，对其余矿产品按类别设定税目，并按其销售的主要形态(如原矿、精矿)确定征税对象。

5. 资源税的税率

资源税采用比例税率和定额税率两种形式。

(九)城镇土地使用税

1. 城镇土地使用税的概念

城镇土地使用税是国家在城市、县城、建制镇和工矿区范围内，对使用土地的单位和个人，以其实际占用的土地面积为计税依据，按照规定的税额计算征收的一种税。国务院于1987年4月1日颁布了《中华人民共和国耕地占用税暂行条例》，用经济手段对耕地进行管理，但城镇非农业土地使用中的浪费现象仍然严重。1988年9月27日，国务院颁布了《中华人民共和国城镇土地使用税暂行条例》，并于当年11月1日起施行，对节约用地和调节土地级差收入起到了一定的作用。2006年12月31日，国务院颁布了修订的《中华人民共和国城镇土地使用税暂行条例》，将外商投资企业和外国企业纳入征税范围。

2. 城镇土地使用税的纳税人

城镇土地使用税的纳税人，是指在税法规定的征税范围内使用土地的单位和个人。

3. 城镇土地使用税的征税范围

城镇土地使用税的征税范围是税法规定的纳税区域内的土地。凡在城市、县城、建制镇、工矿区范围内的土地，不论是国家所有的土地，还是集体所有的土地，都属于城镇土地使用税的征税范围。

自2009年1月1日起，公园、名胜古迹内的索道公司的经营用地，应按规定缴纳城镇土地使用税。

4. 城镇土地使用税的税率

城镇土地使用税采用定额税率，即采用有幅度的差别税额，按大、中、小城市和县城、建制镇、工矿区分别规定每平方米城镇土地使用税年应纳税额。

大、中、小城市以公安部门登记在册的非农业正式户口人数为依据，按照国务院颁布的《城市规划条例》中规定的标准划分。人口在50万人以上者为大城市；人口在20万～50万人之间者为中等城市；人口在20万人以下者为小城市。城镇土地使用税税率如表6－9所示。

表6－9 **城镇土地使用税税率**

级 别	人 口	每平方米税额(元)
大城市	50万人以上	1.5～30
中等城市	20万～50万人	1.2～24
小城市	20万人以下	0.9～18
县城、建制镇、工矿区		0.6～12

5. 城镇土地使用税的计税依据

城镇土地使用税以纳税人实际占用的土地面积为计税依据，土地面积计量标准为每平方米。即税务机关根据纳税人实际占用的土地面积，按照规定的税率计算应纳税额，向纳税人征收城镇土地使用税。

6. 城镇土地使用税应纳税额的计算

城镇土地使用税是以纳税人实际占用的土地面积为计税依据，按照规定的适用税额计算征收。其应纳税额计算公式为：

年应纳税额＝实际占用应税土地面积(平方米)×适用税额

(十)耕地占用税

1. 耕地占用税的概念

耕地占用税是对占用耕地建房或从事其他非农业建设的单位和个人，就其实际占用的耕地按面积征收的一种税。《中华人民共和国耕地占用税法》旨在合理利用土地资源，加强土地管理和保护耕地。该法于 2018 年 12 月 29 日第十三届全国人民代表大会常务委员会第七次会议通过，自 2019 年 9 月 1 日起施行。

2. 耕地占用税的纳税人

耕地占用税的纳税人为在我国境内占用耕地建房或者从事非农业建设的单位或者个人。

3. 耕地占用税的征收范围

耕地占用税的征税范围包括纳税人为建房或从事其他非农业建设而占用的国家所有和集体所有的耕地。

4. 耕地占用税的税率

耕地占用税实行地区幅度差别定额税率，以县为单位，按人均占有耕地面积分设 4 档定额。耕地占用税税率如表 6－10 所示。

表 6－10　　耕地占用税税率

级数	县人均耕地面积	每平方米税额(元)
1	1 亩以下(含 1 亩)	10～50
2	1～2 亩(含 2 亩)	8～40
3	2～3 亩(含 3 亩)	6～30
4	3 亩以上	5～25

5. 耕地占用税的计税依据

耕地占用税以纳税人实际占用的耕地面积为计税依据，按照适用税额标准计算应纳税额，一次性缴纳。

纳税人实际占用耕地面积的核定以农用地转用审批文件为主要依据，必要的时候应当实地勘测。

6. 耕地占用税应纳税额的计算

耕地占用税应纳税额的计算公式为：

应纳税额＝实际占用耕地面积(平方米)×适用税率

(十一)关税

1. 关税的概念

关税是海关依法对进出境的货物、物品征收的一种商品税。关税法是调整关税征纳关系的法律规范的总称。我国现行关税法主要包括《中华人民共和国海关法》(以下简称《海关法》)的有关规定，以及《中华人民共和国进出口关税条例》（以下简称《进出口关税条例》）和《中华人民共和国海关进出口税则》（以下简称《海关进出口税则》）。关税是海关对进出口国境（或关境）的货物、物品，就其流转额征收的一种税。

2. 关税的纳税人

进口货物的收货人、出口货物的发货人、进出境物品的所有人，是关税的纳税义务人。

3. 关税的课税对象和税目

关税的征税对象是指准许进出我国关境的货物和物品。凡准许进出口的货物，除国家另有规定的以外，均应由海关征收进口关税或出口关税。对从境外采购进口的原产于中国境内的货物，也应按规定征收进口关税。

关税的税目、税率都由《海关进出口税则》规定。它主要包括三个部分：归类总规则、进口税率表和出口税率表。其中，归类总规则是对进出口货物分类的具有法律效力的原则和方法。

进出口税则中的商品分类目录为关税税目。按照税则归类总规则及其归类方法，每一种商品都能找到一个最适合的对应税目。

4. 关税的税率

（1）税率的种类

关税的税率分为进口税率和出口税率两种。其中，进口税率又分为普通税率、最惠国税率、协定税率、特惠税率、关税配额税率和暂定税率。

（2）税率的确定

进出口货物应当依照《海关进出口税则》规定的归类原则归入合适的税号，按照适用的税率征税。其中：

①进出口货物，应按纳税义务人申报进口或者出口之日实施的税率征税；

②进口货物到达之前，经海关核准先行申报的，应该按照装载此货物的运输工具申报进境之日实施的税率征税；

③进出口货物的补税和退税，应按该进出口货物原申报进口或出口之日所实施的税率征税，但有特例情况，本书从略。

5. 关税的计税依据

我国对进出口货物征收关税，主要采取从价计征的办法，以商品价格为标准征收关税。因此，关税主要以进出口货物的完税价格为计税依据。

6. 关税应纳税额的计算

（1）从价税计算方法

从价税是最普遍的关税计征方法，它以进（出）口货物的完税价格作为计税依据。其应纳税额的计算公式为：

应纳税额＝应税进（出）口货物数量×单位完税价格×适用税率

（2）从量税计算方法

从量税是以进（出）口货物的数量为计税依据的一种关税计征方法。其应纳税额的计算公式为：

应纳税额＝应税进（出）口货物数量×关税单位税额

（3）复合税计算方法

复合税是对某种进（出）口货物同时使用从价和从量计征的一种关税计征方法。其应纳税额的计算公式为：

应纳税额＝应税进（出）口货物数量×关税单位税额＋应税进（出）口货物数量×单位完税价格×适用税率

(4)滑准税计算方法

滑准税是指关税的税率随着进(出)口货物价格的变动而反方向变动的一种税率形式,即价格越高,税率越低,税率为比例税率。因此,对实行滑准税的进(出)口货物应纳税额的计算方法与从价税的计算方法相同。其应纳税额的计算公式为:

应纳税额=应税进(出)口货物数量×单位完税价格×滑准税税率

(十二)印花税

1. 印花税的概念

印花税是对经济活动和经济交往中书立、领受、使用的应税经济凭证征收的一种税。因纳税人主要是通过在应税凭证上粘贴印花税票来完成纳税义务,故名印花税。2021 年 6 月 10 日由十三届全国人民代表大会常务委员会第二十九次会议通过的《中华人民共和国印花税法》,自 2022 年 7 月 1 日起施行。

2. 印花税的纳税人

印花税的纳税人,是指在中国境内书立、领受、使用税法所列举凭证的单位和个人。

根据书立、领受、使用应税凭证的不同,纳税人可分为立合同人、立账簿人、立据人、领受人和使用人等。

3. 印花税的征税范围

按照 2022 年 7 月 1 日开始施行的《印花税法》,列举的凭证分为四类,即合同类、产权转移书据类、营业账簿类、证券交易类。

(十三)契税

1. 契税的概念

契税,是指国家在土地、房屋权属转移时,按照当事人双方签订的合同(契约),以及所确定价格的一定比例,向权属承受人征收的一种税。

2. 契税的纳税人

契税的纳税人,是指在我国境内承受土地、房屋权属转移的单位和个人。

契税由权属的承受人缴纳。这里所说的"承受",是指以受让、购买、受赠、交换等方式取得土地、房屋权属的行为。

转让房地产权属行为的转让方和承受方的纳税情况如表 6—11 所示。

表 6—11　　转让房地产权属行为的转让方和承受方的纳税情况

转让方	承受方
(1)增值税(销售不动产、转让土地使用权) (2)城市维护建设税和教育费附加及地方教育附加 (3)印花税(产权转移书据) (4)土地增值税 (5)企业所得税(或个人所得税)	(1)印花税(产权转移书据) (2)契税

3. 契税的征税范围

契税以在我国境内转移土地、房屋权属的行为作为征税对象。土地、房屋权属未发生转移的,不征收契税。

契税的征税范围主要包括:①土地使用权出让;②土地使用权转让(包括出售、赠与、互换,但是不包括土地承包经营权和土地经营转移);③房屋买卖、赠与、互换。

4. 契税的税率

契税采用比例税率，并实行3%～5%的幅度税率。具体税率由各省、自治区、直辖市人民政府在幅度税率规定范围内，按照本地区的实际情况确定，以适应不同地区纳税人的负担水平和调控房地产交易的市场价格。

提示：个人购买90平方米及以下普通住房，且该住房属于家庭唯一住房的，契税税率暂统一为1%。

5. 契税的计税依据

①土地使用权出让、出售，房屋买卖，为土地、房屋权属转移合同确定的成交价格，包括应交付的货币以及实物、其他经济利益对应的价款。②土地使用权互换、房屋互换，为所互换的土地使用权、房屋价格的差额。③土地使用权赠与、房屋赠与以及其他没有价格的转移土地、房屋权属行为，为税务机关参照土地使用权出售、房屋买卖的市场价格依法核定的价格。纳税人申报的成交价格、互换价格差额明显偏低且无正当理由的，由税务机关依照《税收征收管理法》的规定核定。

6. 契税应纳税额的计算

契税应纳税额依照省、自治区、直辖市人民政府确定的适用税率和税法规定的计税依据计算征收。其计算公式为：

应纳税额＝计税依据×税率

(十四)车船税

1. 车船税的概念

车船税是对在中华人民共和国境内属于车船税法规定的车辆、船舶的所有人或管理人征收的一种财产税。我国分别在2011年2月25日和2011年11月23日通过了《中华人民共和国车船税法》(以下简称《车船税法》)和《中华人民共和国车船税实施条例》，2012年1月1日开始施行。

2. 车船税的纳税人

车船税的纳税人，是指在中华人民共和国境内属于税法规定的车辆、船舶(以下简称“车船”)的所有人或者管理人。

从事机动车第三者责任强制保险业务的保险机构为机动车车船税的扣缴义务人。

提示：外商投资企业、外国企业、华侨、外籍人员和港、澳、台同胞，也属于车船税的纳税人。

3. 车船税的征收范围

车船税的征税范围是指在中华人民共和国境内属于《车船税法》所规定的应税车辆和船舶。具体包括：

(1)依法应当在车船登记管理部门登记的机动车辆和船舶。

(2)依法不需要在车船登记管理部门登记的在单位内部场所行驶或者作业的机动车辆和船舶。

4. 车船税的税目

车船税的税目分为五大类，包括乘用车、商用车、其他车辆、摩托车和船舶。

提示：纯电动乘用车和燃料电池乘用车不属于车船税征税范围，对其不征车船税。

5. 车船税的税率

车船税采用定额税率，又称固定税额。根据《车船税法》的规定，对应税车船实行有幅度的定额税率，即对各类车船分别规定一个从最低到最高限度的年税额。

6. 车船税的计税依据

车船税以车船的计税单位数量为计税依据。《车船税法》按车船的种类和性能，分别确定每辆、整备质量每吨、净吨位每吨和艇身长度每米为计税单位。其具体如下：

(1)乘用车、商用客车和摩托车，以辆数为计税依据。

(2)商用货车、专用作业车和轮式专用机械车，以整备质量吨位数为计税依据。

(3)机动船舶、非机动驳船、拖船,以净吨位数为计税依据。

(4)游艇以艇身长度为计税依据。

(十五)车辆购置税

1. 车辆购置税的概念

车辆购置税,是对在中华人民共和国境内购置规定车辆的单位和个人征收的一种税。就其性质而言,属于直接税的范畴,它由车辆购置附加费演变而来。2001 年 1 月 1 日起实施《中华人民共和国车辆购置税暂行条例》。2018 年 12 月 29 日第十三届全国人民代表大会常务委员会第七次会议通过《中华人民共和国车辆购置税法》,自 2019 年 7 月 1 日起施行。

2. 车辆购置税的纳税人

在中华人民共和国境内购置汽车、有轨电车、汽车挂车、排气量超过 150 毫升的摩托车(以下统称"应税车辆")的单位和个人,为车辆购置税的纳税人,应当依法规定缴纳车辆购置税。

购置,是指以购买、进口、自产、受赠、获奖或者其他方式取得并自用应税车辆的行为。

3. 车辆购置税的征收范围

车辆购置税的征收范围包括汽车、摩托车、电车、挂车、农用运输车。车辆购置税实行一次性征收。购置已征车辆购置税的车辆,不再征收车辆购置税。具体征收范围依照《车辆购置税征收范围表》执行。相关内容如表 6—12 所示。

表 6—12 车辆购置税征收范围表

应税车辆	具体范围	注　释
汽车	各类汽车	
摩托车	轻便摩托车	最高设计车速不大于 50km/h,发动机汽缸总排量不大于 $50cm^3$ 的两个或者三个车轮的机动车
	二轮摩托车	最高设计车速大于 50km/h,或者发动机汽缸总排量大于 $50cm^3$ 的两个车轮的机动车
	三轮摩托车	最高设计车速大于 50km/h,或者发动机汽缸总排量大于 $50cm^3$,空车重量不大于 400kg 的三个车轮的机动车
电车	无轨电车	以电能为动力,由专用输电电缆线供电的轮式公共车辆
	有轨电车	以电能为动力,在轨道上行驶的公共车辆
挂车	全挂车	无动力设备,独立承载,由牵引车辆牵引行驶的车辆
	半挂车	无动力设备,与牵引车辆共同承载,由牵引车辆牵引行驶的车辆
农用运输车	三轮农用运输车	柴油发动机,功率不大于 7.4KW,载重量不大于 500kg,最高车速不大于 40km/h 的三个车轮的机动车
	四轮农用运输车	柴油发动机,功率不大于 28KW,载重量不大于 1 500kg,最高车速不大于 50km/h 的四个车轮的机动车

4. 车辆购置税的税率

车辆购置税采用 10%的比例税率。

5. 车辆购置税的计税依据

车辆购置税的计税依据为应税车辆的计税价格。计税价格根据不同情况,按照下列规定确定:

(1)纳税人购买自用应税车辆的计税价格,为纳税人实际支付给销售者的全部价款,不包括增值税税款。

(2)纳税人进口自用应税车辆的计税价格,为关税完税价格加上关税和消费税。

(3)纳税人自产自用应税车辆的计税价格,按照纳税人生产的同类应税车辆的销售价格确定,不包括增值税税款。

(4)纳税人以受赠、获奖或者其他方式取得自用应税车辆的计税价格,按照购置应税车辆时相关凭证载明的价格确定,不包括增值税税款。

(5)纳税人申报的应税车辆计税价格明显偏低,又无正当理由的,由税务机关依照《税收征收管理法》的规定核定其应纳税额。

(6)纳税人以外汇结算应税车辆价款的,按照申报纳税之日的人民币汇率中间价折合成人民币计算缴纳税款。

6. 车辆免征车辆购置税的情况

(1)依照法律规定应当予以免税的外国驻华使馆、领事馆和国际组织驻华机构及其有关人员自用的车辆。

(2)中国人民解放军和中国人民武装警察部队列入装备订货计划的车辆。

(3)悬挂应急救援专用号牌的国家综合性消防救援车辆。

(4)设有固定装置的非运输专用作业车辆。

(5)城市公交企业购置的公共汽电车辆。

根据国民经济和社会发展的需要,国务院可以规定减征或者其他免征车辆购置税的情形,报全国人民代表大会常务委员会备案。

7. 车辆购置税应纳税额的计算

车辆购置税实行从价定率的方法计算应纳税额。计算公式如下:

应纳税额=计税依据×税率

进口应税车辆应纳税额=(关税完税价格+关税+消费税)×税率

8. 车辆购置税的纳税义务

(1)纳税人购置应税车辆,应当向车辆登记地的主管税务机关申报缴纳车辆购置税;购置不需要办理车辆登记的应税车辆的,应当向纳税人所在地的主管税务机关申报缴纳车辆购置税。

(2)车辆购置税的纳税义务发生时间为纳税人购置应税车辆的当日。纳税人应当自纳税义务发生之日起 60 日内申报缴纳车辆购置税。

(3)纳税人应当在向公安机关交通管理部门办理车辆注册登记前,缴纳车辆购置税。

(4)公安机关交通管理部门办理车辆注册登记,应当根据税务机关提供的应税车辆完税或者免税电子信息对纳税人申请登记的车辆信息进行核对,核对无误后依法办理车辆注册登记。

(5)免税、减税车辆因转让、改变用途等原因不再属于免税、减税范围的,纳税人应当在办理车辆转移登记或者变更登记前缴纳车辆购置税。计税价格以免税、减税车辆初次办理纳税申报时确定的计税价格为基准,每满一年扣减 10%。

(6)纳税人将已征车辆购置税的车辆退回车辆生产企业或者销售企业的,可以向主管税务机关申请退还车辆购置税。退税额以已缴税款为基准,自缴纳税款之日至申请退税之日,每满一年扣减 10%。

(十六)环境保护税

1. 环境保护税法的概念

环境保护税法是调整环境保护税征纳关系法律规范的总称。我国现行环境保护税的基本规范是 2016 年 12 月 25 日第十二届全国人民代表大会常务委员会第二十五次会议通过的《中华人民共和国环境保护税法》(以下简称《环境保护税法》)和 2017 年 12 月 30 日国务院颁布的《中华人民共和国环境保护税法实施条例》,自 2018 年 1 月 1 日起施行。同时,不再征收排污费。

《环境保护税法》是党的十八届三中全会提出“落实税收法定原则”要求后，全国人大常委会审议通过的第一部单行税法，也是我国第一部专门体现“绿色税制”、推进生态文明建设的单行税法。该法的总体思路是由“费”改“税”，即按照“税负平移”原则，实现排污费制度向环境税制度的平稳转移。

2. 纳税人

自 2018 年 1 月 1 日起，在中华人民共和国领域和中华人民共和国管辖的其他海域，直接向环境排放应税污染物的企事业单位和其他生产经营者为环境保护税的纳税人，应当依《环境保护税法》的规定缴纳环境保护税。依照《环境保护税法》规定征收环境保护税的，不再征收排污费。

3. 征税对象

环境保护税的征税对象为应税污染物。应税污染物是指《环境保护税法》所附“环境保护税税目税额表”“应税污染物和当量值表”规定的大气污染物、水污染物、固体废物和噪声。

有下列情形之一的，不属于直接向环境排放污染物，不缴纳相应污染物的环境保护税：企业事业单位和其他生产经营者向依法设立的污水集中处理、生活垃圾集中处理场所排放应税污染物的；企业事业单位和其他生产经营者在符合国家和地方环境保护标准的设施、场所贮存或者处置固体废物的。

依法设立的城乡污水集中处理、生活垃圾集中处理场所超过国家和地方规定的排放标准向环境排放应税污染物的，应当缴纳环境保护税。企业事业单位和其他生产经营者贮存或者处置固体废物不符合国家和地方环境保护标准的，应当缴纳环境保护税。

4. 税目与税率

环境保护税采用定额税率。环境保护税税目和税额如表 6－13 所示。

表 6－13　　环境保护税税目和税额

<table>
<tr><th colspan="2">税　目</th><th>计税单位</th><th>税　额</th></tr>
<tr><td colspan="2">大气污染物</td><td>每污染当量</td><td>1.2～12 元</td></tr>
<tr><td colspan="2">水污染物</td><td>每污染当量</td><td>1.4～14 元</td></tr>
<tr><td rowspan="4">固体废物</td><td>煤矸石</td><td>每吨</td><td>5 元</td></tr>
<tr><td>尾矿</td><td>每吨</td><td>15 元</td></tr>
<tr><td>危险废物</td><td>每吨</td><td>1 000 元</td></tr>
<tr><td>冶炼渣、粉煤灰、炉渣、其他固体废物(含半固态、液态物)</td><td>每吨</td><td>25 元</td></tr>
<tr><td rowspan="6">噪声</td><td rowspan="6">工业噪声</td><td>超标 1～3 分贝</td><td>每月 350 元</td></tr>
<tr><td>超标 4～6 分贝</td><td>每月 700 元</td></tr>
<tr><td>超标 7～9 分贝</td><td>每月 1 400 元</td></tr>
<tr><td>超标 10～12 分贝</td><td>每月 2 800 元</td></tr>
<tr><td>超标 13～15 分贝</td><td>每月 5 600 元</td></tr>
<tr><td>超标 16 分贝以上</td><td>每月 11 200 元</td></tr>
</table>

备注事项：

①一个单位边界上有多处噪声超标，根据最高一处超标声级计算应纳税额；当沿边界长度超过 100 米有两处以上噪声超标，按照两个单位计算应纳税额。

②一个单位有不同地点作业场所的，应当分别计算应纳税额，合并计征。

③昼夜均超标的环境噪声，昼夜分别计算应纳税额，累计计征。

④声源一个月内超标不足 15 天的，减半计算应纳税额。

⑤夜间频繁突发和夜间偶然突发厂界超标噪声，按等效声级和峰值噪声两种指标中超标分贝值高的一项计算应纳税额。

应知考核

一、单项选择题

1. 税收的“三性”是一个完整的统一体，(　　)是税收的核心特征。

A. 合法性　　B. 固定性　　C. 无偿性　　D. 强制性

2. 以商品或服务的流转额为征税对象征收的一种税称作(　　)。

A. 所得税　　B. 流转税　　C. 间接税　　D. 增值税

3. 稿酬所得的收入额减按(　　)计算。

A. 15%　　B. 20%　　C. 60%　　D. 70%

4. 纳税人的子女接受全日制学历教育的相关支出，按照每个子女每月(　　)的标准定额扣除。

A. 1 000 元　　B. 2 000 元　　C. 3 000 元　　D. 4 000 元

5. 国家需要重点扶持的高新技术企业，减按(　　)的税率征收企业所得税。

A. 10%　　B. 15%　　C. 20%　　D. 25%

二、多项选择题

1. 下列税种中，由海关负责征收的有(　　)。

A. 关税　　B. 船舶吨税

C. 进口环节的增值税和消费税　　D. 房产税

2. 下列税种中，属于中央税的有(　　)。

A. 关税　　B. 消费税　　C. 车辆购置税　　D. 增值税

3. 下列属于环境保护税税目范围的有(　　)。

A. 大气污染物　　B. 天然气

C. 固体废物　　D. 金属矿

4. 工资、薪金所得，是指个人因任职或者受雇取得的(　　)。

A. 年终加薪　　B. 劳动分红　　C. 津贴　　D. 偶然所得

5. 下列各项个人所得免征个人所得税的是(　　)。

A. 国债和国家发行的金融债券利息　　B. 福利费、抚恤金、救济金

C. 保险赔款　　D. 军人的转业费、复员费、退役金

三、判断题

1. 环境保护税的征税对象为应税污染物。　(　　)

2. 纳税人、征税对象、税率是构成税收制度的三个最基本的要素。　(　　)

3. 商品交换是税负转嫁的基础。　(　　)

4. 纯电动乘用车和燃料电池乘用车属于车船税征税范围，对其征车船税。　(　　)

5.《环境保护税法》自 2016 年 12 月 25 日起施行。　(　　)

应会考核

■ 观念应用

【背景资料】

材料一：发达国家有这样一句话：“在我们这里，除享受阳光和空气外都要纳税。”我国《宪法》规

定:“中华人民共和国公民有依照法律纳税的义务。”2021 年 9 月 29 日,A 市税务局开展了“依法诚信纳税共建和谐社会”的税收宣传活动。

材料二:读图,回答问题。

“优惠税钱”

(1)顾客为什么要发票?

(2)商家“优惠税钱”属于什么行为?

【考核要求】

根据材料一,作为一名普通公民,我们应该如何为国家的税收作出自己的贡献?

根据材料二,回答方框内的问题。

■ 技能应用

材料一:图 6—1 为拉弗曲线,该曲线大体上解释了税收收入与税率的关系。

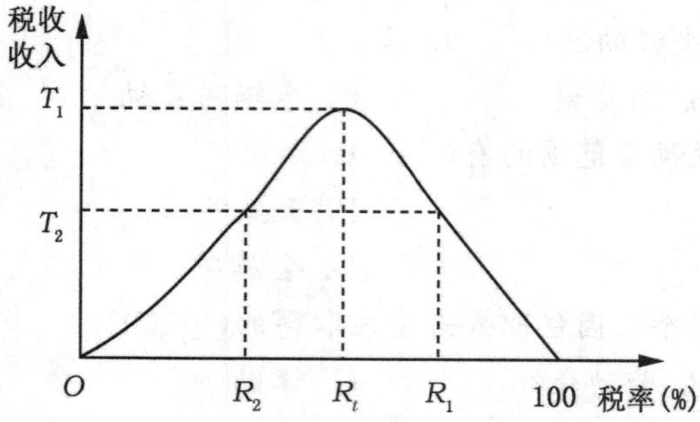

图 6—1

材料二:我国中央和地方税收收入及财政支出比重(2017 年度),如图 6—2 所示。

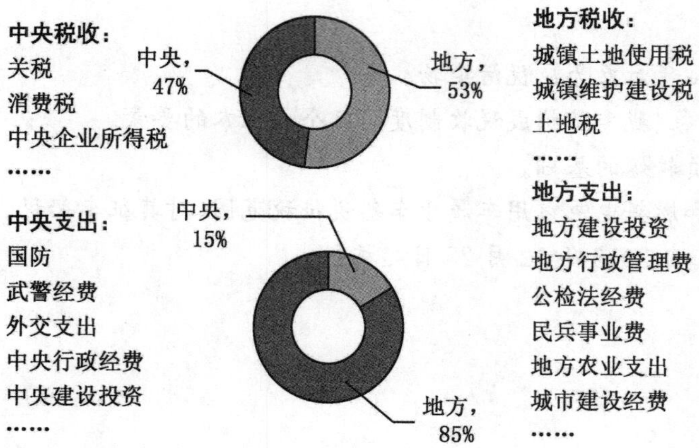

注:该年全国税收总收入为 12.9 万亿元。截至该年底,全国各级政府共计负债 20.6 万亿元。

图 6—2

【技能要求】

(1)为解决地方债务的问题,国家某课题组为政府提交了三个方案。

方案A:提高税率,增加税收种类。

方案B:厉行节约,严格控制新债。

方案C:加印钞票,减少民生支出。

在上述三个方案中选择两个不恰当的方案,并运用材料一的信息以及经济生活知识,分别说明实施这两个方案的后果。

(2)从材料二中概括我国该年度财政运行中存在的问题,并分别用数据予以证明。

■ 案例分析

【案例情境】

材料一:2014年7月9日,国务院常务会议决定,自2014年9月1日至2017年底,对获得许可在中国境内销售(包括进口)的纯电动以及符合条件的插电式(含增程式)混合动力、燃料电池三类新能源汽车,免征车辆购置税。同时强调,支持新能源汽车这一战略性新兴产业发展,对于推动创新,促进节能减排和污染防治,拉动国内市场需求、培育新的增长点,实现产业发展和环境保护"双赢",具有重要价值。

材料二:目前,我国市场经济的法制体系尚待完善;地方保护主义、违法实行优惠政策、垄断经营等情况依然存在;市场主体违反法律不讲诚信、制假售假、不正当竞争等现象尚未根除……只有彻底解决目前存在的这些问题,建立良好市场秩序,才能充分发挥市场在资源配置中的决定性作用。要实现这一目标需要多管齐下,其中法制建设无疑是关键。党的十八届四中全会提出全面推进依法治国,将为目标的实现提供强大推动力。

【分析要求】

(1)结合材料一,运用相关知识,分析免征车辆购置税的经济意义。

(2)结合材料二,运用相关知识,为我国良好市场秩序的形成提出合理化建议。

项目实训

【实训情境】

税收是国家治理的基础和重要支柱,在社会经济生活中发挥着巨大的作用。

材料一:《资源税法》于2020年9月1日起施行,这是落实税收法定原则和完善地方税体系的重要举措。税务部门深入贯彻落实党中央、国务院决策部署,及时制定征管办法,同步调整信息系统,不断优化纳税服务,持续加强宣传解读,推动资源税法顺利实施,充分发挥税收职能作用,助力绿色发展。

材料二:自2019年1月1日至2021年12月31日,对小型微利企业年应纳税所得额不超过100万元的部分,减按25%计入应纳税所得额,按20%的税率缴纳企业所得税;对年应纳税所得额超过100万元但不超过300万元的部分,减按50%计入应纳税所得额,按20%的税率缴纳企业所得税。小型微利企业无论是按查账征收方式还是按核定征收方式缴纳企业所得税,均可享受上述优惠政策。

请思考:

(1)依据材料一,结合材料和所学税收知识,说明我国为什么要坚持税收法定原则。

(2)结合材料二,结合材料和所学经济知识,分析当前对小微企业实施税收优惠的理由。

【实训目标】

加深学生对税法基本知识的认识和理解，学会运用税法知识解决基本问题，从而提高学生的综合素质。

【实训组织】

将学生分成若干组，每组7人，每组设组长1名，组长负责组织本组成员进行实训，由组长将调查结果书面写成报告，并总结。（注意：教师提出活动前的准备和注意事项等内容。）

1. 教师组织学生仔细阅读案例，提示案例要点。

2. 学生每4～6人组成一个学习小组，以小组为单位进行讨论，提倡采用头脑风暴法，最终形成一篇案例分析报告。

3. 每个小组派出1名代表上讲台阐述小组报告的观点。

【实训成果】

1. 考核和评价采用报告资料展示与学生讨论相结合的方式。

2. 评分采用学生和教师共同评价的方式，填写实训报告。

<table>
<tr><th colspan="3">实训报告</th></tr>
<tr><td>项目实训班级：</td><td>项目小组：</td><td>项目组成员：</td></tr>
<tr><td>实训时间：　　年　月　日</td><td>实训地点：</td><td>实训成绩：</td></tr>
<tr><td colspan="3">实训目的：</td></tr>
<tr><td colspan="3">实训步骤：</td></tr>
<tr><td colspan="3">实训结果：</td></tr>
<tr><td colspan="3">实训感言：</td></tr>
</table>

项目七

竞争法

○ **知识目标**

理解:竞争法的概念、特征、作用、调整对象和基本原则。

熟知:反不正当竞争和垄断行为的概念及特征。

掌握:不正当竞争行为和垄断行为的表现及其法律责任。

○ **技能目标**

能够在理解各种竞争法的基础上,准确判断哪些行为属于不正当竞争行为或垄断行为。

○ **素质目标**

运用所学的竞争法知识研究相关案例,培养和提高学生在特定业务情境中分析问题与决策设计的能力;结合行业规范或标准,运用竞争法知识分析行为的善恶,提升学生的职业道德素质。

○ **项目引例**

滥用行政权促垄断,需从严问责

作为行业主管部门,却成了垄断的推手,云南省通信管理局最近摊上事了。因“违反《反垄断法》,滥用行政权力,组织电信运营商达成价格垄断协议,排除和限制相关市场竞争”,云南省通信管理局被云南省发改委调查,并被国家发改委通报,中国移动、中国电信、中国联通、中国铁通四大运营商云南分公司被处以罚款共计 1 318 万元。

根据国家发改委通报,云南省通信管理局牵头组织 4 家电信运营商达成协议,对赠送的范围、幅度、频次等进行约定,并通过下发整改通知书等手段强制执行,限制了电信运营商之间合理竞争的展开。显而易见,这起垄断事件是云南省通信管理局一手策划、制造的,甚至是在运营商不太情愿的情况下强制推行的,其性质相当恶劣。

众所周知,我国电信行业的市场化程度本来就不高,各运营商之间的竞争本来就不够充分,其产品和服务“价高质劣”一直为消费者所诟病。如果行政权力还要在这个半市场化行业构筑垄断,那么不仅会损害广大消费者的利益,使得消费者无法获得优质低价的商品和服务,而且终将危害电信行业的长远发展,使得“优胜劣汰”竞争机制无法发挥作用,使得资源无法优化配置,进而使得整个行业无法健康发展。

思考与讨论:

行政机关的这种行为合法吗?为什么?谈一谈你的看法。

○ **知识精讲**

任务一 竞争法概述

一、竞争法的概念

（一）竞争

经济学中的竞争是指经济主体在市场上为实现自身的经济利益和既定目标而不断进行的角逐过程。竞争法中的竞争是指市场经济活动主体为了自己的最大利益而以其他竞争者为竞争对手的争取交易机会和市场的行为。

（二）竞争法

竞争法的概念有广义和狭义之分。广义上的竞争法包括反垄断法和反不正当竞争法两部分；而狭义上的竞争法则仅指反垄断法，而不包括反不正当竞争法。本项目讨论的是广义上的竞争法。不正当竞争和垄断都是市场竞争过程中出现的违反公平竞争规则的行为，都会给市场竞争秩序带来危害。竞争法就是要通过查处这些行为，来规制市场主体的竞争活动，创造一个自由、公平的竞争环境。通过规制市场主体的竞争行为，维护正常的竞争秩序，是竞争法最本质的特征和最基本的任务。因此，竞争法是指为维护正常的竞争秩序，面对市场主体的竞争行为进行规制的法律规范的总称。此外，按照传统的以调整对象作为法律部门划分标准的方式来定义：竞争法是调整市场活动中经营者之间的竞争关系以及管理者与经营者之间的竞争管理关系的法律规范的总称。

二、竞争法的特征

（一）适用对象的多样性

竞争是一种市场行为，是经营者之间所发生的以实现利益最大化为目的而进行的行为，竞争关系是作为平等的市场主体的经营者之间基于竞争而形成的权利和义务关系，因此，竞争法的适用对象，主要是经营者。但同时，竞争法也适用于部分管理机关，因为经营者之间的竞争行为是一种自发的行为，需要通过“有形的手”来加以制约，以避免无序的竞争所带来的社会资源的浪费。规定竞争管理机关的权利和义务，是竞争法的一项重要内容，其适用对象具有多样性。

（二）调整方法的复杂性

竞争法调整的对象包括竞争关系和竞争管理关系两个方面。既用平等自愿的方法调整着横向的关系，又用命令和服从的方法调整着纵向和竞争管理的关系，其调整方法具有复杂性。

（三）法律责任的综合性

建立有效的竞争机制，为竞争主体创造一个公平竞争的环境，是竞争得以发挥其积极作用的前提条件，而通过制定相应的法律，追究违法竞争行为人的法律责任，是保护合法的竞争行为、维护正常的竞争秩序的有效保证。违反竞争法应承担的法律责任是一种综合性的责任，包括民事责任、行政责任和刑事责任。

三、竞争法的作用

（一）鼓励与保护公平竞争

鼓励与保护公平竞争是竞争法的宗旨和基本任务，它主要通过以下途径来实现这一作用：首先，创造、完善公平竞争的社会条件。立法者通过竞争立法，扬长避短，不断创新，完善市场竞争条件，以此促进和保护公平竞争。其次，确立公平竞争的原则和制度。竞争法确立包括主体地位平等、自愿竞争、公平竞争奖励等原则和制度，为具体竞争行为提供模式，以规范、引导竞争者公平竞争，在制度方面为公平竞争提供保障。最后，保护竞争者的竞争权。一方面，由竞争法明确规定竞争者的正当竞争权，界定竞争权的内容和范围，即予以授权；另一方面，具体规定当竞争者的公平竞争权受到侵犯时的救济措施与制度。

(二)制裁反竞争行为

竞争法在正面鼓励和保护竞争的同时，还从反面对包括非法垄断、限制竞争行为、不正当竞争行为在内的各种反竞争行为予以制裁和打击，净化公平竞争的外部环境，以充分实现其促进竞争的价值与功能。

(三)保护经营者的合法权益

反竞争行为的客观存在，直接增加了正当经营者的竞争风险和成本。尤其是那些具体的不正当竞争行为，如侵犯商业秘密、商业诽谤、假冒注册商标等，会对竞争对手的合法利益造成严重伤害。因此，竞争法制裁、打击各种反竞争行为，保护经营者的合法利益。

(四)保护消费者的合法利益

许多反竞争行为，在损害其他经营者合法利益的同时，还对消费者的利益造成严重危害。因此，竞争法通过对竞争的调控，为消费者提供最大可能、最优质量、最廉价格的消费实惠，以实现对消费者利益的保护。

(五)维护公平的竞争秩序、保护国家和社会公共利益

反竞争行为在损害经营者、消费者个体利益的同时，还严重破坏市场竞争秩序、弱化竞争功能，抑制生产活力和生产效率，损害国家和社会的整体利益，竞争法正是通过对竞争的有效保护，维护公平的竞争秩序，构建合理的市场结构，促进技术进步和国民经济的稳定增长，以实现对国家和社会整体利益的保护。

四、竞争法的调整对象

(一)竞争关系

竞争关系是指经营相同或类似商品或服务的经营者，在竞争过程中形成的社会关系。竞争的目的就是为了争夺市场和顾客，追求自身利益的最大化。竞争关系是竞争法调整的最基本关系，也是竞争法调整的核心内容。没有竞争关系的存在，也就不可能有竞争管理关系的存在。

(二)竞争管理关系

竞争管理关系是指竞争执法机关依照法律赋予的职权在监督、管理市场竞争过程中所形成的社会关系，或者是指国家对与社会整体利益相悖的竞争行为进行干预的过程中所产生的社会关系。竞争管理的目的是为了维护有效的竞争机制和合理的竞争结构，限制或者制裁已经发生的不正当竞争行为，而且，政府对竞争的规制行为本身也要受到法律的制约。另外，如果政府及其所属部门滥用职权，竞争法也会对其进行调整。竞争法的一个重要特征就是以公法的方法对传统的私法领域进行调整。

五、竞争法的基本原则

(一)自由竞争原则

自由竞争是市场经济的精髓，其基本要求是竞争者在同一市场条件下，按同一市场规则，自主地决定参加或退出而不受外在因素的干预。

(二)公平竞争原则

公平竞争是指各个竞争者在同一市场条件下共同接受价值规则和优胜劣汰的作用与评判，并各自独立承担竞争的结果。公平竞争既是竞争群体的要求,也是国家规制竞争活动的指导思想。

(三)公共利益原则

社会公益原则是指国家规制市场经济生活要以社会公益为基本的出发点和最终归宿。也就是说,在国家干预市场,调整市场结构,规范市场行为,维护市场秩序,保护和促进公平竞争的过程中要始终以社会公益为基本尺度。社会公共利益至上,保证社会整体效益的不断提高,始终都是竞争法所要追求的最终价值目标。

(四)国家干预适度原则

国家干预适度原则是指要求国家干预经济生活要从社会公益的角度出发,把握适度、得当。在国家干预适度原则中,"适度"是一个高度抽象、弹性的标准。国家干预是不可避免的事实,而国家干预适度则是经济长盛不衰的秘诀。

任务二 反不正当竞争法

一、不正当竞争行为与反不正当竞争法

竞争是商品经济的必然现象,是市场经济运行的基本机制。在整个竞争过程中,每个商品生产者和经营者,都不可避免地要接受市场竞争的选择,优胜劣汰。在竞争推动市场经济发展的同时,一些置商业道德和消费者利益于不顾的不正当竞争行为,也相继伴随而来。因此,制止不正当竞争、维护公平交易的法律也就应运而生。

(一)不正当竞争行为的概念及特征

1. 不正当竞争行为的概念

不正当竞争行为,是指经营者在生产经营活动中,违反法律规定,扰乱市场竞争秩序,损害其他经营者或者消费者的合法权益的行为。这里所说的经营者,是指从事商品生产、经营或者提供服务(以下所称商品包括服务)的自然人、法人和非法人组织。

【知识链接7—1】《反不正当竞争法》与《反垄断法》是我国市场规制法律制度的重要组成部分,两者的侧重点不同。《反不正当竞争法》的侧重点是应对不正当行为对公平竞争的破坏,它实质上保护的是大企业或生产、销售名牌产品的企业;《反垄断法》的侧重点是破除垄断行为对自由竞争的限制,它保护的主要是中小企业的利益。

2. 不正当竞争行为的特征

(1)主体的特定性。实施不正当竞争行为的主体是参与市场竞争的经营者。只要经营者从事的行业或产品存在竞争就有可能产生不正当竞争。

(2)主观的故意性。实施不正当竞争行为的行为者属于明知故犯,通过各种不正当手段,获取在正当竞争条件下难以取得的利益,损害竞争对手的利益,如通过制假、贩假牟利。

(3)行为的违法性。经营者实施了一种违反法律、法规和商业道德的行为,破坏了社会良好的经济秩序,阻碍了市场经济的发展。

(4)结果的危害性。不正当竞争行为不但会对竞争对手的利益造成损害,而且可能给消费者的合法权益带来危害,在破坏生产者、经营者之间有序竞争秩序的同时,给消费者造成人身、财产的损害。

(二)反不正当竞争法

反不正当竞争法,是指调整在维护公平竞争、制止不正当竞争行为过程中发生的社会关系的法律规范的总称。在我国的现实经济生活中,不正当竞争行为已不是个别的偶发现象,有些不正当竞

争行为，如制造、销售假冒伪劣商品，已成为一大社会公害，严重扰乱了社会经济秩序，损害了其他经营者和消费者的合法权益。为了促进社会主义市场经济健康发展，鼓励和保护公平竞争，制止不正当竞争行为，保护经营者和消费者的合法权益，第八届全国人大常委会第三次会议于 1993 年 9 月 2 日通过了《中华人民共和国反不正当竞争法》（以下简称《反不正当竞争法》），从 1993 年 12 月 1 日起施行。2017 年 11 月 4 日，第十二届全国人民代表大会常务委员会第三十次会议修订了《反不正当竞争法》，自 2018 年 1 月 1 日正式实施。

《反不正当竞争法》的调整对象具体包括以下几个方面：

（1）市场主体之间发生的竞争关系；

（2）不正当竞争行为的受害人与不正当竞争行为人之间发生的请求赔偿和赔偿关系；

（3）各级人民政府在保护公平竞争，制止不正当竞争行为过程中的权责关系；

（4）不正当竞争行为监督检查机关在行使查处不正当竞争行为职权时与不正当竞争行为人之间所发生的关系；

（5）监督检查不正当竞争行为的国家机关工作人员的权责关系。

二、不正当竞争行为的表现形式

动漫视频

反不正当竞争案例

不正当竞争行为的表现形式多种多样，我国《反不正当竞争法》列举了以下几种不正当竞争行为：

（一）混淆行为

混淆行为是指经营者实施引人误认为是他人商品或者与他人存在特定联系的行为。它表现为：

（1）擅自使用与他人有一定影响的商品名称、包装、装潢等相同或者近似的标识；

（2）擅自使用他人有一定影响的企业名称（包括简称、字号等）、社会组织名称（包括简称等）、姓名（包括笔名、艺名、译名等）；

（3）擅自使用他人有一定影响的域名主体部分、网站名称、网页等；

（4）其他足以引人误认为是他人商品或者与他人存在特定联系的混淆行为。

（二）商业贿赂行为

商业贿赂行为是指经营者采用财物或者其他手段贿赂下列单位或者个人，以谋取交易机会或者竞争优势：

（1）交易相对方的工作人员；

（2）受交易相对方委托办理相关事务的单位或者个人；

（3）利用职权或者影响力影响交易的单位或者个人。

（三）虚假宣传行为

经营者不得对其商品的性能、功能、质量、销售状况、用户评价、曾获荣誉等作虚假或者引人误解的商业宣传，欺骗、误导消费者。经营者不得通过组织虚假交易等方式，帮助其他经营者进行虚假或者引人误解的商业宣传。

（四）侵犯商业秘密行为

商业秘密，是指不为公众所知悉、具有商业价值并经权利人采取相应保密措施的技术信息和经营信息。经营者不得实施下列侵犯商业秘密的行为：

（1）以盗窃、贿赂、欺诈、胁迫或者其他不正当手段获取权利人的商业秘密；

（2）披露、使用或者允许他人使用以前项手段获取的权利人的商业秘密；

（3）违反约定或者违反权利人有关保守商业秘密的要求，披露、使用或者允许他人使用其所掌握的商业秘密。

第三人明知或者应知商业秘密权利人的员工、前员工或者其他单位、个人实施前款所列违法行为，仍获取、披露、使用或者允许他人使用该商业秘密的，视为侵犯商业秘密。

(五)不当有奖销售行为

(1)所设奖的种类、兑奖条件、奖金金额或者奖品等有奖销售信息不明确，影响兑奖；

(2)采用谎称有奖或者故意让内定人员中奖的欺骗方式进行有奖销售；

(3)抽奖式的有奖销售，最高奖的金额超过5万元。

(六)诋毁商誉行为

诋毁商誉行为，是指经营者编造、传播虚假信息或者误导性信息，损害竞争对手的商业信誉、商品声誉的行为。

(七)利用技术手段妨碍、破坏其他经营者合法提供网络产品或者服务正常运行的行为

经营者不得利用技术手段，通过影响用户选择或者其他方式，实施下列妨碍、破坏其他经营者合法提供的网络产品或者服务正常运行的行为：

(1)未经其他经营者同意，在其合法提供的网络产品或者服务中，插入链接、强制进行目标跳转；

(2)误导、欺骗、强迫用户修改、关闭、卸载其他经营者合法提供的网络产品或者服务；

(3)恶意对其他经营者合法提供的网络产品或者服务实施不兼容；

(4)其他妨碍、破坏其他经营者合法提供的网络产品或者服务正常运行的行为。

【同步案例7－1】　某年3月，阳泉市市场监管局接市民刘女士举报，称阳泉市某公交公司(以下简称“公交公司”)在办理公交月票卡时，强制要求其先到中国农业银行阳泉市某分行营业网点(下称“农行”)办理“阳泉一卡通”，再到公交公司发卡中心充值，并缴纳押金后方可使用。阳泉市市场监管局执法人员随即对该举报进行了核查。

同步案例7—1提示

经查证，公交公司在过去两年多的时间内，与农行以惠民服务百姓的名义签订合作协议：由农行投资约185万元，购买了武汉市公用电子工程有限责任公司开发研制的金融公交IC卡一卡通设备及软件；投资268.06万元，购买了珠海金邦达有限公司研制的阳泉一卡通借记卡26万张，双方按照农行提供的技术标准进行对接；由武汉公用电子工程有限责任公司担任系统集成商，为公交公司500台公交车辆安装了IC卡读写器，并为公交公司IC卡中心安装了系统后台和服务器。公交公司对于需要办理公交月票的消费者统一要求必须先行办理农行“阳泉一卡通”，然后到公交公司IC卡中心充值。在全部费用由农行承担的情况下，公交公司仍要求消费者缴纳20元押金后方能刷卡乘车，共收取IC卡押金约40余万元。对于每个消费者的20元押金，公交公司按照每月1元的标准收取折旧费记入消费者账户，至案发已收折旧费121 420元。

阳泉市市场监管局认为，公交公司强制要求消费者办理农行“阳泉一卡通”方能刷卡乘车，并收取消费者押金，按每月1元标准收取折旧费的行为，违反了《反不正当竞争法》和《关于禁止公用企业限制竞争行为的若干规定》第六条第(六)项“对不接受其不合理条件的用户、消费者拒绝、中断或者消减供应相关商品，或者滥收费用”的规定。因此，阳泉市市场监管局根据《反不正当竞争法》和《关于禁止公用企业限制竞争行为的若干规定》，对公交公司作出责令停止违法行为，罚款6万元的行政处罚。

请思考：结合《反不正当竞争法》对本案例进行分析。

三、对不正当竞争行为的监督检查

我国《反不正当竞争法》不仅在总则中对有关不正当竞争行为的监督检查作了原则性规定，而且在第三章中专门对不正当竞争行为的监督检查作了较为具体的规定。

《反不正当竞争法》第 3 条规定："各级人民政府应当采取措施，制止不正当竞争行为，为公平竞争创造良好的环境和条件。"第 5 条规定："国家鼓励、支持和保护一切组织和个人对不正当竞争行为进行社会监督。国家机关及其工作人员不得支持、包庇不正当竞争行为。行业组织应当加强行业自律，引导、规范会员依法竞争，维护市场竞争秩序。"

从以上规定可以看出，在我国，对不正当竞争行为进行的监督检查，既包括专门机构的监督检查，也包括其他组织和公民个人进行的社会监督。

四、不正当竞争行为的法律责任

视频

315 在行动，"山寨食品"调查追踪

经营者违反《反不正当竞争法》规定，给他人造成损害的，应当依法承担民事责任。经营者的合法权益受到不正当竞争行为损害的，可以向人民法院提起诉讼。因不正当竞争行为受到损害的经营者的赔偿数额，按照其因被侵权所受到的实际损失确定；实际损失难以计算的，按照侵权人因侵权所获得的利益确定。赔偿数额还应当包括经营者为制止侵权行为所支付的合理开支。《反不正当竞争法》对不正当竞争行为的法律责任规定如下：

(1)经营者违反本法第 6 条、第 9 条规定，权利人因被侵权所受到的实际损失、侵权人因侵权所获得的利益难以确定的，由人民法院根据侵权行为的情节判决给予权利人 300 万元以下的赔偿。

(2)经营者违反本法第 6 条规定实施混淆行为的，由监督检查部门责令停止违法行为，没收违法商品。违法经营额 5 万元以上的，可以并处违法经营额 5 倍以下的罚款；没有违法经营额或者违法经营额不足 5 万元的，可以并处 25 万元以下的罚款。情节严重的，吊销营业执照。经营者登记的企业名称违反本法第 6 条规定的，应当及时办理名称变更登记；名称变更前，由原企业登记机关以统一社会信用代码代替其名称。

(3)经营者违反本法第 7 条规定贿赂他人的，由监督检查部门没收违法所得，处 10 万元以上、300 万元以下的罚款。情节严重的，吊销营业执照。

(4)经营者违反本法第 8 条规定对其商品作虚假或者引人误解的商业宣传，或者通过组织虚假交易等方式帮助其他经营者进行虚假或者引人误解的商业宣传的，由监督检查部门责令停止违法行为，处 20 万元以上、100 万元以下的罚款；情节严重的，处 100 万元以上、200 万元以下的罚款，可以吊销营业执照。经营者违反本法第 8 条规定，属于发布虚假广告的，依照《广告法》的规定处罚。

(5)经营者违反本法第 9 条规定侵犯商业秘密的，由监督检查部门责令停止违法行为，处 10 万元以上、50 万元以下的罚款；情节严重的，处 50 万元以上、300 万元以下的罚款。

(6)经营者违反本法第 10 条规定进行有奖销售的，由监督检查部门责令停止违法行为，处 5 万元以上、50 万元以下的罚款。

(7)经营者违反本法第 11 条规定损害竞争对手商业信誉、商品声誉的，由监督检查部门责令停止违法行为、消除影响，处 10 万元以上、50 万元以下的罚款；情节严重的，处 50 万元以上、300 万元以下的罚款。

(8)经营者违反本法第 12 条规定妨碍、破坏其他经营者合法提供的网络产品或者服务正常运行的，由监督检查部门责令停止违法行为，处 10 万元以上、50 万元以下的罚款；情节严重的，处 50 万元以上、300 万元以下的罚款。

(9)经营者违反本法规定从事不正当竞争，有主动消除或者减轻违法行为危害后果等法定情形的，依法从轻或者减轻行政处罚；违法行为轻微并及时纠正，没有造成危害后果的，不予行政处罚。

(10)经营者违反本法规定从事不正当竞争，受到行政处罚的，由监督检查部门记入信用记录，并依照有关法律、行政法规的规定予以公示。

(11)经营者违反本法规定，应当承担民事责任、行政责任和刑事责任，其财产不足以支付的，优先用于承担民事责任。

(12)妨害监督检查部门依照本法履行职责，拒绝、阻碍调查的，由监督检查部门责令改正，对个人可以处 5 000 元以下的罚款，对单位可以处 5 万元以下的罚款，并可以由公安机关依法给予治安管理处罚。

(13)当事人对监督检查部门作出的决定不服的，可以依法申请行政复议或者提起行政诉讼。

(14)监督检查部门的工作人员滥用职权、玩忽职守、徇私舞弊或者泄露调查过程中知悉的商业秘密的，依法给予处分。

(15)违反本法规定，构成犯罪的，依法追究刑事责任。

任务三 反垄断法

视频

上海港和天津港涉嫌违反《反垄断法》

一、垄断行为与反垄断法

(一)垄断行为的概念和特征

垄断行为通常是指获取市场支配力的经营者在一定的交易市场中故意实施的限制、排斥竞争的行为。根据我国《反垄断法》第 3 条的规定，垄断行为一般是指三种经济垄断，具体包括：①垄断协议；②滥用市场支配地位；③具有或者可能具有排除、限制竞争效果的经营者集中。

(二)反垄断法

反垄断法是指通过规范市场经营主体的垄断和限制竞争行为来调整市场经营主体之间的竞争关系的法律规范的总称。为了预防和制止垄断行为，保护市场公平竞争，提高经济运行效率，维护消费者利益和社会公共利益，促进社会主义市场经济健康发展，第十届全国人民代表大会常务委员会第 29 次会议通过于 2007 年 8 月 30 日通过了《中华人民共和国反垄断法》(以下简称《反垄断法》)，从 2008 年 8 月 1 日起施行。2020 年 1 月 2 日，国家市场监督管理总局公布了《〈反垄断法〉修订草案(公开征求意见稿)》首次增设互联网经营者市场支配地位认定依据的规定。《反垄断法》适用于所有主体，对内资外资、国有企业和民营企业、大企业和中小企业、互联网企业和传统企业一视同仁、平等对待，目的是要保障各类市场主体平等参与市场竞争。只有不断完善平台企业垄断认定、数据收集使用管理、消费者权益保护等方面的法律规范，维护市场公平竞争，才能推动整个行业保持创新活力、实现健康发展。

《反垄断法》调整的主要是具有竞争关系的经营者之间的法律关系。同时，结合我国实际，延续《反不正当竞争法》的思路，该法将具有行政垄断性质的反竞争行为纳入调整范围。例如，该法规定，行政机关和法律、法规授权的具有管理公共事务职能的组织不得滥用行政权力，排除、限制竞争。

《反垄断法》作为国内法，适用于在中华人民共和国境内经济活动中从事的垄断行为自不待言，但考虑到随着经济全球化的发展，经济活动(特别是大型企业的垄断行为)的影响并不限于一国境内，该法进一步明确："中华人民共和国境外的垄断行为，对境内市场竞争产生排除、限制影响的，适用本法。”这一规定是在参考了许多国家的竞争法之后作出的、符合国际惯例的选择。

二、垄断行为的表现形式

我国《反垄断法》将垄断行为的表现形式划分为四种：①协议垄断；②滥用市场支配地位；③经营者集中；④滥用行政权力排除、限制竞争。

(一)协议垄断

协议垄断是指市场经营主体之间通过协议、合同等方式对同类或者可替代性商品达成一致，共同划分市场、限制商品价格和数量等，进而排除或限制竞争的行为。协议垄断依据其形态的不同，可分为横向垄断和纵向垄断。

1. 横向垄断

《反垄断法》禁止具有竞争关系的经营者达成下列垄断协议：①固定或者变更商品价格；②限制商品的生产数量或者销售数量；③分割销售市场或者原材料采购市场；④限制购买新技术、新设备，或者限制开发新技术、新产品；⑤联合抵制交易；⑥国务院反垄断执法机构认定的其他垄断协议。

2. 纵向垄断

《反垄断法》禁止经营者与交易相对人达成下列垄断协议：①固定向第三人转售商品的价格；②限定向第三人转售商品的最低价格；③国务院反垄断执法机构认定的其他垄断协议。

经营者能够证明所达成的协议属于下列情形之一的，不适用以上关于横向垄断和纵向垄断的认定：①为改进技术、研究开发新产品的；②为提高产品质量、降低成本、增进效率，统一产品规格、标准或者实行专业化分工的；③为提高中小经营者经营效率，增强中小经营者竞争力的；④为实现节约能源、保护环境、救灾救助等社会公共利益的；⑤因经济不景气，为缓解销售量严重下降或者生产明显过剩的；⑥为保障对外贸易和对外经济合作中的正当利益的；⑦法律和国务院规定的其他情形。

【做中学 7—1】 某年 12 月，国家发改委历经 1 年多的调查，对日本邮船株式会社、川崎汽船株式会社、商船三井株式会社、威克滚装船务有限公司、华轮威尔森物流有限公司、智利南美轮船有限公司、日本东车轮船有限公司、智利航运滚装船务有限公司 8 家滚装货物国际海运企业达成并实施串通投标价格垄断协议的行为依法作出处罚，分别处以上一年度与中国市场相关的滚装货物国际海运服务销售额 4%～9%不等的罚款，合计罚款 4.07 亿元。

做中学 7—1 解析

请思考：结合本项目的知识对本案进行分析。

(二)滥用市场支配地位

市场支配地位，是指经营者在相关市场内具有能够控制商品价格、数量或者其他交易条件，或者能够阻碍、影响其他经营者进入相关市场能力的市场地位。

认定经营者具有市场支配地位，应当依据下列因素：①该经营者在相关市场的市场份额，以及相关市场的竞争状况；②该经营者控制销售市场或者原材料采购市场的能力；③该经营者的财力和技术条件；④其他经营者对该经营者在交易上的依赖程度；⑤其他经营者进入相关市场的难易程度；⑥与认定该经营者市场支配地位有关的其他因素。

有下列情形之一的，可以推定经营者具有市场支配地位：①一个经营者在相关市场的市场份额达到 1/2 的；②两个经营者在相关市场的市场份额合计达到 2/3 的；③三个经营者在相关市场的市场份额合计达到 3/4 的。

《反垄断法》禁止具有市场支配地位的经营者从事下列滥用市场支配地位的行为：

(1)以不公平的高价销售商品或者以不公平的低价购买商品；

(2)没有正当理由,以低于成本的价格销售商品;

(3)没有正当理由,拒绝与交易相对人进行交易;

(4)没有正当理由,限定交易相对人只能与其进行交易或者只能与其指定的经营者进行交易;

(5)没有正当理由搭售商品,或者在交易时附加其他不合理的交易条件;

(6)没有正当理由,对条件相同的交易相对人在交易价格等交易条件上实行差别待遇;

(7)国务院反垄断执法机构认定的其他滥用市场支配地位的行为。

【同步案例7—2】 国家发改委于2015年3月2日正式公布了高通案的行政处罚决定书,并在其网站全文发布。至此,轰动一时的高通案最终尘埃落定。高通公司被处以2013年在华销售额的8%,即人民币60.88亿元的罚款。

当事人滥用市场支配地位的行为包括:滥用在无线标准必要专利许可市场的支配地位,收取不公平的高价专利许可费,这其中包括对过期无线标准必要专利收取许可费、要求被许可人将专利进行免费反向许可;在无线标准必要专利许可中,没有正当理由搭售非无线标准必要专利许可;当事人滥用在基带芯片市场的支配地位,在基带芯片销售中附加不合理条件。

同步案例7—2提示

请思考:结合《反垄断法》对本案进行分析。

(三)经营者集中

经营者集中是指下列情形:①经营者合并;②经营者通过取得股权或者资产的方式取得对其他经营者的控制权;③经营者通过合同等方式取得对其他经营者的控制权或者能够对其他经营者施加决定性影响。

国务院反垄断执法机构审查经营者集中,应当考虑下列因素:

(1)参与集中的经营者在相关市场的市场份额及其对市场的控制力;

(2)相关市场的市场集中度;

(3)经营者集中对市场进入、技术进步的影响;

(4)经营者集中对消费者和其他有关经营者的影响;

(5)经营者集中对国民经济发展的影响;

(6)国务院反垄断执法机构认为应当考虑的影响市场竞争的其他因素。

经营者集中具有或者可能具有排除、限制竞争效果的,国务院反垄断执法机构应当作出禁止经营者集中的决定。但是,经营者能够证明该集中对竞争产生的有利影响明显大于不利影响,或者符合社会公共利益的,国务院反垄断执法机构可以作出对经营者集中不予禁止的决定。

对不予禁止的经营者集中,国务院反垄断执法机构可以决定附加减少集中对竞争产生不利影响的限制性条件。国务院反垄断执法机构应当将禁止经营者集中的决定或者对经营者集中附加限制性条件的决定,及时向社会公布。

对外资并购境内企业或者以其他方式参与经营者集中,涉及国家安全的,除依照《反垄断法》规定进行经营者集中审查外,还应当按照国家有关规定进行国家安全审查。

(四)滥用行政权力排除、限制竞争

行政机关和法律、法规授权的具有管理公共事务职能的组织不得滥用行政权力,限定或者变相限定单位或者个人经营、购买、使用其指定的经营者提供的商品。

(1)行政机关和法律、法规授权的具有管理公共事务职能的组织不得滥用行政权力,实施下列行为,妨碍商品在地区之间的自由流通:对外地商品设定歧视性收费项目、实行歧视性收费标准,或者规定歧视性价格;对外地商品规定与本地同类商品不同的技术要求、检验标准,或者对外地商品采取重复检验、重复认证等歧视性技术措施,限制外地商品进入本地市场;采取专门针对外地商品的行政许可，限制外地商品进入本地市场；设置关卡或者采取其他手段，阻碍外地商品进入或者本地商品运出；妨碍商品在地区之间自由流通的其他行为。

（2）行政机关和法律、法规授权的具有管理公共事务职能的组织不得滥用行政权力，以设定歧视性资质要求、评审标准或者不依法发布信息等方式，排斥或者限制外地经营者参加本地的招标投标活动。

（3）行政机关和法律、法规授权的具有管理公共事务职能的组织不得滥用行政权力，采取与本地经营者不平等待遇等方式，排斥或者限制外地经营者在本地投资或者设立分支机构。

（4）行政机关和法律、法规授权的具有管理公共事务职能的组织不得滥用行政权力，强制经营者从事《反垄断法》规定的垄断行为。

（5）行政机关不得滥用行政权力，制定含有排除、限制竞争内容的规定。

【做中学7—2】 在广东省教育厅主办的“工程造价基本技能赛项”省级比赛中，广东省教育厅指定广联达股份软件有限公司提供的软件为独家参赛软件。原告深圳市斯维尔科技公司认为广东省教育厅的做法滥用行政权力排除竞争，向广州市中级人民法院提起行政诉讼，请求确认该行为违法。广州市中院经审理后一审裁定，广东省教育厅的行为违反了《反垄断法》规定。

做中学7—2
解析

请思考：结合背景资料和本项目的知识对本案进行分析。

三、垄断行为的法律责任

（一）对协议垄断的处罚

经营者违反《反垄断法》规定，达成并实施垄断协议的，由反垄断执法机构责令停止违法行为，没收违法所得，并处上一年度销售额1%以上10%以下的罚款；对于上一年度没有销售额的经营者或者尚未实施所达成的垄断协议的，可以处5 000万元以下的罚款。

视频
市场监管总局对阿里巴巴垄断行为作出行政处罚

【提示】反垄断执法机构确定具体罚款数额时，应当考虑违法行为的性质、程度和持续的时间等因素。

经营者主动向反垄断执法机构报告达成垄断协议的有关情况并提供重要证据的，反垄断执法机构可以酌情减轻或者免除对该经营者的处罚。

行业协会违反《反垄断法》规定，组织本行业的经营者达成垄断协议的，反垄断执法机构可以处500万元以下的罚款；情节严重的，社会团体登记管理机关可以依法撤销登记。

（二）对滥用市场支配地位的处罚

经营者违反《反垄断法》规定，滥用市场支配地位的，由反垄断执法机构责令停止违法行为，没收违法所得，并处上一年度销售额1%以上、10%以下的罚款。

（三）对实施经营者集中的处罚

经营者违反《反垄断法》规定实施集中的，反垄断执法机构可以根据具体情形责令停止实施集中，附加减少集中对竞争产生不利影响的限制性条件，责令继续履行附加的限制性条件中的义务或变更附加的限制性条件，责令限期处分股份或者资产、限期转让营业以及采取其他必要救济措施恢复到集中前的状态。

（四）对滥用行政权力排除、限制竞争行为的处罚

行政机关和法律、法规授权的具有管理公共事务职能的组织滥用行政权力，实施排除、限制竞争行为的，反垄断执法机构可以责令改正，并向有关上级机关提出依法处理的建议，对直接负责的主管人员和其他直接责任人员由上级机关依法给予处分。

行政机关和法律、法规授权的具有管理公共事务职能的组织应当在反垄断执法机构规定的时间内完成改正行为，并将有关改正情况书面报告反垄断执法机构。

对反垄断执法机构依法实施的审查和调查，拒绝提供有关材料、信息，或者提供虚假材料、信息，或者隐匿、销毁、转移证据，或者威胁人身安全，或者有其他拒绝、阻碍调查行为的，由反垄断执法机构责令改正，对行政机关和法律、法规授权的具有管理公共事务职能的组织可以向有关上级机关和监察机关提出依法给予处分的建议，对其他单位处上一年度销售额1%以下的罚款，上一年度没有销售额或者销售额难以计算的，处500万元以下的罚款；对个人可以处20万元以上100万元以下的罚款；构成犯罪的，依法追究刑事责任。

应知考核

一、单项选择题

1. 甲通过互联网散布竞争对手乙的产品中掺杂有害物质的虚假信息，给乙造成巨大损失。根据《反不正当竞争法》的规定，甲的行为是(　　)。

A. 虚假宣传　　B. 欺骗性标示　　C. 诋毁商誉　　D. 仿冒

2. 经营者利用网络从事生产经营活动，对其他经营者合法提供的网络产品和服务，在未经同意的情形下，实施插入链接强制进行目标跳转、误导欺骗用户关闭卸载、恶意不兼容等妨碍、破坏经营行为，情节严重的，应当处以罚款数额的上限是(　　)。

A. 50万元　　B. 5万元　　C. 200万元　　D. 300万元

3. 购买某超市低价大米，必须同时购买1袋味精的行为属于(　　)。

A. 限定他人购买指定商品的行为　　B. 附加不合理交易条件行为

C. 搭售行为　　D. 滥用行政权力限制市场交易行为

4. 某电力公司要求新建变电所必须购买指定品牌的电力设备的行为属于(　　)。

A. 限制他人购买其指定的经营者的商品　　B. 滥用行政权力限制市场交易行为

C. 限制其他的经营者正当的经营活动　　D. 附条件交易行为

5. 某公司夏季低价销售羽绒服的行为属于(　　)。

A. 欺骗性交易行为　　B. 合法行为

C. 压价排挤竞争对手的行为　　D. 虚假宣传行为

二、多项选择题

1. 下列(　　)属于我国《反不正当竞争法》制止的行为。

A. 虚假广告　　B. 搭售商品　　C. 有奖销售　　D. 降价销售

2. 经营者不得从事下列有奖销售的是(　　)。

A. 没有中奖号码

B. 利用有奖销售的手段推销质次价高的商品

C. 抽奖式的销售，最高奖的金额超过50 000元

D. 故意让内定人员中奖的欺骗方式进行有奖销售

3. 甲公司生产注册商标为“山鹰”的饮料，已在市场上销售多年，且销售业绩很好。乙公司也是生产饮料的企业，它在其今年生产的新产品的包装物上印上了醒目的山鹰图案，推向市场。乙公司的行为是一种(　　)。

A. 不正当竞争行为　　B. 欺诈行为

C. 侵犯甲公司商业信誉行为　　D. 假冒行为

4. 某市煤气公司下设煤气用具厂，主要生产各种煤气用具。煤气公司要求煤气用户使用其下属煤气用具厂生产的质次价高的煤气用具，以保证维修、更换的需要，遭到煤气用户的一致反对，煤气公司遂以停气相威胁。该市市场监管部门可以对煤气公司作出(　　)处罚。

A. 责令停止违法行为　　B. 处以10万元罚款

C. 没收违法所得　　D. 消除影响

5. 下列(　　)属于不正当竞争行为。

A. 擅自使用他人企业名称，让人误认为是他人的商品

B. 季节性降价

C. 巨奖销售

D. 明示给对方折扣或给中间人佣金

三、判断题

1. 经营者不得以盗窃、利诱、胁迫或者其他不正当手段获取权利人的商业秘密。(　　)

2. 以低于成本的价格销售商品的行为均应被认定为不正当竞争行为。(　　)

3. 假冒他人注册商标的行为既是侵犯注册商标专用权的行为，也是不正当竞争行为。(　　)

4. 全国人大常委会制定《反垄断法》，是行使市场规制立法权的行为。(　　)

5. 我国《反不正当竞争法》禁止进行有奖销售。(　　)

应会考核

■ 观念应用

【背景资料】

甲公司生产的香皂，质优价廉，非常畅销，香皂包装纸的标志非常独特醒目，为广大消费者所熟知，而且该包装纸的设计享有外观设计专利。乙公司的产品中也包含香皂，其使用的包装纸在颜色、图形设计等方面都与甲公司的香皂包装纸相近。甲公司发现乙公司的上述行为后即以乙公司故意混淆商品，误导消费者，已构成侵权为由，向人民法院提起诉讼，要求乙公司停止侵害，赔礼道歉，消除消极影响，赔偿经济损失，并依《反不正当竞争法》的规定，给予责令停止侵权、没收违法所得、罚款的处罚。

【考核要求】

(1)乙公司的行为是否构成不正当竞争？请说明理由。

(2)应如何处理乙公司的行为？法律依据是什么？

■ 技能应用

A公司经多年研究设计生产出一款节能产品，并通过产品鉴定，投产半年，市场销路极好，获得可观的经济效益。A公司制定了严格的技术保密制度，并规定了保密纪律及发放了保密费。该公司技术副科长方某跳槽，到B公司担任技术科长，经B公司经理授意，方某私下复印A公司研究的节能产品的设计图纸和销售档案。B公司随即开始投产、销售该节能产品。

【技能要求】

(1)B公司的行为属于什么行为？为什么？

(2)应该如何处理B公司的行为？请阐述理由。

■ 案例分析

【案例情境】

A炒锅广告资料这样写:你想炒菜无油烟吗?就用A炒锅。你想炒菜不粘锅吗?就用A炒锅。

据称,A炒锅是全球市场上第一个真正意义上的无油烟不粘锅。自封"锅王"的A炒锅宣称:该无烟锅采用了一种特殊材质,能将锅体温度控制在油烟挥发的临界点240℃以内,从而达到无油烟的效果。

经过上海材料研究所检测中心检测分析,这种宣称采用航天科技、紫砂合金锻造、绝对无涂层的无烟锅既不是钛合金,也不是锰钛合金,而是一种以铝为主料的铝合金。被吹得神乎其神的无烟锅,原来只是很普通的铝合金的锅。一只普通铝锅居然卖到了599元的高价!

【分析要求】

请问:A炒锅违反了哪方面的法律规定?

项目实训

【实训情境】

"3·15"期间,某顾客向有关机关举报,称某商场在销售商品时存在以下几种不正当竞争行为,要求对其进行查处:

(1)商场在销售手机的广告牌上写明:"凡在本处购买手机者,会给总价款3%的回扣,介绍推销者可获得总价款1%的佣金。"经查该公司给付的回扣、佣金账面上均有明确记载。

(2)商场规定,在商场超市购买低价面粉时必须购买1袋食盐。

(3)商场以低价销售羽绒服。

(4)商场进行抽奖式有奖销售活动,最高奖为宝马轿车一辆,负责人暗中将有最高奖奖号的奖券抽出,送给其亲戚。

(5)该商场销售的某红酒在瓶身上都挂有名优产品的标志,但经查对,该红酒根本没有获得国家名优产品的认定。

请逐项分析该商场的行为是否构成不正当竞争。

【实训目标】

加深学生对竞争法基本知识的认识和理解,学会运用竞争法的知识解决基本问题,从而提高学生的综合素质。

【实训组织】

将学生分成若干组,每组7人,每组设组长1名,组长负责组织本组成员进行实训,由组长将调查结果书面写成报告,并总结。(注意:教师提出活动前的准备和注意事项等内容。)

1. 教师组织学生仔细阅读案例,提示案例要点。

2. 学生每4~6人组成一个学习小组,以小组为单位进行讨论,提倡采用头脑风暴法,最终形成一篇案例分析报告。

3. 每个小组派出1名代表上讲台阐述小组报告的观点。

【实训成果】

1. 考核和评价采用报告资料展示和学生讨论相结合的方式。

2. 评分采用学生和教师共同评价的方式,填写实训报告。

实训报告		
项目实训班级：	项目小组：	项目组成员：
实训时间：　　年　月　日	实训地点：	实训成绩：
实训目的：		
实训步骤：		
实训结果：		
实训感言：		

项目八

工业产权法

○ **知识目标**

理解:商标的概念和特征、商标权的特点、商标的注册程序;明确注册商标专用权保护的重要意义、商标侵权行为的表现形式及侵犯注册商标专用权的法律责任;专利的概念、专利权的取得程序、专利的保护期限和保护范围、侵犯专利权的法律责任等内容。

熟知:商标权法律关系的各项规定以及我国法律对驰名商标的特殊保护规定;专利权法律关系、专利申请原则、不同专利权的授予条件。

掌握:商标构成的要求、商标注册条件及商标注册原则;专利侵权行为的表现形式及不构成侵权的行为方式等各项规定。

○ **技能目标**

能够在理解商标法和专利法的基础上,准确判断分析商标和专利的基本问题。

○ **素质目标**

运用所学的工业产权法知识研究相关案例,培养和提高学生在特定业务情境中分析问题与决策设计的能力;结合行业规范或标准,运用工业产权法知识分析行为的善恶,提升学生的职业道德素质。

○ **项目引例**

专利能获批吗?

2020 年 8 月,甲公司研制出一种新型阀门,其技术方案不仅前所未有,具有实质性特点和进步,而且经该公司测试、使用,效果极佳。甲公司遂采取商业秘密的形式对该技术予以保护。2021 年 8 月,甲公司为强化对该技术的法律保护,向专利局提出实用新型专利申请。乙公司质检车间工程师齐某自定项目,自购设备和科研资料,利用业余时间,于 2021 年 6 月独立完成该阀门的研制工作,其中的结构、功能和技术方案与甲公司研制的阀门完全相同。齐某于 2021 年 7 月向专利局提出实用新型专利申请。

思考与讨论:

(1)该发明创造的专利申请权应当由谁享有?为什么?

(2)假设甲公司在 2020 年 8 月研制完成该新型阀门后,当年在国内一杂志上公开发表其技术方案。那么,齐某的发明创造是否能够获得批准?为什么?

○ **知识精讲**

任务一 工业产权法概述

一、工业产权的概念和特点

(一)工业产权的概念

工业产权是人们依照法律对应用于商品生产和流通中的创造发明和显著标记等智力成果,在一定期限和地区内享有的专有权。根据《保护工业产权巴黎公约》(以下简称《巴黎公约》)的规定,工业产权包括发明、实用新型、外观设计、商标、服务标记、厂商名称、货源标记、原产地名称以及制止不正当竞争的权利。这个工业产权的范围,原则上为缔约国所承认。在我国,工业产权主要是指专利权、商标权。工业产权与版权统称为知识产权。

(二)工业产权的特点

1. 独占性

独占性又称为排他性、垄断性、专有性,即在一定的区域和期限内,工业产权专属于创造人或其所属单位,排除他人享有同样权利。如商标权人排除他人在同一商品或服务上使用与自己的注册商标相同或近似的商标;专利权人排除他人未经许可使用自己的专利产品、专利方法以及使用依照该专利方法直接获得的产品。独占性原则其实是对权利人的一种法律保护,也是权利人之所以申请专利权、商标权的原因所在。

2. 地域性

一国的专利法、商标法所保护的工业产权,除在一定情况下使用统一保护工业产权的国际公约以及个别国家承认另一国批准的专利有效以外,只在该国范围内有效,对其他国家不发生法律效力,即不发生域外效力。如果想在他国得到保护,必须依他国法律的规定履行必要的程序,经审查批准获得专利权、商标专用权。

3. 时间性

工业产权的时间性是指该种权利具有一定的有效期限,并不是永久存续的权利。工业产权的客体,特别是专利权的客体,是人类的共同财富,不允许永久独占。法律只保护所有人在有效期内的独占权。当法律规定的有效期届满后,工业产权即丧失其效力,不再受法律保护,任何人可以自由地使用而不发生侵权问题。

二、工业产权的国际保护

有关工业产权国际保护的世界性或地区性的国际条约很多,最主要的有《巴黎公约》(专利合作条约)、《商标国际注册马德里协定》和《商标注册条约》(以下简称《条约》)等。此外,还成立了政府间的国际机构——世界知识产权组织(WIPO)。

(一)《巴黎公约》

《巴黎公约》(Paris Convention for the Protection of Industrial Property)是1883年3月20日在巴黎签订的,1884年生效,并经过多次修改。到2012年2月17日为止,缔约方总数为174个国家,我国于1985年加入《巴黎公约》。《巴黎公约》保护的对象是专利、实用新型、外观设计、商标、服务标记、厂商名称、货源标记、原产地名称以及制止不正当竞争。《巴黎公约》的主要内容有以下几项:

1. 国民待遇原则

其成员国的国民在保护工业产权方面享受与本国国民同样的待遇。如果非缔约国国民在一个缔约国领土内有永久性住所或真实有效的工商营业所，也享受与成员国国民同样的待遇。

2. 优先权原则

成员国的国民向一个缔约国提出专利申请或注册商标申请后，在一定期限内（发明、实用新型规定为 12 个月，外观设计、商标规定为 6 个月）享有优先权。即当向其他缔约国又提出同样的申请，则后来的申请视作在第一申请提出的日期提出的。

3. 专利、商标的独立原则

各成员国授予的专利权和商标专用权是彼此独立的，各缔约国只保护本国授予的专利权和商标专用权。

4. 强制许可专利原则

《巴黎公约》规定：某一项专利自申请日起的 4 年间，或者自批准专利日起 3 年期内（两者以期限较长者为准），专利权人未予实施或未充分实施，有关成员国有权采取立法措施，核准强制许可证，允许第三者实施此项专利。如在第一次核准强制许可特许满 2 年后，仍不能防止赋予专利权而产生的流弊，可以提出撤销专利的程序。《巴黎公约》还规定强制许可，不得专有、不得转让；但如果连同使用这种许可的那部分企业或牌号一起转让，则是允许的。

(二)《商标国际注册马德里协定》和《商标注册条约》

《商标国际注册马德里协定》(以下简称《协定》)是 1891 年 4 月 14 日于西班牙马德里签订的，1892 年 7 月生效，目的是简化商标国际注册手续。到 2006 年 12 月为止有 57 个成员国。我国从 1989 年 10 月 4 日起加入了《协定》。《商标注册条约》(Treaty of Registration Trademark，以下简称《条约》)，是 1973 年 6 月 12 日于维也纳签订的，1980 年 8 月生效。《协定》和《条约》均规定，其成员国必须是《巴黎公约》的成员国。《协定》和《条约》的成员国商标所有人均可向世界知识产权组织国际局申请商标国际注册，不必分别向每个国家提出申请。此外，《协定》规定，申请商标国际注册首先要取得本国商标主管部门的商标注册，然后通过本国商标主管部门提出申请，使用文字必须限于法文。而《条约》规定，商标注册申请人可直接向世界知识产权组织国际局申请国际注册，不需先在本国注册，使用文字可用法文，也可用英文，《协定》与《条约》是两个并行的国际条约，每个国家可以同时参加这两个条约，也可以只参加其中的一个条约，这两个国际条约的缔约国的国民，可以按其申请商标保护的不同对象而援用其中任何一个条约。

视频

中文“乔丹”商标违反《商标法》

任务二　商标法

一、商标、商标权、商标法

(一)商标的概念、特征和种类

1. 商标的概念

商标是商品生产者或经营者用以标明自己生产、销售的商品或提供的服务，与其他生产者或经营者生产、销售的同类商品或提供的同类服务相区别的标记。这种标记通常由文字、图形、字母、数字、三维标志、颜色组合、声音或者其组合构成。

商标最基本的功能就是识别商品或服务的来源，区别相同商品或服务的不同生产者、销售者或服务者。

2. 商标的特征

(1)商标是用于商品或服务上的标记，与商品或服务不能分离，并依附于商品或服务。

(2)商标是区别于他人商品或服务的标志,具有特别显著的区别功能,从而便于消费者识别。

(3)商标是由文字、图形、字母、数字、三维标志、颜色组合、声音,以及上述要素的组合的标志。

(4)商标具有独占性。使用商标的目的就是为了区别于他人的商品或服务,便于消费者识别。注册商标所有人(即商标权人)对其商标具有专用权,受到法律的保护,未经商标权人的许可,任何人不得擅自使用与该注册商标相同或相类似的商标;否则,即构成侵犯商标权人的商标专用权,将承担相应的法律责任。

(5)商标是一种无形资产,具有价值。商标代表着商标所有人生产或经营的质量信誉和企业信誉、形象,商标权人通过对商标的创意、设计、申请注册、广告宣传及使用,使商标具有了价值,也增加了商品的附加值。商标的价值可以通过评估确定。商标可以有偿转让,经商标权人同意,可许可他人使用。

(6)商标是商品信息的载体,是参与市场竞争的工具。生产经营者的竞争就是商品或服务质量与信誉的竞争,其表现形式就是商标知名度的竞争,商标知名度越高,其商品或服务的竞争力就越强。

3. 商标的种类

(1)按商标的结构组成或形态划分,可分为文字商标、图形商标、三维商标、颜色组合商标、声音商标和组合商标。

①文字商标。它是由文字构成的商标。文字商标的构成可以是中文,也可以是外文、少数民族文字或者阿拉伯数字。例如,"蒙牛"牛奶、"格力"空调。我国的文字商标以汉字为主,有的还加注汉语拼音字母或者辅以外国文字。

②图形商标。它是由平面图形构成的商标。例如,"飞马"电池,就是一匹奔腾的骏马的形象。

③三维商标。它也称立体商标,是由产品外形或者产品实体包装的立体标志构成的商标。这是一种三维立体结构的商标,近年以其形象性受到消费者和商家的欢迎与重视。

④颜色组合商标。这种形式一般是指与文字或图形组合起来使用的色块,不仅可以给人以美感,而且具有显著性。

⑤声音商标。它是将某种通过大量使用而具有显著性的、成为大众所熟知的、有特定的指向性的声音作为商标。这种商标是我国于2014年5月1日实施的修订后的《商标法》新确认的一种商标标识。

⑥组合商标。这是用文字、图形、字母、数字、三维标志和颜色组合六要素中任何两种或两种以上的要素组合而成的商标。它集中了文字商标、图形商标和颜色商标的优点于一体,是商标构成的一种理想形式,使用广泛,数量最多。

(2)按照商标的使用者划分,可分为商品商标和服务商标。商品商标又可分为生产者的生产商标和销售者的商业商标;服务商标即服务性行业所使用的标志。

①生产商标。它又称制造商标,是商品的生产、加工、制造者在自己生产、加工、制造的商品上所使用的商标。

②商业商标。它又称销售商标,是商品的经营者在自己经销的商品上所使用的一种商标。

③服务商标。它又称服务标记,是服务项目的提供者所使用的商标。

服务商标与商品商标不同的是,它不使用在商品或者商品的包装上,也不可能使用在服务行为上,而只能用在服务场所、广告或其他有形载体上,以标记服务的提供者及其提供的服务。

(3)按商标的作用划分,可分为集体商标、证明商标等。

①集体商标。它是指由工商业团体、协会或者其他集体组织的成员所使用的商品商标或服务商标,用以表明商品的经营者或服务的提供者属于同一组织,体现其所生产的商品或者提供的服务

具有某种共同的特征。

②证明商标。它又称保证商标，是指由对某种商品或者服务具有检测和监督能力的组织所控制，而由其以外的人使用在商品或服务上，用以证明该商品或服务的原产地、原料、制造方法、质量、精确度或其他特定品质的标志。例如，真皮标志、绿色食品标志等。

(4)按商品的知名度划分，可分为驰名商标、著名商标和知名商标。

①驰名商标是经国家市场监管部门认定的在市场上经过较长时间使用、商品销售量大、享有较高声誉、相关公众熟知的商标。

②著名商标是指由省级市场监管部门认可的、在该行政区域内具有较高声誉和市场知名度的商标。

③知名商标是指由市级工商行政管理部门认可的、在该行政区域内具有较高声誉和市场知名度的商标。

(5)按商标是否受法律保护划分，可分为注册商标和非注册商标。

①经商标所有人申请，并得到国家市场监管部门商标局核准注册并予以公告的商标为注册商标，注册商标所有人对注册商标享有独占权，该权利受国家法律的保护。

②未经商标所有人申请或未被商标局核准注册的商标为非注册商标，非注册商标不受国家法律的保护，但受国家相关法律的调整。

(二)商标权的概念和特点

1. 商标权的概念

商标权是商标专用权的简称，是指商标注册人或权利继受人在法定期限内对注册商标依法享有的各种权利。它包括独占使用权、许可使用权、商标转让权、续展权等。商标权是商标法的核心，其实质是国家法律赋予商标所有人的一种特殊权利。

2. 商标权的特点

商标权是一种知识产权，即民事主体对自己或他人的智力劳动成果享有的专有权利。这种权利具有专有性、时间性、地域性的特点。

①专有性是指商标权的权利主体依法享有独占使用该商标的权利，他人不得侵犯。

②时间性是指依法产生的商标权只在法律规定的期限内有效，超过该期限，该商标权即消灭，除非商标权人依法办理续展手续。

③地域性是指商标权只在产生的特定国家或地区的地域范围内有效，不具有域外效力。

(三)商标法

商标法是调整在商标注册、使用、管理和保护过程中所发生的各种社会关系的法律规范的总称。其核心是确认和保护注册商标的专用权。

1982 年 8 月 23 日第五届全国人民代表大会常务委员会第二十四次会议通过《中华人民共和国商标法》，该法于 2019 年进行了第四次修订。

二、商标权法律关系

商标权法律关系是指商标所有人围绕法律给予确认并保护的商标而形成的权利和义务关系。商标专用权法律关系由商标权主体、商标权客体、商标权的内容三部分构成。

(一)商标权主体

商标权的主体是享有商标专用权的人。依据我国《商标法》的规定，商标权的主体可以是自然人、法人或者其他组织。两个以上的自然人、法人或者其他组织可以共同向商标局申请注册同一商标，共同享有和行使该商标专用权。

(二)商标权客体

商标权客体是指经过国家商标局核准注册的商标,即注册商标。在我国允许使用未经注册的商标,未注册商标也应遵守《商标法》的相关规定。

我国《商标法》对商标的申请注册条件、商标的构成等都作了详细的规定。

1. 申请注册的商标应具备的条件

(1)商标应当具有显著性。申请注册的商标,应当有显著特征,便于识别,并不得与他人在先取得的合法权利相冲突。商标的显著性可以因两种方式产生:①商标本身具有显著性;②通过长期的使用获得商标的显著性。

(2)商标应当具有区别性。《商标法》规定,任何能够将自然人、法人或者其他组织的商品与他人的商品区别开的标志,包括文字、图形、字母、数字、三维标志和颜色组合、声音,以及上述要素的组合,均可以作为商标申请注册。

2. 不得作为商标使用的标志

(1)同中华人民共和国的国家名称、国旗、国徽、国歌、军旗、军徽、军歌、勋章等相同或者近似的,以及同中央国家机关的名称、标志、所在地特定地点的名称或者标志性建筑物的名称、图形相同的。

(2)同外国的国家名称、国旗、国徽、军旗等相同或者近似的,但经该国政府同意的除外。

(3)同政府间国际组织的名称、旗帜、徽记等相同或者近似的,但经该组织同意或者不易误导公众的除外。

(4)与表明实施控制、予以保证的官方标志、检验印记相同或者近似的,但经授权的除外。

(5)同"红十字""红新月"的名称、标志相同或者近似的。

(6)带有民族歧视性的。

(7)带有欺骗性,容易使公众对商品的质量等特点或者产地产生误认的。

(8)有害于社会主义道德风尚或者有其他不良影响的。

(9)县级以上行政区划的地名或者公众知晓的外国地名。但是,地名具有其他概念或者作为集体商标、证明商标组成部分的除外。已经注册的使用地名的商标继续有效。

根据《商标法》的规定,仅有本商品的通用名称、图形、型号的,仅直接表示商品的质量、主要原料、功能、用途、重量、数量及其他特点的,其他缺乏显著特征的标志,均不得作为商标注册。

以三维标志申请注册商标的,仅由商品自身的性质产生的形状、为获得技术效果而需要的商品形状或者使商品具有实质性价值的形状,不得注册。

商标中有商品的地理名称,而该商品并非来源于该标志所标志的地区,误导公众的,不予注册并禁止使用。

申请商标注册不得违反我国法律关于驰名商标的规定。

(三)商标权的内容

商标权的内容是指商标所有人依法享有的权利和应承担的义务。

1. 商标权人的权利

商标权人依法享有下列权利:

(1)独占权。独占权即注册商标的专用权。商标一经核准注册,商标权人即享有在核准注册的商标和核定使用的商品范围内完全独占使用其商标的权利。他人未经许可不得在同一种商品或类似商品上使用该注册商标或相近似的商标,否则,即构成侵权。

(2)使用许可权。商标权人有权通过签订商标使用许可合同,许可他人使用其注册商标。许可人仍然是该注册商标的所有人,享有注册商标相应的权利。许可他人使用其注册商标的,许可人应当将其商标使用许可报商标局备案，由商标局公告。商标使用许可未经备案不得对抗善意第三人。

(3)转让权。商标权人可在法律允许的范围内有条件地将注册商标所有权转让给他人。转让注册商标的，转让人和受让人应当签订转让协议，并共同向商标局提出申请。商标局核准后，发给受让人相应的证明，并予以公告。商标权转让后，原商标权人的一切权利和义务均转移给新的商标权人。转让注册商标的，商标注册人对其在同一种商品上注册的近似的商标，或者在类似商品上注册的相同或者近似的商标，应当一并转让。

(4)出质权。商标权人可以依法将自己拥有的商标以出质的方式用于担保。以注册商标专用权出质的，出质人与质权人应当签订书面质权合同，并共同向商标局提出质权登记申请，由商标局公告。

(5)续展权。我国《商标法》规定的商标权的有效期为10年，自商标核准注册之日起计算。商标权期满前12个月内，商标权人可向商标局申请续展；期满未续展的，给予6个月的宽限期。商标权人可连续申请续展，每次续展注册的有效期为10年，自该商标上一届有效期满次日起计算。超过宽展期未及时续展的，商标局注销其商标。

2. 商标权人的义务

商标权人在享有注册商标权利的同时，也要履行相应的义务。

(1)使用商标。商标权人要将商标用于商品、商品包装或者容器以及商品交易文书上，或者将商标用于广告宣传、展览以及其他商业活动中，用于识别商品来源。使用注册商标应当标明“注册商标”字样或者标明注册标记。注册标记包括㊟和®。使用注册标记，应当标注在商标的右上角或者右下角。

(2)遵守注册商标使用规定。①商标权人只能在核定使用的商品上使用经核准注册的商标；②商标权人不得自行改变注册商标的标识；③商标权人不得自行改变注册人名称、地址或者其他注册事项；④商标权人不得没有正当理由连续3年不使用注册商标；⑤商标权人不得自行转让注册商标。

(3)保证使用注册商标的商品的质量。商标权人、商标使用人应当遵循诚实信用原则，对其使用商标的商品质量负责，禁止欺骗消费者。

(4)依法缴纳有关费用。申请商标注册和办理其他商标事宜时，应当依法缴纳相关的费用。

三、商标权的取得

(一)商标权取得方式

商标权取得方式包括原始取得和继受取得两种。

1. 原始取得

原始取得又称直接取得，是指商标所有人直接向商标局申请商标注册，经商标局核准注册后，享有的对该商标的独占权。原始取得是最主要的商标权取得方式。通常所说的商标权的取得仅指原始取得。

2. 继承取得

继受取得是指商标权人所享有的独占权，不是通过商标申请注册取得，而是通过签订转让合同、继承等合法方式取得。如拥有商标权的自然人死亡后，其继承人因继承行为而取得商标权；企业拥有的商标权因企业合并或兼并而发生转移。

继受取得是商标权取得的又一种方式，因继受而取得的商标专用权与原始取得的商标专用权具有同等法律效力。

(二)商标注册原则

1. 自愿注册与强制注册相结合原则

自愿注册是指在某种商品上使用的商标是否申请注册完全由商标使用人自行决定。要取得商标专用权,就应注册,否则可以不注册。世界上绝大多数国家采用这一原则。

强制注册又称全面注册,是指商品使用人在其生产或者经营的商品上凡使用商标的,一律必须注册,未经注册的商标一律不得使用。

我国对商标注册实行自愿注册的原则。但是我国法律同时规定,对人用药品(包括中成药、化学原料药及其制剂、抗生素、生化药品、发射性药品、血清疫苗、血液制品、诊断药品)和烟草制品(包括卷烟、雪茄烟、有包装的烟丝)实行强制注册。这两类商品必须使用注册商标,未经核准注册的,不得在市场上销售。

可见,我国在商标注册的规定上实行自愿注册与强制注册相结合的原则。

2. 申请在先与使用在先分别适用的原则

申请在先原则又称注册原则,是指按申请注册的先后顺序来确定商标专用权的归属,谁先申请注册,商标专用权就授予谁;使用在先原则又称使用原则,是指按使用商标的先后顺序来确定商标专用权的归属,谁先使用,商标专用权就属于谁。

我国《商标法》规定,两个或两个以上的商标注册申请人,在同一种商品或类似商品上,以相同或者近似的商标申请注册的,初步审定并公告申请在先的商标;同一天申请的,初步审定并公告使用在先的商标,驳回其他人的申请,不予公告。

这一规定表明,我国实行申请在先与使用在先分别适用的原则。

申请人同一天申请,同一天使用或者均未使用的,申请人之间可以协商解决;协商不成的,由各申请人抽签决定。

【知识链接 8—1】《商标法》第 32 条规定,申请商标注册不得损害他人现有的在先权利,也不得以不正当手段抢先注册他人已经使用并有一定影响的商标。由此可见,我国《商标法》在坚持申请在先原则的同时,还强调申请的正当性,防止不正当的抢注。

3. 一件商标一份申请的原则

我国商标注册实行分类申请原则。商标注册申请人应当按规定的商品分类表填报使用商标的商品类别和商品名称,提出注册申请。商标注册申请人可以通过一份申请就多个类别的商品申请注册同一商标。注册商标的专用权,以核准注册的商标和核定使用的商品为限。注册商标需要在核定使用范围之外的商品上取得商标专用权的,应当另行提出注册申请。

4. 优先权原则

我国《商标法》规定,商标注册申请人自其商标在外国第一次提出商标注册申请之日起 6 个月内,又在中国就相同商品以同一商标提出商标注册申请的,依照该外国同中国签订的协议或者共同参加的国际条约,或者按照相互承认优先权的原则,可以享有优先权。要求优先权的申请人,应当在提出商标注册申请的时候提出书面声明,并且在 3 个月内提交第一次提出的商标注册申请文件的副本;未提出书面声明或者逾期未提交商标注册申请文件副本的,视为未要求优先权。

商标在中国政府主办的或者承认的国际展览会展出的商品上首次使用的,自该商品展出之日起 6 个月内,该商标的注册申请人可以享有优先权。要求优先权的,应当在提出商标注册申请的时候提出书面声明,并且在 3 个月内提交展出其商品的展览会名称、在展出商品上使用该商标的证据、展出日期等证明文件;未提出书面声明或者逾期未提交证明文件的,视为未要求优先权。

要求优先权的声明经认可后,申请人在外国第一次申请商标注册的日期,即视为在中国的申请日期。

(三)商标注册程序

商标权的取得必须经过申请、审查、公告和核准三个程序。

1. 申请

申请注册商标,商标使用人必须依法向商标局提出申请。申请商标注册或者办理其他商标事宜,可以自行办理,也可以委托依法设立的商标代理机构办理。外国人或者外国企业在中国申请商标注册和办理其他商标事宜的,应当委托依法设立的商标代理机构办理。

申请注册商标应当提交申请文件,包括申请书、商标图样和《商标法》规定的其他文件。

《商标法》规定,每一件商标注册申请应当向商标局提交商标注册申请书1份、商标图样1份;以颜色组合或者着色图样申请商标注册的,应当提交着色图样,并提交黑白稿1份;不指定颜色的,应当提交黑白图样。以三维标志申请商标注册的,应当在申请书中予以声明,说明商标的使用方式,并提交能够确定三维形状的图样,提交的商标图样应当至少包含三面视图。以颜色组合申请商标注册的,应当在申请书中予以声明,说明商标的使用方式。以声音标志申请商标注册的,应当在申请书中予以声明,提交符合要求的声音样本,对申请注册的声音商标进行描述,说明商标的使用方式。对声音商标进行描述,应当以五线谱或者简谱对申请用作商标的声音加以描述并附加文字说明;无法以五线谱或者简谱描述的,应当以文字加以描述;商标描述与声音样本应当一致。

商标注册申请等有关文件,可以书面方式或者数据电文方式提出。

2. 审查

商标注册审查主要对申请文件的齐全性、商标标识的合法性等进行审查。包括形式审查和实质审查两个阶段。

(1)形式审查。其内容主要有:申请手续是否齐备;申请人是否具备申请资格;申请文件是否齐全,填写是否正确;是否按规定缴纳了申请注册费;等等。对申请注册的商标,商标局应当自收到商标注册申请文件之日起9个月内审查完毕,符合《商标法》有关规定的,予以初步审定公告。在审查过程中,商标局认为商标注册申请内容需要说明或者修正的,可以要求申请人作出说明或者修正。申请人未作出说明或者修正的,不影响商标局作出审查决定。

(2)实质审查。其内容主要包括:申请注册的商标是否具有显著特征,便于识别;申请注册的商标是否与已注册在相同或类似商品或服务上的商标相同或近似;申请注册的商标是否违背商标法的禁止规定;等等。

3. 公告和核准

申请注册的商标,凡符合《商标法》规定的,由商标局初步审定,予以公告,征询异议;凡不符合《商标法》规定的或者同他人在同一种商品或者类似商品上已注册的或者初步审定的商标相同或近似的,由商标局驳回申请,不予公告。公告期满无异议的,予以核准注册,发给商标注册证,并予公告。

四、商标异议、商标复审和起诉

(一)商标异议

商标异议是指对于商标局初步审定并予以公告的商标提出的不同意见。对初步审定公告的商标,自公告之日起3个月内,任何人认为该商标违反《商标法》不得作为商标使用的标志的规定、不得作为商标注册的标志的规定、不得以三维标志申请注册商标情形的规定的(涉及公共利益的),可以向商标局提出异议。在先权利人、利害关系人认为申请的商标违反《商标法》其他规定的(涉及个人利益的),可以向商标局提出异议。

商标局应当听取异议人和被异议人陈述事实和理由,经调查核实后,自公告期满之日起12个月内作出是否准予注册的决定,并书面通知异议人和被异议人。有特殊情况需要延长的,经国务院工商行政管理部门批准,可以延长6个月。

商标局作出准予注册决定的,发给商标注册证,并予公告。异议人不服的,可以依照《商标法》的规定向商标评审委员会请求宣告该注册商标无效。

(二)商标复审和起诉

具有以下几种情形之一的,当事人可以采取提起商标复审和起诉的救济措施:

1. 商标注册申请被驳回

对驳回申请不予公告的商标,商标局应当书面通知商标注册申请人。商标注册申请人不服的,可以自收到通知之日起15日内向商标评审委员会申请复审,商标评审委员会应当自收到申请之日起9个月内作出决定,并书面通知申请人。有特殊情况需要延长的,经国务院工商行政管理部门批准,可以延长3个月。当事人对商标评审委员会的决定不服的,可以自收到通知之日起30日内向人民法院起诉。

2. 商标异议

因相关人提出异议,商标局作出不予注册决定的,被异议人不服,可以自收到通知之日起15日内向商标评审委员会申请复审。商标评审委员会应当自收到申请之日起12个月内作出复审决定,并书面通知异议人和被异议人。有特殊情况需要延长的,经国务院工商行政管理部门批准,可以延长6个月。被异议人对商标评审委员会的决定不服的,可以自收到通知之日起30日内向人民法院起诉。人民法院应当通知异议人作为第三人参加诉讼。

3. 注册商标被宣告无效

商标注册后,商标局宣告注册商标无效,当事人对商标局的决定不服的,可以自收到通知之日起15日内向商标评审委员会申请复审。商标评审委员会应当自收到申请之日起9个月内作出决定,并书面通知申请人。有特殊情况需要延长的,经国务院工商行政管理部门批准,可以延长3个月。当事人对商标评审委员会的决定不服的,可以自收到通知之日起30日内向人民法院起诉。

4. 注册商标被撤销

对商标局撤销或者不予撤销注册商标的决定,当事人不服的,可以自收到通知之日起15日内向商标评审委员会申请复审。商标评审委员会应当自收到申请之日起9个月内作出决定,并书面通知当事人。有特殊情况需要延长的,经国务院工商行政管理部门批准,可以延长3个月。当事人对商标评审委员会的决定不服的,可以自收到通知之日起30日内向人民法院起诉。

五、商标权的消灭

商标权的消灭是指注册商标权利人所享有的商标权在一定条件下丧失,不再受法律保护。商标权因注册商标被注销、被撤销或被宣告无效而消灭。

(一)注册商标的注销

注册商标的注销是指商标主管机关基于某些原因取消注册商标专用权的一种管理措施,是商标权的正常消灭情况。《商标法》规定,在下列情况下,商标局可以注销注册商标:

①注册商标法定期限届满,未续展和续展未获批准的。

②商标权人申请注销。商标注册人可以申请注销其注册商标或者注销其商标在部分指定商品上的注册。经商标局核准注销的,该注册商标专用权或者该注册商标专用权在该部分指定商品上的效力自商标局收到其注销申请之日起终止。

(二)注册商标的撤销

注册商标的撤销是商标局或商标评审委员会依法强制取消已经注册的商标的管理措施。注册商标可因以下两种情形被撤销：

1. 违法行为

商标注册人有下列行为之一的，由商标局责令限期改正；期满不改正的，由商标局撤销其注册商标：①自行改变注册商标的；②自行改变注册商标的注册人名义、地址或者其他注册事项的。

2. 其他情形

注册商标成为其核定使用的商品的通用名称或者没有正当理由连续3年不使用的，任何单位或者个人可以向商标局申请撤销该注册商标。商标局应当自收到申请之日起9个月内作出决定。有特殊情况需要延长的，经国务院工商行政管理部门批准，可以延长3个月。

(三)注册商标的无效宣告

1. 无效宣告的情形

注册商标可能因以下两种情形被宣告无效：

(1)注册不当

已经注册的商标，违反《商标法》不得作为商标使用的标志的规定、不得作为商标注册的标志的规定、不得以三维标志申请注册商标情形的规定的，或者是以欺骗手段或者其他不正当手段取得注册的，由商标局宣告该注册商标无效；其他单位或者个人可以请求商标评审委员会宣告该注册商标无效。

当事人对商标局的决定不服的，可以依法申请复审。对商标评审委员会的决定不服的，可以依法向人民法院起诉。

其他单位或者个人请求商标评审委员会宣告注册商标无效的，商标评审委员会收到申请后，应当书面通知有关当事人，并限期提出答辩。商标评审委员会应当自收到申请之日起9个月内作出维持注册商标或者宣告注册商标无效的裁定，并书面通知当事人。有特殊情况需要延长的，经国务院工商行政管理部门批准，可以延长3个月。当事人对商标评审委员会的裁定不服的，可以依法起诉。人民法院应当通知商标裁定程序的对方当事人作为第三人参加诉讼。

(2)注册商标争议

已经注册的商标，违反《商标法》关于驰名商标、代理注册、他人在先权利等规定的，自商标注册之日起5年内，在先权利人或者利害关系人可以请求商标评审委员会宣告该注册商标无效。对恶意注册的，驰名商标所有人不受5年的时间限制。

商标评审委员会收到宣告注册商标无效的申请后，应当书面通知有关当事人，并限期提出答辩。商标评审委员会应当自收到申请之日起12个月内作出维持注册商标或者宣告注册商标无效的裁定，并书面通知当事人。有特殊情况需要延长的，经国务院工商行政管理部门批准，可以延长6个月。当事人对商标评审委员会的裁定不服的，可以依法起诉。人民法院应当通知商标裁定程序的对方当事人作为第三人参加诉讼。

2. 无效宣告的法律后果

因注册不当或注册商标争议而被宣告无效的注册商标，由商标局予以公告。由于这类商标本来就属于不能被注册的违法商标，因而其商标权视为自始不存在。宣告注册商标无效的决定或者裁定，对宣告无效前人民法院作出并已执行的商标侵权案件的判决、裁定、调解书和工商行政管理部门作出并已执行的商标侵权案件的处理决定以及已经履行的商标转让或者使用许可合同不具有追溯力。但是，因商标注册人的恶意给他人造成的损失，应当给予赔偿。依该规定不返还商标侵权赔偿金、商标转让费、商标使用费，明显违反公平原则的，应当全部或者部分返还。

六、注册商标专用权的保护

(一)商标专用权的保护范围

注册商标的专用权，以核准注册的商标和核定使用的商品为限。

(二)侵犯商标专用权的行为

《商标法》第57条规定，有下列行为之一的，均属侵犯注册商标专用权：

(1)未经商标注册人的许可，在同一种商品上使用与其注册商标相同的商标的；

(2)未经商标注册人的许可，在同一种商品上使用与其注册商标近似的商标，或者在类似商品上使用与其注册商标相同或者近似的商标，容易导致混淆的；

(3)销售侵犯注册商标专用权的商品的；

(4)伪造、擅自制造他人注册商标标识或者销售伪造、擅自制造的注册商标标识的；

(5)未经商标注册人同意，更换其注册商标并将该更换商标的商品又投入市场的；

(6)故意为侵犯他人商标专用权行为提供便利条件，帮助他人实施侵犯商标专用权行为的；

(7)给他人的注册商标专用权造成其他损害的。

(三)对侵权行为的处理

有侵犯注册商标专用权行为之一，引起纠纷的，由当事人协商解决；不愿协商或者协商不成的，商标注册人或者利害关系人可以向人民法院起诉，也可以请求工商行政管理部门处理。涉嫌犯罪的，应当及时移送司法机关依法处理。

1. 行政责任

工商行政管理部门处理时，认定侵权行为成立的，责令立即停止侵权行为，没收、销毁侵权商品和主要用于制造侵权商品、伪造注册商标标识的工具，违法经营额5万元以上的，可以处违法经营额5倍以下的罚款，没有违法经营额或者违法经营额不足5万元的，可以处25万元以下的罚款。对5年内实施2次以上商标侵权行为或者有其他严重情节的，应当从重处罚。销售不知道是侵犯注册商标专用权的商品，能证明该商品是自己合法取得并说明提供者的，由工商行政管理部门责令停止销售。对侵犯商标专用权的赔偿数额的争议，当事人可以请求进行处理的工商行政管理部门调解，也可以依照《民事诉讼法》向人民法院起诉。经工商行政管理部门调解，当事人未达成协议或者调解书生效后不履行的，当事人可以依照《民事诉讼法》向人民法院起诉。

2. 民事责任

侵犯商标专用权的赔偿数额，按照权利人因被侵权所受到的实际损失确定；实际损失难以确定的，可以按照侵权人因侵权所获得的利益确定；权利人的损失或者侵权人获得的利益难以确定的，参照该商标许可使用费的倍数合理确定。对恶意侵犯商标专用权，情节严重的，可以在按照上述方法确定数额的1倍以上、3倍以下确定赔偿数额。赔偿数额应当包括权利人为制止侵权行为所支付的合理开支。

权利人因被侵权所受到的实际损失、侵权人因侵权所获得的利益、注册商标许可使用费难以确定的，由人民法院根据侵权行为的情节判决给予300万元以下的赔偿。

销售不知道是侵犯注册商标专用权的商品，能证明该商品是自己合法取得并说明提供者的，不承担赔偿责任。

商标注册人或者利害关系人有证据证明他人正在实施或者即将实施侵犯其注册商标专用权的行为，如不及时制止将会使其合法权益受到难以弥补的损害的，可以依法在起诉前向人民法院申请采取责令停止有关行为和财产保全的措施。

为制止侵权行为，在证据可能灭失或者以后难以取得的情况下，商标注册人或者利害关系人可以依法在起诉前向人民法院申请保全证据。

3. 刑事责任

未经商标注册人许可，在同一种商品上使用与其注册商标相同的商标，构成犯罪的，除赔偿被侵权人的损失外，依法追究刑事责任。

伪造、擅自制造他人注册商标标识或者销售伪造、擅自制造的注册商标标识，构成犯罪的，除赔偿被侵权人的损失外，依法追究刑事责任。

销售明知是假冒注册商标的商品，构成犯罪的，除赔偿被侵权人的损失外，依法追究刑事责任。

为制止侵权行为，在证据可能灭失或者以后难以取得的情况下，商标注册人或者利害关系人可以在起诉前向人民法院申请保全证据。人民法院接受申请后，必须在48小时内作出裁定；裁定采取保全措施的，应当立即开始执行。人民法院可以责令申请人提供担保，申请人不提供担保的，驳回申请。申请人在人民法院采取保全措施后15日内不起诉的，人民法院应当解除保全措施。

(四)对假冒商标行为的认定及制裁

1. 假冒商标行为及其性质

假冒商标行为是一种严重的商标侵权行为，是一种犯罪行为，是指未经注册商标所有人的同意而故意在相同商品上使用与注册商标相同或十分近似的商标的行为。它包括擅自制造或者销售他人注册商标标识的行为。认定是否为假冒商标，不能以侵权情节的轻重程度为标准，也不能仅以侵权获利的多少为标准。

2. 对假冒商标的制裁

我国《商标法》规定了对假冒注册商标的犯罪行为要依法追究刑事责任，在运用经济制裁手段对商标侵权行为进行制裁的同时，运用必要的刑罚手段，惩处假冒商标的犯罪行为，以维护正常的社会主义市场经济秩序。

(五)商标侵权案件的复议

根据《商标法实施细则》规定，对工商行政管理机关对侵权行为的处理不服的，当事人(双方或多方)可以在收到通知之日起15日内向上一级工商行政管理机关申请复议，复议机关应在收到复议申请之日起45日内作出复议决定。

【同步案例8-1】 甲厂生产的油漆，质量优良，声誉很好。2020年10月20日，该厂将其多年使用的“工农牌”商标向商标局提出了注册申请。乙厂2019年初开始生产油漆，2020年10月20日也向商标局提出了“工农牌”商标的注册申请。同时，丙厂也一直在使用“工农牌”商标生产和销售新闻纸。

同步案例8—1提示

请思考：

(1)“工农牌”商标专用权应授予甲厂还是授予乙厂？为什么？

(2)上述两厂中一方取得了商标专用权后，丙厂是否仍能继续使用“工农牌”商标？请阐述理由。

任务三 专利法

专利法通常是出于保护专利权人的合法权益，鼓励发明创造，推动发明创造的应用，提高创新能力，促进科学技术进步和经济社会发展的目的而制定的。

一、专利和专利法

(一)专利的概念

专利通常有两种概念：

（1）专利是专利权的简称，是指某项发明创造根据专利法的规定向国家专利局提出申请，经审查合格后，授予申请人在法律规定的时间内对其发明创造所享有的专有权。这是专利的基本概念。

（2）专利是受专利法保护的发明创造，一般包括发明、实用新型和外观设计三种。

专利权是指国家专利行政管理部门根据专利法规定的条件，授予专利申请人对自己的发明创造所享有的专有权。专利权是知识产权的重要组成部分，具有独占性、时间性和地域性。

视频

同业竞争侵犯专利权，赔偿5 000万

（二）专利法的概念及立法情况

专利法是调整在确认和保护发明创造的专有权以及在利用专有的发明创造过程中产生的社会关系的法律规范的总称。

专利法有广义和狭义之分。狭义的专利法仅指全国人大常委会1984年通过、于2008年第三次修改的《中华人民共和国专利法》（以下简称《专利法》）；2020年10月17日，中华人民共和国第十三届全国人民代表大会常务委员会第二十二次会议通过《全国人民代表大会常务委员会关于修改〈中华人民共和国专利法〉的决定》。修改后的专利法自2021年6月1日起施行。广义的专利法除《专利法》外，还包括国家有关法律、行政法规和规章中关于专利的法律规范，如《中华人民共和国专利法实施细则》《专利代理条例》《专利管理机关查处冒充专利行为规定》《专利行政执法办法》等。我国参加缔结的有关专利权国际保护方面的条约、协定，经批准公布具有国内法效力的，也属于广义的专利法的范畴。

目前，有关部门正在加快推进《专利法》的第四次修改，积极引入侵权惩罚性赔偿制度，真正把违法成本显著提升上去，把法律威慑作用发挥出来，让侵权者付出沉重代价。

二、专利权法律关系

专利权法律关系是指由专利法所确认和保护的社会关系，由专利权主体、专利权客体和专利权的内容三要素构成。

（一）专利权主体

专利权主体是指依法享有专利权并承担相应义务的人。专利权主体又称专利权人，既可以是公民，也可以是法人；既可以是本国人，也可以是外国人。

1. 发明人或者设计人

发明人或者设计人是指对发明创造的实质性特点做出创造性贡献的人。在完成发明创造的过程中，只负责组织工作的人、为物质技术条件的利用提供方便的人或者提供其他辅助性工作的人，不是发明人或者设计人。

发明创造是一种智力劳动的结果，是一种事实行为，不受民事行为能力的限制，因此，无论发明创造人是否具有完全民事行为能力，只要其完成了发明创造，就应认定为发明人或者设计人。

2. 发明人、设计人所在单位

执行本单位的任务或者主要是利用本单位的物质技术条件所完成的发明创造为职务发明创造。职务发明创造申请专利的权利属于该单位，申请被批准后，该单位为专利权人。该单位可以依法处置其职务发明创造申请专利的权利和专利权，促进相关发明创造的实施和运用。全民所有制单位申请专利获准后，专利权归国家所有，该单位持有专利使用权；集体所有制单位申请专利获准后，专利权归该单位所有。

执行本单位任务所完成的发明创造是指与发明人职务有关的发明创造。主要有以下三种情况：①在本职工作中做出的发明创造；②履行本单位交付的本职工作之外的任务所做出的发明创造;③退职、退休或者调动工作后1年内做出的,与其在原单位承担的本职工作或者原单位分配的任务有关的发明创造。

所谓本单位的物质条件,是指本单位的资金、设备、零部件、原材料或不向外公开的技术资料等。一般认为,如果在发明创造过程中,全部或者大部分利用了单位的资金、设备、零部件、原材料以及不对外公开的技术资料,这种利用对发明创造的完成起着必不可少的决定性作用,就可以认定为主要利用本单位物质技术条件。如果仅仅是少量利用了本单位的物质技术条件,且这种物质条件的利用,对发明创造的完成无关紧要,则不能因此认定是职务发明创造。

对于利用本单位的物质技术条件所完成的发明创造,如果单位与发明人或者设计人订有合同,对申请专利的权利和专利权的归属作出约定的,从其约定。

被授予专利权的单位应当对职务发明创造的发明人或者设计人给予奖励;发明创造专利实施后,根据其推广应用的范围和取得的经济效益,对发明人或者设计人给予合理的报酬。

国家鼓励被授予专利权的单位实行产权激励,采取股权、期权、分红等方式,使发明人或者设计人合理分享创新收益。

3. 共同发明人、受托人和受让人

两个以上单位或者个人合作完成的发明创造称为共同发明创造,完成该项发明创造的人,称为共同发明人或者共同设计人。共同发明创造申请专利的权限及专利的所有权由共同发明人约定;没有约定或约定不明的,由共同发明人共同享有。一个单位或者个人接受其他单位或者个人委托所完成的发明创造,如果双方约定发明创造的申请专利权归委托方的,从其约定,申请被批准后,申请的单位或者个人为专利权人。如果单位或者个人之间没有协议,构成委托开发的,申请专利权以及取得的专利权归受托人,但委托人可以免费实施该专利技术。

受让人是指通过合同或继承而依法取得专利权的单位或者个人。专利申请权和专利权可以转让。专利申请权转让之后,如果获得了专利,那么受让人就是该专利权的主体;专利权转让后,受让人成为该专利权的新主体。

继受了专利申请权或专利权之后,受让人并不因此而成为发明人、设计人,该发明创造的发明人、设计人也不因发明创造的专利申请权或专利权转让而丧失其特定的人身权。

4. 外国人、外国企业或外国其他组织

对于外国人在中国申请专利的,参照国际惯例按两类不同的情况区别对待。一类是在中国有经常居所或营业所的外国人、外国企业和外国其他组织。这类外国人按"无条件的国民待遇原则",可依专利法享有与中国公民和法人同等的待遇。另一类是在中国没有经常居所或者营业所的外国人、外国企业和外国其他组织。这类外国人按"有条件的国民待遇原则",依照其所属国同中国签订的协议或者共同参加的国际条约,或者依照互惠原则办理专利事务。

(二)专利权客体

专利权客体也称专利法所保护的对象,是指依法应授予专利的发明创造。依据我国专利法的规定,专利权客体包括发明、实用新型和外观设计三种。

1. 发明

专利法所称发明是指对产品、方法或者其改进所提出的新的技术方案。作为专利法保护对象的发明应具有两个明显的特性:①技术特性,即发明是利用自然规律在技术应用上的创造和革新,而不是认识自然规律的理论创新,这是发明与发现相区别的关键。②法律特性。技术上的发明要想成为法律上认可的发明,必须经过专利主管机构的审查,确认其符合专利法规定的条件,才能取得专利权,并受到专利法保护。

发明包括产品发明、方法发明和改进发明。①产品发明是关于新产品或新物质的发明。这种产品或物质是自然界从未有过的，是人利用自然规律作用于特定事物的结果。如果某物品完全处于自然状态下，没有经过任何人的加工或改造而存在，就不是我国专利法所规定的产品发明，不能取得专利权。②方法发明是指为解决某特定技术问题而采用的手段和步骤的发明。能够申请专利的方法通常包括制造方法和操作使用方法两大类，前者如产品制造工艺、加工方法等，后者如测试方法、产品使用方法等。③改进发明是对已有的产品发明或方法发明所作出的实质性革新的技术方案。

例如，爱迪生发明了白炽灯，白炽灯是一种前所未有的新产品，可以申请产品发明；生产白炽灯的方法可以申请方法专利；给白炽灯填充惰性气体，其质量和寿命都有明显提高，这是在原来基础之上进行的改进，可以申请改进发明。

2. 实用新型

实用新型是指对产品的形状、构造或者其结合所提出的适于实用的新的技术方案。产品的形状是指产品所具有的、可以从外部观察到的确定的空间形状。对产品形状所提出的技术方案可以是对产品的三维形态的空间外形所提出的技术方案，例如对凸轮形状、刀具形状作出的改进；也可以是对产品的二维形态所提出的技术方案，例如对型材的断面形状的改进。无确定形状的产品，如气态、液态、粉末状、颗粒状的物质或材料，其形状不能作为实用新型产品的形状特征。

产品的构造是指产品的各个组成部分的安排、组织和相互关系，它可以是机械构造，也可以是线路构造。①机械构造是指构成产品的零部件的相对位置关系、连接关系和必要的机械配合关系等。②线路构造是指构成产品的元器件之间的确定的连接关系。

技术方案是指对要解决的技术问题所采取的利用了自然规律的技术手段的集合。技术手段通常是由技术特征来体现的。

3. 外观设计

外观设计是指对产品的整体或局部的形状、图案或者其结合以及色彩与形状、图案相结合所作出的富有美感并适于工业上应用的新设计。

外观设计要取得专利权并受到专利法的保护必须符合以下要求：①外观设计应与应用产品结合为一体；②外观设计应有肉眼可见的明显的外观特点；③外观设计应是适于工业上应用的新设计。

外观设计的载体必须是产品。产品是指任何用工业方法生产出来的物品。不能重复生产的手工艺品、农产品、畜产品、自然力不能作为外观设计的载体。通常，产品的色彩不能独立构成外观设计，除非产品色彩变化的本身已形成一种图案。

新修订的《专利法》第2条新增“保护局部外观设计”。在美国、日本、欧盟等国家和地区有局部外观设计制度的情况下，为了与世界专利制度接轨，以后包括鞋底、茶杯把手、鼠标滚轮、手机屏幕等产品局部的改进，都可以在我国申请外观设计专利。

(三)专利权的内容

专利权的内容是指专利权人在专利保护期内享有的法定权利和承担的法定义务。

1. 专利权人的权利

专利权人依法享有如下权利：

(1)实施权。专利权人享有自己制造、使用和销售其专利产品，或者使用其专利方法的权利。

(2)阻止权。专利权被授予后，除法律另有规定外，专利权人有权阻止他人未经许可，以生产经营为目的制造、使用、许诺销售、销售、进口其专利产品，或者使用其专利方法以及使用、许诺销售、销售、进口以该专利方法直接获得的产品。外观设计专利权被授予后，任何单位或者个人未经专利权人许可，都不得实施其专利，即不得为生产经营目的制造、销售、进口其外观设计专利产品。

(3)许可权。专利权人有权准许他人以生产经营为目的，制造、使用、许诺销售、销售其专利产品或使用其专利方法并获得报酬。专利权人许可他人实施其专利时，应与被许可人签订许可合同。

(4)转让权。专利权人有权将其专利权通过买卖、赠与等方式转移给其他单位或个人。专利权人转让专利权时应与受让人签订专利转让合同,经专利局登记和公告后才发生专利转让的效果。

(5)标记权。专利权人有权在其专利产品或该产品的包装上标明专利标记和专利号。

(6)署名权。发明人、设计人有对自己完成的发明创造在专利申请文件中写明自己是发明人、设计人的权利,无论该专利是职务发明还是非职务发明,也无论该专利权是否发生转移。

(7)收益权。专利权人可以通过自己实施其专利、许可他人实施其专利或者转让其专利而获得相应的收益。

(8)请求权。对未经专利权人许可,又不属于法律规定的除外情形而实施专利的侵权行为,专利权人或利害关系人可以请求专利机关予以处理,也可提请人民法院依法审理。

2. 专利权人的义务

(1)实施专利的义务。专利权被授予后,专利权人就负有实施该专利的义务,专利权人有义务以生产经营为目的制造、使用、销售其专利产品或使用专利方法,使其服务于社会。

(2)充分公开发明创造的义务。这是指专利权人在取得专利权之前的专利申请文件中,应当充分公开其发明创造的内容,以使所属领域技术人员能够实施为准。由于这是专利权人在取得专利权之前必须履行的义务,是取得专利权的前提条件,因而,充分公开发明创造,也是与专利权相对应的专利权人的义务。

(3)缴纳年费的义务。根据专利法的规定,专利权人应当自被授予专利权的当年开始缴纳年费。这是国家在专利有效期内为提供法律保护而向专利权人按年度收取的费用。未按期缴纳的,可能导致专利权终止。

(4)依法正确实施专利权的义务。专利权人在行使其专利权时,不得滥用专利权。专利权人滥用专利权的表现可以是多种多样的。例如,专利权人利用自己的独占地位,向交易对象强加不合理的条件;专利权已经终止但仍以专利的名义进行交易等。

(5)接受专利实施强制许可的义务。专利实施的强制许可是指国家专利管理机关不经专利权人的同意,通过行政程序直接允许有关申请人实施专利的行政措施。

三、专利权的取得

发明创造要取得专利权,必须满足实质条件和形式条件:①实质条件是指申请专利的发明创造自身必须具备的属性;②形式条件则是指申请专利的发明创造在申请文件和手续等程序方面的要求。

(一)授予专利权的实质条件

(1)授予专利权的发明或实用新型应当具备新颖性、创造性和实用性。

(2)授予专利权的外观设计,应当具有新颖性(或原创性)、实用性、美观性以及与在先权利的无冲突性。

(二)专利申请

1. 专利申请原则

(1)申请在先原则。它是指在两个以上的申请人分别就同样的发明创造申请专利的情况下,对先提出申请的申请人授予专利权。申请在先的判断标准是专利申请日。如果两个以上申请人在同一日分别就同样的发明创造申请专利的,应当在收到专利行政管理部门的通知后自行协商确定申请人。如果协商不一致,或者一方拒绝协商,则国家专利管理机关对双方都不授予专利权。

(2)申请单一性原则。单一性原则是指一份专利申请文件只能就一项发明创造提出专利申请,即"一申请一发明"原则。专利申请应当符合专利法有关单一性的规定。

(3)优先权原则。申请人要求发明专利、实用新型专利优先权的,应当在申请的时候提出书面声明，并且在第一次提出发明、实用新型专利申请之日起十六个月内，提交第一次提出的专利申请文件的副本。申请人要求外观设计专利优先权的，应当在申请的时候提出书面声明，并且在三个月内提交第一次提出的专利申请文件的副本。申请人未提出书面声明或者逾期未提交专利申请文件副本的，视为未要求优先权。

【注意】申请专利和行使专利权应当遵循诚实信用原则。不得滥用专利权损害公共利益或者他人合法权益。滥用专利权，排除或者限制竞争，构成垄断行为的，依照《中华人民共和国反垄断法》处理。

【提示】申请人自发明或者实用新型在外国第一次提出专利申请之日起十二个月内，或者自外观设计在外国第一次提出专利申请之日起六个月内，又在中国就相同主题提出专利申请的，依照该外国同中国签订的协议或者共同参加的国际条约，或者依照相互承认优先权的原则，可以享有优先权。申请人自发明或者实用新型在中国第一次提出专利申请之日起十二个月内，或者自外观设计在中国第一次提出专利申请之日起六个月内，又向国务院专利行政部门就相同主题提出专利申请的，可以享有优先权。

2. 专利申请文件

专利申请首先应提交法律规定的必要的申请文件，否则该申请不被专利局受理。因申请的专利项目不同，专利申请文件有所不同。

(1)申请发明或实用新型专利的，应当提交请求书、说明书及其摘要、权利要求书等文件。

(2)申请外观设计专利的，应当提交请求书以及该外观设计的图片或照片以及对该外观设计的简要说明等文件。申请人提交的有关图片或者照片应当清楚地显示要求专利保护的产品的外观设计。

3. 专利申请日的确定

专利局收到专利申请文件之日为专利申请日，如果申请文件是邮寄的，以寄出的邮戳日为申请日。

申请日的确定具有很重要的意义，它是审查发明创造新颖性和创造性的时间界限。同样的发明创造如果有两个以上的申请人分别提出申请，则申请日是确定专利权归属的客观标准。申请日也是确定优先权的依据。专利权的有效期限也从申请日开始计算。

(三)专利申请的审查与专利权的授予

我国专利法对发明专利申请采取早期公开、迟延审查制度；对实用新型、外观设计专利申请采取登记制度。

1. 发明专利申请的审批

一项发明专利申请受理后，经过初步审查、早期公布、实质审查、授权并公告等程序才能被授予专利权。

(1)初步审查。它又称形式审查。专利行政部门在收到发明专利申请后，对该申请是否符合专利法的规定进行审查。其内容主要包括：发明专利申请是否具备专利法所规定的请求书、说明书及摘要、权利要求书和其他必要文件，这些文件是否符合规定的格式；申请内容是否明显违反国家法律、社会公德或者妨害公共利益；申请专利的发明是否明显属于不授予专利权的范围；专利申请人是否符合申请人主体资格；有无申请人委托代理机构的委托书；发明专利申请是否符合“一申请一发明”的原则。

(2)早期公布。专利行政部门收到发明专利申请后，经初步审查符合法律要求的，自申请日起满18个月即行公布。专利行政部门可根据申请人的请求早日公布其申请。公布的内容主要有说明书及其摘要、权利要求书等项目。这是专利行政部门在对此项专利申请给予临时性保护的情况下，早期向公众提供科技发明新信息，以免重复研究。

(3)实质审查。这是对申请专利发明的新颖性、创造性、实用性等实质性条件进行的审查，以确定是否授予专利。发明专利申请自申请日起3年内，专利行政部门可以根据申请人随时提出的请求，对其申请进行实质审查。申请人无正当理由逾期不请求审查或不提交有关资料的，该申请即视为撤回。专利行政部门认为必要时，可自行对发明专利申请进行实质审查，但应当通知申请人。专利局对发明专利申请进行实质审查后，认为不符合专利法规定的，应当通知申请人，要求其在指定的期限内陈述意见，或者对其申请进行修改。无正当理由逾期不答复的，该申请被视为撤回。

(4)授权并公告。发明专利申请经实质审查没有发现驳回理由的，专利行政部门应作出授予发明专利权的决定，发给发明专利证书，并予以登记和公告。

【知识拓展8—1】 对下列各项，不授予专利权：①科学发现；②智力活动的规则和方法；③疾病的诊断和治疗方法；④动物和植物品种；⑤原子核变换方法以及用原子核变换方法获得的物质；⑥对平面印刷品的图案、色彩或者二者的结合做出的主要起标识作用的设计。对第④项所列产品的生产方法，可以依照规定授予专利权。

2. 实用新型和外观设计专利申请的审批

对实用新型和外观设计专利申请只进行形式审查。经初步审查没有发现驳回理由的，专利行政部门应当作出授予实用新型专利权或者外观设计专利权的决定，发给相应的专利证书，并予以登记和公告。

发明专利权、实用新型专利权、外观设计专利权均自公告之日起生效。

(四)专利申请的驳回与复审

1. 专利申请的驳回

专利行政部门在对专利申请进行审查的过程中，发现有下列情况之一的，应当予以驳回：①申请的对象是专利法所称的发明创造以外的其他智力成果或者属于暂不受专利法保护的发明创造；②违反国家法律、社会公德或者妨害公共利益的发明创造；③不具有新颖性、创造性、实用性的发明创造；④他人已就同一发明创造申请在先的，或者两个以上申请人同日就相同发明创造申请专利而未能协商确定申请人的；⑤申请违反了单一性原则；⑥未依照专利法的要求充分公开其发明创造的内容；⑦权利要求书中提出的权利要求超出了说明书范围；⑧专利行政部门经初步审查或实质审查认为申请不符合专利法有关规定，要求申请人陈述意见、补正或修改，申请人陈述意见、补正或修改后，国务院专利行政部门仍然认为不符合规定的。

2. 专利申请的复审

专利申请人对国务院专利行政部门驳回申请的决定不服的，可以自收到通知之日起3个月内，向专利复审委员会请求复审。专利复审委员会复审后，依法作出"维持原来的决定，驳回复审请求"或"撤销原来的决定，批准复审请求"的决定，并通知专利申请人。

专利申请人对专利复审委员会的复审决定不服的，可以自收到通知之日起3个月内向人民法院起诉。

【做中学8—1】 具有高级工程师职称的王先生是一家工厂的技术总监，他自20世纪90年代在该厂工作以来，以头脑灵活、技术过硬而著称。后调至该单位项目攻关组，主要负责技术攻关和项目研发。2019年10月，王先生在整理旧材料的时候发现，工厂在2019年曾立项研发一项新设备，但由于无法有效解决设备的漏油问题而搁置，于是王先生个人利用业余时间针对该项目开始攻关。王先生不仅在市图书馆查阅了大量资料，而且多次走访各地设计院，终于在2020年3月完成了一系列机床配套设备的设计方案，并自行在外定做出设备样品，经过厂领导同意之后，这套设备开始投入试用。该设备出色的性能让厂领导眼前一亮，并在之后正式投产，使搁置多年的项目重新复苏。

做中学8—1 解析

2021年4月，王先生与工厂的劳动合同到期，被另一家公司高薪聘走。在办理离职的时候，厂方认为该项发明应属于职务发明，应以单位的名义申请专利。而王先生认为，该设备是自己的劳动成果，属于个人发明，不同意厂方意见，遂向市知识产权局提交了专利申请。在该专利公告期内，厂方也提出了异议，认为该专利属于职务发明，工厂应当为专利权人。

该市知识产权局在接到单位提出异议之后，认为本案需要双方到场进行审查。在双方到场的情况下，知识产权局组织了专家组对该专利进行了审查，最终确认王先生为专利权人。

请思考：请利用专利法的知识对本案进行分析。

四、专利权的保护

（一）专利权保护期限和范围

1. 专利权保护期限

这是指专利权自生效时起到失效时止的期间。专利权在有效期限内受法律保护。发明专利权的期限为20年，实用新型专利权和外观设计专利权的期限为10年，均自申请日起计算。新修订的《专利法》将外观设计专利权的保护期限改为15年，均自申请日起计算。

【知识拓展8－2】　有下列情形之一的，专利权在期限届满前终止：没有按照规定缴纳年费的；专利权人以书面声明放弃其专利权的；专利权在期限届满前终止的，由国务院专利行政部门登记和公告。

2. 专利权保护范围

发明或者实用新型专利权的保护范围以其权利要求书的内容为准，说明书及附图可以用于解释权利要求书；外观设计专利权的保护范围以表示在照片或者图片中的该外观设计专利产品为准。

（二）专利侵权行为

1. 专利侵权行为的概念

专利侵权行为是指在专利权有效期限内，行为人未经专利权人许可，以营利为目的，实施了受法律保护的有效专利的行为。

2. 专利侵权行为的表现形式

专利侵权行为包括直接侵权行为和间接侵权行为两类。

(1)直接侵权行为。它是指直接由行为人实施的侵犯他人专利权的行为，其表现形式包括：制造发明、实用新型、外观设计专利产品的行为；使用发明、实用新型专利产品的行为；许诺销售发明、实用新型专利产品的行为；销售发明、实用新型或外观设计专利产品的行为；进口发明、实用新型、外观设计专利产品的行为；使用专利方法以及使用、许诺销售、销售、进口依照该专利方法直接获得的产品的行为；假冒他人专利的行为。

(2)间接侵权行为。它是指行为人本身的行为并不直接构成对专利权的侵害，但实施了诱导、怂恿、教唆、帮助他人侵害专利权的行为。这种侵权行为通常是为直接侵权行为制造条件，常见的表现形式有：行为人销售专利产品的零部件、专门用于实施专利产品的模具或者用于实施专利方法的机械设备；行为人未经专利权人授权或者委托，擅自转让其专利技术的行为等。

3. 不视为侵犯专利权的行为

根据我国《专利法》的规定，下列情形不视为侵犯专利权：①专利产品或者依照专利方法直接获得的产品，由专利权人或者经其许可的单位、个人售出后，使用、许诺销售、销售、进口该产品的；②在专利申请日前已经制造相同产品、使用相同方法或者已经做好制造、使用的必要准备，并且仅在原有范围内继续制造、使用的；③临时通过中国领土、领水、领空的外国运输工具，依照其所属国同中国签订的协议或者共同参加的国际条约，或者依照互惠原则，为运输工具自身的需要而在其装置和设备中使用有关专利的；④专为科学研究和实验而使用有关专利的；⑤为提供行政审批所需要的信息，制造、使用、进口专利药品或者专利医疗器械的，以及专门为其制造、进口专利药品或者专利医疗器械的。

（三）专利侵权纠纷的处理

侵犯专利权引起纠纷的，由当事人协商解决；不愿协商或者协商不成的，专利权人或者利害关系人可以向人民法院起诉，也可以请求管理专利工作的部门处理。

（四）专利侵权纠纷的举证责任

按民法中“谁主张、谁举证”的原则进行举证。

专利侵权的举证责任有如下特点：①产品专利侵权，由原告举证。②方法专利侵权，由被告举证，证明不存在未经专利权人同意而使用专利方法；如能证明是用其他方法生产，即不构成侵权。③实用新型专利侵权，则由原告提供检索、分析和评价后作出的专利权评价报告，作为审理、处理专利侵权纠纷的证据。

（五）诉讼时效、法律责任和赔偿数额

1. 诉讼时效

新修订的《专利法》将侵犯专利权的诉讼时效改为3年，自专利权人或者利害关系人得知或者应当得知侵权行为之日起计算。

发明专利申请公布后至专利权授予前使用该发明未支付适当使用费的，专利权人要求支付使用费的诉讼时效为三年，自专利权人得知或者应当得知他人使用其发明之日起计算，但是，专利权人于专利权授予之日前即已得知或者应当得知的，自专利权授予之日起计算。

2. 侵权人应当承担的法律责任

管理专利工作的部门处理时，认定侵权行为成立的，可以责令侵权人立即停止侵权行为，赔偿损失，情节严重者，追究刑事责任。

假冒专利的，除依法承担民事责任外，由负责专利执法的部门责令改正并予公告，没收违法所得，可以并处违法所得5倍以下的罚款；没有违法所得或者违法所得在5万元以下的，可以处25万元以下的罚款；构成犯罪的，依法追究刑事责任。

3. 赔偿数额

新修订的《专利法》规定侵犯专利权的赔偿数额按照权利人因被侵权所受到的实际损失确定；实际损失难以确定的，可以按照侵权人因侵权所获得的利益确定。权利人的损失或者侵权人获得的利益难以确定的，参照该专利许可使用费的倍数合理确定。赔偿数额还应当包括权利人为制止侵权行为所支付的合理开支。

权利人的损失、侵权人获得的利益和专利许可使用费均难以确定的，人民法院可以根据专利权的类型、侵权行为的性质和情节等因素，确定给予3万元以上500万元以下的赔偿。

（六）专利侵权的法律责任

根据专利法的规定，专利侵权的法律责任包括民事责任、行政责任和刑事责任。

1. 民事责任

承担民事责任的形式主要有停止侵权、赔偿损失、消除影响。赔偿损失具体数额的认定，可以根据专利权人因专利侵权行为所遭受的实际损失计算，也可以根据侵权人因侵权行为所获得的非法利润计算，还可以依照实施许可的使用费额计算。

2. 行政责任

我国法律对侵犯专利权的行为要求侵权人承担的行政责任包括责令停止侵权行为、责令改正、没收违法所得或者侵权产品、罚款及给予有关责任人员行政处分等。

3. 刑事责任

我国《专利法》规定：①假冒他人专利构成犯罪的，依法追究刑事责任；②违反本法规定向外国申请专利，泄露国家秘密构成犯罪的，依法追究刑事责任；③从事专利管理工作的国家机关工作人员以及其他有关国家机关工作人员玩忽职守、滥用职权、徇私舞弊，构成犯罪的，依法追究刑事责任。

应知考核

一、单项选择题

1. 下列各项中，(　　)可能被授予专利权。

A. 动物品种的培育方法　　B. 比赛规则

C. 疾病治疗方法　　D. 用原子核变换方法获得的物质

2. 注册商标的有效期为(　　)。

A. 10 年　　B. 20 年　　C. 10 年零 6 个月　　D. 永远有效

3. 两个以上的申请人在同一种商品上以相同商标申请注册的，我国《商标法》规定在核准注册时实行(　　)原则。

A. 申请在先　　B. 使用在先

C. 协商一致　　D. 申请在先与使用在先分别适用

4. 甲欲购买"全聚德"牌的快餐包装烤鸭，临上火车前误购了商标不同而外包装十分近似的显著标明名称为"仝聚德"的烤鸭，遂向全聚德公司投诉。全聚德公司发现，"仝聚德"烤鸭的价格仅为"全聚德"的 1/3。如果全聚德起诉仝聚德，其纠纷的性质应当是(　　)。

A. 诋毁商誉的侵权纠纷　　B. 低价倾销的不正当竞争纠纷

C. 假冒的不正当交易纠纷　　D. 企业名称侵权纠纷

5. 下列各项中，(　　)不授予专利权。

A. 仪器　　B. 食品　　C. 饮料　　D. 植物品种

二、多项选择题

1. 国家法律规定，(　　)产品必须使用注册商标。

A. 烟草制品　　B. 人用药品　　C. 食品　　D. 酒

2. 商标法对正确使用注册商标的要求有(　　)。

A. 商标使用必须符合核定的商品范围

B. 不得自行改变注册商标的构成

C. 不得自行改变注册人名称、地址或者其他注册事项

D. 不得自行转让注册商标

3. 根据商标法的规定，不得作为商标使用的有(　　)。

A. 蚕丝牌丝袜　　B. 长寿牌卷烟

C. 中南海牌饼干　　D. 桂花牌桂花酒

4. 商标局接受了一批商标注册申请，经审查，应依法驳回(　　)商标的注册申请，不予公告。

A. 巴黎牌香水　　B. 长春牌啤酒　　C. 大连牌童装　　D. 旅顺牌卡车

5. 专利权与有形财产权相区别的特征是(　　)。

A. 排他性　　B. 时间性　　C. 地域性　　D. 永久性

三、判断题

1. 我国《商标法》目前不为服务商标提供注册保护。 ( )

2. 凡县级以上行政区划的地名或公众知晓的外国地名，皆不得用作商标。 ( )

3. 在我国，商标注册的申请人可以是自然人、法人或者其他组织。 ( )

4. 两个以上的自然人、法人或者其他组织可以共同向商标局申请注册同一商标，共同享有和行使该商标专用权。 ( )

5. 专利权是无形财产权，但商标权是有形财产权。 ( )

应会考核

■ 观念应用

【背景资料】

2020年8月15日，日本一家公司完成了一种新式的空调外观设计。同年9月30日，该公司向日本专利特许厅提交了外观设计专利申请。2021年4月3日，该日本公司又向我国国务院专利行政部门递交了同样的申请。而我国一家公司于2020年11月4日完成了相同的空调外观设计，并且于2021年1月5日向我国国务院专利行政部门递交了专利申请(日本为《保护工业产权巴黎公约》成员国)。

【考核要求】

(1)我国法律规定，取得外观设计专利权要具备哪些条件？

(2)什么是专利申请的优先权原则？本案中的日本公司是否享有优先权？请阐述理由。

(3)在有两个以上的申请人就同样的发明创造分别提出专利申请时，应当如何处理？如果本案的发明创造符合我国专利法规定的授予专利权的条件，专利权应授予哪个公司？为什么？

■ 技能应用

2018年某市达康食品公司研制出一种新型保健饮料，使用商标为“达康”，产品投放市场后很受消费者欢迎，已成为当地知名的饮料品牌，但一直是以未注册商标使用。2021年，同市的康健饮料公司自行研制出一种无醇果汁饮料，向商标局注册“达康”商标；并经商标局初步审定后在《商标公告》上予以公告，达康食品公司看到后，欲向商标局提出异议。

【技能要求】

(1)达康公司的异议理由是什么？

(2)如果商标局认为异议理由不成立，达康公司怎样进一步主张自己的权利？

(3)如果达康公司与康健公司同一天提出商标申请，商标局该怎样处理？

(4)如果达康公司直接向人民法院提起诉讼，应提出怎样的主张？

(5)此题给我们什么启示？

■ 案例分析

【案例情境】

浙江省温州市一水暖经营部向国家知识产权总局商标评审委员会申请注册“YiLi＋伊利”商标，用在冲水马桶、水龙头等卫生设备上，获得商标评审委员会裁定通过。内蒙古伊利实业集团股份有限公司(以下简称伊利公司)随即提起诉讼，要求撤销商标评审委员会的裁定，并作出不予注册的裁定。

【分析要求】

伊利公司的要求能得到支持吗？

项目实训

【实训情境】

甲公司为其生产的啤酒申请注册了“冬雨之恋”商标，但在使用商标时没有在商标标识上加注“注册商标”字样或注册标记。乙公司误认为该商标属于未注册商标，故在自己生产的啤酒产品上也使用“冬雨之恋”商标。丙公司不知某公司假冒“冬雨之恋”啤酒而予以运输。丁饭店将购买的甲公司“冬雨之恋”啤酒倒入自制啤酒桶，自制“侠客”牌散装啤酒出售。戊公司明知某企业生产假冒“冬雨之恋”啤酒而向其出租仓库。

请思考：

(1)什么是商标专用权？具体包括哪些权能？

(2)乙、丙、丁、戊四者的行为是否侵犯了甲的商标权？为什么？

【实训目标】

加深学生对工业产权法基本知识的认识和理解，学会运用工业产权法知识解决基本问题，从而提高学生的综合素质。

【实训组织】

将学生分成若干组，每组 7 人，每组设组长 1 名，组长负责组织本组成员进行实训，由组长将调查结果书面写成报告，并总结。(注意：教师提出活动前的准备和注意事项等内容。)

1. 教师组织学生仔细阅读案例，提示案例要点。

2. 学生每 4～6 人组成一个学习小组，以小组为单位进行讨论，提倡采用头脑风暴法，最终形成一篇案例分析报告。

3. 每个小组派出 1 名代表上讲台阐述小组报告的观点。

【实训成果】

1. 考核和评价采用报告资料展示和学生讨论相结合的方式。

2. 评分采用学生和教师共同评价的方式，填写实训报告。

<table>
<tr><th colspan="3">实训报告</th></tr>
<tr><td>项目实训班级：</td><td>项目小组：</td><td>项目组成员：</td></tr>
<tr><td>实训时间：　年　月　日</td><td>实训地点：</td><td>实训成绩：</td></tr>
<tr><td colspan="3">实训目的：</td></tr>
<tr><td colspan="3">实训步骤：</td></tr>
<tr><td colspan="3">实训结果：</td></tr>
<tr><td colspan="3">实训感言：</td></tr>
</table>

项目九

产品质量法

○ **知识目标**

理解：产品与产品质量、产品质量法。

熟知：产品质量的检验、检查制度、检验机构；消费者权益。

掌握：生产者和销售者的产品质量责任与义务；生产者和销售者的赔偿损失；产品缺陷；违反产品质量法的法律责任。

○ **技能目标**

能够在理解产品质量法的基础上，准确判断哪些行为违反了产品质量法。

○ **素质目标**

运用所学的产品质量法知识研究相关案例，培养和提高学生在特定业务情境中分析问题与决策设计的能力；结合行业规范或标准，运用产品质量法知识分析行为的善恶，提升学生的职业道德素质。

○ **项目引例**

皮衣的“八个字”

张某于展览会上向某皮衣公司购得2 100元皮衣，并看到“当面检验，概不退货”八个字。回家后发现皮衣脱皮，质量不合格。张某要求退货，被拒绝。张某于是联系了电视台，并对该皮衣公司进行曝光，使得该皮衣公司销售量大减。该皮衣公司告张某侵犯其名誉权，要求赔礼道歉，并赔偿经济损失。

思考与讨论：

1. 该皮衣公司在展览会上标示的八个字是否有效？
2. 该皮衣公司告张某的侵犯是否成立？为什么？
3. 张某是否承担违约责任？为什么？
4. 该皮衣公司是否承担产品责任？

○ **知识精讲**

任务一　产品质量法概述

一、产品与产品质量

产品是指人们运用劳动手段对劳动对象进行加工而成，用于满足人们生产和生活需要的物品。《中华人民共和国产品质量法》（以下简称《产品质量法》）第二条第二款规定：产品是指经过加工、制作，用于销售的产品。建设工程不适用本法规定；但是，建设工程使用的建筑材料、建筑构配件和设备，属于前款规定的产品范围的，适用本法规定。

产品质量是指产品符合人们需要的内在素质与外观形态的各种特性的综合状态。具体包括产品的性能、适用性、安全性、耐用性、经济性、卫生性等多方面的内容。

产品质量问题大体上说也可分为两类：①产品不适用；②产品不安全。前者多由于产品瑕疵而形成；后者则由于产品缺陷而发生。

二、产品质量法

（一）产品质量法的概念

产品质量法是指调整产品生产与销售，以及对产品质量进行监督管理过程中所形成的社会关系的法律规范的总称。在我国，产品质量法有广义和狭义之分。广义的产品质量法是指以产品质量为对象，由不同立法机关制定并具有不同层次效力的法律。狭义的产品质量法特指 1993 年 2 月 22 日第七届全国人民代表大会常务委员会第三十次会议通过的《产品质量法》。该法经过三次修正：2000 年 7 月 8 日第九届全国人民代表大会常务委员会第十六次会议《关于修改〈中华人民共和国产品质量法〉的决定》第一次修正；2009 年 8 月 27 日第十一届全国人民代表大会常务委员会第十次会议《关于修改部分法律的决定》第二次修正；2018 年 12 月 29 日第十三届全国人民代表大会常务委员会第七次会议《全国人民代表大会常务委员会关于修改〈中华人民共和国产品质量法〉等五部法律的决定》第三次修订。

（二）产品质量法调整的法律关系

在我国境内从事产品生产、销售活动的企业、其他组织和个人（包括外国人）均必须遵守《产品质量法》。具体来说，《产品质量法》调整的法律关系包括三方面：

（1）产品质量监督管理关系，即各级技术质量监督部门、工商行政管理部门在产品质量的监督检查、行使行政惩罚权时与市场经营主体所发生的法律关系。

（2）产品质量责任关系，即因产品质量问题引起的消费者与生产者、销售者之间的法律关系，包括因产品缺陷导致的人身、财产损害在生产者、销售者、消费者之间所产生的损害赔偿法律关系。

（3）产品质量检验、认证关系，即因中介服务所产生的中介机构与市场经营主体之间的法律关系，因产品质量检验和认证不实损害消费者利益而产生的法律关系。

（三）产品质量责任

生产者、销售者依照规定承担产品质量责任。禁止伪造或者冒用认证标志等质量标志；禁止伪造产品的产地，伪造或者冒用他人的厂名、厂址；禁止在生产、销售的产品中掺杂、掺假，以假充真，以次充好。

国务院市场监督管理部门主管全国产品质量监督工作。国务院有关部门在各自的职责范围内负责产品质量监督工作。

任务二　产品质量的监督

一、产品质量的检验

产品质量应当检验合格，不得以不合格产品冒充合格产品。

可能危及人体健康和人身、财产安全的工业产品，必须符合保障人体健康和人身、财产安全的国家标准、行业标准；未制定国家标准、行业标准的，必须符合保障人体健康和人身、财产安全的要求。

【知识链接 9—1】 禁止生产、销售不符合保障人体健康和人身、财产安全的标准和要求的工业产品。具体管理办法由国务院规定。

国家根据国际通用的质量管理标准，推行企业质量体系认证制度。企业根据自愿原则可以向国务院市场监督管理部门认可的或者国务院市场监督管理部门授权的部门认可的认证机构申请企业质量体系认证。经认证合格的，由认证机构颁发企业质量体系认证证书。

二、产品质量的检查制度

国家对产品质量实行以抽查为主要方式的监督检查制度，对可能危及人体健康和人身、财产安全的产品，影响国计民生的重要工业产品以及消费者、有关组织反映有质量问题的产品进行抽查。抽查的样品应当在市场上或者企业成品仓库内的待销产品中随机抽取。监督抽查工作由国务院市场监督管理部门规划和组织。县级以上地方市场监督管理部门在本行政区域内也可以组织监督抽查。法律对产品质量的监督检查另有规定的，依照有关法律的规定执行。

国家监督抽查的产品，地方不得另行重复抽查；上级监督抽查的产品，下级不得另行重复抽查。

根据监督抽查的需要，可以对产品进行检验。检验抽取样品的数量不得超过检验的合理需要，并不得向被检查人收取检验费用。监督抽查所需检验费用按照国务院规定列支。

生产者、销售者对抽查检验的结果有异议的，可以自收到检验结果之日起 15 日内向实施监督抽查的市场监督管理部门或者其上级市场监督管理部门申请复检，由受理复检的市场监督管理部门作出复检结论。

对依法进行的产品质量监督检查，生产者、销售者不得拒绝。

依照规定进行监督抽查的产品质量不合格的，由实施监督抽查的市场监督管理部门责令其生产者、销售者限期改正。逾期不改正的，由省级以上人民政府市场监督管理部门予以公告；公告后经复查仍不合格的，责令停业，限期整顿；整顿期满后经复查产品质量仍不合格的，吊销营业执照。

对涉嫌违反《产品质量法》规定的行为进行查处时，可以行使下列职权：

(1)对当事人涉嫌从事违反本法的生产、销售活动的场所实施现场检查；

(2)向当事人的法定代表人、主要负责人和其他有关人员调查、了解与涉嫌从事违反本法的生产、销售活动有关的情况；

(3)查阅、复制当事人有关的合同、发票、账簿以及其他有关资料；

(4)对有根据认为不符合保障人体健康和人身、财产安全的国家标准、行业标准的产品或者有其他严重质量问题的产品，以及直接用于生产、销售该项产品的原辅材料、包装物、生产工具，予以查封或者扣押。

三、产品质量的检验机构

产品质量检验机构必须具备相应的检测条件和能力，经省级以上人民政府市场监督管理部门或者其授权的部门考核合格后，方可承担产品质量检验工作。法律、行政法规对产品质量检验机构另有规定的，依照有关法律、行政法规的规定执行。

从事产品质量检验、认证的社会中介机构必须依法设立，不得与行政机关和其他国家机关存在隶属关系或者其他利益关系。

产品质量检验机构、认证机构必须依法按照有关标准，客观、公正地出具检验结果或者认证证明。

产品质量认证机构应当依照国家规定对准许使用认证标志的产品进行认证后的跟踪检查；对不符合认证标准而使用认证标志的，要求其改正；情节严重的，取消其使用认证标志的资格。

四、消费者权益

消费者有权就产品质量问题，向产品的生产者、销售者查询；向市场监督管理部门及有关部门申诉，接受申诉的部门应当负责处理。

保护消费者权益的社会组织可以就消费者反映的产品质量问题建议有关部门负责处理，支持消费者对因产品质量造成的损害向人民法院起诉。

国务院和省、自治区、直辖市人民政府的市场监督管理部门应当定期发布其监督抽查的产品的质量状况公告。

市场监督管理部门或者其他国家机关以及产品质量检验机构不得向社会推荐生产者的产品；不得以对产品进行监制、监销等方式参与产品经营活动。

任务三　生产者、销售者的产品质量责任和义务

一、生产者的产品质量责任和义务

产品质量应当符合下列要求：

(1)不存在危及人身、财产安全的不合理的危险，有保障人体健康和人身、财产安全的国家标准、行业标准的，应当符合该标准；

(2)具备产品应当具备的使用性能，但是，对产品存在使用性能的瑕疵作出说明的除外；

(3)符合在产品或者其包装上注明采用的产品标准，符合以产品说明、实物样品等方式表明的质量状况。

产品或者其包装上的标识必须真实，并符合下列要求：

(1)有产品质量检验合格证明。

(2)有中文标明的产品名称、生产厂厂名和厂址。

(3)根据产品的特点和使用要求，需要标明产品规格、等级、所含主要成分的名称和含量的，用中文相应予以标明；需要事先让消费者知晓的，应当在外包装上标明，或者预先向消费者提供有关资料。

(4)限期使用的产品，应当在显著位置清晰地标明生产日期和安全使用期或者失效日期。

(5)使用不当，容易造成产品本身损坏或者可能危及人身、财产安全的产品，应当有警示标志或者中文警示说明。

裸装的食品和其他根据产品的特点难以附加标识的裸装产品，可以不附加产品标识。

易碎、易燃、易爆、有毒、有腐蚀性、有放射性等危险物品以及储运中不能倒置和其他有特殊要求的产品，其包装质量必须符合相应要求，依照国家有关规定作出警示标志或者中文警示说明，标明储运注意事项。

生产者不得生产国家明令淘汰的产品。生产者不得伪造产地，不得伪造或者冒用他人的厂名、厂址。生产者不得伪造或者冒用认证标志等质量标志。生产者生产产品，不得掺杂、掺假，不得以假充真、以次充好，不得以不合格产品冒充合格产品。

二、销售者的产品质量责任和义务

(1)销售者应当建立并执行进货检查验收制度，验明产品合格证明和其他标识。

(2)销售者应当采取措施，保持销售产品的质量。

(3)销售者不得销售国家明令淘汰并停止销售的产品和失效、变质的产品。

(4)销售者不得伪造产地，不得伪造或者冒用他人的厂名、厂址。

(5)销售者不得伪造或者冒用认证标志等质量标志。

(6)销售者销售产品，不得掺杂、掺假，不得以假充真、以次充好，不得以不合格产品冒充合格产品。

【做中学 9—1】 宋某在商场购买一台电视机，并附有产品合格证。宋某使用两个多月后，电视机出现图像不清的现象，后来音像全无。宋某去找该商场要求更换。该商场称，电视机不是其生产的，让宋某找电视机公司进行交涉。

请思考：销售者应当承担怎样的责任？

做中学 9—1
解析

任务四 损害赔偿

一、销售者的赔偿损失

视频

HM因童装质量问题被处罚

售出的产品有下列情形之一的，销售者应当负责修理、更换、退货；给购买产品的消费者造成损失的，销售者应当赔偿损失：

(1)不具备产品应当具备的使用性能而事先未作说明的；

(2)不符合在产品或者其包装上注明采用的产品标准的；

(3)不符合以产品说明、实物样品等方式表明的质量状况的。

销售者依照规定负责修理、更换、退货、赔偿损失后，属于生产者的责任或者属于向销售者提供产品的其他销售者(以下简称“供货者”)的责任的，销售者有权向生产者、供货者追偿。

销售者未按照规定给予修理、更换、退货或者赔偿损失的，由市场监督管理部门责令改正。

生产者之间、销售者之间、生产者与销售者之间订立的买卖合同、承揽合同有不同约定的，合同当事人按照合同约定执行。

二、生产者的赔偿损失

因产品存在缺陷①造成人身、缺陷产品以外的其他财产(以下简称“他人财产”)损害的，生产者应当承担赔偿责任。

生产者能够证明有下列情形之一的，不承担赔偿责任：

(1)未将产品投入流通的；

(2)产品投入流通时，引起损害的缺陷尚不存在的；

(3)将产品投入流通时的科学技术水平尚不能发现缺陷的存在的。

【做中学 9—2】 刘某与某机械公司的王某是好朋友，一日李某到机械公司办事，顺便找王某聊天。刘某走时发现自行车没气了，就问王某有无打气筒，王某顺手拿起一个气筒递给刘某说：“这是我们公司新出的一批气筒的样品，你用吧。”当刘某拿起气筒打气时，气筒栓塞脱落，飞到刘某脸上造成伤害。刘某花去医疗费 1 600 元，要求机械公司予以赔偿。

做中学 9—2
解析

请思考：机械公司是否应当承担《产品质量法》所规定的损害赔偿责任？刘某如

①所称缺陷，是指产品存在危及人身、他人财产安全的不合理的危险；产品有保障人体健康和人身、财产安全的国家标准、行业标准的，是指不符合该标准。

何保护自己的合法权益？

三、产品缺陷

因产品存在缺陷造成他人损害的，生产者应当承担侵权责任。因产品存在缺陷造成他人损害的，被侵权人可以向产品的生产者请求赔偿，也可以向产品的销售者请求赔偿。产品缺陷由生产者造成的，销售者赔偿后，有权向生产者追偿。因销售者的过错使产品存在缺陷的，生产者赔偿后，有权向销售者追偿。

因运输者、仓储者等第三人的过错使产品存在缺陷，造成他人损害的，产品的生产者、销售者赔偿后，有权向第三人追偿。

因产品缺陷危及他人人身、财产安全的，被侵权人有权请求生产者、销售者承担停止侵害、排除妨碍、消除危险等侵权责任。

产品投入流通后发现存在缺陷的，生产者、销售者应当及时采取停止销售、警示、召回等补救措施；未及时采取补救措施或者补救措施不力造成损害扩大的，对扩大的损害也应当承担侵权责任。依据规定采取召回措施的，生产者、销售者应当负担被侵权人因此支出的必要费用。

明知产品存在缺陷仍然生产、销售，或者没有依据前条规定采取有效补救措施，造成他人死亡或者健康严重损害的，被侵权人有权请求相应的惩罚性赔偿。

【提示】我国《产品质量法》规定，因产品存在缺陷造成损害要求赔偿的诉讼时效期间为 2 年，自当事人知道或应当知道其权益受到损害时起计算。因产品存在缺陷造成损害要求赔偿的请求权，在造成损害的缺陷产品交付最初用户、消费者满 10 年丧失；但是，尚未超过明示的安全使用期的除外。

【同步案例 9－1】 丁某于 2019 年 6 月从市场买回一只高压锅，一开始高压锅能正常使用，未有异常。2020 年 9 月 6 日，丁某做饭时，高压锅发生爆炸，锅盖飞起，煤气灶被损坏，天花板被冲裂，玻璃震碎。发生事故后，丁某找高压锅的生产厂家某日用品厂要求赔偿。该日用品厂提出，丁某是于 2019 年买的锅，已经过去一年多了，已经过了规定的保修期，因此对发生的损害不负责任。丁某与该日用品厂进行多次交涉均未果。

请思考：该日用品厂的理由是否成立？

同步案例 9－1 提示

应知考核

一、单项选择题

1. 任何单位和个人有权对违反《产品质量法》规定的行为，向产品质量监督部门或者其他有关部门（　　）。

A. 抗诉　　B. 检举　　C. 控告　　D. 申诉

2. 承担产品质量责任的主体是（　　）。

A. 生产者和销售者　　B. 生产者和使用者

C. 生产者、销售者和使用者　　D. 使用者

3.《产品质量法》规定，产品缺陷损害赔偿的诉讼时效为（　　）。

A. 20 年　　B. 10 年　　C. 2 年　　D. 1 年

4. 国家对产品质量实行监督检查的主要方式是（　　）。

A. 抽查　　B. 自查　　C. 抽样　　D. 互查

5.《产品质量法》规定，拒绝接受依法进行的产品质量监督检查的行为，给予警告，（　　）。

A. 吊销营业执照　　B. 责令停止生产、销售
C. 责令停止整顿　　D. 责令改正

二、多项选择题

1.《产品质量法》规定合格产品应具备的条件包括(　　)。
A. 不存在危及人身、财产安全的不合理危险
B. 具备产品应当具备的使用性能
C. 符合产品或其包装上注明采用的标准
D. 有保障人体健康、人身财产安全的国家标准、行业标准的,应该符合该标准

2. 下面关于产品标识标注规定的表述,正确的有(　　)。
A. 限期使用的产品,应当在显著位置清晰标明生产日期和安全使用期或失效日期
B. 应有中文标明产品名称
C. 应有中文标明生产厂家的厂名和厂址
D. 使用不当,容易造成产品本身损坏或者危及人身财产安全的,应有警示标志或中文警示说明

3. 生产者不得生产(　　)。
A. 国家明令淘汰的产品　　B. 以假充真的产品
C. 伪造产地的产品　　D. 不合格产品

4. 知道或者应当知道属于《产品质量法》禁止生产、销售的产品而为其提供(　　)等便利条件的,应给予行政处罚,构成犯罪的,依法追究其刑事责任。
A. 生产、销售　　B. 运输　　C. 保管　　D. 仓储

5. 因产品存在缺陷造成受害人人身伤害的,侵害人应当赔偿(　　)。
A. 生活费　　B. 医疗费
C. 治疗期间的护理费　　D. 因误工减少的收入

三、判断题

1. 消费者有权就产品质量问题,向产品的生产者、销售者查询。(　　)
2.《产品质量法》中所称的产品质量是指产品满足需要的适用性、安全性、可靠性、维修性、经济性和环境所具有的特征、特性的总和。(　　)
3. 伪造厂名、厂址,是指非法制作标注他人厂名、厂址的标识。(　　)
4. 对产品质量监督检查中发现的不合格产品,由质量技术监督部门责令改正,并直接予以公告。(　　)
5. 产品质量应当检验合格,特殊情况下"处理品"可以代表合格产品销售。(　　)

应会考核

■ 观念应用

【背景资料】

2021 年 5 月,女青年张某与刘某至某卖场化妆品自选柜台选购化妆品。两人在此挑选、试用化妆品约 20 分钟,终因未曾选中合适的化妆品而离开商场。二人走到店门口时,化妆品自选柜台的营业员和一位保安人员追了上来,指控二人偷了化妆品柜台陈列的货物,二人坚决否认,双方相

持不下。这时，另一位商场保安人员上来对张、刘二人说："请你们到商场保卫科把事情说清楚。"到保卫科后，商场保安人员要求检查刘、张二人随身所带的皮包，遭到二人的拒绝。保安人员对刘、张说："如果你们确实没有偷窃商场的货物，就应该接受我们的检查来证明你们的清白。"迫于无奈，刘、张二人交出了自己的皮包。经检查，未发现任何商场的化妆品。此后，保安人员进一步提出要对二人搜身检查并立即找来两位女营业员对刘、张二人强行进行搜身检查，仍然没有找到任何商场的东西。事后，刘、张二人愤然离开了这家百货商场。

2021 年 6 月 1 日，刘、张二人以该卖场损害了自己的人格尊严为由提出诉讼，要求该商场赔礼道歉，为其恢复名誉并赔偿精神损失费 3 000 元。

【考核要求】

法院应支持刘、张的诉讼吗？为什么？

■ 技能应用

2020 年 5 月，来自保定的陈某在北京某商场购买了一双由天津某皮鞋公司生产的皮鞋，价值人民币 300 元。购鞋的同时，陈某还领取了此商场发的"包修、包换、包退"的三包质量卡。陈某回保定后，穿上了这双新购得的皮鞋。仅穿十天，此鞋鞋底即发生断裂。陈某为此专程前往北京，找到店家要求退货。该商场承认皮鞋确实存在质量问题，同意调换，但同时还表示，目前商场无现货可换，商场将与生产厂家进行联系，请陈某暂回保定等候该商场与生产厂家联系的结果。此后，陈某三次电话查询此事，商场方面总以生产厂家没有回音为由要求陈某继续等待。2021 年 3 月，陈某再次赴北京找商场要求解决问题，商场仍给陈某以同样的答复。陈某遂向人民法院提出诉讼，要求该商场退回购鞋款 300 元，并要求赔偿交通、误工费等共计人民币 500 元。

【技能要求】

法院应怎样判决？

■ 案例分析

【案例情境】

2020 年 3 月 20 日，李女士在某市人民商场购买了一只电吹风机。当日，李女士在正常使用该电吹风机过程中，因电吹风机漏电而被电流击伤，虽救治及时仍造成手指残废。2021 年 4 月 2 日，李女士以人民商场为被告在法院提起诉讼，请求法院判令人民商场对其因触电致残承担赔偿责任。人民商场在答辩状中称：第一，根据《民法通则》的规定，因身体伤害要求赔偿的诉讼时效期间为一年，因此原告的起诉已过诉讼时效；第二，原告触电是由于电吹风机存在质量缺陷，被告作为产品销售者没有过错，因此原告无权要求人民商场承担赔偿责任，而应向电吹风机的生产者某省 B 电器公司要求赔偿。法院认为，被告的两条答辩理由均不成立，最后判人民商场败诉。

【分析要求】

(1)被告人民商场的第一条答辩理由为什么不成立？

(2)被告人民商场的第二条答辩理由为什么不成立？

(3)如果经鉴定，电吹风机漏电确系由于该产品的设计与制造工艺缺陷所致，人民商场赔偿后，对 B 电器公司享有什么权利？

项目实训

【实训情境】

2020 年 7 月 28 日，某市气候炎热异常，于某为招待来访的朋友，从某商场买了几瓶冰镇的啤酒来喝。于某在打开一瓶啤酒时，"砰"的一声，瓶体爆炸了，泡沫及玻璃碎片满地都是。于某的双手被划破，脸部刺出了一道很深的伤口，送医院缝了八针，花掉医药费 2 000 元。之后，于某向法院起诉，要求维护其合法权益。经过法院调查。于某开瓶没有过错，而是厂家的啤酒瓶质量不合格。

根据案情，请分析回答下列问题：

(1)于某在本案中获得救济的前提条件是什么？

(2)于某的损失由谁来赔偿？简述其理由。

【实训目标】

加深学生对产品质量法基本知识的认识和理解，学会运用产品质量法知识解决基本问题，从而提高学生的综合素质。

【实训组织】

将学生分成若干组，每组 7 人，每组设组长 1 名，组长负责组织本组成员进行实训，由组长将调查结果书面写成报告，并总结。（注意：教师提出活动前的准备和注意事项等内容。）

1. 教师组织学生仔细阅读案例，提示案例要点。

2. 学生每 4～6 人组成一个学习小组，以小组为单位进行讨论，提倡采用头脑风暴法，最终形成一篇案例分析报告。

3. 每个小组派出 1 名代表上讲台阐述小组报告的观点。

【实训成果】

1. 考核和评价采用报告资料展示和学生讨论相结合的方式。

2. 评分采用学生和教师共同评价的方式，填写实训报告。

<table>
<tr><th colspan="3">实训报告</th></tr>
<tr><td>项目实训班级：</td><td>项目小组：</td><td>项目组成员：</td></tr>
<tr><td>实训时间：　　年　月　日</td><td>实训地点：</td><td>实训成绩：</td></tr>
<tr><td colspan="3">实训目的：</td></tr>
<tr><td colspan="3">实训步骤：</td></tr>
<tr><td colspan="3">实训结果：</td></tr>
<tr><td colspan="3">实训感言：</td></tr>
</table>

项目十

消费者权益保护法

○ **知识目标**

理解：消费者、消费者权益和消费者权益保护法的概念。

熟知：违反消费者权益保护法要承担的责任和解决消费争议的途径、原则。

掌握：消费者权益的具体内容和经营者义务的具体内容。

○ **技能目标**

能够在理解消费者权益保护法的基础上，准确运用消费者权益保护法解决现实中的实际问题。

○ **素质目标**

运用所学的消费者权益保护法知识研究相关案例，培养和提高学生在特定业务情境中分析问题与决策设计的能力；结合行业规范或标准，运用消费者权益保护法知识分析行为的善恶，提升学生的职业道德素质。

○ **项目引例**

网购遭欺诈，家门口维权他赢了

网购遇到货不对，很多人因金额过少就不了了之，H 市的较真买家却坚持到法院维权，获得了近 3 倍赔偿。在某网站上看到“原味瓜子”“无任何添加剂”的字样，市民 Z 先生下单购买了 20 千克。回家品尝后，发现瓜子不仅不是原味而且包装上还标明有添加剂，索赔无果的他一纸诉状将买家告上了法庭。2021 年 6 月 2 日，这起网络购物合同纠纷案在 H 市人民法院法官的努力调解下，Z 先生获得了近 3 倍赔偿。

思考与讨论：

网购案件的管辖原则是什么？消费者如何进行维权呢？

○ **知识精讲**

任务一　消费者权益保护法概述

一、消费者和消费者权益保护法

（一）消费者的概念和特征

消费者权益保护法是保障消费者合法权益的法律，那么，如何定义消费者呢？所谓消费者，就是为了满足个人生活消费需要而购买、使用商品或者接受服务的人。

消费者具有以下特征：①消费者的消费性质属于生活消费；②消费者消费的客体是法律允许提供的商品和服务；③消费者的消费方式包括购买、使用商品和接受服务；④消费者作为消费主体，其范围包括一切进行生活消费的个人及群体。

(二)消费者权益保护法

消费者权益保护法是维护全体公民消费权益的法律规范的总称。

《中华人民共和国消费者权益保护法》(以下简称《消费者权益保护法》)经第八届全国人大常委会第4次会议通过,自1994年1月1日起施行。根据第十二届全国人大常委会第五次会议《关于修改〈中华人民共和国消费者权益保护法〉的决定》进行第二次修正,自2014年3月15日起施行。

《消费者权益保护法》主要调整为生活需要而购买、使用或接受服务的生活消费关系,适用于消费者为生活需要而购买、使用商品或接受服务,以及经营者为消费者提供其生产、销售的商品或者提供服务的情形。

二、经营者

在《消费者权益保护法》中,没有对经营者给出一个明确的定义,因此我们可以参考广义的消费者权益保护法中的《反不正当竞争法》中关于经营者的提法:经营者,是指从事商品生产、经营或者提供服务的自然人、法人和非法人组织。简单来说,经营者就是向消费者出售商品或提供服务的市场主体。

任务二 消费者的权利和经营者的义务

一、消费者的权利

消费者的权利是消费者在消费过程中具有的合法权益,即在法律保护下,消费者有权做出一定行为或要求他人做出一定行为的资格。这种权利是法律所赋予的,任何人不得剥夺。根据我国《消费者权益保护法》的规定,消费者享有九项权利:①安全保障权;②知悉真情权;③自主选择权;④公平交易权;⑤依法求偿权;⑥依法结社权;⑦受教育权;⑧获得尊重权;⑨监督、批评、建议权。

(一)安全保障权

消费者在购买、使用商品和接受服务时,享有人身、财产安全不受损害的权利。由于消费者取得商品和服务是用于生活消费,因此商品和服务必须绝对可靠,必须绝对保证商品和服务的质量不会损害消费者的生命与健康。消费者依法有权要求经营者提供的商品和服务必须符合保障人身、财产安全的条件。

(二)知悉真情权

消费者享有知悉其购买、使用的商品或者接受的服务的真实情况的权利。消费者有权根据商品和服务的不同情况要求经营者提供商品的价格、产地、用途、性能、规格、等级、主要成分、生产日期、有效期限、检验合格证书、使用说明书及售后服务等有关情况。只有这样,才能保障消费者在与经营者签约时做到知己知彼,并表达其真实意思。

(三)自主选择权

消费者享有自主选择商品或服务的权利,包括:①自主选择商品和服务的经营者的权利;②自主选择商品品种或者服务方式的权利;③自主决定购买或不购买任何一种商品、接受或不接受任何一项服务的权利;④在自主选择商品或服务时享有进行比较、鉴别和挑选的权利。

(四)公平交易权

消费者在购买商品或接受服务时,有权获得质量保障、价格合理、计量正确等公平交易条件,有权拒绝经营者的强制交易行为。

（五）依法求偿权

消费者在购买、使用商品或者接受服务时受到人身、财产损害的，依法享有获得赔偿的权利。依法求偿权是弥补消费者所受到的损害的必不可少的救济性权利。

（六）依法结社权

消费者享有依法成立维护自身合法权益的社会组织的权利。政府对合法的消费者团体不应加以限制，并且，在制定有关消费者方面的政策和法律时，还应当向消费者团体征求意见，以求更好地保护消费者权利。消费者的依法结社权是十分重要的，它使消费者能够从分散、弱小走向集中和强大，并通过集体的力量来改变自己的弱者地位，以与实力雄厚的经营者相抗衡。因此，对消费者的依法结社权必须予以保护。

【知识链接10—1】 消费者协会是依法成立的对商品和服务进行监督并保护消费者合法权益的社会团体。消费者协会不得从事商品经营和营利性服务，不得以牟利为目的向社会推荐商品和服务。

（七）受教育权

受教育权也称获取知识权，是从知悉真情权中引申出来的一种消费者权利。它是指消费者享有获得有关消费和消费者权益保护方面的知识的权利。消费者通过对这些知识的学习，能够更好地掌握商品性能、正确使用商品、提高自我保护意识。

（八）获得尊重权

消费者在购买、使用商品和接受服务时，享有其人格尊严、民族风俗习惯得到尊重的权利，个人信息得到保护的权利。尊重消费者人格尊严、民族风俗习惯，保护消费者个人信息是社会文明进步的表现，也是尊重和保障人权的重要内容。

（九）监督、批评、建议权

消费者享有对商品和服务以及保护消费者权益工作进行监督的权利。消费者有权检举、控告侵害消费者权益的行为和国家机关及其工作人员在保护消费者权益工作中的违法失职行为，有权对保护消费者权益工作提出批评、建议。

二、经营者的义务

这里的经营者是与消费者相对应的一方主体，是通过市场为消费者提供消费资料和消费性服务的人。《消费者权益保护法》对经营者义务的规定是基于消费者的弱势地位而作出的，是对消费者权利保护的一种方法。

（一）依法经营、诚信经营的义务

经营者向消费者提供商品或者服务，应当依照《消费者权益保护法》和其他有关法律、法规的规定履行义务，这是其法定义务。经营者与消费者还可以约定其他的义务，但这种约定不得违背法律、法规的规定。经营者向消费者提供商品或者服务，应当恪守社会公德，诚信经营，保障消费者的合法权益；不得设定不公平、不合理的交易条件，不得强制交易。

（二）接受监督的义务

经营者应当听取消费者对其提供的商品或者服务的意见，接受消费者的监督。

（三）安全保障的义务

经营者应当保证其提供的商品或者服务符合保障人身、财产安全的要求。对可能危及人身、财产安全的商品和服务，应当向消费者作出真实的说明和明确的警示，并说明和标明正确使用商品或接受服务的方法和防止危害发生的方法。宾馆、商场、车站等经营场所的经营者，未尽到安全保障义务，造成消费者或者其他受害人损害的，应当承担侵权责任。

【知识链接 10—2】 2013 年 10 月 25 日全国人大常务委员会修正的《消费者权益保护法》规定，经营者发现其提供的商品或者服务存在缺陷，可能对人身、财产安全造成危害的，应当立即向有关行政部门报告和告知消费者，并及时采取停止生产、停止销售、警示、召回等消除危险的措施。采取召回措施的，经营者应当承担消费者因商品被召回支出的必要费用。

（四）提供真实信息的义务

经营者应当向消费者提供有关商品或服务的真实信息，不得作引人误解的虚假宣传。对消费者有关商品或服务的质量和使用方法等问题提出的询问，经营者应给予真实明确的答复。经营者提供商品或者服务应当明码标价。

（五）如实标记的义务

经营者应当标明其真实名称和标记。租赁他人柜台或者场地的经营者，应当标明其真实名称和标记。

（六）出具凭证或单据的义务

经营者提供商品或者服务，应当按照国家有关规定或者商业惯例向消费者出具发票等购货凭证或者服务单据。消费者向经营者索要发票等购货凭证或者服务单据时，经营者必须出具。

（七）保证质量的义务

经营者应当保证在正常使用商品或者接受服务的情况下，其提供的商品或服务应当具有的质量、性能、用途和有效期限；但消费者在购买该商品或接受该服务前已经知道其存在瑕疵，且存在该瑕疵不违反法律强制性规定的除外。经营者以广告、产品说明、实物样品或者其他方式表明商品或服务质量状况的，应当保证其提供的商品或者服务的实际质量与表明的质量状况相符。

经营者提供的机动车、微型计算机、电视机、电冰箱等耐用商品或者装饰装修等服务，自消费者接受商品或者服务之日起 6 个月内出现瑕疵、发生纠纷的，由经营者承担相关举证责任。

（八）履行退货、更换、修理的义务

经营者提供商品或者服务不符合质量要求的，消费者可以依照国家规定和当事人约定退货，或者要求经营者履行更换、修理等义务；没有国家规定和当事人约定的，消费者可以自收到商品之日起 7 日内退货；7 日后符合《合同法》规定的解除合同条件的，消费者可以及时退货，不符合解除合同条件的，可以要求经营者履行更换、修理等义务。

对大件商品进行退货、更换、修理的，由经营者承担运输等必要费用。

（九）无条件退货的义务

经营者采用网络、电视、电话等方式销售商品，消费者有权自收到商品之日起 7 日内退货，且无须说明理由，但下列商品除外：①消费者定做的；②鲜活易腐的；③在线下载或者消费者拆封的音像制品、计算机软件等数字化商品；④交付的报纸、期刊。除前款所列商品外，其他根据商品性质并经消费者在购买时确认不宜退货的商品，不适用无理由退货。

消费者退货的商品应当完好。经营者应当自收到退回商品之日起 7 日内返还消费者支付的商品价款。退回商品的运费由消费者承担；经营者和消费者另有约定的，按照约定。

【知识链接 10—3】 2013 年 10 月 25 日全国人大常务委员会修正的《消费者权益保护法》规定，采用网络、电视、电话等方式提供商品或者服务的经营者，以及从事证券、保险、银行业务的经营者，应当向消费者提供经营地址、联系方式、商品或者服务的数量和质量、价款或者费用、履行期限和方式、风险警示、售后服务、民事责任等真实、必要的信息。

（十）正确使用格式条款的义务

经营者使用格式条款，应当以明显方式提请消费者注意商品或者服务的数量和质量、价款或者费用、履行期限和方式、风险警示、售后服务、民事责任等与消费者有重大利害关系的内容，并按照消费者的要求予以说明。

经营者不得以格式条款、通知、声明、店堂告示等方式作出排除或者限制消费者权利、减轻或者免除经营者责任、加重消费者责任等对消费者不公平、不合理的规定。

格式条款、通知、声明、店堂告示等含有前款所列内容的，其内容无效。

(十一)尊重消费者的义务

经营者不得对消费者进行侮辱、诽谤，不得搜查消费者的身体及其携带的物品，不得侵犯消费者的人身自由。

(十二)保护消费者隐私的义务

经营者收集、使用消费者个人信息，应当遵循合法、正当、必要的原则，明示收集、使用信息的目的、方式和范围，并经被收集者同意。经营者收集、使用消费者个人信息，应当公开其收集、使用规则，不得违反法律、法规的规定和双方的约定收集、使用信息。

经营者及其工作人员对收集的消费者个人信息必须严格保密，不得泄露、出售或者非法向他人提供。经营者应当采取必要措施，确保信息安全，防止消费者个人信息泄露、毁损、丢失。在发生或者可能发生信息泄露、毁损、丢失的情况时，应当立即采取补救措施。

经营者未经消费者同意或者请求，或者消费者明确表示拒绝的，不得向其发送商业性电子信息。

【知识链接10—4】《消费者权益保护法》对经营者义务的规定是一种一般性的规定。在某些特殊领域如药品经营、食品经营，法律对经营者有特殊义务的规定。

任务三　消费争议的解决

消费争议是指消费者与经营者之间因商品或者服务质量造成消费者人身、财产损失而引发的纠纷。

一、消费争议解决的途径

消费者和经营者发生消费争议的，可以通过以下几种方式解决：

(1)与经营者协商和解；

(2)请求消费者协会或者其他调解组织调解；

(3)向有关行政部门申诉；

(4)根据与经营者达成的仲裁协议提请仲裁机构仲裁；

(5)向人民法院提起诉讼。

视频

新《消费者权益保护法》宣传片

二、解决消费争议的原则

我国《消费者权益保护法》规定的解决消费争议的原则如下：

(1)消费者在购买、使用商品时，其合法权益受到损害的，可以向销售者要求赔偿。销售者赔偿后，属于生产者的责任或属于向销售者提供商品的其他销售者责任的，销售者有权向生产者或者其他销售者追偿。

消费者或者其他受害人因商品缺陷造成人身、财产损害的，可以向销售者要求赔偿，也可以向生产者要求赔偿。

消费者在接受服务时，其合法权益受到损害的，可以向服务者要求赔偿。

【知识链接10—5】　属于生产者责任的，销售者赔偿后有权向生产者追偿。属于销售者责任的,生产者赔偿后,有权向销售者追偿。

(2)消费者在购买、使用商品或接受服务时,其合法权益受到损害,因原企业分立、合并的,可以向变更后的企业要求赔偿。

(3)使用他人营业执照的违法经营者提供商品或者服务,损害消费者合法权益的,消费者可以向其要求赔偿,也可以向营业执照的持有人要求赔偿。

(4)消费者在展销会、租赁柜台或者通过网络交易平台购买商品或者接受服务,其合法权益受到损害的,可以向销售者或者服务者要求赔偿。展销会结束、柜台租赁期满或者网络交易平台上的销售者、服务者不再利用该平台的,也可以向展销会的举办者、柜台的出租者或者网络交易平台提供者(前提是网络交易平台提供者不能提供销售者或者服务者的真实名称、地址和有效联系方式的)要求赔偿。展销会的举办者、柜台的出租者或者网络交易平台提供者赔偿后,有权向销售者或者服务者追偿。

(5)消费者因经营者利用虚假广告提供商品或者服务,其合法权益受到损害的,可以向经营者要求赔偿。广告经营者、发布者不能提供经营者的真实名称、地址和有效联系方式的,应当承担赔偿责任。

广告经营者、发布者设计、制作、发布食品药品等关系消费者生命健康商品或者服务的虚假广告,造成消费者损害的,广告经营者、发布者与提供该商品或者服务的经营者承担连带责任。

【同步案例 10－1】 2021 年 3 月 25 日,消费者李某投诉称:自己于 2017 年 9 月从上海大众某 4S 店购买一辆途观车(原配米其林轮胎),截至投诉时该车已运行 3 年半,行驶 3.7 万千米。2018 年底洗车发现四个轮胎外侧都出现了不同程度的密集裂纹,2021 年 3 月发现裂纹明显变深且增多。随后到 4S 店进行检查,检查人员称这种情况没见过,不属于自然磨损,但保质期已过,建议自费更换或直接向上海大众公司售后服务反映问题。

同步案例 10－1 提示

消协工作人员调解时,双方争议的焦点如下:消费者认为是质量问题,而经销商认为不是。之后上海大众公司主动委托轮胎制造企业派专业技术人员对该车的四个轮胎进行现场技术鉴定,结果确认属于产品质量问题,当场承诺尽快提供四个同类型新轮胎(价值 6 400 元)免费为消费者更换,上海大众 4S 店也答应为消费者免费安装。

请思考:结合《消费者权益保护法》的内容进行本案分析。

任务四 法律责任的确定

一、民事责任

(一)经营者侵犯人身权利的民事责任

视频 新《消费者权益保护法》

(1)经营者提供商品或者服务,造成消费者或者其他受害人人身伤害的,应当赔偿医疗费、护理费、交通费等为治疗和康复支出的合理费用,以及因误工减少的收入。造成残疾的,还应当赔偿残疾生活辅助具费和残疾赔偿金。造成消费者或其他受害人死亡的,还应当支付丧葬费、死亡赔偿金。

(2)经营者侵害消费者的人格尊严、侵犯消费者人身自由或者侵害消费者姓名权、肖像权、隐私权等个人信息得到保护的权利的,应当停止侵害、恢复名誉、消除影响、赔礼道歉,并赔偿损失。

(3)经营者有侮辱诽谤、搜查身体、侵犯人身自由等侵害消费者或者其他受害人人身权益的行为，造成严重精神损害的，受害人可以要求精神损害赔偿。

(4)经营者有明知商品或者服务存在缺陷，仍然向消费者提供，造成消费者或者其他受害人死亡或者健康严重损害的，受害人除可以要求得到以上赔偿外，还有权要求经营者支付所获赔偿额2倍以下的惩罚性赔偿。

(二)经营者侵犯财产权利的民事责任

(1)经营者提供商品或者服务，造成消费者财产损害的，应当依照法律规定或者当事人约定承担修理、重作、更换、退货、补足商品数量、退还货款和服务费用或者赔偿损失等民事责任。

(2)经营者以预收款方式提供商品或者服务的，应当按照约定提供。未按照约定提供的，应当按照消费者的要求履行约定或者退回预付款，并应当承担预付款的利息、消费者必须支付的合理费用。

(3)依法经有关行政部门认定为不合格的商品，消费者要求退货的，经营者应当负责退货。

(4)经营者提供商品或者服务有欺诈行为的，应按消费者的要求增加赔偿损失金额，增加的赔偿金额为购买商品或接受服务费用的3倍；增加赔偿的金额不足500元的，为500元。法律另有规定的，依照其规定。

二、行政责任

经营者有下列行为之一的，由市场监督管理部门责令改正，可以根据情节单处或并处警告、没收违法所得、罚款、停业整顿、吊销营业执照等。

(1)生产、销售的商品不符合保障人身、财产安全要求的；

(2)在商品中掺杂、掺假，以次充好，以假充真，或者以不合格商品冒充合格商品的；

(3)生产国家明令淘汰的商品或者销售失效、变质的商品的；

(4)伪造商品的产地、伪造或者冒用他人的厂名、厂址，篡改生产日期，伪造或者冒用认证标志、名优标志等质量标志的；

(5)销售的商品应当检验、检疫而未检验、检疫，或者伪造检验、检疫结果的；

(6)对商品或者服务作虚假或者引人误解的宣传的；

(7)拒绝或者拖延有关行政部门责令对缺陷商品或者服务采取停止销售、警示、召回、无害化处理、销毁、停止生产或者服务等措施的；

(8)对消费者提出的修理、重做、更换、退货、补足商品数量、退还货款和服务费用或者赔偿损失的要求，故意拖延或者无理拒绝的；

(9)侵害消费者人格尊严、侵犯消费者人身自由或者侵害消费者姓名权、肖像权、隐私权等个人信息得到保护的权利的；

(10)法律、法规规定的对损害消费者权益应当给予处罚的其他情形。

经营者对行政处罚决定不服的，可以自收到处罚决定之日起15日内向上一级机关申请复议。对复议决定不服的，可以自收到复议决定书之日起15日内向人民法院提起诉讼，也可以直接向人民法院起诉。经营者对行政处罚决定不服的，可以依照《行政复议法》《行政诉讼法》的规定申请行政复议或者提起行政诉讼。

三、刑事责任

经营者或者国家机关工作人员有下列行为的应追究刑事责任：

(1)经营者提供商品或服务，造成消费者或其他受害人人身伤害或死亡，构成犯罪的；

(2)以暴力、威胁等方法阻碍有关行政部门工作人员依法执行公务,构成犯罪的;

(3)国家机关工作人员玩忽职守或者包庇经营者侵害消费者合法权益的行为,情节严重构成犯罪的。

【做中学10－1】 2021年2月20日,赵某在本市某商场购买由A冰箱厂生产的冰箱一台,2月24日又购得一部B公司生产的多功能电源保护器。2月25日,赵某在家中安装好冰箱和电源保护器。半个月后,一日赵某下班回家发现,因冰箱电路出现故障,高温下导致冰箱起火,烧毁部分家具及生活用品,因发现及时,幸未发生重大火灾。为此,赵某向法院起诉,状告该商场、A冰箱厂和B公司,要求维护消费者权益,赔偿损失,由三个单位负连带责任。

做中学10－1 解析

商场辩称,该冰箱是本商场销售的商品,赔偿责任应由产品的制造者承担,销售者不应承担责任。

A冰箱厂辩称,本厂生产的产品均符合国家标准,以往从未发生过此种情况,无证据证生产者有过错,无法认定生产者应承担责任。B公司的电源保护器失灵可能是事故的主要原因。

B公司辩称,赵某违反有关安装说明的要求,违章安装,无视说明书的警示说明,导致电源器失效酿成事故,冰箱电源线路有问题使冰箱起火是根本原因。

法院在调查过程中,经技术监督局对A厂的冰箱和B公司的电源保护器进行质量鉴定,认定:①该品牌和型号的电冰箱线路连接上存在某些缺陷,一般情况下不会出故障,在特定的情况下会适度产生高温;②电源保护器已经被烧毁无法鉴定,但对同样商品检测,没有发现质量问题;③赵某在安装电源保护器与冰箱时,未按说明书正确安装,使保护器无法正常发挥作用,导致冰箱等物品被烧毁。

请思考:结合《消费者权益保护法》和《产品责任法》进行本案分析。

应知考核

一、单项选择题

1. 下面(　　)行为违反了《消费者权益保护法》。

A. 某市消协向社会推荐优质价廉的灭蚊器,但未收取任何费用

B. 某皮鞋厂在某卖场内租赁一柜台,但未标明厂名、厂址

C. 某饭店实行先收费后提供饮料的做法

D. 某商店打折出售库存有缺陷大衣,这些缺陷是显而易见的

2. 经营者应当保证其提供的商品或者服务符合保障人身、财产安全的要求,对(　　)的商品,应当向消费者作出真实的说明和明确的警示,并说明和标明正确使用商品的方法以防止危害发生的方法。

A. 不合格　　B. 未经检验

C. 数量不足　　D. 可能危及人身、财产安全

3. 王某购买一冰箱,使用5个月后,制冷系统发生故障,保修期内2次维修,不久又发生故障。此时,王某应(　　)。

A. 要求再次修理,不承担任何费用

B. 要求更换或者退货

C. 因已经使用了一段时间,只能要求更换

D. 要求退货也可以,但应当承担一部分折旧费用

4. 消费者或者其他受害人因商品缺陷造成人身、财产损害的，应要求（　　）赔偿。

A. 可以向销售者，也可以向生产者　　B. 首先向销售者

C. 首先向生产者　　D. 首先向销售者，然后向生产者

5. 经营者提供商品或者服务有欺诈行为的，应当按照消费者的要求增加赔偿其受到的损失，增加赔偿的金额为消费者购买商品的价款或接受服务的费用的（　　）。

A. 一倍　　B. 两倍　　C. 三倍　　D. 四倍

二、多项选择题

1. 消费者在购买、使用商品的时候，享有（　　）权利。

A. 自主选择　　B. 依法结社　　C. 公平交易　　D. 索要购货凭证

2. 消费者在购买、使用商品和接受服务时，享有其（　　）得到尊重的权利。

A. 人格尊严　　B. 个人性格　　C. 民族风俗习惯　　D. 商业惯例

3. 经营者侵害消费者人格尊严的，侵犯消费者人身自由的，应当（　　），并赔偿损失。

A. 停止侵害　　B. 恢复名誉　　C. 清除影响　　D. 赔礼道歉

4. 经营者的下列（　　）行为，违反《消费者权益保护法》的规定。

A. 店堂告示："商品一旦售出，概不退换"

B. 店堂告示："未成年人须由成年人陪伴方可入内"

C. 顾客购买毛巾索要发票，经营者以"小额商品，不开发票"为由拒绝

D. 出售蛋类食品的价格经常变化

5. 某食品商场开架销售，大大方便了顾客，但商场雇用了大批营业员，尾随顾客身后，以防顾客偷窃，并且在门口张贴告示，限制消费者携包入内，这种行为（　　）。

A. 侵犯了消费者的人格尊严

B. 该行为是商场的一种合理限制，顾客应遵守

C. 尾随顾客行为应予纠正

D. 消费者应当接受商场的规定

三、判断题

1.《消费者权益保护法》所涉及的消费主要指的是生活消费。（　　）

2. 在我国，国家承担着保护消费者权益的全部责任。（　　）

3. 消费者有权要求经营者提供的商品和服务符合保障人身、财产安全的要求。（　　）

4. 经营者对在"买一赠一"活动中发出的赠品无须承担质量义务。（　　）

5. 经营者提供商品或者服务有瑕疵的，应当按照消费者的要求增加赔偿其受到的损失。（　　）

应会考核

■ 观念应用

【背景资料】

张女士春节前在某时装店购买了一套高档时装准备春节时穿，但在春节期间发现该套时装存在严重的质量问题，明显与其当初的广告宣传不符。春节过后，张女士去找该时装店交涉，但发现该店已经易主。新老板告诉她，老店主是借用了他的经营执照营业，现在已将店内所有物资盘给了

他，他不可能承担老店主的任何责任。张女士提着那套高档时装，站在时装店前不知所措。

【考核要求】

请你为张女士当一次法律顾问，帮她解决这个问题。

■ 技能应用

刘某年初买了一个高压锅。刘某将高压锅带回家后，其妻很不高兴，坚决要求刘某退掉。刘某嫌退货麻烦，就与邻居丁某协商，将高压锅原价转让给丁某，丁某付款后将高压锅拿回家，用了一个星期左右，高压锅发生了爆炸。正巧刘某在场，右手被炸掉。丁某的左臂被炸伤。刘某认为，高压锅的所有权已经转移，丁某的高压锅炸掉自己的右手，丁某应赔偿医疗费、残疾人补助金等费用；丁某则认为，刘某卖给自己的高压锅有质量问题，自己左臂被炸伤，医疗费应由刘某赔偿。

【技能要求】

(1)此案的受害人应向谁索赔？为什么？

(2)受害者的哪些损失能得到赔偿？请阐述法律依据。

■ 案例分析

王小姐于2021年1月到某超市购物，进门时，门口的报警器无任何反应。过了有十几分钟，王某未选中任何物品，从门口出来时，报警器却铃声大作。超市保安及售货员将其叫到经理办公室，要求王某配合检查。王某说："检查可以，但如果没有检查到未付钱的商品，你们就要当场书面赔礼道歉。"王某的要求当场被保安经理拒绝，双方发生争吵。保安经理坚持要求检查，否则不准王某离开。双方僵持了近半个小时后，王某迫于无奈，同意检查。几名保安随即走出经理室，并将门关上，站在门外，由两名女售货员将王某的外衣脱下进行检查，结果未查到任何超市的商品，只好让王某走。王某穿好衣服走出经理室，许多人对她指指点点、说三道四，王某倍感委屈，哭着跑出了超市。几天后，王某在亲友的帮助下，向当地人民法院提起了诉讼，要求追究该超市的民事责任，提出精神赔偿，并且向派出所报了案，要求追究超市工作人员非法拘禁罪的刑事责任。

【分析要求】

(1)本案要求提出精神损害赔偿的法律依据有哪些？

(2)本案涉及哪些诉讼程序，具体在法院应该按照何种诉讼程序启动？

(3)本案如何判决？必须提供哪些证据？

项目实训

【实训情境】

刘女士在某大型网购平台上的一家手机店购买了一款外国某知名手机。收货后，刘女士发现自己购买的手机并非正品。于是联系卖家退货，但电话和邮件均无法联系到售卖人。刘女士向网购平台工作人员反映，他们核实后发现，对方当时提供的验证身份证件是假冒的，目前他们已将这家网店关闭，刘女士的损失只能自己承担。

请问：刘女士应怎么办？

【实训目标】

加深学生对消费者权益保护法基本知识的认识和理解，学会运用本项目的知识解决消费者权益的基本问题，从而提高学生的综合素质。

【实训组织】

将学生分成若干组，每组7人，每组设组长1名，组长负责组织本组成员进行实训，由组长将调查结果书面写成报告，并总结。（注意：教师提出活动前的准备和注意事项等内容。）

1. 教师组织学生仔细阅读案例，提示案例要点。

2. 学生每4～6人组成一个学习小组，以小组为单位进行讨论，提倡采用头脑风暴法，最终形成一篇案例分析报告。

3. 每个小组派出1名代表上讲台阐述小组报告的观点。

【实训成果】

1. 考核和评价采用报告资料展示和学生讨论相结合的方式。

2. 评分采用学生和教师共同评价的方式，填写实训报告。

实训报告		
项目实训班级：	项目小组：	项目组成员：
实训时间：　　年　月　日	实训地点：	实训成绩：
实训目的：		
实训步骤：		
实训结果：		
实训感言：		

项目十一

劳动法和社会保障法律制度

○ **知识目标**

理解：劳动法的适用范围、劳动合同的内容；社会保险法律制度。

熟知：劳动者的基本权利、劳动者的基本义务、无效劳动合同的法律后果、工作时间、休息休假、工资、劳动安全卫生和特殊劳动保护等方面的法律规定。

掌握：订立劳动合同的原则、劳动合同解除的方式、解除劳动合同的经济补偿和经济赔偿、解除劳动合同的限制、解决劳动争议的原则和方式等内容。

○ **技能目标**

能够在理解各种劳动法和社会保障法律制度的基础上，运用劳动法和社会保障法律制度解决现实问题。

○ **素质目标**

运用所学的劳动法和社会保障法律制度知识研究相关案例，培养和提高学生在特定业务情境中分析问题与决策设计的能力；结合行业规范或标准，运用劳动法和社会保障法律制度知识分析行为的善恶，提升学生的职业道德素质。

○ **项目引例**

大学毕业生王某的遭遇

2021 年 7 月 10 日，大学毕业的王某应聘到某贸易公司做营销策划工作。公司在招聘时与王某约定每月工资 3 000 元，试用期 6 个月；试用期满后如果合格则正式签订劳动合同，月工资 4 800 元。王某在公司工作了 3 个月，每天工作都超过 8 小时。因工作太辛苦，工资又低，并且公司没有为其缴纳社会保险等问题，王某向公司提出辞职。事先，王某查阅了《劳动合同法》的相关规定，辞职时，王某提出公司与其形成的劳动关系存在问题，并要求公司支付相应的劳动报酬。

思考与讨论：

王某可以提出哪些问题？

○ **知识精讲**

任务一　劳动法概述

一、劳动法的概念

劳动法是调整劳动关系以及与劳动关系密切联系的其他社会关系的法律规范的总称。狭义的劳动法仅指 1994 年 7 月 5 日第八届全国人大常委会第八次会议通过，自 1995 年 1 月 1 日起施行的《中华人民共和国劳动法》(以下简称《劳动法》)。该法经过2009年8月27日第十一届全国人民代表大会常务委员会第十次会议通过的《全国人民代表大会常务委员会关于修改部分法律的决定》修正,又经过2018年12月29日第十三届全国人民代表大会常务委员会第七次会议通过的《全国人民代表大会常务委员会关于修改〈中华人民共和国劳动法〉的决定》第二次修正。

视频

劳动保障法律法规政策宣传片

广义的劳动法还包括《中华人民共和国劳动争议调解仲裁法》(以下简称《劳动仲裁法》)、《中华人民共和国劳动合同法》(以下简称《劳动合同法》)、《中华人民共和国劳动合同法实施条例》(以下简称《实施条例》)等一系列法律、法规。

《劳动法》的适用范围主要是指对人的适用范围。《劳动法》适用的范围包括:中华人民共和国境内的企业、个体经济组织(以下统称为“用人单位”)和与之形成劳动关系的劳动者;国家机关、事业组织、社会团体和与之建立劳动关系的劳动者(主要指国家机关、事业组织、社会团体实行劳动合同制度的以及按规定应实行劳动合同制度的工勤人员;其他通过劳动合同与国家机关、事业组织、社会团体之间建立劳动合同关系的劳动者;实行企业化管理的事业组织的工作人员)。《劳动法》不适用的对象包括:国家公务员;实行公务员制度的国家机关以及比照实行公务员制度的事业组织和社会团体的工作人员;农村劳动者(乡镇企业职工和进城务工的农民除外);现役军人和家庭保姆等。由此可见,我国《劳动法》适用于特定的劳动者和用人单位。

【知识链接11－1】　劳动者是指具有劳动能力,以从事劳动获得合法劳动报酬的自然人。用人单位是指依法使用和管理劳动者并支付劳动报酬的单位。

二、劳动法的调整对象

(一)劳动关系

所谓劳动关系,即人们在从事劳动过程中发生的社会关系。在我国,劳动关系具体表现为劳动者与用人单位——企业、事业组织、国家机关、社会团体、个体经济组织之间发生的关系。《劳动法》的调整对象主要是劳动关系。但是,必须明确,在社会关系中许多关系与劳动有关,而《劳动法》并不调整一切与劳动有关的社会关系,而只是调整其中一部分关系,即在实现集体劳动过程中劳动者与用人单位之间发生的关系。

(二)与劳动关系密切联系的其他社会关系

《劳动法》除了调整劳动关系以外,还调整与劳动关系密切联系的其他社会关系。这些关系有的是发生劳动关系的必要前提,有的是劳动关系的直接后果,有的是随着劳动关系而附带产生的关系,具体包括:①处理劳动争议而发生的关系;②执行社会保险方面的关系;③监督劳动法律、法规的执行方面的关系;④工会组织与企业、事业单位、国家机关之间的关系;⑤劳动管理方面发生的关系。

三、劳动者的基本权利和义务

(一)劳动者的基本权利

1. 平等就业和选择职业的权利

平等就业权是指劳动者在就业方面一律平等,不因民族、种族、性别、宗教信仰不同而受歧视。选择职业权是指劳动者在就业时,有权根据自己的意愿和兴趣选择用人单位,不受外在力量的强迫。在劳动制度改革以前,劳动者只有就业权而没有择业权。实行劳动合同制后,用人单位享有用人自主权,劳动者拥有择业自主权,用人单位和劳动者之间双向选择,在双方自愿基础上订立劳动合同,建立劳动关系。

2. 取得劳动报酬的权利

劳动者的劳动报酬是劳动者基于付出劳动而由用人单位支付的合法收入，包括工资、奖金、津贴等。对于劳动者的劳动报酬权，国家不仅通过劳动立法对用人单位支付劳动报酬进行规范，而且采取了一系列的经济和社会措施给予保护。例如，通过提高工资和补贴、稳定物价、扩大劳动就业领域、举办各种集体福利事业等方式，保障劳动者实际收入不断增加，生活水平有所提高。

3. 享有休息休假的权利

休息休假权是指劳动者在参加一定时间的劳动（工作）之后所获得的休息休假的权利。为了明确劳动者的休息休假时间，国家通过一系列劳动法律、法规作了直接规定。为了保证用人单位认真遵守劳动者的休息时间制度，防止用人单位侵犯劳动者的休息权利，劳动立法还对用人单位延长工作时间（加班加点）作出了相应的限制规定。

4. 获得劳动安全卫生保护的权利

劳动安全卫生保护权是劳动者在劳动过程中依法要求用人单位提供安全卫生的劳动条件，保护其生命安全和身体健康的一项基本劳动权利。确立劳动安全卫生保护权，是劳动生存权利的基本要求，也是提高劳动生产率的重要手段。

5. 接受职业技能培训的权利

职业技能培训是为了培养和提高劳动者从事各种职业所需要的技术业务知识和实际操作技能而进行的专门教育和训练活动。《劳动法》赋予劳动者享有这一权利，既有利于提高劳动者的文化素质和职业技能水平，提高劳动生产率，也有利于失业人员重新就业，缓解就业矛盾。

6. 享有社会保险和社会福利的权利

社会保险是国家为保障劳动者在丧失劳动能力和劳动机会时的基本生活而依法强制实行的一项物质帮助制度。社会福利是国家和社会为方便劳动者工作和生活，适应其物质文化需求而举办的各项事业。劳动者享受社会保险和福利的权利是实现《宪法》赋予其物质帮助权的一项重要保证。

7. 享有提请劳动争议处理的权利

《劳动法》规定劳动者享有提请劳动争议处理的权利，从而明确了劳动者在劳动争议处理中的主动地位和与用人单位之间的平等地位，有利于劳动争议的尽快解决，有利于保护劳动者的合法权益，有利于培养和提高劳动者的法律意识。

8. 享有法律规定的其他劳动权利

劳动者除了享有上述各种基本劳动权利以外，还享有法律规定的其他劳动权利。主要包括：①民主管理企业的权利；②与用人单位进行平等协商的权利；③与企业签订集体合同的权利；④依法参加工会和组建工会的权利等。

（二）劳动者的基本义务

1. 积极完成劳动任务

每个劳动者都必须积极地、勤勤恳恳地劳动，认真完成或超额完成劳动任务，从而促进生产不断发展，不断创造社会财富，不断提高劳动者生活水平。

2. 不断提高劳动技能

劳动者必须自觉地接受职业培训，加快知识更新，提高职业技能，以适应现代化生产的要求。

3. 认真执行劳动安全卫生规程

劳动者既有抵制违反劳动安全卫生规程要求的违章指挥和冒险作业的权利，也有认真履行劳动安全卫生规程的义务。

4. 严格遵守劳动纪律和职业道德

对于企业职工来说，遵守劳动纪律就是要遵守企业内部关于劳动的各项规定。职业道德是某一职业对从事该职业劳动者的特有的道德要求，劳动者只有遵守职业道德，才能不断地为社会创造物质财富和精神财富。

【做中学 11－1】 小张原就职于某大酒店，从事制冷设备的管理调试工作。酒店引进一套先进的制冷设备，要求小张到外地的设备生产厂家参加为期两个月的设备使用培训活动。处于热恋期的小张不愿意离开那么长时间，便向酒店提出了辞职。离开酒店后，小张很快应聘到另一家公司，恰巧这家公司的办公地点就在小张原就职的大酒店内。当小张欲前往公司上班时，却遭到该大酒店的拒绝。因为该酒店在其员工手册中规定："辞职、辞退员工，六个月内不得以任何理由进入本酒店。"小张新应聘的公司要求他在规定的期限内上班，否则应聘将失效。

做中学 11－1 解析

请思考：

(1)我国《劳动法》规定劳动者享有哪些基本权利？该酒店员工手册中的规定侵犯了小张的哪项劳动权利？

(2)我国《劳动法》规定劳动者应当履行哪些义务？小张是否违反了劳动义务？

任务二　劳动合同

一、劳动合同的概念

劳动合同是劳动者和用人单位之间关于订立、履行、变更、解除或者终止劳动权利和义务关系的协议。《劳动合同法》修订案于 2012 年 12 月 28 日通过，自 2013 年 7 月 1 日起施行。《劳动合同法》和 2008 年 9 月 18 日颁布的《劳动合同法实施条例》为我国劳动合同的确立和履行提供了法律依据。

二、劳动合同的订立

(一)订立劳动合同的原则

(1)合法原则。订立劳动合同不得违反法律、行政法规的规定。

(2)平等自愿、协商一致的原则。订立劳动合同的双方当事人应当在平等的基础上，经过协商，自愿签订劳动合同。

(3)公平原则。劳动合同的内容要体现出对双方当事人的公平，任何一方不得利用自己的优势，约定对对方显失公允的条款。

(4)诚实信用原则。劳动合同的双方当事人在签订合同时要履行如实告知的义务，在履行合同时也要诚实、守信用。

(二)订立劳动合同的时间和形式

用人单位自用工之日起即与劳动者建立劳动关系。建立劳动关系，应当订立书面劳动合同。已建立劳动关系，未同时订立书面劳动合同的，应当自用工之日起 1 个月内订立书面劳动合同。用人单位与劳动者在用工前订立劳动合同的，劳动关系自用工之日起确立。

用人单位自用工之日起满 1 年未与劳动者订立书面劳动合同的，自用工之日起满 1 个月的次日至满 1 年的前一日应当依照《劳动合同法》的规定向劳动者每月支付 2 倍的工资，并视为自用工之日起满 1 年的当日已经与劳动者订立无固定期限劳动合同，应当立即与劳动者补订书面劳动合同。

自用工之日起1个月内，经用人单位书面通知后，劳动者不与用人单位订立书面劳动合同的，用人单位应当书面通知劳动者终止劳动关系，无需向劳动者支付经济补偿，但是应当依法向劳动者支付其实际工作时间的劳动报酬。自用工之日起超过1个月、不满1年劳动者不与用人单位订立书面劳动合同的，用人单位应当书面通知劳动者终止劳动关系，并向劳动者支付相应的经济补偿。

三、劳动合同的内容

劳动合同的内容具体表现为劳动合同的条款，一般分为必备条款和协商条款。

(一)必备条款

必备条款又称法定条款，包括：①用人单位的名称、住所和法定代表人或者主要负责人；②劳动者的姓名、住址和居民身份证或者其他有效身份证件号码；③劳动合同期限；④工作内容和工作地点；⑤工作时间和休息休假；⑥劳动报酬；⑦社会保险；⑧劳动保护、劳动条件和职业危害防护；⑨法律、法规规定应当纳入劳动合同的其他事项。

(二)协商约定条款

1. 试用期

试用期是用人单位和劳动者双方了解、确定对方是否符合自己的招聘条件或求职条件而约定的考察期。《劳动合同法》规定，劳动合同期限为3个月以上不满1年的，试用期不得超过1个月；劳动合同期限为1年以上不满3年的，试用期不得超过2个月；3年以上固定期限和无固定期限的劳动合同，试用期不得超过6个月。

同一用人单位与同一劳动者只能约定1次试用期。以完成一定工作任务为期限的劳动合同或者劳动合同期限不满3个月的，不得约定试用期。

试用期包含在劳动合同期限内。劳动合同仅约定试用期的，试用期不成立，该期限为劳动合同期限。

劳动者在试用期的工资不得低于本单位相同岗位最低档工资的80%，或者不得低于劳动合同约定工资的80%，并不得低于用人单位所在地的最低工资标准。

用人单位招用劳动者，不得扣押劳动者的居民身份证和其他证件，不得要求劳动者提供担保或者以其他名义向劳动者收取财物。

2. 服务期

服务期是指劳动者因享受用人单位给予的特殊待遇而作出的劳动履行期限承诺。用人单位为劳动者提供专项培训费用，对其进行专业技术培训的，可以与该劳动者订立协议，约定服务期。劳动者违反服务期约定的，应当按照约定向用人单位支付违约金。违约金的数额不得超过用人单位提供的培训费用。用人单位要求劳动者支付的违约金不得超过服务期尚未履行部分所应分摊的培训费用。

培训费用包括用人单位为了对劳动者进行专业技术培训而支付的有凭证的培训费用、培训期间的差旅费用以及因培训产生的用于该劳动者的其他直接费用。

3. 保守商业秘密和竞业限制

用人单位与劳动者可以在劳动合同中约定保守用人单位的商业秘密和与知识产权相关的保密事项。对负有保密义务的劳动者，用人单位可以在劳动合同或者保密协议中与劳动者约定竞业限制条款，并约定在解除或者终止劳动合同后，在竞业限制期限内按月给予劳动者经济补偿。劳动者违反竞业限制约定的，应当按照约定向用人单位支付违约金。

竞业限制的人员限于用人单位的高级管理人员、高级技术人员和其他负有保密义务人员。从事同类业务的竞业限制期限不得超过2年。

四、无效劳动合同

无效劳动合同是指劳动者与用人单位订立的，因违反法律、法规的规定而不产生法律效力的合同。

依据《劳动合同法》的规定，下列合同属于无效或者部分无效：

(1)以欺诈、胁迫的手段或者乘人之危，使对方在违背真实意思的情况下订立或者变更的劳动合同。

(2)用人单位免除自己的法定责任、排除劳动者权利的劳动合同。

(3)违反法律、行政法规强制性规定的劳动合同。

无效劳动合同从订立的时候起，就没有法律约束力。确认劳动合同部分无效，如果不影响其余部分的效力，其余部分仍然有效。劳动合同被确认无效，劳动者已付出劳动的，用人单位应当向劳动者支付劳动报酬。劳动报酬的数额，参照本单位相同或者相近岗位劳动者的劳动报酬确定。

对劳动合同的无效或者部分无效有争议的，由劳动争议仲裁机构或者人民法院确认。

五、劳动合同的履行和变更

用人单位与劳动者应当按照劳动合同的约定，全面履行各自的义务。用人单位应当按照劳动合同约定和国家规定，向劳动者及时足额支付劳动报酬。用人单位拖欠或者未足额支付劳动报酬的，劳动者可以依法向当地人民法院申请支付令，人民法院应当依法发出支付令。

劳动合同不因用人单位名称、法定代表人、主要负责人或者投资人等事项的变更，或用人单位发生合并或者分立等情况而产生效力方面的变化。但用人单位与劳动者经协商一致，可以变更劳动合同约定的内容。变更劳动合同，应当采用书面形式。

六、劳动合同的解除

劳动合同的解除是指在劳动合同订立后，尚未履行完毕之前，由于某种因素导致双方当事人提前终止劳动合同效力的法律行为。

解除劳动合同有两种情形：一是协商解除，二是法定解除。劳动合同是劳动者和用人单位双方协商订立的，双方当事人当然可以通过协商，依法解除劳动合同。而当发生了法律、法规或劳动合同规定的情形时，劳动者或用人单位可以单方提前终止劳动合同的法律效力，此为法定解除。下面只介绍劳动者或用人单位单方解除劳动合同的几种情形。

(一)劳动者单方解除劳动合同

1. 劳动者提前通知解除劳动合同的情形

劳动者解除劳动合同应当提前30日以书面形式通知用人单位。劳动者在试用期内提前3日通知用人单位，可以解除劳动合同。

2. 劳动者随时通知解除劳动合同的情形

用人单位有下列情形之一的，劳动者可以随时通知解除劳动合同：①未按照劳动合同约定提供劳动保护或者劳动条件的；②未及时足额支付劳动报酬的；③未依法为劳动者缴纳社会保险费的；④用人单位的规章制度违反法律、法规的规定，损害劳动者权益的；⑤用人单位以欺诈、胁迫的手段或者乘人之危，使对方在违背真实意思的情况下订立或者变更劳动合同致使劳动合同无效的；⑥用人单位免除自己的法定责任、排除劳动者权利致使劳动合同无效的；⑦用人单位违反法律、行政法规强制性规定致使劳动合同无效的；⑧法律、行政法规规定劳动者可以解除劳动合同的其他情形。

3. 劳动者不需事先告知即可解除劳动合同的情形

用人单位有以下情形之一的，劳动者可以立即解除劳动合同，不需事先告知用人单位：①用人单位以暴力、威胁或者非法限制人身自由的手段强迫劳动者劳动的；②用人单位违章指挥、强令冒险作业危及劳动者人身安全的。

（二）用人单位单方解除劳动合同

1. 用人单位可随时通知解除劳动合同的情形

劳动者有以下情形之一的，允许用人单位解除劳动合同：①在试用期间被证明不符合录用条件的；②严重违反用人单位的规章制度的；③严重失职、营私舞弊，给用人单位造成重大损害的；④劳动者同时与其他用人单位建立劳动关系，对完成本单位的工作任务造成严重影响，或者经用人单位提出，拒不改正的；⑤劳动者以欺诈、胁迫或者乘人之危，使用人单位在违背真实意思的情况下订立或者变更合同致使合同而无效的；⑥被依法追究刑事责任的。

2. 用人单位提前通知解除劳动合同的情形

《劳动合同法》第 40 条规定，劳动者有下列情形之一的，用人单位提前 30 日以书面形式通知劳动者本人或者额外支付劳动者 1 个月工资后，可以解除劳动合同：①劳动者患病或者非因工负伤，在规定的医疗期满后不能从事原工作，也不能从事由用人单位另行安排的工作的；②劳动者不能胜任工作，经过培训或者调整工作岗位，仍不能胜任工作的；③劳动合同订立时所依据的客观情况发生重大变化，致使劳动合同无法履行，经用人单位与劳动者协商，未能就变更劳动合同内容达成协议的。

3. 用人单位可以裁减人员的情形

《劳动合同法》第 41 条规定，有下列情形之一，需要裁减人员 20 人以上或者裁减不足 20 人但占企业职工总数 10%以上的，用人单位提前 30 日向工会或者全体职工说明情况，听取工会或者职工的意见后，裁减人员方案经向劳动行政部门报告，可以裁减人员：①依照《企业破产法》规定进行重整的；②生产经营发生严重困难的；③企业转产、重大技术革新或者经营方式调整，经变更劳动合同后，仍需裁减人员的；④其他因劳动合同订立时所依据的客观经济情况发生重大变化，致使劳动合同无法履行的。

裁减人员时，应当优先留用下列人员：第一，与本单位订立较长期限的固定期限劳动合同的；第二，与本单位订立无固定期限劳动合同的；第三，家庭无其他就业人员，有需要扶养的老人或者未成年人的。

用人单位裁减人员，在 6 个月内重新招用人员的，应当通知被裁减的人员，并在同等条件下优先招用被裁减的人员。

4. 用人单位解除劳动合同的限制

劳动者有下列情形之一的，用人单位不得依照《劳动合同法》第 40 条、第 41 条的规定解除劳动合同：①从事接触职业病危害作业的劳动者未进行离岗前职业健康检查，或者疑似职业病病人在诊断或者医学观察期间的；②在本单位患职业病或者因工负伤并被确认丧失或者部分丧失劳动能力的；③患病或者非因工负伤，在规定的医疗期内的；④女职工在孕期、产期、哺乳期的；⑤在本单位连续工作满 15 年，且距法定退休年龄不足 5 年的；⑥法律、行政法规规定的其他情形。

劳动合同期满，有以上情形之一的，劳动合同应当续延至相应的情形消失时终止。但是，在本单位患职业病或者因工负伤并被确认丧失或者部分丧失劳动能力而终止劳动合同的，按照国家有关工伤保险的规定执行。

七、劳动合同的终止

有下列情形之一的，劳动合同终止：①劳动合同期满的；②劳动者开始依法享受基本养老保险待遇的；③劳动者达到法定退休年龄的；④劳动者死亡，或者被人民法院宣告死亡或者宣告失踪的；⑤用人单位被依法宣告破产的；⑥用人单位被吊销营业执照、责令关闭、撤销或者用人单位决定提前解散的；⑦法律、行政法规规定的其他情形。

八、解除、终止劳动合同的经济补偿和经济赔偿

经济补偿是指在劳动者无过错的情况下，用人单位与劳动者解除或终止劳动合同时依法应当给予劳动者的经济上的补助。

经济赔偿是指用人单位和劳动者由于自己的过错给对方造成损害时所应承担的不利的法律后果。

(一)用人单位解除、终止劳动合同的经济补偿和经济赔偿

1. 用人单位应当向劳动者支付经济补偿的情形

包括：①用人单位提出解除劳动合同并与劳动者协商一致而解除劳动合同的；②劳动者因用人单位符合随时通知解除和不需事先告知即可解除劳动合同规定情形而解除劳动合同的；③用人单位符合提前 30 日以书面形式通知劳动者本人或者额外支付劳动者 1 个月工资后，可以解除劳动合同规定情形而解除劳动合同的；④用人单位符合可裁减人员而解除劳动合同的；⑤用人单位维持或者提高劳动合同约定条件续订劳动合同，劳动者不同意续订的情形外，劳动合同期满终止劳动合同的；⑥以完成一定工作任务为期限的劳动合同因任务完成而终止的；⑦用人单位被依法宣告破产终止劳动合同的；⑧用人单位被依法吊销营业执照、责令关闭、撤销或者用人单位决定提前解散而终止劳动合同的；⑨法律、行政法规规定解除或终止劳动合同应当向劳动者支付经济补偿的其他情形。

2. 用人单位应当向劳动者支付赔偿的情形

用人单位违法解除劳动合同或者终止劳动合同的，劳动者要求继续履行劳动合同的，用人单位应当继续履行，劳动者不要求继续履行劳动合同或者劳动合同已经不能继续履行的，应给劳动者经济赔偿金。

3. 补偿金、赔偿金的支付标准

用人单位支付的经济补偿金，按劳动者在本单位工作的年限，每满 1 年支付 1 个月工资的标准向劳动者支付。6 个月以上不满 1 年的，按 1 年计算；不满 6 个月的，向劳动者支付半个月工资的经济补偿。这里的月工资是指劳动者在劳动合同解除或者终止前 12 个月的平均工资。该平均工资低于当地最低工资标准的，按照当地最低工资标准计算。

劳动者月工资高于用人单位所在直辖市、设区的市级人民政府公布的本地区上年度职工月平均工资 3 倍的，向其支付经济补偿的标准按职工月平均工资 3 倍的数额支付，向其支付经济补偿的年限最高不超过 12 年。

用人单位违反法律规定解除或者终止劳动合同的，应当以经济补偿金标准的 2 倍向劳动者支付赔偿金。

(二)劳动者违法解除劳动合同的经济赔偿

1. 劳动者支付经济赔偿的情形

劳动者违反法律规定解除劳动合同，或者违反劳动合同中约定的保密义务或者竞业限制，给用人单位造成损失的，应当承担赔偿责任。

2. 赔偿金的计算

赔偿金包括以下几项内容：①用人单位招收录用其所支付的费用；②用人单位为其支付的培训费用，双方另有约定的按约定办理；③对生产、经营和工作造成的直接经济损失；④劳动合同约定的

其他赔偿费用。

劳动者违反劳动合同中约定的保密事项，给用人单位造成经济损失的，按《反不正当竞争法》的规定向用人单位支付赔偿费用。

(三)用人单位的连带责任

用人单位招用尚未解除劳动合同的劳动者，给原用人单位造成经济损失的，该用人单位应当与劳动者承担连带赔偿责任。

【同步案例 11－1】 小万应聘到一家汽车美容中心从事车辆清洗工作。双方约定试用期为 1 个月，试用期间的工资是每个月 1 500 元，但双方一直没有签订书面劳动合同。工作 5 个月后，汽车美容中心经理通知小万，因单位需要精简人员，想在多支付 1 个月工资并支付经济补偿金的情况下与他解除劳动关系。小万同意了公司的决定。在继续寻找工作的过程中，小万得知汽车美容中心不与其签订书面劳动合同的行为是违反《劳动合同法》的，于是小万到劳动争议仲裁委员会申请劳动仲裁，以汽车美容中心不签订书面劳动合同违法为由，要求该汽车美容中心给自己双倍工资的赔偿。该请求得到了劳动争议仲裁委员会的支持。

同步案例 11－1 提示

收到仲裁裁决后，汽车美容中心和小万协商，汽车美容中心不支付工资赔偿金，但聘用小万到该汽车美容中心做汽车保养维护工作。合同期限 2 年，每月工资 3 000 元，试用期半年，试用期间的工资为每月 2 000 元。小万接受了汽车美容中心的提议，与其签订了劳动合同。接受了小万事件的教训，汽车美容中心开始与所有员工签订劳动合同。员工小李对小万事件的来龙去脉很了解，在汽车美容中心要求与其签订劳动合同时，以各种理由推脱，小李也想拿到双倍工资的赔偿。

请思考：

(1)小万要求汽车美容中心给自己双倍工资赔偿的法律依据是什么？

(2)汽车美容中心与小万签订的劳动合同的内容是否合法？为什么？

(3)小李能获得双倍工资的赔偿吗？请阐述理由。

任务三　工作时间、工资、劳动安全卫生与保护

一、工作时间与休息休假

(一)工作时间

工作时间是指劳动者根据国家法律的规定，在一昼夜内或一周内从事生产或工作的时间，即劳动者每天应工作的时数(工作日)或每周应工作的天数(工作周)。我国《劳动法》规定，国家实行劳动者每日工作不超过 8 小时，平均每周工作不超过 44 小时的工时制度。《国务院关于职工工作时间的规定》对标准工时制度作出进一步规定，职工每日工作 8 小时，每周工作 40 小时。对实行计件工作的劳动者，用人单位应当根据劳动法规定的工时制度合理确定其劳动定额和计件报酬标准。

对于延长工作时间，国家历来严格限制。《劳动法》规定，用人单位延长工作时间的法定条件是：①延长工作时间必须是由于生产经营需要；②延长工作时间必须与工会协商；③延长工作时间必须与劳动者协商；④延长工作时间不得超过法定时数，即一般每日不得超过 1 小时；因特殊原因需要延长工作时间的，在保障劳动者身体健康的条件下延长工作时间每日不得超过 3 小时，每月不得超过 36 小时。

如果发生法律、行政法规规定的特殊情况，延长工作时间不受这一规定的限制。

《劳动法》规定，有下列情况之一的，可以延长工作时间，不受限制：①发生自然灾害、事故或者

因其他原因，使人民的安全健康和国家财产遭到严重威胁，需要紧急处理的；②生产设备、交通运输线路、公共设施发生故障，影响生产和公众利益，必须及时抢修的；③在法定节日和公休假日工作不能间断的；④必须利用法定节日或公休假日的停产期间进行设备检修、保养的；⑤为了完成国防紧急生产任务，或者完成上级在国家计划外安排的其他紧急生产任务以及商业、供销企业在旺季完成收购、运输、加工农副产品紧急任务的；⑥法律、行政法规规定的其他情形。

(二)休息休假

休息休假是指劳动者在任职期间根据国家规定不从事劳动和工作而自行支配的休息时间和法定节假日。我国法律、法规规定，劳动者休息时间主要包括以下几种：

1. 工作日内的间歇时间

它是指在一个工作日内给予劳动者作为休息和用膳的时间。间歇时间一般为 1～2 小时，最少不得少于半小时。

2. 两个工作日之间的休息时间

它是指劳动者在一个工作日结束后至下一个工作日开始前的休息时间。由于我国实行 8 小时工作制，因此，这种休息时间一般为 15～16 小时。

3. 公休假日

它是指劳动者工作满一个工作周以后的休息时间，又称周休息日。目前我国劳动者的公休假日为每周两天，一般安排在星期六和星期日。企业也可以根据所在地的供电、供水和交通等实际情况，经与工会和职工协商后，灵活安排周休息日。

4. 法定节日

它是指由国家法律统一规定的用于开展庆祝和纪念活动的休息时间。2021 年，我国的法定休假日有元旦(休息 3 日)、春节(休息 7 日)、清明节(休息 3 日)、国际劳动节(休息 5 日)、端午节(休息 3 日)、中秋节(休息 3 日)、国庆节(休息 7 日)，以及法律、法规规定的其他休假节日。用人单位在此期间应当依法安排劳动者休假。

5. 年休假

它是指法律规定的职工工作满一定年限后，每年享有的保留工作带薪连续休假时间。国务院通过的《职工带薪年休假条例》规定，职工累计工作已满 1 年、不满 10 年的，年休假 5 天；已满 10 年、不满 20 年的，年休假 10 天；已满 20 年的，年休假 15 天。

享有年休假的职工必须是在机关、团体、企业、事业单位、民办非企业单位、有雇工的个体工商户等单位连续工作 1 年以上的职工。并且职工有下列情形之一的，不享受当年的年休假：①职工依法享受寒暑假，其休假天数多于年休假天数的；②职工请事假累计 20 天以上且单位按照规定不扣工资的；③累计工作满 1 年不满 10 年的职工，请病假累计 2 个月以上的；④累计工作满 10 年、不满 20 年的职工，请病假累计 3 个月以上的；⑤累计工作满 20 年以上的职工，请病假累计 4 个月以上的。

年休假在 1 个年度内可以集中安排，也可以分段安排，一般不跨年度安排。单位因生产、工作特点确有必要跨年度安排职工年休假的，可以跨 1 个年度安排。

职工在年休假期间享受与正常工作期间相同的工资收入。单位确因工作需要不能安排职工休年休假的，经职工本人同意，可以不安排职工的年休假。对职工应休未休的年休假天数，单位应当按照该职工日工资收入的 300%支付年休假工资报酬。

6. 探亲假

它是指与父母或配偶分居两地的职工，每年享有的与父母或配偶团聚的假期。根据《国务院关于职工探亲待遇的规定》，凡在国家机关、人民团体和全民所有制企业、事业单位工作满一年的固定职工，与配偶不住在一起，又不能在公休假日团聚的，可以享受探望配偶的待遇；与父亲、母亲都不住在一起，又不能在公休假日团聚的，可以享受探望父母的待遇。这里的“公休假日团聚”是指利用公休假在家居住一夜或休息半个白天；这里的“父母”不包括岳父岳母、公公婆婆。

探亲假天数从20天到45天不等，具体规定是：①职工探望配偶的，每年给予一方探亲假1次，假期为30天。②未婚职工探望父母，原则上每年给假1次，假期为20天。如果因为工作需要，本单位当年不能给予假期，或者职工自愿2年探亲1次的，可以2年给假1次，假期为45天。③已婚职工探望父母的，每4年给假1次，假期为20天。探亲假期包括公休假日和法定节日在内。

职工在规定的探亲假期内，按照本人的标准工资发给工资。职工探望配偶及未婚职工探望父母的往返路费，由所在单位负担。已婚职工探望父母的往返路费，在本人月标准工资30%以内的，由本人自理，超过部分由所在单位负担。

二、工资

（一）工资的概念

工资是指用人单位依据国家有关规定或劳动合同的约定，以货币形式直接支付给本单位劳动者的劳动报酬。工资形式一般包括计时工资、计件工资、奖金、津贴和补贴、延长工作时间的工资报酬以及特殊情况下支付的工资等。

（二）工资支付制度

工资应当在用人单位与劳动者约定的日期，以法定货币的形式支付。工资一般按月支付，每月支付一次。实行周、日、小时工资制的，可以按周、日、小时支付工资。如遇节假日或休息日，应提前在最近的工作日支付。

劳动者在法定休假日和婚丧假期以及依法参加社会活动期间，用人单位应当依法支付工资。

（三）最低工资制度

《劳动法》规定，国家实行最低工资保障制度。最低工资是指劳动者在法定的工作时间内履行了正常劳动义务的前提下，由其所在单位支付的最低劳动报酬。最低工资不包括延长工作时间的工作报酬、奖金、津贴和补贴等。各地最低工资的具体标准由省、自治区、直辖市人民政府规定，报国务院备案。用人单位必须依法执行最低工资保障制度，保证劳动者的工资不低于当地最低工资标准。

劳动合同履行地与用人单位注册地不一致的，最低工资标准按照劳动合同履行地的有关规定执行。

（四）延长工作时间的工资制度

用人单位依法安排劳动者在标准工作时间之外延长工作时间的，应当支付高于正常工作时间的工资报酬：①在标准工作日内安排劳动者延长工作时间的，支付不低于工资的150%的工资报酬；②休息日安排劳动者工作又不能安排补休的，支付不低于工资的200%的工资报酬；③法定休假日安排劳动者工作的，支付不低于工资的300%的工资报酬。

（五）工资保障制度

用人单位不得非法克扣或者无故拖欠劳动者的工资。由于劳动者本人原因给用人单位造成经济损失的，用人单位可按照劳动合同的约定要求其赔偿经济损失。经济损失的赔偿，可从劳动者本人的工资中扣除，但为了保证劳动者的最低生活水平的需要，依法从劳动者工资中扣除的部分不得超过劳动者当月工资的20%。如果扣除后的剩余工资部分低于当地最低工资标准，则应按照最低工资标准支付。用人单位对劳动者违纪的罚款，一般不得超过本人月工资标准的20%。

三、劳动安全卫生和特殊劳动保护

(一)劳动安全卫生

劳动安全卫生是国家为了改善劳动条件,保护劳动者在劳动过程中的安全和健康而制定的各种法律规范的总称,包括劳动安全、劳动卫生两大类法律规范。

劳动安全规范是为了防止和消除劳动过程中的伤亡事故而制定的各种法律规范;劳动卫生规范是为保护劳动者在劳动过程中的健康,预防和消除职业病、职业中毒和其他职业危害而制定的各种法律规范。

劳动安全卫生工作的工作方针是:安全第一,预防为主。劳动安全卫生制度主要包括:①安全生产责任制度;②安全技术措施计划管理制度;③劳动安全卫生教育制度;④劳动安全卫生检查制度;⑤劳动安全卫生监督制度;⑥伤亡事故和职业病统计报告处理制度。

(二)特殊劳动保护

1. 女职工的特殊保护

女职工在劳动方面的特殊保护是指根据女职工身体结构、生理机能的特点以及抚育子女的特殊需要,在劳动过程中对妇女采取的特殊权益保障措施。

女职工的特殊保护包括:①禁止安排女职工从事矿山井下、国家规定的第四级体力劳动强度的劳动和其他女职工禁忌从事的劳动。②不得安排女职工在经期从事高处、低温、冷水作业和国家规定的第三级体力劳动强度的劳动。③不得安排女职工在怀孕期间从事国家规定的第三级体力劳动强度的劳动和孕期禁忌从事的劳动。对怀孕7个月以上的女职工,不得安排其延长工作时间和夜班工作。④女职工生育享受不少于90天的产假。难产的增加产假15天。多胞胎生育的,每多生育1个婴儿,增加产假15天。⑤不得安排女职工在哺乳未满1周岁的婴儿期间从事国家规定的第三级体力劳动强度的劳动和哺乳期禁忌从事的其他劳动,不得安排其延长工作时间和夜班劳动。

2. 未成年工的特殊保护

未成年工的特殊保护是指根据未成年工的身体发育尚未定型的特点,在劳动过程中对未成年工采取的特殊权益的保护措施。

未成年工的特殊保护包括:①上岗前的培训。未成年工上岗前,用人单位应对其进行有关的职业安全卫生教育、培训。②禁止安排未成年工从事有害健康的工作。用人单位不得安排未成年工从事矿山井下、有毒有害、国家规定的第四级体力劳动强度的劳动和其他禁忌从事的劳动。③提供适合未成年工身体发育的生产工具等。④用人单位应当对未成年工定期进行健康检查。

【知识链接11—2】　在我国,未成年工是指年满16周岁至18周岁的少年。我国法律规定,个人成为劳动者必须年满16周岁。文艺、体育和特种工艺单位依法经有关部门审批后,可以招用16周岁以下的未成年人。

任务四　劳动争议及其处理

一、劳动争议的概念

劳动争议即劳动纠纷是指劳动关系双方当事人因劳动的权利与义务引起的纠纷。它包括:①因确认劳动关系发生的争议;②因订立、履行、变更、解除和终止劳动合同发生的争议;③因除名、辞退和职工辞职、离职发生的争议;④因工作时间、休息休假、社会保险、福利、培训以及劳动保护发生的争议;⑤因劳动报酬、工伤医疗费、经济补偿或者赔偿金等发生的争议;⑥法律、法规规定的其他劳动争议。

二、解决劳动争议的原则

视频

劳动合同纠纷

解决劳动争议应当根据事实，遵循合法、公正、及时处理的原则，依法维护劳动争议双方当事人的合法权益。对劳动争议的处理要注重调解，但不能“久调不决”，要在查清事实的基础上及时地依照劳动法律、法规的有关规定及劳动合同、企业规章制度进行处理。

发生劳动争议，当事人对自己提出的主张，有责任提供证据。与争议事项有关的证据属于用人单位掌握管理的，用人单位应当提供；用人单位不提供的，应当承担不利后果。

三、解决劳动争议的方式

发生劳动争议，劳动者可以与用人单位协商，也可以请工会或者第三方共同与用人单位协商，达成和解协议。如果经过协商没能达成和解协议，可以通过以下方式解决当事人之间的劳动争议。

（一）调解

劳动争议的调解主要通过企业劳动争议调解委员会来完成，也可以通过其他组织完成。

劳动争议经调解达成协议的，应当制作调解协议书，调解协议书经双方当事人签名或盖章，经调解员签名并加盖调解组织印章后生效。调解协议书对双方当事人具有约束力，当事人应当履行。

自劳动争议调解组织收到调解申请之日起 15 日内未达成调解协议的，当事人可以依法申请仲裁。因支付拖欠劳动报酬、工伤医疗费、经济补偿或者赔偿金事项达成调解协议，用人单位在协议约定期限内不履行的，劳动者可以持调解协议书依法向人民法院申请支付令。人民法院应当依法发出支付令。

（二）仲裁

劳动争议的仲裁是指由劳动争议仲裁委员会对劳动争议双方当事人争议的事项，依法作出裁决的活动。在我国，劳动争议仲裁由国家设立的劳动争议仲裁委员会进行裁决。劳动争议仲裁委员会由劳动行政部门的代表、工会代表和企业代表组成。

劳动争议仲裁是解决劳动争议的必经阶段。劳动争议由劳动合同履行地或者用人单位所在地的劳动争议仲裁委员会管辖。双方当事人分别向劳动合同履行地和用人单位所在地的劳动争议仲裁委员会申请仲裁的，由劳动合同履行地的劳动争议仲裁委员会管辖。

劳动争议申请仲裁的时效期间为 1 年，从当事人知道或者应当知道其权利被侵害之日起计算。仲裁时效因当事人一方向对方当事人主张权利，或者向有关部门请求权利救济，或者对方当事人同意履行义务而中断。因不可抗力或者有其他正当理由，当事人不能在规定的仲裁时效期间申请仲裁的，仲裁时效中止。劳动关系存续期间因拖欠劳动报酬发生争议的，劳动者申请仲裁不受以上规定的仲裁时效期间的限制；但是，劳动关系终止的，应当自劳动关系终止之日起 1 年内提出。

仲裁申请应当以书面形式提出，书写仲裁申请确有困难的，可以口头申请，由劳动争议仲裁委员会记入笔录，并告知对方当事人。被申请人收到仲裁申请书副本后，应当在 10 日内向劳动争议仲裁委员会提交答辩书。被申请人未提交答辩书的，不影响仲裁程序的进行。

仲裁庭裁决劳动争议案件，应当自劳动争议仲裁委员会受理仲裁申请之日起 45 日内结束。案情复杂需要延期的，经劳动争议仲裁委员会主任批准，可以延期并书面通知当事人，但是延长期限不得超过 15 日。逾期未作出仲裁裁决的，当事人可以就该劳动争议事项向人民法院提起诉讼。

对仲裁裁决无异议的，当事人必须履行。对仲裁裁决不服的，依法可以提起诉讼。一方当事人在法定期限内不履行又不起诉的，另一方当事人可以申请人民法院强制执行。

下列劳动争议，除法律另有规定的外，仲裁裁决为终局裁决，裁决书自作出之日起发生法律效力：

(1)追索劳动报酬、工伤医疗费、经济补偿或者赔偿金，不超过当地月最低工资标准12个月金额的争议；

(2)因执行国家的劳动标准在工作时间、休息休假、社会保险等方面发生的争议。

(三)诉讼

劳动争议诉讼是由人民法院依照民事诉讼程序对劳动争议进行审理的法律活动。劳动争议案件实行“一裁两审制”，当事人之间发生劳动争议，必须首先向劳动争议仲裁委员会申请仲裁，不得直接向人民法院起诉。但在下列情形下，当事人可以申请人民法院对劳动争议进行审理。

(1)劳动争议仲裁委员会不予受理或者逾期未作出仲裁裁决的，当事人可以就该劳动争议事项向人民法院提起诉讼。

(2)劳动者对劳动争议的终局裁决不服的，可以自收到裁决书之日起15日内向人民法院提起诉讼。

(3)当事人对终局裁决之外的劳动争议的裁决不服的，可以在接到仲裁决定书之日起15日内向人民法院起诉。

(4)终局裁决被人民法院裁定撤销的，当事人可以自收到裁定书之日起15日内就该劳动争议事项向人民法院提起诉讼。

任务五　违反劳动法的法律责任

一、用人单位违反劳动法的法律责任

(一)用人单位规章制度违法的法律责任

用人单位直接涉及劳动者切身利益的规章制度违反法律、法规规定的，由劳动行政部门责令改正，给予警告；给劳动者造成损害的，应当承担赔偿责任。

(二)用人单位订立劳动合同违法的法律责任

(1)用人单位提供的劳动合同文本未载明劳动合同必备条款或者用人单位未将劳动合同文本交付劳动者的，由劳动行政部门责令改正；给劳动者造成损害的，应当承担赔偿责任。

(2)用人单位自用工之日起超过1个月、不满1年未与劳动者订立书面劳动合同的，应当向劳动者每月支付2倍的工资。

(3)用人单位违反规定不与劳动者订立无固定期限劳动合同的，自应当订立无固定期限劳动合同之日起向劳动者每月支付2倍的工资。

(4)劳动合同依法律规定被确认无效，给劳动者造成损害的，用人单位应当承担赔偿责任。

(5)用人单位违反法律规定与劳动者约定试用期的，由劳动行政部门责令改正；违反约定的试用期已经履行的，由用人单位以劳动者试用期满月工资为标准，按已经履行的超过法定试用期的期间向劳动者支付赔偿金。

(6)用人单位违反法律规定，扣押劳动者居民身份证等证件的，由劳动行政部门责令限期退还劳动者本人，并依照有关法律规定给予处罚。

(7)用人单位违反规定，以担保或者其他名义向劳动者收取财物的，由劳动行政部门责令限期退还劳动者本人，并以每人500元以上、2 000元以下的标准处以罚款；给劳动者造成损害的，应当承担赔偿责任。

(三)用人单位履行劳动合同违法的法律责任

(1)用人单位有下列情形之一的,由劳动行政部门责令限期支付劳动报酬、加班费或者经济补偿;劳动报酬低于当地最低工资标准的,应当支付其差额部分;逾期不支付的,责令用人单位按应付金额50%以上、100%以下的标准向劳动者加付赔偿金:①未按照劳动合同的约定或者国家规定及时足额支付劳动者劳动报酬的;②低于当地最低工资标准支付劳动者工资的;③安排加班不支付加班费的;④解除或者终止劳动合同,未依照法律规定向劳动者支付经济补偿的。

(2)用人单位有下列情形之一的,依法给予行政处罚;构成犯罪的,依法追究刑事责任;给劳动者造成损害的,应当承担赔偿责任:①以暴力、威胁或者非法限制人身自由的手段强迫劳动的;②违章指挥或者强令冒险作业危及劳动者人身安全的;③侮辱、体罚、殴打、非法搜查或者拘禁劳动者的;④劳动条件恶劣、环境污染严重,给劳动者身心健康造成严重损害的。

(四)用人单位违法解除和终止劳动合同的法律责任

(1)用人单位违反《劳动合同法》规定解除或者终止劳动合同的,应当依照《劳动合同法》规定的经济补偿标准的2倍向劳动者支付赔偿金。

(2)用人单位违反《劳动合同法》规定未向劳动者出具解除或者终止劳动合同的书面证明,由劳动行政部门责令改正;给劳动者造成损害的,应当承担赔偿责任。

(3)劳动者依法解除或者终止劳动合同,用人单位扣押劳动者档案或者其他物品的,由劳动行政部门责令限期退还劳动者本人,并以每人500元以上、2 000元以下的标准处以罚款;给劳动者造成损害的,应当承担赔偿责任。

(五)用人单位其他法律责任

用人单位招用与其他用人单位尚未解除或者终止劳动合同的劳动者,给其他用人单位造成损失的,应当承担连带赔偿责任。

对不具备合法经营资格的用人单位的违法犯罪行为,依法追究法律责任;劳动者已经付出劳动的,该单位或者其出资人应当依照《劳动合同法》的有关规定向劳动者支付劳动报酬、经济补偿、赔偿金;给劳动者造成损害的,应当承担赔偿责任。

个人承包经营违反《劳动合同法》规定招用劳动者,给劳动者造成损害的,发包的组织与个人承包经营者承担连带赔偿责任。

二、劳动者违反劳动合同法的法律责任

劳动合同被确认无效,给用人单位造成损失的,有过错的劳动者应当承担赔偿责任。劳动者违反劳动合同中约定的保密义务或者竞业限制,劳动者应当按照劳动合同的约定,向用人单位支付违约金;给用人单位造成损失的,应当承担赔偿责任。劳动者违反《劳动合同法》规定解除劳动合同,给用人单位造成损失的,应当承担赔偿责任。

任务六　社会保险法

一、社会保险概述

社会保险,是指国家依法建立的,由国家、用人单位和个人共同筹集资金、建立基金,使个人在年老(退休)、患病、工伤(因工伤残或者患职业病)、失业、生育等情况下获得物质帮助和补偿的一种社会保障制度。

《中华人民共和国社会保险法》已由中华人民共和国第十一届全国人民代表大会常务委员会第

十七次会议于 2010 年 10 月 28 日通过，自 2011 年 7 月 1 日起施行。根据 2018 年 12 月 29 日第十三届全国人民代表大会常务委员会第七次会议通过的《全国人民代表大会常务委员会关于修改〈中华人民共和国社会保险法〉的决定》，国家建立基本养老保险、基本医疗保险、工伤保险、失业保险、生育保险等社会保险制度，保障公民在年老、疾病、工伤、失业、生育等情况下依法从国家和社会获得物质帮助的权利。

国务院和省、自治区、直辖市人民政府建立健全社会保险基金监督管理制度，保障社会保险基金安全、有效运行。县级以上人民政府采取措施，鼓励和支持社会各方面参与社会保险基金的监督。

国务院社会保险行政部门负责全国的社会保险管理工作，国务院其他有关部门在各自的职责范围内负责有关的社会保险工作。

县级以上地方人民政府社会保险行政部门负责本行政区域的社会保险管理工作，县级以上地方人民政府其他有关部门在各自的职责范围内负责有关的社会保险工作。

社会保险经办机构提供社会保险服务，负责社会保险登记、个人权益记录、社会保险待遇支付等工作。

工会依法维护职工的合法权益，有权参与社会保险重大事项的研究，参加社会保险监督委员会，对与职工社会保险权益有关的事项进行监督。

二、社会保险的内容

（一）基本养老保险

职工应当参加基本养老保险，由用人单位和职工共同缴纳基本养老保险费。无雇工的个体工商户、未在用人单位参加基本养老保险的非全日制从业人员以及其他灵活就业人员可以参加基本养老保险，由个人缴纳基本养老保险费。基本养老保险实行社会统筹与个人账户相结合。

基本养老保险基金由用人单位、个人缴费和政府补贴等组成。用人单位应当按照国家规定的本单位职工工资总额的比例缴纳基本养老保险费，记入基本养老保险统筹基金。职工应当按照国家规定的本人工资的比例缴纳基本养老保险费，记入个人账户。无雇工的个体工商户、未在用人单位参加基本养老保险的非全日制从业人员以及其他灵活就业人员参加基本养老保险的，应当按照国家规定缴纳基本养老保险费，分别记入基本养老保险统筹基金和个人账户。

国有企业、事业单位职工参加基本养老保险前，视同缴费年限期间应当缴纳的基本养老保险费由政府承担。

基本养老保险基金出现支付不足时，政府给予补贴。

个人账户不得提前支取，记账利率不得低于银行定期存款利率，免征利息税。个人死亡的，个人账户余额可以继承。

基本养老金由统筹养老金和个人账户养老金组成。基本养老金根据个人累计缴费年限、缴费工资、当地职工平均工资、个人账户金额、城镇人口平均预期寿命等因素确定。参加基本养老保险的个人，达到法定退休年龄时累计缴费满十五年的，按月领取基本养老金。参加基本养老保险的个人，达到法定退休年龄时累计缴费不足十五年的，可以缴费至满十五年，按月领取基本养老金；也可以转入新型农村社会养老保险或者城镇居民社会养老保险，按照国务院规定享受相应的养老保险待遇。

参加基本养老保险的个人，因病或者非因工死亡的，其遗属可以领取丧葬补助金和抚恤金；在未达到法定退休年龄时因病或者非因工致残完全丧失劳动能力的，可以领取病残津贴。所需资金从基本养老保险基金中支付。

国家建立基本养老金正常调整机制。根据职工平均工资增长、物价上涨情况，适时提高基本养老保险待遇水平。

个人跨统筹地区就业的，其基本养老保险关系随本人转移，缴费年限累计计算。个人达到法定退休年龄时，基本养老金分段计算、统一支付。具体办法由国务院规定。

国家建立和完善新型农村社会养老保险制度。新型农村社会养老保险实行个人缴费、集体补助和政府补贴相结合。新型农村社会养老保险待遇由基础养老金和个人账户养老金组成。

(二)基本医疗保险

职工应当参加职工基本医疗保险，由用人单位和职工按照国家规定共同缴纳基本医疗保险费。

无雇工的个体工商户、未在用人单位参加职工基本医疗保险的非全日制从业人员以及其他灵活就业人员可以参加职工基本医疗保险，由个人按照国家规定缴纳基本医疗保险费。国家建立和完善新型农村合作医疗制度。

新型农村合作医疗的管理办法，由国务院规定。国家建立和完善城镇居民基本医疗保险制度。城镇居民基本医疗保险实行个人缴费和政府补贴相结合。享受最低生活保障的人、丧失劳动能力的残疾人、低收入家庭六十周岁以上的老年人和未成年人等所需个人缴费部分，由政府给予补贴。职工基本医疗保险、新型农村合作医疗和城镇居民基本医疗保险的待遇标准按照国家规定执行。

参加职工基本医疗保险的个人，达到法定退休年龄时累计缴费达到国家规定年限的，退休后不再缴纳基本医疗保险费，按照国家规定享受基本医疗保险待遇；未达到国家规定年限的，可以缴费至国家规定年限。

下列医疗费用不纳入基本医疗保险基金支付范围：①应当从工伤保险基金中支付的；②应当由第三人负担的；③应当由公共卫生负担的；④在境外就医的。

医疗费用依法应当由第三人负担，第三人不支付或者无法确定第三人的，由基本医疗保险基金先行支付。基本医疗保险基金先行支付后，有权向第三人追偿。

个人跨统筹地区就业的，其基本医疗保险关系随本人转移，缴费年限累计计算。

(三)工伤保险

职工应当参加工伤保险，由用人单位缴纳工伤保险费，职工不缴纳工伤保险费。

国家根据不同行业的工伤风险程度确定行业的差别费率，并根据使用工伤保险基金、工伤发生率等情况在每个行业内确定费率档次。行业差别费率和行业内费率档次由国务院社会保险行政部门制定，报国务院批准后公布施行。

社会保险经办机构根据用人单位使用工伤保险基金、工伤发生率和所属行业费率档次等情况，确定用人单位缴费费率。

用人单位应当按照本单位职工工资总额，根据社会保险经办机构确定的费率缴纳工伤保险费。

职工因工作原因受到事故伤害或者患职业病，且经工伤认定的，享受工伤保险待遇；其中，经劳动能力鉴定丧失劳动能力的，享受伤残待遇。

职工因下列情形之一导致本人在工作中伤亡的，不认定为工伤：①故意犯罪；②醉酒或者吸毒；③自残或者自杀；④法律、行政法规规定的其他情形。

因工伤发生的下列费用，按照国家规定从工伤保险基金中支付：治疗工伤的医疗费用和康复费用；住院伙食补助费；到统筹地区以外就医的交通食宿费；安装配置伤残辅助器具所需费用；生活不能自理的，经劳动能力鉴定委员会确认的生活护理费；一次性伤残补助金和一至四级伤残职工按月领取的伤残津贴；终止或者解除劳动合同时，应当享受的一次性医疗补助金；因工死亡的，其遗属领取的丧葬补助金、供养亲属抚恤金和因工死亡补助金；劳动能力鉴定费。

工伤职工有下列情形之一的，停止享受工伤保险待遇：①丧失享受待遇条件的；②拒不接受劳动能力鉴定的;③拒绝治疗的。

(四)失业保险

职工应当参加失业保险,由用人单位和职工按照国家规定共同缴纳失业保险费。

失业人员符合下列条件的,从失业保险基金中领取失业保险金:①失业前用人单位和本人已经缴纳失业保险费满一年的;②非因本人意愿中断就业的;③已经进行失业登记,并有求职要求的。

失业人员失业前用人单位和本人累计缴费满一年、不足五年的,领取失业保险金的期限最长为十二个月;累计缴费满五年、不足十年的,领取失业保险金的期限最长为十八个月;累计缴费十年以上的,领取失业保险金的期限最长为二十四个月。重新就业后,再次失业的,缴费时间重新计算,领取失业保险金的期限与前次失业应当领取而尚未领取的失业保险金的期限合并计算,最长不超过二十四个月。

失业保险金的标准,由省、自治区、直辖市人民政府确定,不得低于城市居民最低生活保障标准。

失业人员在领取失业保险金期间,参加职工基本医疗保险,享受基本医疗保险待遇。

失业人员应当缴纳的基本医疗保险费从失业保险基金中支付,个人不缴纳基本医疗保险费。

用人单位应当及时为失业人员出具终止或者解除劳动关系的证明,并将失业人员的名单自终止或者解除劳动关系之日起十五日内告知社会保险经办机构。

失业人员在领取失业保险金期间有下列情形之一的,停止领取失业保险金,并同时停止享受其他失业保险待遇:①重新就业的;②应征服兵役的;③移居境外的;④享受基本养老保险待遇的;⑤无正当理由,拒不接受当地人民政府指定部门或者机构介绍的适当工作或者提供的培训的。

(五)生育保险

职工应当参加生育保险,由用人单位按照国家规定缴纳生育保险费,职工不缴纳生育保险费。

用人单位已经缴纳生育保险费的,其职工享受生育保险待遇;职工未就业配偶按照国家规定享受生育医疗费用待遇。所需资金从生育保险基金中支付。

生育保险待遇包括生育医疗费用和生育津贴。

生育医疗费用包括下列各项:①生育的医疗费用;②计划生育的医疗费用;③法律、法规规定的其他项目费用。

职工有下列情形之一的,可以按照国家规定享受生育津贴:①女职工生育享受产假;②享受计划生育手术休假;③法律、法规规定的其他情形。

生育津贴按照职工所在用人单位上年度职工月平均工资计发。

三、社会保险费征缴

用人单位应当自成立之日起三十日内凭营业执照、登记证书或者单位印章,向当地社会保险经办机构申请办理社会保险登记。社会保险经办机构应当自收到申请之日起十五日内予以审核,发给社会保险登记证件。

用人单位的社会保险登记事项发生变更或者用人单位依法终止的,应当自变更或者终止之日起三十日内,到社会保险经办机构办理变更或者注销社会保险登记。

市场监督管理部门、民政部门和机构编制管理机关应当及时向社会保险经办机构通报用人单位的成立、终止情况,公安机关应当及时向社会保险经办机构通报个人的出生、死亡以及户口登记、迁移、注销等情况。

用人单位应当自用工之日起三十日内为其职工向社会保险经办机构申请办理社会保险登记。未办理社会保险登记的,由社会保险经办机构核定其应当缴纳的社会保险费。

用人单位未按规定申报应当缴纳的社会保险费数额的，按照该单位上月缴费额的110%确定应当缴纳数额；缴费单位补办申报手续后，由社会保险费征收机构按照规定结算。

用人单位未按时足额缴纳社会保险费的，由社会保险费征收机构责令其限期缴纳或者补足。

用人单位逾期仍未缴纳或者补足社会保险费的，社会保险费征收机构可以向银行和其他金融机构查询其存款账户；并可以申请县级以上有关行政部门作出划拨社会保险费的决定，书面通知其开户银行或者其他金融机构划拨社会保险费。用人单位账户余额少于应当缴纳的社会保险费的，社会保险费征收机构可以要求该用人单位提供担保，签订延期缴费协议。

用人单位未足额缴纳社会保险费且未提供担保的，社会保险费征收机构可以申请人民法院扣押、查封、拍卖其价值相当于应当缴纳社会保险费的财产，以拍卖所得抵缴社会保险费。

四、社会保险基金

社会保险基金包括基本养老保险基金、基本医疗保险基金、工伤保险基金、失业保险基金和生育保险基金。除基本医疗保险基金与生育保险基金合并建账及核算外，其他各项社会保险基金按照社会保险险种分别建账，分账核算。社会保险基金执行国家统一的会计制度。

社会保险基金专款专用，任何组织和个人不得侵占或者挪用。

基本养老保险基金逐步实行全国统筹，其他社会保险基金逐步实行省级统筹，具体时间、步骤由国务院规定。

社会保险基金通过预算实现收支平衡。

县级以上人民政府在社会保险基金出现支付不足时，给予补贴。

社会保险基金按照统筹层次设立预算。除基本医疗保险基金与生育保险基金预算合并编制外，其他社会保险基金预算按照社会保险项目分别编制。

社会保险基金预算、决算草案的编制、审核和批准，依照法律和国务院规定执行。

社会保险基金存入财政专户，具体管理办法由国务院规定。

社会保险基金在保证安全的前提下，按照国务院规定投资运营实现保值增值。

社会保险基金不得违规投资运营，不得用于平衡其他政府预算，不得用于兴建、改建办公场所和支付人员经费、运行费用、管理费用，或者违反法律、行政法规规定挪作其他用途。

社会保险经办机构应当定期向社会公布参加社会保险情况以及社会保险基金的收入、支出、结余和收益情况。

国家设立全国社会保障基金，由中央财政预算拨款以及国务院批准的其他方式筹集的资金构成，用于社会保障支出的补充、调剂。全国社会保障基金由全国社会保障基金管理运营机构负责管理运营，在保证安全的前提下实现保值增值。

全国社会保障基金应当定期向社会公布收支、管理和投资运营的情况。国务院财政部门、社会保险行政部门、审计机关对全国社会保障基金的收支、管理和投资运营情况实施监督。

五、社会保险经办

统筹地区设立社会保险经办机构。社会保险经办机构根据工作需要，经所在地的社会保险行政部门和机构编制管理机关批准，可以在本统筹地区设立分支机构和服务网点。

社会保险经办机构的人员经费和经办社会保险发生的基本运行费用、管理费用，由同级财政按照国家规定予以保障。

六、社会保险法律责任

用人单位不办理社会保险登记的，由社会保险行政部门责令限期改正；逾期不改正的，对用人单位处应缴社会保险费数额一倍以上、三倍以下的罚款，对其直接负责的主管人员和其他直接责任人员处五百元以上、三千元以下的罚款。

用人单位未按时足额缴纳社会保险费的，由社会保险费征收机构责令限期缴纳或者补足，并自欠缴之日起，按日加收5‰的滞纳金；逾期仍不缴纳的，由有关行政部门处欠缴数额一倍以上、三倍以下的罚款。

以欺诈、伪造证明材料或者其他手段骗取社会保险待遇的，由社会保险行政部门责令退回骗取的社会保险金，处骗取金额二倍以上、五倍以下的罚款。

社会保险经办机构及其工作人员有下列行为之一的，由社会保险行政部门责令改正：①给社会保险基金、用人单位或者个人造成损失的，依法承担赔偿责任；②对直接负责的主管人员和其他直接责任人员依法给予处分；③未履行社会保险法定职责的；④未将社会保险基金存入财政专户的；⑤克扣或者拒不按时支付社会保险待遇的；⑥丢失或者篡改缴费记录、享受社会保险待遇记录等社会保险数据、个人权益记录的；⑦有违反社会保险法律、法规的其他行为的。

社会保险行政部门和其他有关行政部门、社会保险经办机构、社会保险费征收机构及其工作人员泄露用人单位和个人信息的，对直接负责的主管人员和其他直接责任人员依法给予处分；给用人单位或者个人造成损失的，应当承担赔偿责任。

应知考核

一、单项选择题

1.《劳动法》规定，用人单位安排劳动者每月的加班时间不得超过(　　)。

A. 10 小时　　B. 24 小时　　C. 36 小时　　D. 48 小时

2. 用人单位依法扣除劳动者工资的，每月扣除金额一般不超过本人月标准工资的(　　)。

A. 10%　　B. 20%　　C. 30%　　D. 40%

3. 甲在一企业工作，试用期未满便想解除劳动合同，下列各项表述中正确的是(　　)。

A. 甲应当提前 30 日以口头或书面形式通知企业解除合同

B. 甲应当提前 1 日以书面形式通知企业解除合同

C. 甲应当提前 3 日以书面形式通知企业解除合同

D. 甲在试用期内不得解除合同

4.《劳动法》规定，我国劳动者的公休假日应为每周(　　)天。

A. 1　　B. 2　　C. 3　　D. 4

5. 王某的日工资为 80 元。10 月 1 日至 7 日，根据政府规定放假 7 天，其中 3 天属于法定假日，4 天属于前后两周的周末公休日。公司安排王某在这 7 天加班。根据《劳动法》的规定，公司除应向王某支付每日 80 元的工资外，还应当向王某支付(　　)元加班费。

A. 560　　B. 800　　C. 1 120　　D. 1 360

二、多项选择题

1.《劳动法》是调整在劳动过程中发生的(　　)社会关系。

A. 劳动者与用人单位　　B. 劳动者与劳动者

C. 领导者与领导者　　D. 工会与用人单位

2.《劳动法》不适用于(　　)。

A. 公务员　　B. 农村劳动者　　C. 现役军人　　D. 家庭保姆

3. 劳动合同应当具备的条款包括(　　)。

A. 试用期　　B. 工作内容　　C. 劳动报酬　　D. 社会保险

4. 用人单位可直接单方面解除劳动合同的法定情形有(　　)。

A. 在试用期间被证明不符合录用条件的

B. 严重违反劳动纪律或者用人单位规章制度的

C. 严重失职,营私舞弊,对用人单位利益造成重大损害的

D. 被依法追究刑事责任的

5. 用人单位对女职工和未成年工都不得安排的作业包括(　　)。

A. 矿山井下作业　　B. 冷水作业

C. 第四级体力劳动强度的作业　　D. 夜班作业

三、判断题

1.《劳动法》不适用于“三资”企业和职工,只适用于我国国内企业及其职工。(　　)

2. 某卖场招聘服务员的条件是优厚的报酬和有出国的机会,但应聘者须签订试用期为一年的劳动合同。该卖场的做法违反《劳动法》的规定。(　　)

3. 劳动合同受国家法律保护,任何一方不得单方解除。(　　)

4. 禁止用人单位招用未满16周岁的未成年工。(　　)

5. 劳动合同的无效,只能由劳动争议仲裁委员会或者人民法院确认。(　　)

应会考核

■ 观念应用

【背景资料】

小刘接受A公司的聘请,与其妻小王一起进入A公司工作,双方签订了为期5年的劳动合同。工作1年后,小刘觉得在该公司没有发展前途,个人能力不能充分发挥。此时,另一家同行业B公司表示能为小刘提供比较理想的工作条件和环境。小刘在没有同任何人打招呼的情况下离开了A公司。A公司领导通过各种方式多次劝说他回来,但始终未果。A公司领导迁怒到小王身上,只发给她基本生活费,并限她3个月内离开A公司。

【考核要求】

(1)小刘擅自离开A公司的做法是否合法?为什么?

(2)A公司领导对小王的做法是否合法?为什么?

(3)A公司可以通过什么方式解决小刘的离职问题?

(4)B公司是否应当承担法律责任?为什么?

■ 技能应用

张某多年来一直从事服装加工制作生意。2021年2月5日,张某招收了李某在自己家中为自己制作大衣的纽扣,双方达成口头协议:李某按张某关于纽扣制作规格、交付时间等要求加工制作纽扣,张某按李某完成零件的数量支付报酬。李某按协议的约定,按期交付加工制作的大衣纽扣,但张某一直未按协议支付报酬。此后,李某多次向张某索要欠款,张某都以暂时没有现钱为由拒绝

支付。于是李某将张某诉至法庭。

【技能要求】

(1)张某和李某之间是什么样的法律关系,这种关系是否受到《劳动法》的调整?

(2)张、李二人之间的争执是劳动争议吗?

(3)法院应否受理?

■ 案例分析

【案例情境】

彭某原系某中学的学生,2005 年 5 月出生,2020 年 3 月因故辍学。经 A 职业介绍所的介绍,彭某于 2020 年 9 月到当地张某开的一家小煤矿工作,当时双方说好是招用临时工,故张某与彭某未签订劳动合同。2021 年 4 月,彭某在工作中发生劳动安全事故,煤窑塌陷,致使彭某下身瘫痪。彭某的家人要求煤矿按照工伤进行赔偿,但被张某以双方并未签订劳动合同为由拒绝。彭某的父母遂诉至法院。

【分析要求】

(1)张某的行为是否合法?是否应当支付彭某的医药费?

(2)用人单位违法招收童工应当承担怎样的法律责任?

(3)为彭某介绍工作的 A 职业介绍所是否应当承担法律责任?

项目实训

【实训情境】

编写一份劳动合同,要求具备劳动合同必备的条款。

【实训目标】

加深学生对劳动法基本知识的认识和理解,学会运用劳动法知识解决劳动法涉及的基本问题,从而提高学生的综合素质。

【实训组织】

将学生分成若干组,每组 7 人,每组设组长 1 名,组长负责组织本组成员进行实训,由组长将调查结果书面写成报告,并总结。(注意:教师提出活动前的准备和注意事项等内容。)

1. 教师组织学生仔细阅读案例,提示案例要点。

2. 学生每 4～6 人组成一个学习小组,以小组为单位进行讨论,提倡采用头脑风暴法,最终形成一篇案例分析报告。

3. 每个小组派出 1 名代表上讲台阐述小组报告的观点。

【实训成果】

1. 考核和评价采用报告资料展示和学生讨论相结合的方式。

2. 评分采用学生和教师共同评价的方式,填写实训报告。

实训报告		
项目实训班级：	项目小组：	项目组成员：
实训时间：　　年　月　日	实训地点：	实训成绩：
实训目的：		
实训步骤：		
实训结果：		
实训感言：		

第四篇 经济纠纷解决法律制度

项目十二

经济纠纷解决的法律制度

○ **知识目标**

理解:经济仲裁的一般法律规定;经济诉讼的概念、任务、司法程序等内容。

熟知:仲裁机构的性质、仲裁员的任职条件等内容。

掌握:仲裁原则、仲裁程序、仲裁裁决的撤销情形和仲裁裁决的执行方式等法律规定;经济诉讼的受案范围、经济案件的管辖等法律规定。

○ **技能目标**

能够在理解经济纠纷解决的法律制度的基础上,通过仲裁方式、经济诉讼解决现实生活中发生的经济纠纷。

○ **素质目标**

运用所学的仲裁和诉讼知识研究相关案例,培养和提高学生在特定业务情境中分析问题与决策设计的能力;结合行业规范或标准,运用仲裁和诉讼知识分析行为的善恶,提升学生的职业道德素质。

○ **项目引例**

是否"自动离职"由用人单位举证

小张很苦恼,好不容易找到一份称心如意的工作,却常因小事和部门经理搞得很不开心。2021年3月,公司突然通知小张要调整工作岗位。据小张说,要他去的新岗位不仅自己很不喜欢,而且工作强度大,工资待遇也没有现在好。他以事先未征得本人同意为由,不同意调岗,坚持在原岗位上班。公司随后以"未到新岗位报到,属于无故旷工"为由,按自动离职辞退了小张,既未出具辞退证明,也没有任何经济补偿。小张十分生气,在当地总工会的支持下,申请劳动仲裁,劳动争议仲裁庭裁决公司败诉,要求立即恢复与小张的劳动关系。

在解除劳动合同的争议中,为有效维护职工合法权益,平衡和协调劳动关系,法律作出向职工倾斜的特别规定,即在一些特定情形下,劳动争议案件适用举证责任倒置。《劳动争议调解仲裁法》第6条规定,与争议事项有关的证据属于用人单位掌握管理的,用人单位应当提供;用人单位不提供的,应当承担不利后果。举证责任倒置的规定,是传统"谁主张谁举证"的证据规则的例外,能有力地保护和维护劳动者的合法权益。

思考与讨论:

结合本项目的仲裁机构、仲裁协议及仲裁程序探讨本案。

○ **知识精讲**

任务一　经济仲裁

仲裁，也称公断，是指双方当事人在对某一事件或问题发生争执时，自愿选择或同意由一定的机构以第三者的身份，对争议作出判断和裁决的活动。

一、经济仲裁的概念

经济仲裁是仲裁的一种，是指双方当事人在经济活动中对某一事件或问题发生争执时，自愿选择或同意由仲裁机关对争议作出判断和裁决活动。

通过仲裁方式，解决经济纠纷的范围相当广泛，如合同纠纷、商标纠纷、专利纠纷、税务纠纷、涉外经济纠纷等。对上述经济纠纷和其他财产权益纠纷的仲裁，统称为经济仲裁。

二、我国经济仲裁的立法

我国经济仲裁制度大致可分为两个阶段：

第一阶段：从新中国成立初期至 1994 年。这一阶段我国经济仲裁制度方面没有统一的仲裁法，只有单行仲裁条例，如 1989 年 1 月 1 日起施行新的《仲裁规则》，1983 年国务院颁布了《中华人民共和国经济合同仲裁条例》。

第二阶段：1994 年之后。1994 年 8 月 31 日，第八届全国人大常委会第九次会议通过了《中华人民共和国仲裁法》（以下简称《仲裁法》），自 1995 年 9 月 1 日起施行沿用至今。这标志着我国进入统一仲裁法的颁布实施阶段。历经 2009 年、2017 年两次修正的《仲裁法》是仲裁活动进行的基本法律依据。

三、我国《仲裁法》的适用范围

我国《仲裁法》的仲裁适用范围是根据下列原则规定的：第一，发生纠纷的双方应当是属于平等主体的当事人；第二，仲裁的事项，应当是当事人有权处分的。因此，仲裁委员会受理平等主体的公民、法人和其他组织之间发生的合同纠纷和其他财产权益纠纷。但下列纠纷不能仲裁：①与人身关系相联系的婚姻、收养、监护、扶养、继承纠纷；②依法应由行政机关处理的行政争议。

另外，由于劳动争议和农业集体经济组织内部的农业承包合同纠纷不同于一般经济纠纷，它们各自都有自己的特点，因此，劳动争议和农业集体经济组织内部的农业承包合同纠纷的仲裁另行规定，也不属于《仲裁法》的受理范围。

四、经济仲裁的基本原则

经济仲裁的基本原则，是指运用仲裁方式解决经济纠纷过程中以及在仲裁的主要阶段上起指导作用的准则。经济仲裁的基本原则包括以下内容：

（一）自愿原则

它是仲裁制度的一个重要原则。它体现在：①当事人采用仲裁方式解决纠纷，应当双方自愿，达成仲裁协议；②向哪个仲裁委员会申请仲裁，由当事人双方协商，自愿选定；③仲裁事项可以由当事人双方约定；④仲裁员由当事人自主选定或者委托仲裁委员会主任指定，仲裁庭的组成形式也可由当事人约定；⑤当事人可以约定开庭的形式、审理方式等有关程序。

(二)以事实为根据,以法律为准绳的原则

以事实为根据,就是要实事求是,忠于事实真相,全面、客观、细致、深入地查清与案件有关的事实情况。以法律为准绳,就是仲裁庭要在查明仲裁案件事实的基础上,按照法律的规定,分清是非曲直,确认当事人各方的权利与义务。

(三)当事人双方在适用法律上一律平等的原则

这一原则要求仲裁机构在解决争议时,不论争议双方的所有制性质、隶属关系、规模大小有何不同,都应平等地适用法律,不能偏袒任何一方,特别是不搞地方保护主义。同时,争议双方在仲裁活动中的地位也是平等的。

(四)仲裁依法独立进行的原则

仲裁机构的设置、仲裁庭对仲裁纠纷的处理坚持不依赖于任何行政机关、团体和个人,依法不受任何行政机关、团体和个人干涉的独立性。没有独立的仲裁,就没有真正的仲裁制度。

五、经济仲裁的基本制度

(一)协议仲裁制度

协议仲裁是指经济纠纷的当事人按照合同约定的仲裁条款或者事后达成的书面仲裁协议向仲裁机构申请仲裁,没有仲裁协议的,仲裁机关不予受理。《仲裁法》第4条规定:"当事人采用仲裁方式解决纠纷,应当双方自愿达成协议,没有仲裁协议,一方申请仲裁的,仲裁委员会不予受理。"

(二)一裁终局制度

《仲裁法》第9条规定:"仲裁实行一次仲裁制度。裁决作出后,当事人就同一纠纷再申请仲裁或者向人民法院起诉的,仲裁委员会或者人民法院不予受理。"当事人一方在法定期限内不履行仲裁裁决书的,另一方可以申请人民法院强制执行。

(三)回避制度

仲裁机关实行回避制度是保障当事人平等行使权利、保证仲裁人员公正处理案件的一项重要制度。依照法律规定的条件,经仲裁机关的批准,仲裁员及有关工作人员退出或避开对案件的审理,称作回避。

(四)先行调解制度

尽管经济纠纷当事人是在协商、调解不成的情况下进入仲裁阶段的,但仲裁机关受理案件后,应先行调解。只有当调解不成时,才行使仲裁权。《仲裁法》第51条规定:"仲裁庭在作出仲裁前可以先行调解。当事人自愿调解的,仲裁庭应当调解,调解不成的,应及时作出裁决。"

(五)财产保全制度

《仲裁法》第28条规定:"一方当事人因另一方当事人的行为或者其他原因,可能使裁决不能执行或者难以执行的,可以申请财产保全。"

(六)仲裁时效制度

《仲裁法》第74条规定:"法律对仲裁时效有规定的,适用该规定。法律对仲裁时效没有规定的,适用诉讼时效的规定。"

【同步案例12-1】　申请人和被申请人于2021年5月签订了一份购销农业机械的合同,并在合同中约定了仲裁条款。之后双方因故发生纠纷,申请人依照仲裁条款向仲裁委员会申请仲裁。双方各自选定了一名仲裁员并共同选定了第三名仲裁员为首席仲裁员。但在首次开庭后,被申请人了解到申请人选定的仲裁员在开庭前曾私自会见申请人的诉讼代理人,并接受了申请人的宴请。于是,被申请人以此为由要求仲裁员回避。

同步案例12-1提示

请思考：

(1)被申请人要求仲裁员回避的理由是否成立？为什么？

(2)我国《仲裁法》对仲裁员的回避是如何规定的？

六、仲裁机构和仲裁协议

(一)仲裁机构

1. 中国仲裁协会

它是由全国的仲裁委员会组成的，是社会团体法人，是仲裁委员会的自律性组织。中国仲裁协会的章程由全国仲裁委员会大会制定，并根据章程对仲裁委员会及其组成人员、仲裁员的违纪行为进行监督。

2. 仲裁委员会

《仲裁法》第10条规定："仲裁委员会可以在直辖市和省、自治区人民政府所在地的市设立，也可以根据需要在其他设区的市设立，不按行政区划层层设立。"

设立仲裁委员会，应当经省、自治区、直辖市的司法行政部门登记，并具备下列条件：①有自己的名称、住所和章程；②有必要的财产；③有该委员会的组成人员；④有聘任的仲裁员。

仲裁委员会是常设性仲裁机构，独立于行政机关，与行政机关没有隶属关系，仲裁委员会之间也没有隶属关系。

仲裁委员会由主任1人、副主任2～4人和委员7～11人组成。仲裁委员会的主任、副主任和委员由法律、经济贸易专家和有实际工作经验的人担任。仲裁委员会的组成人员中，法律、经济贸易专家不得少于2/3。仲裁员的条件根据《仲裁法》规定，应当符合下列条件之一：①通过国家统一法律职业资格考试取得法律职业资格，从事仲裁工作满8年的；②从事律师工作满8年的；③曾任法官满8年的；④从事法律研究、教学工作具有高级职称的；⑤具有法律知识、从事经济贸易专业工作并具有高级职称或具有同等专业水平的。仲裁委员会按照不同专业设仲裁员名单。

(二)仲裁协议

1. 仲裁协议的概念和内容

仲裁协议是双方当事人决定将纠纷事项提请仲裁的共同意思表示，包括双方当事人在合同中订立的仲裁条款和以其他书面方式在纠纷发生前或者纠纷发生后达成的请求仲裁的协议。仲裁协议是仲裁委员会受理案件的前提条件。具有仲裁协议，仲裁委员会应当受理，否则双方当事人应当向人民法院起诉。

仲裁协议应当具有下列内容：①请求仲裁的意思表示；②仲裁事项；③选定的仲裁委员会。以上三项内容，缺少任何一项，都会导致仲裁协议的不完整，直接影响到仲裁协议本身的效力。

2. 仲裁协议的效力

仲裁协议独立存在，合同的变更、解除、终止或者无效，不影响仲裁协议效力。仲裁庭有权确认合同的效力。当事人对仲裁协议的效力有异议的，可以请求仲裁委员会或者请求人民法院作出裁定。一方请求仲裁委员会作出决定，另一方请求人民法院作出裁定的，由人民法院裁定。当事人对仲裁协议的效力有异议，应当在仲裁庭首次开庭前提出。

3. 仲裁协议无效的法定情形

根据《仲裁法》的规定，有下列情形之一的，仲裁协议无效：①约定的仲裁事项超出法律规定的仲裁范围的；②无民事行为能力人或者限制民事行为能力人订立的仲裁协议；③一方采取胁迫手段，迫使对方订立仲裁协议的。另外，仲裁协议对仲裁事项或者仲裁委员会没有约定或者约定不明确的，当事人如果达不成补充协议，也会导致仲裁协议的无效。

七、仲裁程序

仲裁程序是根据仲裁法规定进行仲裁活动的操作规程。仲裁机关和仲裁当事人只有严格按照仲裁程序进行仲裁活动，才能使案件得到正确解决。根据《仲裁法》规定，仲裁程序一般分为以下几个阶段：

(一)申请与受理

1. 申请

申请是指一方当事人，根据合同仲裁条款或者事后达成的仲裁协议，依法向仲裁委员会请求对所发生的纠纷进行仲裁的行为。申请人应向仲裁机关递交仲裁申请书，并按被诉人的人数提交副本。申请书应写明下述内容：①申请人名称、地址；②法定代表人名称、职务；③申请的理由和要求；④提供的证据、证人姓名和地址，证据包括原合同副本及来往文件等。

2. 受理

受理是指仲裁委员会审查仲裁申请后，认为符合受理条件，应当受理并通知当事人；认为不符合受理条件的，书面通知当事人不予受理，并说明理由。仲裁委员会决定是否受理的时限是5日；仲裁委员会受理仲裁申请后，应当在仲裁规则规定的期限内将仲裁规则和仲裁员名册送达被申请人。被申请人收到仲裁申请书副本后，应当在仲裁委员会规定的期限内向仲裁委员会提交答辩书；可以承认或者反驳仲裁请求，也有权提出反请求。仲裁委员会收到答辩书后，应当在仲裁规则规定的期限内，将答辩书副本送达申请人。被申请人未交答辩书的，不影响仲裁程序的进行。

【知识链接12—1】　仲裁受理后，申请人可以放弃或者变更仲裁请求，被申请人可以承认或者反驳仲裁请求，并有权提出反请求。

答辩书(样例)

答辩人：××有限公司

被答辩人：×××

答辩人因×××诉答辩人解除劳动合同、劳动报酬一案，提出答辩如下：

×××于2015年4月26日进入我公司工作，工作岗位为财务部会计，月薪人民币肆仟玖佰壹拾元。2021年5月22日，×××称家中有事要求辞工并提交了辞工单，答辩人表示同意，但×××随后提出要答辩人给予一定的经济补偿。答辩人依据《劳动合同法》第46条的规定，拒绝了×××的补偿要求，于是×××以再考虑为由将辞工单拿回。然而，他在拿回辞工单后，却连续5天不回我公司上班(2021年5月24日到2021年5月28日)且不接听公司的任何电话。为了严肃公司纪律，答辩人于2021年5月27日依据×××与答辩人签订的《劳动合同》第44条第1款的规定，即合同双方均应遵守×××集团规章制度。《×××集团职工手册》第2章第14条第1款明确规定：职工没有请假，无故连续旷工3天、一月中累计旷工5天或一年中累计旷工7天，予以除名的规定，对×××作出了除名处理。

在答辩人作出除名处理通知后，2021年5月29日×××回到了我公司并进行了工作移交，但他既不同意交回辞工单，也不同意签收除名处理通知和领取工资。无奈，我公司只能将其拒收、拒领情况及见证人见证的情况进行列明后，对除名通知予以了公告。

《劳动合同法》第39条和第46条规定，劳动者严重违反用人单位的规章制度的，用人单位有权单方面解除劳动合同而无须支付经济补偿。×××无故连续旷工5天，严重违反了我公司的规章制度，故我公司依照规章制度的规定依法解除与他的劳动关系是完全合法的，且事后也履行了通知的义务，因此×××要求我公司进行经济补偿的请求是没有依据的。

我公司于2021年5月27日作出的除名通知中，曾明确要求×××尽快回公司结清工资，故我公司并没有拖欠其工资的故意，工资未能结算的原因是其本人拒领，故×××要求我公司支付拖欠工资的经济补偿金是没有事实依据的。鉴于2021年3月8日，×××曾以家中有事为由向我公司借了人民币肆仟元，故×××应领取的工资中应扣除这肆仟元。

《劳动争议调解仲裁法》第27条规定劳动争议申请仲裁的时效期间为1年，仲裁时效期间从当事人知道或者应当知道其权利被侵害之日起计算。故×××要求支付2015年4月到2021年4月的未休年假工资的请求是没有依据的。

有《劳动合同法》第40条规定所列情况的，用人单位须提前30日以书面形式通知劳动者本人或者额外支付劳动者1个月工资后，才可以解除劳动合同。本案中我公司解除与×××的劳动关系的原因是由于其严重违反了公司的规章制度，并不符合第40条规定的情况，因此×××要求我公司支付未提前30日通知的经济赔偿金是没有依据的。

综上所述，×××的申诉请求是没有任何法律和事实依据的，恳请仲裁委依法驳回×××的相关申诉请求。

此致

×××市劳动争议仲裁委员会

答辩人：×××有限公司

2021年××月××日

(二)仲裁庭的组成

仲裁委员会仲裁案件，是通过一定形式实现的，开庭和裁决仲裁案件的组织形式即仲裁庭。我国《仲裁法》赋予仲裁庭的组成形式有两种：①由一个仲裁员组成的仲裁庭，习惯称独任仲裁庭；②由三个仲裁员组成的仲裁庭，又称合议庭。其组成的特点是组织方式由当事人约定，仲裁员由当事人选定或委托仲裁委员会主任指定，有仲裁员回避制度，自主进行仲裁程序。仲裁庭组成后，仲裁委员会应将仲裁庭的组成情况书面通知当事人。仲裁员应在认真审阅申请书、答辩书和有关证据的基础上，对案件的事实进行调查。

仲裁员有下列情形之一的，应当回避，当事人也有权提出回避申请：①是本案当事人或者当事人、代理人的近亲属；②与本案有利害关系；③与本案当事人、代理人有其他关系，可能影响公正仲裁的；④私自会见当事人、代理人，或者接受当事人、代理人的请客送礼的。仲裁员是否回避，由仲裁委员会主任决定；仲裁委员会主任担任仲裁员时，由仲裁委员会集体决定。

(三)开庭和裁决

开庭，是指仲裁庭在双方当事人的法定代表人或委托代理人、律师等参加下，对仲裁请求进行审理和裁决的活动。开庭前，按照法律规定，仲裁庭应将开庭的时间、地点用书面形式通知当事人。申请人经两次通知拒不到庭，视作撤销申请；被申请人经两次通知拒不到庭，可以按缺席仲裁。

案件办理过程中，为避免造成更大的财产损失或保障案件终结后仲裁决定书的执行，仲裁机关可根据当事人的申请，作出保全措施裁定。保全措施包括：①中止合同履行；②查封或扣押货物；③变卖不易保存的货物保存价款；④责令被申请人提供担保以及法律允许采取的其他方法。

仲裁庭开庭时，由首席仲裁员宣布仲裁员、书记员名单，并询问当事人是否申请仲裁组成人员回避。在仲裁庭主持下，由当事人按申诉人、被申诉人的顺序，各自陈述自己的事实和理由，并对有争议的事实进行当庭辩论。辩论结束后，由首席仲裁员询问双方当事人的最后意见，并再次对双方进行当庭调解。调解若能达成协议的，应制作调解书。达不成协议的，经仲裁庭评议后作出裁决。

裁决，是指仲裁庭依法满足或驳回申请人的仲裁请求，解决纠纷的实体事项作出的决定。对因达不成调解协议的由仲裁庭评议后作出裁决。仲裁决定书应写明：申请人和被申请人的名称、地址及其代表人或代理人的姓名、职务；申请的理由、争议的事实和要求；裁决认定的事实、理由和适用的法律；裁决的结果和仲裁费用的负担；裁决书由仲裁员签名，加盖仲裁委员会印章。仲裁一般不公开进行，但当事人协议同意公开的，可以公开进行，但涉及国家秘密的除外。裁决书自作出之日起发生法律效力，双方当事人必须自觉执行；否则，可以向人民法院申请执行。

(四)关于申请撤销裁决的规定

1. 申请撤销裁决的条件和期限

根据《仲裁法》的规定，当事人提出证据证明有以下情形之一者，可以向仲裁委员会所在地的中级人民法院申请撤销裁决：①没有仲裁协议的；②裁决的事项不属于仲裁协议范围或者仲裁委员会无权仲裁的；③仲裁庭的组成或者仲裁程序违反法定程序的；④裁决所根据的证据是伪造的；⑤对方当事人隐瞒了足以影响公正裁决的证据的；⑥仲裁员在仲裁该案时有索贿受贿、徇私舞弊、枉法裁决行为的。当事人申请撤销裁决的，应自收到裁决书之日起6个月内提出。

2. 人民法院对撤销裁决申请的处理

人民法院组成合议庭审查核实裁决有仲裁法规定情形之一的应当裁定撤销。人民法院认定裁决违背社会公共利益的，应当裁定撤销。人民法院应当在受理撤销裁决申请之日起2个月内作出撤销裁决或者驳回申请的裁定。人民法院在受理撤销裁决的申请后，认为可以由仲裁庭重新仲裁的，通知仲裁庭在一定期限内重新仲裁，并裁定中止撤销程序。仲裁庭拒绝重新仲裁的，人民法院应当裁定恢复撤销程序。

【做中学12－1】 中国A公司与波兰B公司签订了一份购销合同，并在合同中订立了仲裁条款。在合同履行过程中，波兰B公司未按合同规定交货，构成违约，并给中国A公司造成了严重的经济损失。中国A公司向其住所地的市中级人民法院提起诉讼，要求波兰B公司赔偿其全部损失。

做中学12－1 解析

市中级人民法院收到起诉状后，经审查，发现当事人之间在合同中订立有仲裁条款，根据我国法律规定，人民法院不能受理此案，便作出书面裁定，驳回起诉。

请思考：人民法院作出裁定的法律依据是什么？

任务二　经济诉讼

一、经济诉讼概述

(一)诉讼和经济诉讼的概念

诉讼是指国家司法机关，在当事人及其他诉讼参与人的参加下，为解决案件并进行判决的活动。不同的法律关系应采取不同的诉讼形式，目前我国诉讼的形式有刑事诉讼、行政诉讼和民事诉讼。

经济诉讼是指人民法院在双方当事人和其他诉讼参与人的参与下，按照法定程序，审理、解决经济纠纷案件并作出判决的活动。由于我国还没有专门的经济诉讼法，因此，经济诉讼法所依据的程序法，主要是《民事诉讼法》的有关规定。

(二)经济诉讼适用的基本原则

1. 依法独立行使审判权的原则

司法实践表明，审判中发生的错误，主要是审判人员对事实的认定和对法律的理解有误或受外界各种非法干预和影响。因此，除提高审判人员的思想和业务水平外，必须坚持依法独立行使审判权的原则，严格按照法律规定对经济纠纷案件独立进行审判，保证办案质量。我国《宪法》和《人民法院组织法》明确规定，任何单位和组织或个人都无权干涉人民法院独立行使审判权。

2. 以事实为根据，以法律为准绳的原则

这是我国司法工作的指导方针和根本原则。“以事实为根据”，就是以案件的全部真实情况，作为分清当事人谁是谁非、责任大小、适用法律进行裁决的前提和依据，而不是以审判员了解的局部情况或主观臆断为依据。“以法律为准绳”，就是以法律为尺度来衡量经济纠纷案件中涉及的活动与行为的是与非、合法与非法，从而确定案件的性质并依法作出相应的裁判和处理。

3. 对当事人在适用法律上一律平等的原则

在审理经济纠纷案件中，对当事人在适用法律上一律平等，不允许有超越法律之上的特殊公民和组织。《人民法院组织法》《民事诉讼法》对此都作了明确的规定。

4. 根据自愿进行调解的原则

在审理经济纠纷案件时，调解是经济审判的重要原则。

二、经济诉讼的受理

(一)我国的经济审判机构

根据《人民法院组织法》规定，在我国各级人民法院和专门法院内逐步设立了专门审理各种经济纠纷案件的经济审判机构。根据法律规定，我国的经济审判机关或机构由两部门组成：一是最高人民法院和地方各级人民法院所普遍设立的民事审判庭；二是国家设立的各专门经济法院审理其管辖范围内的专门经济纠纷案件。

(二)经济审判管辖

管辖是指人民法院系统内、上下级人民法院之间及同级人民法院之间受理第一审经济纠纷案件的分工和权限。其主要包括：

1. 级别管辖

级别管辖是指上下级法院之间在受理第一审经济纠纷案件上的分工和权限。根据我国《民事诉讼法》的规定，基层人民法院管辖除法律规定由上级人民法院管辖以外的所有第一审经济纠纷案件；中级人民法院管辖重大涉外案件、本辖区有重大影响的案件以及最高人民法院确定由中级人民法院管辖的第一审经济纠纷案件；高级人民法院管辖在本辖区有重大影响的案件；最高人民法院管辖在全国有重大影响的案件和认为应当由其审理的案件。

2. 地域管辖

地域管辖是指同级人民法院之间受理第一审经济纠纷案件的分工和权限。当一个案件根据级别管辖的规定，确定了由哪一级法院管辖之后，还必须进一步根据地域管辖的原则和规定，确定应由该级法院的哪一个法院管辖。地域管辖一般分为：

(1)一般地域管辖，是指案件应由被告人住所地的人民法院管辖。这种管辖通常实行原告就被告的原则。

(2)特殊地域管辖，是指因合同提起的诉讼，由被告所在地或者合同履行地人民法院管辖。买卖合同的双方当事人在合同中对交货地点有约定的，以约定的交货地点为合同履行地，没有约定的，依交货方式确定合同履行地；实际履行地点同合同中约定的交货地点不一致的，以实际履行地点为合同履行地。其他情况如：承揽合同，以行为地为合同履行地，合同另有约定的除外；因保险合同纠纷提起的诉讼，由被告住所地或者被保险标的物所在地人民法院管辖；因票据纠纷提起的诉讼，由票据支付地或者被告居住地人民法院管辖；等等。

(3)专属管辖，是指法律强制规定某些案件专门由特定的人民法院管辖，其他人民法院无管辖权，当事人也不得协议变更人民法院管辖，如因不动产纠纷提起的诉讼由不动产所在地人民法院管辖。

(4)协议管辖，是指双方当事人在纠纷发生之前或之后，以书面方式约定特定案件的管辖法院。协议管辖应符合以下条件：仅适用合同纠纷中的第一审案件，必须采用书面形式，只能在原告住所地、被告住所地、合同签约地、合同履行地、标的物所在地的法院中选择一个法院，不得违反有关级别管辖和专属管辖的规定。

3. 移送管辖

移送管辖是指法院受理某一案件后，发现自己对此案并无管辖权，便移送给有管辖权的法院受理，或者在特定情况下，下级法院将自己有管辖权的案件，报请上级法院审理，或者上级法院将自己有管辖权的案件，交给下级法院审理。

4. 指定管辖

指定管辖是指两个不同的法院之间对管辖权发生争议，或者某个有管辖权的法院由于特殊原因不能行使审判权的，由上级法院指定某一个法院或另一个法院管辖。

(三)经济审判机构的受案范围

1. 人民法院的受案范围

当前，经济审判受理的案件有以下九类：①合同纠纷案件。②涉外经济纠纷案件。当事人订有书面仲裁协议或者已由我国仲裁机构裁决的案件，人民法院不予受理。③农村承包合同纠纷案件。④经济损害赔偿纠纷案件。⑤工业产权纠纷案件。⑥企业破产案件。⑦专利纠纷案件。⑧企业承包、租赁经营和联营合同纠纷案件。⑨其他经济纠纷案件。

2. 海事法院的受案范围

根据2016年3月1日起施行的《最高人民法院关于海事法院受理案件范围的规定》，海事法院受理下列六个方面的案件：①海事侵权纠纷案件；②海商合同纠纷案件；③海洋及通海可航水域开发利用与环境保护相关纠纷案件；④其他海事海商纠纷案件；⑤海事行政案件；⑥海事特别程序案件。

3. 铁路运输法院的受案范围

2012年7月2日，最高法院根据铁路法院管理体制改革变化，出台了《最高人民法院关于铁路运输法院案件管辖范围的若干规定》，对铁路法院案件管辖范围进行了规定，其中第3条明确了涉及铁路运输、铁路安全、铁路财产的民事诉讼，由铁路运输法院管辖，具体包括铁路旅客和行李、包裹运输合同纠纷等11项。

(四)经济纠纷案件的诉讼时效

诉讼时效是指权利人在时效期间内不行使其权利，即丧失由人民法院依照诉讼程序保护其权利的权利。于2017年10月1日起实施的《民法总则》将诉讼时效延长为3年。诉讼时效期间自权利人知道或者应当知道权利受到损害以及义务人之日起计算；法律另有规定的，依照其规定。但是自权利受到损害之日起超过20年的，人民法院不予保护；有特殊情况的，人民法院可以根据权利人的申请决定延长。经济纠纷的当事人向人民法院提起经济诉讼，应当遵守诉讼时效的规定。

三、经济诉讼的审判程序

经济诉讼的审判程序，也称经济纠纷案件的审判程序。它是人民法院在处理经济纠纷案件过程中所必须遵循的规则和制度。经济审判程序分第一审程序和第二审程序。

(一)第一审普通程序

经济审判的第一审程序主要分为以下几个步骤：

1. 起诉与受理

原告提起经济诉讼应符合的条件：①原告必须是与本案有直接利害关系的公民、法人和其他经济组织；②有明确的被告；③有具体的诉讼请求和事实、理由；④属于人民法院受理的经济诉讼的范围和受诉人民法院管辖。只要符合上述条件，人民法院必须受理。根据法律规定，双方当事人对经济合同纠纷自愿达成书面协议向仲裁机关申请仲裁的，人民法院不予受理。原告向人民法院起诉应首先向人民法院递交起诉状，并按被告人数多少提出与其相同的副本。

起诉书应写明以下事项：①当事人的姓名、性别、年龄、民族、职业、工作单位和住所，法人或者其他的名称、住所和法定代表人或者主要责任人姓名、职务；②诉讼请求和所根据的事实与理由；③证据和证据来源，证人姓名和住所。

民事起诉状(样例)

原告：杨××，男，1963 年 6 月 12 日出生，汉族，农民，现住××市××区××街道 12 组 97 号。

被告人：李××，男，1964 年 3 月 12 日出生，汉族，农民，现住××市××区××街道 18 组 12 号。

诉讼请求：

(1)李某返还杨某欠款 18 000 元人民币；

(2)诉讼费××元由李某承担。

事实与理由：

2020 年 4 月 1 日，李某因经营资金紧张向杨某借款 18 000 元用于周转，写下借条并约定 6 个月后一次还清欠款，利息按照银行利息支付。

到期后，李某以没钱为由拒绝归还。

证据和证据来源，证人姓名和住址：

(1)李某所写欠条一张。

(2)见证人王某，××市××区××街道司法所长。

此致

××市××区人民法院

附：本诉状副本 1 份

起诉人　杨××

2021 年 3 月 5 日

受理，是指人民法院接受审理原告提出诉讼请求的案件。人民法院收到起诉书后，经审查，认为符合条件的，应在 7 日内立案，并通知原告在 7 日内预交案件受理费；认为不符合条件的，应当在 7 日内裁定不予受理；原告对裁定不服的，可以提出上诉。在起诉受理过程中，人民法院对可能因当事人一方的行为或者其他原因，使判决不能执行或难以执行的案件，可根据当事人的申请作出财产保全的裁决，当事人没有提出申请的，法院在必要时也可裁定采取财产保全措施。财产保全可采取查封、冻结、扣押或者法律规定的其他办法。如果被申请提供担保的，人民法院应当解除财产保全。

2. 审理前的准备

人民法院应当在立案之日起 5 日内将起诉状副本送达被告。被告自收到诉状副本之日起 15 日内提供答辩状，答辩状应对原告的指控和请求作出回答，陈述自己的观点理由，并提出必要的证据，也可提出反诉。

答辩状(样例)

答辩人：××人民医院

住址：××市××路七号

因×××要求××人民医院人身损害赔偿一案，现提出答辩意见如下：

1. 答辩人与×××之间不存在直接的合同关系。答辩人 20××年 6 月 10 日与××第二建筑安装工程公司订立了一份口头合同，由××第二建筑安装工程公司负责把答辩人的一个高压电表柜拆除，×××是受××第二建筑安装工程公司的委托来拆除高压电表柜的，与答辩人之间不存在直接合同关系。

2. ××的伤害赔偿应由××第二建筑安装工程公司负责。其一，根据我国法律和有关司法解释规定，××第二建筑安装工程公司对其职工在履行合同的范围内所受到伤害应负责任，×××的伤害并不是由于合同客体以外的事物造成的。其二，受××第二建筑安装工程公司委托的×××在拆除高压电表柜的过程中，存在着严重违反操作程序的行为，未尽一个电工应尽的注意。

3. 答辩人对×××伤害赔偿不应承担责任。根据《民法典》的相关规定，从事高度危险作业的人致他人损害的，应负赔偿责任。而本案中答辩人与××第二建筑安装工程公司订有合同，高度危险来源已通过合同合法地转移给××第二建筑安装工程公司。××第二建筑安装工程公司成为该危险作业物的主体，×××在操作过程中受到伤害，这是××第二建筑安装工程公司在履行合同过程中，合同客体造成自己员工的伤害行为，与答辩人无关。

综上所述，××人民医院为不适合被告，请贵院依法驳回原告起诉。

此致

××市中级人民法院

答辩人：××人民医院

20××年××月××日

被告提出答辩状的，人民法院应当在收到之日起 5 日内将答辩状副本发送原告；被告不提出答辩的，不影响人民法院对案件的审理，诉讼程序照常进行。立案受理后，审判人员要认真审核诉讼材料，调查此案必要的证据，人民法院可派出人员进行调查，在必要时也可委托外地人民法院协助调查。审核诉讼材料，是对案件调查研究的重要步骤，也是发现问题、线索并进一步调查的重要手段。原告或被告对自己的诉讼请求或主张都负有举证责任。调查取证是弄清事实和查明案情的主要手段，也是正确运用法律，分清是非和责任的必要条件。人民法院有权向有关单位和个人调查取证，有关单位或个人有义务协助人民法院进行调查。在证明案件的主要情节和主要事实时，应尽可能地搜集、使用原始证据和直接证据，以保证案件合理、正确、及时解决。

3. 进行调解

调解，是在查明事实、分清是非和责任的基础上，根据当事人的自愿和合法原则进行的。因经济案件纠纷的当事人大多是法人之间和其他经济组织，在经济协作或往来中发生的，虽然一时发生纠纷和争议，但一般希望继续保持协作关系，因此通过对当事人宣传教育，做好其思想工作，多数经济案件纠纷的当事人是能够互谅互让、自愿协商达成和解协议。对那些事实清楚、责任明确、当事人申请调解或自愿接受人民法院的调解案件，可以在开庭前调解，实行快调快结，提高办案效率。对有的案件，也可以在开庭审理时当庭进行调解。经调解结案的，人民法院应当制作调解书，调解书与判决书具有同等的法律效力。调解书应写明诉讼请求、案件事实和调解结果，并由审判人员、书记员署名，加盖人民法院印章，送达双方当事人。未达成协议或调解无效的，人民法院应及时进行判决。

4. 审理与判决

法庭审理是诉讼程序中的一个主要阶段。除涉及国家机密或者法律另有规定的以外，一律公开进行。人民法院决定开庭审理的案件，应在开庭 3 日前通知当事人和其他诉讼参与人。公开审判的，应当公告当事人姓名、案由和开庭的时间、地点。开庭前，书记员应查明当事人和其他诉讼参与人是否到庭，宣布法庭纪律。审理时由审判长核对当事人，宣布审判人员、书记员名单，告知当事人有关的诉讼权利和义务，询问当事人是否提出回避申请。提出回避申请的，经审查，如有正当理由可按照有关规定程序更换被申请回避的人员。审判开始，由审判长报告案情，简要说明原告起诉的要求和理由，被告答辩的内容和根据，双方当事人争执的焦点，接着由双方当事人陈述，他们可以补充审判人员的说明，也可以提出证据，证明自己的请求或者答辩。审判人员认为不明确的，还可以询问当事人，接着再分别询问证人、鉴定人，审查书证、物证。这个阶段也称作法庭调查阶段。接着是法庭辩论阶段，即双方当事人对法庭调查过的事实和证据，提出自己的意见，并且相互辩驳。在辩论中当事人可以对如何认定案情提出意见，也可以对怎样适用法律和适用什么法律提出意见。当事人在提出自己意见的同时，还可以反驳对方的意见，辩论中应当引用法庭调查过的事实和证据。法庭辩论是为阐明各自的主张和理由，但在当事人阐述意见时，必须遵守诉讼秩序和纪律，不能无理狡辩或哄闹法庭，否则可视情节追究其责任。

辩论结束后，应最后进行调解，仍达不成协议时，作出公证、合理的判决。在开庭审理时，原告经传唤无正当理由拒不到庭的或未经法庭许可中途退庭的，可以按撤诉处理；被告反诉的，可以缺席判决。被告经传唤无正当理由拒不到庭的或未经许可中途退庭的，按缺席判决。经过开庭审理，应在查清案情的基础上作出判决。判决书应当写明：①案由、诉讼请求，争议事实、理由；②判决认定的事实、理由和运用的法律依据；③判决结果和诉讼费用承担；④上诉期限和上诉法院。最后由审判人员、书记员署名并加盖人民法院印章。当庭宣判的10日内发送判决；定期宣判的，宣判后立即发给判决书。宣告判决时，必须告知当事人上诉的权利。

(二)第二审程序

当事人不服第一审判决的，有权在判决书送达之日起15日内向上一级人民法院提起上诉；当事人不服一审法院裁定的，有权在裁定书送达之日起10日内向上一级人民法院提起上诉。上诉应递交上诉状，上诉状应写明原审人民法院名称、案件编号和案由，以及上诉的请求和理由。

上诉状(样例)

上诉人：××有限公司，住所地××市××县××镇。

法定代表人：林××，公司董事长。

被上诉人：××××有限公司，住所地××省××县××路888号。

法定代表人：杨××。

上诉人因与被上诉人××××有限公司招标投标买卖合同一案，不服××市××人民法院(2021)法民初字第××号民事裁定书，现提出上诉。

请求事项：

1. 请求依法撤销××市××区人民法院(2021)法民初字第××号民事裁定书。

2. 请求将本案移送××市××县人民法院管辖。

事实与理由：

被上诉人诉上诉人招标投标买卖合同纠纷一案，××市××区人民法院予以受理。上诉人在法定期限内向××市××区人民法院提出了管辖权异议，要求将该案移送××市××县人民法院管辖。××市××区人民法院于2021年××月××日(裁定书××月××日送达上诉人)作出的(2021)法民初字第××号民事裁定书，驳回了上诉人的管辖权异议。上诉人认为，裁定书认定事实错误，应予撤销，理由如下：

(1)根据我国相关法律规定，本案应由××市××县法院管辖。我国《劳动合同法》第24条规定："因合同纠纷提起的诉讼，由被告住所地或者合同履行地人民法院管辖。"本案作为招标投标买卖合同纠纷，招标投标行为都在××市场进行，××市场应为合同履行地，该市场地址属于××市××县××路，因此本案应为××市××县法院管辖。另上诉人住所地为××市××县××路。综上，本案的管辖权在××市××县人民法院，而不应在××区人民法院。

(2)考虑本案的实际情况，将该案移送××市××县人民法院管辖更为合理。本案招标投标行为都在××市场进行，考虑到本案的实际情况，为了更好地查明案件事实，应将该案移送××市××县法院管辖。

综上，上诉人为维护合法权益，向贵院提出上诉，恳请贵院依法裁决！

此致

××市中级人民法院

上诉人：××有限公司

2021年××月××日

上诉状应通过原审法院提出，当事人直接向二审法院上诉的，二审法院应当在 5 日内将上诉状移交原审法院，原审法院收到上诉状，应在 5 日内将上诉状副本送达对方当事人，对方当事人在收到之日起 15 日内提出答辩状，人民法院应在收到答辩状之日起 5 日内将副本送达上诉人。当事人不提出答辩的不影响人民法院审理。原审人民法院收到上诉状、答辩状，应在 5 日内连同全部案卷和证据，报送二审法院。

二审法院对收到的上诉案件，应当组织合议庭开庭审理。经过阅卷和调查，询问当事人。在事实核对清楚后，认为不需要开庭审理的，可径行判决或裁定。

二审法院对上诉案件经过审理可作出如下判决：①原判决认定事实清楚，适用法律正确，驳回上诉，维持原判；②原判决适用法律错误的，依法改判；③原判决认定事实错误，或原判决认定事实不清、证据不足，撤销原判发回重审或查清事实后改判；④原判决违反法定程序，可能影响案件正确判决的，裁定撤销原判决，发回原审法院重审。当事人对重审案件的判决、裁定，可以上诉。第二审人民法院对不服第一审人民法院裁定的上诉案件的处理，一律使用裁定。二审法院审理上诉案件，可以进行调解。调解达成协议的应制作调解书，调解书送达后，原审法院的判决视为撤销。二审法院的判决、裁定，是终审判决、裁定。

人民法院对判决的上诉案件，应在二审立案后 3 个月内审结；对裁定的上诉案件，应在立案后 30 日内作出终审裁定。

（三）审判监督程序

审判监督程序是对已经发生法律效力的判决或裁定，发现确有错误而进行再审的程序。根据《人民法院组织法》规定，各级人民法院院长对本院已经发生法律效力的判决或裁定，发现确有错误，认为需要再审的，提交审判委员会讨论决定；最高人民法院对地方各级人民法院已经发生法律效力的判决或裁定发现确有错误的，有权提审或者指定下级人民法院再审；当事人已经发生法律效力的判决或裁定，认为有错误的，可向原审人民法院上一级人民法院申请再审，但当事人不得停止判决、裁定的执行。

当事人对已经发生法律效力的调解书，提出证据证明调解违反自愿原则或调解协议的内容违反法律的，可以申请再审，经人民法院审查属实的，应当再审。当事人申请再审，应当在判决、裁定发生法律效力后 2 年内提出。按照审判监督程序决定再审的案件，裁定中止原判的执行。

按照监督程序的执行，对于提高审判办案质量，保护当事人的合法权益，维护法律的尊严，维护和提高人民法院的威信，加强社会主义法制，维护良好的社会经济秩序，促进安定团结，都具有十分重要的意义。

（四）经济诉讼的执行程序

经济诉讼的执行程序是指人民法院的执行机构依法对已经生效的判决，裁定和调解协议中的财产部分按其内容和要求一一付诸实现的活动。执行程序是经济诉讼的一个最后阶段。

判决、裁定或调解书生效后，当事人应认真自觉地履行，一方不履行的，对方当事人可以向人民法院申请执行，也可由审判员移送执行员执行。

申请执行的期限，双方当事人或者一方当事人是公民的为 1 年；双方是法人或者其他组织的为 6 个月。从法律文书规定履行期限的最后一日起计算；规定是分期履行的，应从规定的每次履行期限的最后一日起计算。

执行员接到申请执行书或者移交的执行书时，应当向被执行人发出执行通知，责令其在指定期间履行，逾期不履行的，则实行强制执行，如冻结、划拨债务人的存款，扣留、提取债务人的收入，查封、扣押、拍卖、变卖债务人的财产等。

应知考核

一、单项选择题

1.《仲裁法》不适用于(　　)。

A. 购销合同纠纷案件　　B. 与身份权有关的案件

C. 财产权益纠纷案件　　D. 承揽合同纠纷案件

2. 陈大与陈二达成仲裁协议,约定双方如就父亲的遗产发生争议,则提交北京仲裁委员会进行裁决,并将自动履行其裁决。后来,双方在父亲的遗产继承问题上发生争议,则双方解决争议的可行法律途径是(　　)。

A. 只能向有管辖权的人民法院起诉

B. 只能申请北京仲裁委员会仲裁

C. 既可向有管辖权的法院起诉,也可以申请仲裁

D. 只能申请双方或一方住所地仲裁委员会仲裁

3. 当事人提出证据证明仲裁裁决有《仲裁法》规定情形的,应自收到裁决书之日起(　　)月内向人民法院申请撤销仲裁裁决。

A. 2 个　　B. 3 个　　C. 4 个　　D. 6 个

4. 仲裁合议庭由(　　)名仲裁员组成。

A. 2　　B. 3　　C. 4　　D. 5

5. 当事人申请再审,应当在判决、裁定发生法律效力后(　　)年内提出。

A. 1　　B. 2　　C. 3　　D. 4

二、多项选择题

1. 根据《仲裁法》的规定,下列情形中,属于仲裁员审理案件时必须回避的有(　　)。

A. 是本案的当事人　　B. 与本案有利害关系

C. 是本案当事人的近亲属　　D. 接受当事人的礼物

2. 对首席仲裁员的指定方式主要有(　　)。

A. 当事人指定

B. 仲裁员指定

C. 仲裁机构指定

D. 原则上仲裁机构指定,除当事人约定外

3. 根据我国《仲裁法》,仲裁协议应当包括(　　)。

A. 仲裁事项　　B. 请求仲裁的意思表示

C. 选定的仲裁委员会　　D. 不服仲裁的解决方法

4. 仲裁员必须回避的情形包括(　　)。

A. 是本案的当事人或当事人、代理人的近亲属

B. 会见当事人、代理人的

C. 与本案有利害关系的

D. 接受当事人请客送礼的

5. 双方当事人可以协议选择的管辖法院有(　　)。

A. 原告住所地　　B. 被告住所地　　C. 合同签订地　　D. 标的物所在地

三、判断题

1. 中国国际经济贸易仲裁委员会是中国目前唯一的涉外专业性仲裁机构。 ( )
2. 当事人申请仲裁,应当向仲裁委员会递交仲裁协议、仲裁申请书及副本。 ( )
3. 仲裁协议具有请求仲裁的意思表示和仲裁事项即有效,无须写明选定的仲裁委员会。 ( )
4. 审判人员是当事人的诉讼代理人的近亲属也应当回避。 ( )
5. 委托代理人的代理权限来源于委托代理合同。 ( )

应会考核

■ 观念应用

【背景资料】

甲公司与乙企业签订了一份承揽合同,在合同中规定了仲裁条款,约定双方发生争议时提请某仲裁机关仲裁。事后,甲公司发现在订立合同时对有关事项存在重大误解。

【考核要求】

甲公司是否可以根据合同中的仲裁条款向某仲裁机构申请撤销合同?如果甲公司直接向人民法院申请撤销合同,人民法院是否应当受理?

■ 技能应用

小赵大学毕业之后,于2019年7月就职于一家种子公司。公司效益不好,2020年6月开始,未发放工资。2020年9月,小赵辞去这份工作,另谋出路,双方解除了劳动合同。直到2021年7月,小赵才向公司追要拖欠的3个月工资,但是该公司拒绝支付,小赵申请劳动争议仲裁。

【技能要求】

(1)劳动争议仲裁机构是否会支持小赵的请求?为什么?

(2)小赵可否直接向人民法院起诉?为什么?

■ 案例分析

【案例情境】

张某是A公司职工。某年6月16日至6月19日,张某等26人因工资待遇问题协商不成擅自停工,并阻碍单位安排其他劳动者恢复生产,造成直接损失20余万元。6月25日,A公司依据《员工手册》与张某解除劳动合同。7月10日,张某提出仲裁申请,要求A公司支付违法解除劳动合同的赔偿金。7月24日,A公司提起反申请,要求张某赔偿给单位造成的损失。

仲裁委查明:张某组织、参与停工系事实,该行为严重违反单位规章制度。A公司规章制度制定程序合法、内容并未违反法律规定且经过张某签字确认知晓,A公司解除劳动合同的依据和程序合法,并不构成违法解除。张某在明知规章制度规定“组织、参与停工、怠工为严重违纪,可解除劳动合同”的情形下,仍然组织、参与停工并对单位造成损失。仲裁委对张某的主张违法解除劳动合同赔偿金的仲裁请求不予支持,裁决张某赔偿A公司部分实际损失。

【分析要求】

(1)引起本案解除劳动合同争议的原因是什么?

(2)用人单位有权要求劳动者承担相应的赔偿责任的情形有哪些?

项目实训

【实训情境】

甲系某外商在中国A地开办的商社的负责人。经过协商,甲与中国乙公司签订了向中国出口农产品的合同,合同约定在中国B地的某港口交货。合同签订后,甲如约将货物交给中国乙公司。乙公司将货物转交给中国的丙公司使用。丙公司在使用该产品的过程中,发现产品存在质量问题,遂将问题反映给乙公司,乙公司找到甲协商解决此事。此时,甲所在公司正因为乙公司转给其的汇票被其弄丢了,不知如何是好,拒绝了乙公司提出的解决方案。乙公司对甲提起了诉讼。判决作出后,甲拒不执行判决规定的义务,乙公司请求人民法院强制执行。

请思考:

(1)我国法律规定的起诉条件有哪些?本案中乙公司是否有资格对甲提出起诉?

(2)乙或丙可以在哪个地方的法院起诉甲?请阐述理由。

(3)甲不懂汉语,其带来的翻译能不能以诉讼主体的身份参与诉讼?为什么?

(4)甲所在公司弄丢汇票后可以采取什么样的补救措施?我国法律对这种行为作了怎样的规定?

(5)乙公司怎样申请强制执行?我国法律对这种行为做了怎样的规定?

【实训目标】

加深学生对经济仲裁和经济诉讼基本知识的认识和理解,学会运用经济仲裁和经济诉讼解决基本问题,从而提高学生的综合素质。

【实训组织】

将学生分成若干组,每组7人,每组设组长1名,组长负责组织本组成员进行实训,由组长将调查结果书面写成报告,并总结。(注意:教师提出活动前的准备和注意事项等内容。)

1. 教师组织学生仔细阅读案例,提示案例要点。

2. 学生每4~6人组成一个学习小组,以小组为单位进行讨论,提倡采用头脑风暴法,最终形成一篇案例分析报告。

3. 每个小组派出1名代表上讲台阐述小组报告的观点。

【实训成果】

1. 考核和评价采用报告资料展示和学生讨论相结合的方式。

2. 评分采用学生和教师共同评价的方式,填写实训报告。

实训报告		
项目实训班级：	项目小组：	项目组成员：
实训时间：　　年　月　日	实训地点：	实训成绩：
实训目的：		
实训步骤：		
实训结果：		
实训感言：		

参考文献

[1]李贺:《税法》(第二版),上海财经大学出版社 2021 年版。
[2] 孔令秋:《经济法》,东北财经大学出版社 2021 年版。
[3]韩雪琴:《经济法概论》,东北财经大学出版社 2021 年版。
[4]中国注册会计师协会:《经济法》,中国财政经济出版社 2021 年版。
[5]财政部会计资格评价中心:《经济法基础》,中国财政经济出版社 2020 年版。
[6]李贺:《经济法基础(初级)》(第 2 版),立信会计出版社 2021 年版。
[7]李贺:《经济法》,上海财经大学出版社 2019 年版。
[8]贵立义、林清高:《经济法》,东北财经大学出版社 2020 年版。
[9]马萱:《经济法》,东北财经大学出版社 2021 年版。
[10]法制网:http://www.legaldaily.com.cn。
[11]中国人大网:http://www.npc.gov.cn。
[12]中国普法网:http://www.legalinfo.gov.cn。
[13]中国裁判文书网:http://wenshu.court.gov.cn。
[14]国家税务总局:http://www.chinatax.gov.cn。